Makroökonomie

Wachstum, Beschäftigung, Außenwirtschaft

von
Professor
Dr. Ricarda Kampmann
und
Professor
Dr. Johann Walter
Fachhochschule Gelsenkirchen

Oldenbourg Verlag München

Bibliografische Information der Deutschen Nationalbibliothek

Die Deutsche Nationalbibliothek verzeichnet diese Publikation in der Deutschen
Nationalbibliografie; detaillierte bibliografische Daten sind im Internet über
<http://dnb.d-nb.de> abrufbar.

1. Nachdruck 2013

© 2010 Oldenbourg Wissenschaftsverlag GmbH
Rosenheimer Straße 145, D-81671 München
Telefon: (089) 45051-0
oldenbourg.de

Lektorat: Dr. Stefan Giesen
Herstellung: Constanze Müller
Coverentwurf: Kochan & Partner, München
Gedruckt auf säure- und chlorfreiem Papier
Gesamtherstellung: Books on Demand GmbH, Norderstedt

ISBN 978-3-486-59158-3
eISBN 978-3-486-70985-8

Inhalt

5   Lösungshinweise zu den Aufgaben   265

Literaturverzeichnis   301

Stichwortverzeichnis   303

Verzeichnis der Abbildungen

Verzeichnis der Übersichten

Verzeichnis der Symbole

Δ	absolute Änderung
A	Auslandspol
A_A	Arbeitsangebot
A_{max}	maximaler Arbeitseinsatz
A_N	Arbeitsnachfrage
A_{st}	Staatsausgaben
aut	Index für autonom festgelegte Größen
B	Bargeld
b	Bargeldquote
B_{ST}	Budgetsaldo des Staates
c	marginale Konsumneigung
C, C_H	Private Konsumausgaben
C_{ST}	Staatsverbrauch
d	marginale Änderungen
D	Abschreibungen
Ex	Exporte
ExÜ	Exportsaldo (Überschuss)
G	Gewinn(-einkommen)
H	Haushaltspol
H	Private Haushalte
i	(Real-)Zinssatz
I	Investitionen
I_B	Bruttoinvestition

Im   Importe

I_N Nettoinvestition

k   Kassenhaltungskoeffizient, Kassenhaltungsdauer

K   Kapital

L   Liquidität

l_r Reallohnsatz

l_{rmin} Mindestlohnsatz

L_S Kassenhaltung zu Spekulationszwecken

L_T Kassenhaltung zu Transaktionszwecken

M   Geldmenge im Umlauf

m   marginale Importneigung

P   Preisniveau

r   Mindestreservesatz

s   marginale Sparquote

S   Sparen der privaten Haushalte

S_{gepl} geplantes Sparen

Sub   Subventionszahlungen des Staates an Unternehmen

S_{ungepl} ungeplante Sparen

T   direkte Steuern

t   Steuersatz

T_H direkte Steuern der Haushalte und der Unternehmen

Tr   Transferzahlungen des Staates an private Haushalte

T_U indirekte Steuern der Unternehmen

U   Unternehmenspol

U   Private Unternehmen

VÄ   Vermögensänderungspol

V   Umlaufgeschwindigkeit des Geldes

W   Wachstumsrate

Y_A gesamtwirtschaftliches Angebot

Y_N gesamtwirtschaftliche Nachfrage

Y_r Realeinkommen

Y_{ST} Einkommenszahlungen des Staates

Y_U Einkommenszahlungen der Unternehmen

ZM   Zentralbankgeldmenge

Verzeichnis der Abkürzungen

ALV	Arbeitslosenversicherung
BA	Bundesagentur für Arbeit
BaföG	Bundesausbildungsförderungsgesetz
BIP	Bruttoinlandsprodukt
BNE	Bruttonationaleinkommen
BverfG	Bundesverfassungsgericht
c.p.	ceteris paribus
EONIA	European Overnight Index Average
ESt	Einkommensteuer
ESVG	Europäisches System der Volkswirtschaftlichen Gesamtrechnungen
ESZB	Europäisches System der Zentralbanken
EU	Europäische Union
EuGH	Europäischer Gerichtshof
EWS	Europäisches Währungssystem
EWWU	Europäische Wirtschafts- und Währungsunion
EZB	Europäische Zentralbank
GATS	General Agreement on Trade in Services
GATT	General Agreement on Tariffs and Trade
GG	Grundgesetz
GKV	Gesetzliche Krankenversicherung
GRV	Gesetzliche Rentenversicherung
ILO	International Labour Organization
IWF/IMF	Internationaler Währungsfonds (International Monetary Funds)

KSt	Körperschaftsteuer
MWSt	Mehrwertsteuer
SGB	Sozialgesetzbuch
StWG	Stabilitäts- und Wachstumsgesetz
STBA	Statistisches Bundesamt
SVR	Sachverständigenrat zur Begutachtung der gesamtwirtschaftlichen Entwicklung
SZR	Sonderziehungsrechte
TRIPS	Trade Related Aspects in Intellectual Property Rights
VAEU	Vertrag über die Arbeitsweise der Europäischen Union
VEU	Vertrag über die Europäische Union
VGR	Volkswirtschaftliche Gesamtrechnung(en)
WTO	World Trade Organization
ZB	Zahlungsbilanz

1 Einführung

1.1 Wirtschaftspolitische Probleme in makroökonomischer Perspektive

In diesem Kapitel

- erfahren Sie, welche wirtschaftspolitischen Probleme gesamtwirtschaftlich analysiert werden.
- lernen Sie den Gegenstand der Makroökonomie kennen. Sie untersucht unter anderem kurz- und längerfristige Schwankungen in der Produktionstätigkeit in einer Volkswirtschaft, die normalerweise mit Einkommens-, Beschäftigungs- und Geldwertschwankungen einhergehen.
- lernen Sie die Veränderungsrate des realen Bruttoinlandsprodukts als Indikator zur Erfassung von Konjunkturschwankungen kennen.
- verstehen Sie, dass Arbeitslosigkeit den Verzicht auf den Einsatz des Produktionsfaktors Arbeit bedeutet und mit Produktions- und Einkommensverlusten einhergeht. Als Indikator zur Beschreibung des Umgangs der Arbeitslosigkeit wird die Arbeitslosenquote herangezogen.
- wird erläutert, wie sich Schwankungen in der Kaufkraft des Geldes mit Hilfe des Verbraucherpreisindex näherungsweise erfassen lassen.
- verstehen Sie die Bedeutung eines außenwirtschaftlichen Gleichgewichts. Es liegt vor, wenn die grenzüberschreitenden Transaktionen die nationalen Devisenbestände nicht verändern bzw. wenn die – noch zu erläuternde – Leistungsbilanz ausgeglichen ist.

1.1.1 Makroökonomische Fragestellungen

Zentrales Untersuchungsfeld der **Makroökonomie** ist die Frage, wie sich die Produktionsmöglichkeiten und die tatsächliche Produktion in einer Volkswirtschaft entwickeln. Langfristig werden demnach wachstumstheoretische und -politische Fragestellungen behandelt. Kurzfristig steht die Frage im Zentrum, wie Schwankungen in der Entwicklung der Produktionstätigkeit, die normalerweise mit Arbeitsmarktproblemen oder Geldwertschwankungen einhergehen, vermieden werden können. Kurzfristig stehen demnach konjunktur- oder stabilitätstheoretische und -politische Fragen im Blickpunkt.

Im Einzelnen beschreibt und erklärt die Makroökonomie

- die Höhe und die Entwicklung der Produktion
- der Beschäftigung
- die Entwicklung des Preisniveaus (Geldwert) sowie
- die Entwicklung von Importen und Exporten und deren Einfluss auf den Wirtschaftsprozess im Inland.

Damit betrachtet die Makroökonomie gesamtwirtschaftliche Größen. Im Gegensatz dazu erklärt die Mikroökonomie einzelwirtschaftliche Verhaltensweisen typischer Wirtschaftssubjekte. Zwischen diesen beiden Perspektiven steht die Mesoökonomie, die untersucht, wie sich gesamtwirtschaftliche Größen aus – in sich weitgehend homogenen – Teilgrößen zusammensetzen und wie diese Teilgrößen sich entwickeln. Mikroökonomisch wird z.B. erklärt, wie sich Produktion und Angebotsmenge eines einzelnen Unternehmens entwickeln. Die Makroökonomie fasst die Produktionsmengen aller Unternehmen zur gesamtwirtschaftlichen Produktion zusammen und untersucht die Bestimmungsgrößen dieses **Aggregat**s. Mesoökonomische Strukturanalysen betrachten die Produktionsentwicklung in einzelnen Wirtschaftsbereichen oder Regionen.

Zwischen der mikro- und der makroökonomischen Ebene bestehen zahlreiche Wechselwirkungen:

- Makroökonomische Größen setzen sich aus einzelwirtschaftlichen Bestimmungsgrößen zusammen (Aggregation), so dass das Verständnis makroökonomischer Veränderungen bis zu einem gewissen Grad voraussetzt, dass die Determinanten einzelwirtschaftlicher Größen und die Mechanismen, die auf Märkten wirken, bekannt sind. Die Gesamtgrößen (**Aggregate**) ergeben sich aus der Addition einzelwirtschaftlicher Größen. Dabei betrachtet die Makroökonomie nicht die Struktur, sondern lediglich das Niveau und die Entwicklung der Aggregatgrößen. Die Zusammensetzung der Aggregate (Struktur) ist Gegenstand der Mesoökonomie.
- Häufig kann man einzelwirtschaftliche Aussagen nicht einfach auf die gesamtwirtschaftliche Ebene übertragen. Dies lässt sich am Beispiel der Arbeitslosigkeit erläutern. Ein einzelner Arbeitsloser kann seine individuelle Chance, einen neuen Arbeitsplatz zu finden, erhöhen, indem er sich für einen freien Arbeitsplatz qualifiziert. Dies gilt jedoch nicht in jedem Fall auf der makroökonomischen Ebene. Wenn alle Arbeitslosen dieselbe Qualifikation erwerben, verlagert sich das Problem der Arbeitslosigkeit möglicherweise auf höher qualifizierte Berufe. Unter Umständen fehlen dann Beschäftigte für andere Arten von Arbeitsplätzen. Die Tatsache, dass einzelwirtschaftlich richtige Aussagen bzw. Handlungsempfehlungen auf der gesamtwirtschaftlichen Ebene falsch sein können, bezeichnet man als **Trugschluss der Verallgemeinerung**.
- Obwohl einzelwirtschaftliche Größen in den Makrogrößen enthalten sind, können einzelwirtschaftliche Entscheidungen von gesamtwirtschaftlichen Entwicklungen abhängen. Die Investition eines einzelnen Unternehmens hängt von der Nachfragentwicklung

nach den Produkten dieses Unternehmens ab. Diese Nachfrage ist aber Bestandteil der gesamtwirtschaftlichen Entwicklung.

Fragestellung	Betrachtungsgegenstand
Wachstum	Langfristige Entwicklung der Produktion und des Einkommens
Konjunkturverlauf, Stabilität des Wirtschaftsprozesses	Kurz-/mittelfristige Entwicklung der gesamtwirtschaftlichen Nachfrage, der Produktion, des Einkommens und der Beschäftigung
Geldwert	Geldmengenentwicklung und Entwicklung des Preisniveaus
Beschäftigung	Entwicklung der Beschäftigung und der Arbeitsmarktsituation
Internationale Wirtschaftsbeziehungen	Entwicklung grenzüberschreitender Warenströme

Übersicht 1.1: Teilbereiche der Makroökonomie

Teilbereiche der Makroökonomie und die gesamtwirtschaftlichen Größen, die sie erklären sollen, sind in Übersicht 1.1 zusammengefasst.

Will man die Verlauf des Wirtschaftsprozesses und die Wechselwirkungen zwischen makroökonomischen Aggregaten erklären, benötigt man zunächst empirische Informationen zur Entwicklung des Wirtschaftsprozesses. Diese werden im Rahmen von gesamtwirtschaftlichen Rechnungssystemen bereitgestellt. Diese Systeme informieren im Nachhinein (**ex post**) über die wirtschaftlichen Tatbestände in einem bestimmten abgelaufenen Zeitraum. Im Blickpunkt stehen dabei

- die Entwicklung der gesamtwirtschaftlichen Produktionskapazität und ihre Auslastung. Dies umfasst auch die Beschäftigungs- bzw. Arbeitsmarktsituation.
- die Einkommensentwicklung
- die Entwicklung der Kaufkraft des Einkommens, also der Geldwert bzw. das Preisniveau.

1.1.2   Indikatoren für makroökonomische Zielgrößen und ihre Entwicklung

Soll das langfristige Wachstum der Produktionskapazitäten und ihre kurz- und mittelfristige Auslastung zielführend beeinflusst werden, sind drei Schritte erforderlich:

Die wirtschaftliche Entwicklung muss beobachtet werden, um Fehlentwicklungen rechtzeitig feststellen zu können (**Wirtschaftskunde**).

Die lang- und kurzfristige Entwicklung der Produktion in einer Volkswirtschaft muss erklärt werden, d.h. es müssen Ursachen und Einflussfaktoren der tatsächlichen Entwicklung aufgezeigt werden (**Wirtschaftstheorie**).

Aus den Ursache-Wirkungs-Beziehungen müssen ursachengerechte Maßnahmen zur Verhinderung von Fehlentwicklungen hergeleitet werden (Umwandlung der Ursache-Wirkungs-Beziehungen in Ziel-Mittel-Beziehungen, **Wirtschaftspolitik**).

Dabei geht es darum, die wirtschaftliche Entwicklung so zu gestalten, dass allgemein akzeptierte Ziele erreicht werden. In der Bundesrepublik Deutschland sind entsprechende kurz- und mittelfristig angestrebte Ziele im Stabilitäts- und Wachstumsgesetz von 1967 (im folgenden StWG) und in Art. 109 des Grundgesetzes formuliert. Demnach sind Bund und Länder verpflichtet, durch ihre Maßnahmen zum „gesamtwirtschaftlichen Gleichgewicht" beizutragen.

Der Begriff des „gesamtwirtschaftlichen Gleichgewichts" wird in § 1 des StWG anhand von 4 Einzelzielen konkretisiert. Die Maßnahmen von Bund und Ländern sind demnach so zu treffen, dass sie **im Rahmen der marktwirtschaftlichen Ordnung** gleichzeitig

- zur Stabilität des Preisniveaus,
- zu einem hohen Beschäftigungsstand und
- zu außenwirtschaftlichem Gleichgewicht
- bei stetigem und angemessenem Wirtschaftswachstum beitragen.

Die genannten Ziele sollen gleichzeitig angestrebt und mit Hilfe von systemkonformen Mittel erreicht werden. Wirtschaftspolitische Maßnahmen müssen demnach mit der marktwirtschaftlichen Ordnung vereinbar sein. In der Vergangenheit war allerdings zu beobachten, dass z.B. die Ziele Preisniveaustabilisierung und geringe Arbeitslosigkeit selten gleichzeitig realisiert wurden (Vgl. Abb. 1.1). Es stellt sich daher die Frage, ob sie überhaupt gleichzeitig realisierbar sind. Daher wird die Zielformulierung des StWG häufig als „magisches Viereck" bezeichnet.

Ursachenadäquate Maßnahmen basieren darauf, dass Ursache-Wirkungs-Beziehungen, die in theoretischen Erklärungsmodellen aufgezeigt werden, in Ziel-Mittel-Beziehungen „umgedeutet" werden. Dies setzt im Einzelnen voraus, dass

- die Wirtschaftspolitiker (bzw. ihre Wähler) sich auf Ziele der Wirtschaftspolitik (angestrebte Soll-Zustände) einigen (zur Zieldiskussion vgl. auch Abschnitt 3.1),
- die tatsächliche wirtschaftliche Entwicklung bekannt ist (Beobachtung),
- die Ursachen von Diskrepanzen zwischen Ist- und Soll-Zustand eindeutig bekannt sind und dass
- man sich auf Maßnahmen zur Angleichung von Ist- und Soll-Zustand einigt.

In diesem Buch werden im Teil 2 makroökonomische Ursache-Wirkungs-Beziehungen und im Teil 3 Handlungsfelder der Wirtschaftspolitik dargestellt. Im Teil 2 soll erklärt werden, wovon die Entwicklung gesamtwirtschaftlicher Größen abhängt. Im Blickpunkt stehen die folgenden makroökonomischen Größen:

- gesamtwirtschaftliche Produktion bzw. Einkommen,
- Arbeitslosigkeit und Inflation und
- grenzüberschreitende Tauschvorgänge.

**Indikatoren zur Wirtschaftsentwicklung
1963-1991
Früheres Bundesgebiet**

in %

10
8
6
4
2
0
-2

1963 1966 1969 1972 1975 1978 1981 1984 1987 1990

– – – Veränderungsrate des Preisindex für die Lebenshaltung 1991=100
——— Veränderungsrate des realen Bruttoinlandsprodukts
——— Arbeitslosenquote in %

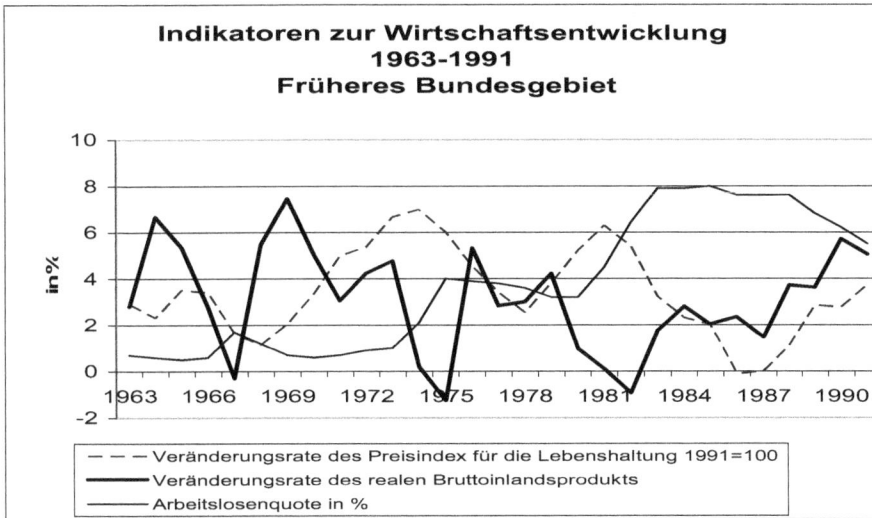

Deutschland 1991–2007

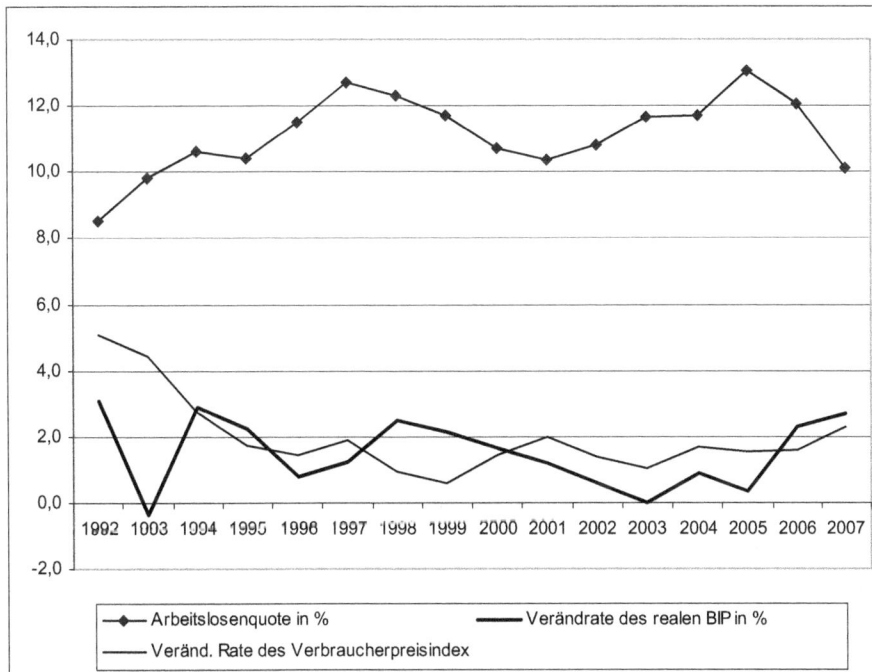

14,0
12,0
10,0
8,0
6,0
4,0
2,0
0,0
-2,0

1992 1993 1994 1995 1996 1997 1998 1999 2000 2001 2002 2003 2004 2005 2006 2007

——◆—— Arbeitslosenquote in %   ——— Verändrate des realen BIP in %
——— Veränd. Rate des Verbraucherpreisindex

Abb. 1.1: Indikatoren zur Wirtschaftsentwicklung 1963–1991 und 1991–2007

Die gesamtwirtschaftliche Theorie erklärt die Entwicklung dieser Größen im Rahmen von vereinfachten Modellen. Solche Modelle gehen von unterschiedlichen Annahmen oder Ausgangssituationen aus und können unterschiedlich aufgebaut sein. Häufig führen daher verschiedene Modelle zu voneinander abweichenden Erklärungen, ohne dass immer eindeutig entschieden werden kann, welches Modell die Realität zutreffender beschreibt.

Im Rahmen der Beobachtung der Wirtschaftsentwicklung (Teil 1.1) muss zunächst die Frage geklärt werden, wie gemessen werden soll, ob die Ziele des StWG verletzt sind. Dazu müssen die Ziele folgendermaßen „operationalisiert" werden:

- Festlegung geeigneter Zielindikatoren
- zahlenmäßige Bestimmung der Zielwerte und
- die zeitliche Festlegung des Zeitraums, in dem die Zielwerte erreicht werden sollen.

Konkrete Zielfestlegungen in Hinblick auf Wachstum und Beschäftigung muss die Bundesregierung jährlich im Jahreswirtschaftsbericht vorlegen. Hier werden quantitative Zielprojektionen für 1 Jahr vorgegeben. Solche quantitativen Zielwerte werden allerdings selten erreicht. Sie werden häufig zeit-/situationsabhängig nach oben oder unten korrigiert und lassen sich streng genommen als exakte Größen kaum begründen.

Die gesamtwirtschaftliche Entwicklung in der Bundesrepublik Deutschland seit den 60iger Jahren zeigt, dass es in Hinblick auf alle Ziele Phasen gab, in denen die tatsächliche Situation von den Zielvorstellungen abwich (vgl. Abb.1.1.). Diese Abweichungen von den Zielvorstellungen sind häufig Anlass für wirtschaftspolitische Maßnahmen. Im Folgenden werden die Stabilisierungsziele des StWG im Einzelnen dargestellt.

1.1.2.1   Wachstum und Konjunktur

Das **Wirtschaftswachstum** kennzeichnet die langfristige Entwicklung der (realen) Produktion in einer Volkswirtschaft. Langfristig kann die Produktion in einer Volkswirtschaft – von Phasen der Überauslastung der vorhandenen Kapazitäten abgesehen – nur steigen, wenn auch die Produktionskapazitäten zunehmen. Wenn der Wachstumstrend des Produktionspotentials beschrieben werden soll, lässt sich somit die Entwicklung der Produktionskapazitäten oder die Entwicklung der tatsächlichen Produktion heranziehen. Langfristig ergibt sich der Wachstumstrend w aus dem durchschnittlichen Anstieg des Bruttoinlandsproduktes (BIP) über einem langen Zeitraum. Das Bruttoinlandsprodukt erfasst die in einer Volkswirtschaft hergestellten Güter und Dienste, die für den Konsum oder für Investitionszwecke bestimmt sind (vgl. Abschnitt 1.2).

Ein konkreter Zielwert für das Wachstum der Produktion in einer Volkswirtschaft lässt sich nicht exakt begründen. Angestrebt wird ein angemessenes Wachstum, das möglichst regelmäßig, also ohne allzu große Schwankungen der Wachstumsraten von Jahr zu Jahr realisiert wird. Im Zuge der Wachstumsdiskussion in den 70iger Jahren wurde deutlich, dass unter einem angemessenen Wachstum nicht unbedingt ein möglichst hohes (quantitatives) Wachstum zu verstehen ist. Aspekte der qualitativen Versorgung mit Gütern und die Frage der

„**Nachhaltigkeit**", also der dauerhaften Vereinbarkeit mit den natürlichen Lebensgrundlagen gewannen an Bedeutung (vgl. dazu auch Abschnitt 3.1).

Der Begriff der **Konjunktur** bezeichnet kurz- und mittelfristige Schwankungen der wirtschaftlichen Aktivitäten in der gesamten Wirtschaft um den langfristigen Wachstumstrend w. Er bezieht sich auf Schwankungen in den Veränderungsraten der tatsächlichen Produktion, die mit Schwankungen in der Auslastung der Produktionskapazitäten einhergehen. Phasen hoher, geringer oder sogar negativer Veränderungsraten der Produktion wechseln sich häufig ab. So entstehen Wellenbewegungen um einen langfristigen Trend. **Konjunkturschwankungen sind Veränderungen in der Auslastung der Produktionskapazitäten um das Niveau, das zur Normalauslastung der vorhandenen Kapazitäten erforderlich wäre.** Konjunkturelle Schwankungen treten mit einer gewissen Regelmäßigkeit auf, ohne dass der genaue Verlauf im Einzelnen exakt vorhersehbar ist. Es entstehen Konjunkturzyklen, die durch einen Wechsel zwischen Aufschwung, Hochkonjunktur (Boom), Abschwung (Rezession) und Tiefstand gekennzeichnet sind. Die zeitliche Dauer und die Stärke der Schwankungen sind nicht einheitlich. In der Bundesrepublik Deutschland differierte die Dauer der Konjunkturzyklen zwischen 5 und 8 Jahren (mittelfristige Schwankungen).

Konjunkturzyklen lassen sich folgendermaßen „stilisieren" (vgl. Übersicht 1.2 und Abb.1.2):

Auf den **Tiefpunkt** mit geringer Auslastung der Produktionskapazitäten folgt – oft aufgrund von exogenen Änderungen wie z.B. einem Zuwachs des Exports oder aufgrund eines Innovationsschubs – eine Phase des **Aufschwung**s. Das vorhandene Produktionspotential wird stärker ausgelastet, die Wachstumsrate des Bruttoinlandsprodukts steigt an, so dass normalerweise die Arbeits- und Kapitalproduktivität und die Gewinne wachsen.

Es folgt eine **Boom**phase, in der die Auslastung über das normale Maß wächst. Unter der Normalauslastung versteht man dabei die Auslastung der Kapazitäten, bei der mit der üblichen Arbeitszeit im Rahmen der dauerhaft möglichen Maschinenlaufzeiten produziert wird. In Boomphasen werden häufig Überstunden geleistet und die Maschinenlaufzeiten werden durch zusätzliche Schichten verlängert. Die Boomphase kann daher durch Kosten- und Preissteigerungen gekennzeichnet sein. Es ergeben sich Produktionsengpässe. Ein weiterer Anstieg der Produktion ist bei den vorhandenen Kapazitäten nicht möglich. Als Folge schwächt sich die Wachstumsrate der Produktion ab.

	Aufschwung	Boom	Abschwung (Rezession)	Tiefpunkt/ Depression
Kapazitätsauslastung	zunehmend	volle/Über-/Auslastung	abnehmend	unausgelastet
Arbeitslosigkeit	abnehmend	geringe Arbeitslosigkeit /Überbeschäftigung	steigend	Hohe Arbeitslosigkeit
Einkommen	Gewinne steigen	Gewinne hoch Lohnzuwächse hoch	Löhne stagnieren/ Gewinne fallen	Konkurse, Verluste, Löhne stagnieren
Preisniveau	geringer Anstieg	inflationäre Tendenz	stagnierend	stagnierend; Preiseinbrüche auf einzelnen Märkten

Übersicht 1.2: Typisierung von Konjunkturphasen

Auf diesen oberen Wendepunkt der Wachstumsrate der Produktion folgt üblicherweise eine Phase des **Konjunkturabschwung**s. Die Zuwachsrate der Produktion und die Kapazitätsauslastung gehen zurück, die Zuwachsrate der Produktion kann sogar negative Werte erreichen. In diesem Fall geht die Produktion im Vorjahresvergleich zurück. In einer neuen Rezession erreicht die Wachstumsrate der Produktion abermals einen Tiefpunkt. Abschwungphasen sind daher Phasen zunehmend unausgelasteter Kapazitäten; die gesamtwirtschaftliche Nachfrage ist geringer als die Produktionsmöglichkeiten. Die Beschäftigung sinkt und die Arbeitslosigkeit steigt. Die Unternehmen geraten wegen der mangelnden Auslastung unter Kostendruck, so dass auch die Zahl der Insolvenzen steigt (vgl. Abb.1.2)

Konjunkturschwankungen lassen sich anhand von unterschiedlichen Indikatoren charakterisieren. Die **Frühindikatoren** laufen zeitlich der eigentlichen Produktion voraus. In diese Gruppe gehören z.B. Auftragseingänge bei den Unternehmen, die Aktienkurse oder die Geschäftserwartungen der Unternehmen. Konjunkturelle Frühindikatoren können zur Prognose der weiteren Entwicklung herangezogen werden. **Präsenzindikatoren** sind die tatsächliche Produktion, die Kapazitätsauslastung und die Produktivität. **Spätindikatoren** zeigen Produktionsschwankungen verzögert an. Es handelt sich z.B. um Arbeitsmarktindikatoren und um das Beschäftigungsniveau sowie um die Preisentwicklung für die Lebenshaltung. Beispielsweise reagieren die Arbeitsmarktindikatoren verzögert auf Produktionsschwankungen, weil die Unternehmen erst dann Entlassungen oder Neueinstellungen vornehmen, wenn sie die Absatzänderungen für dauerhaft halten.

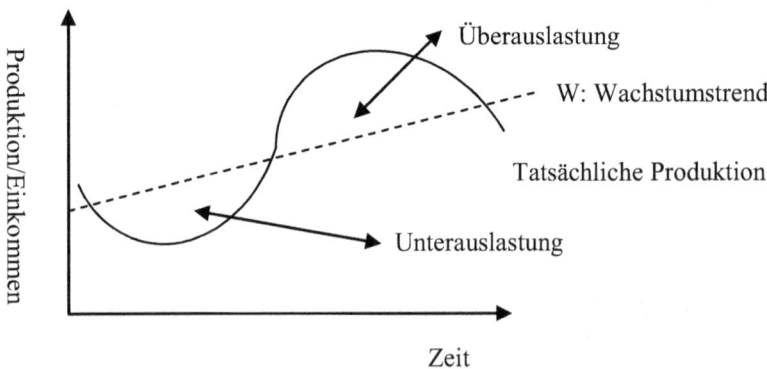

Abb. 1.2: Konjunkturphasen (stilisierter Verlauf)

Der Begriff Konjunktur bezieht sich zwar auf die Schwankungen der aggregierten (gesamtwirtschaftlichen) Produktion. Allerdings sind die Schwankungen der Produktion verschiedener Güterarten unterschiedlich stark. Bei Investitionsgütern treten stärkere Schwankungen auf als bei Konsumgütern. Die Vorratsinvestitionen variieren stärker als Bau/Ausrüstungsinvestitionen und die Nachfrage nach langlebigen Konsumgütern wächst im Aufschwung stärker als die nach Gütern des täglichen Bedarfs.

Ursachen der Konjunkturentwicklung sind generell Störungen des Gleichgewichts zwischen Angebot und Nachfrage auf Güter-, Faktor- oder Kapitalmärkten. Bis heute gibt es kontroverse Meinungen über Ursachen und Wirkungen von Schwankungen im Auslastungsgrad der Produktionsfaktoren und in Hinblick auf die Frage, ob solche Schwankungen Anlass für wirtschaftspolitische Maßnahmen sein sollen. Im Wesentlichen stehen sich zwei Erklärungsansätze gegenüber, die hier zunächst nur vereinfachend dargestellt werden.

Angebotsorientierte Ökonomen gehen davon aus, dass normalerweise marktbestimmte Anpassungsprozesse dazu führen, dass die Kapazitäten langfristig ausgelastet werden. Gesamtwirtschaftliche Instabilitäten gehen demnach auf Störungen der Anpassungsprozesse zurück und werden möglicherweise auch vom staatlichen Sektor zumindest mit verursacht. Bei funktionierendem Wettbewerb kann der private Sektor nach dieser Auffassung Schwankungen der wirtschaftlichen Aktivität selbst ausgleichen. Die wichtigste Aufgabe des Staates ist daher die Ordnungs- und Wettbewerbspolitik. Umgekehrt ergibt sich daraus die Forderung, dass der Staat die gesamtwirtschaftliche Nachfrage nicht beeinflussen soll und dass die Wirtschaftspolitik im übrigen nur Ziele verfolgen und Mittel einsetzen darf, die den Marktmechanismus nicht beeinträchtigen, also systemkonform sind (vgl. dazu Abschnitt 1.1).

Vertreter nachfrageorientierter Erklärungsansätze gehen davon aus, dass die private Nachfrage – und zwar vor allem die private Investitionsnachfrage – zu stark schwankt, um die gesamtwirtschaftlichen Kapazitäten regelmäßig auszulasten. Als Folge fordern sie, dass der Staat Schwankungen der privaten Nachfrage um das zur Vollbeschäftigung erforderliche Niveau kurzfristig ausgleichen soll, indem er die volkswirtschaftlichen Nachfrageaggregate (Privater Konsum, Private Investitionen, Staatsausgaben und Außenbeitrag) direkt oder indirekt beeinflusst. Ansätze zur Erklärung von Konjunkturschwankungen werden in Abschnitt 2 dargestellt, mögliche wirtschaftspolitische Maßnahmen in Abschnitt 3.

1.1.2.2 Arbeitslosigkeit

Die Arbeitslosigkeit ist als zentrales Problem der Makroökonomie und der Wirtschaftspolitik anzusehen. Sie geht mit Einkommens- und Wachstumsverlusten einher und führt zu einer Belastung der Systeme der sozialen Sicherung. Aus der Sicht der einzelnen Arbeitnehmer bewirkt anhaltende Arbeitslosigkeit, dass ihre Qualifikation entwertet wird, so dass die Chancen auf einen neuen Arbeitsplatz sich weiter reduzieren.

Es gibt keine exakte Definition, wann Vollbeschäftigung bzw. ein angemessenes Beschäftigungsniveau in einer Volkswirtschaft vorliegt. Als Indikatoren für die Beschäftigungslage kann die Zahl der arbeitslos gemeldeten Personen oder die Arbeitslosenquote – eine Relation zwischen der Zahl der Arbeitslosen und einer bestimmten Grundgesamtheit – herangezogen werden. Im Laufe der Zeit und in verschiedenen Ländern wird die Zahl der Arbeitslosen unterschiedlich definiert; so dass vor allem bei internationalen Vergleichen und bei langfristigen Analysen die zugrunde liegenden Definitionen beachtet werden müssen.

In Deutschland wird die **Zahl der registrierten Arbeitslosen** aus den Statistiken der Arbeitsämter ermittelt. Arbeitslosigkeit wird auf der Basis des Sozialgesetzbuches definiert und umfasst Personen im erwerbsfähigen Alter (15–65 Jahre),

- die kein Beschäftigungsverhältnis mit mehr als 15 Wochenstunden haben,
- aber eine Beschäftigung in mindestens diesem Umfang suchen,
- die sich persönlich als arbeitssuchend bei einer Agentur für Arbeit gemeldet haben und als arbeitssuchend bei der Arbeitsverwaltung registriert sowie
- verfügbar sind, d.h. kurzfristig eine Beschäftigung aufnehmen können.

Darauf aufbauend ist die **Arbeitslosenquote** als Relation der Zahl der registrierten Arbeitslosen zur Zahl der zivilen abhängigen Erwerbspersonen (ohne Soldaten) definiert. Der Nenner der Arbeitslosenquote soll demnach die Zahl derjenigen erfassen, die Arbeit(skraft) anbieten.

Nicht als arbeitslos registriert werden beispielsweise Personen, die mehr als 15 Stunden pro Woche arbeiten, wie z.B. Personen, die den Arbeitsplatz wechseln wollen, Arbeitssuchende, die arbeitsunfähig erkrankt sind oder Arbeitssuchende, die an arbeitsmarktpolitischen Maßnahmen teilnehmen. Aus der Statistik gestrichen werden auch Arbeitslose, die die Meldepflichten bei den Agenturen für Arbeit länger als drei Monate nicht erfüllt haben oder zumutbare Arbeitsangebote abgelehnt haben. In diesem Zusammenhang spielt eine Rolle, welche Arbeitsangebote der Agentur für Arbeit – nach Qualifikation oder Entfernung vom Wohnort – als angemessen gelten. Insofern können sich Änderungen der Zumutbarkeitsregeln auf die Zahl der statistisch erfassten Arbeitslosen auswirken.

In der traditionellen Variante zur Berechnung der Arbeitslosenquote wird die Zahl der registrierten Arbeitslosen auf die **abhängigen zivilen Erwerbspersonen** bezogen. Zu den abhängigen Erwerbspersonen gehören alle, die abhängig beschäftigt sind oder sein wollen, also beschäftigte Arbeitnehmer plus Arbeitslose. **Nicht Erwerbstätige** – und somit im Nenner nicht erfasst – sind z.B. Schüler, Rentner und Hausfrauen. Darüber hinaus sind die **selbständigen Erwerbspersonen** (Unternehmer) nicht einbezogen. Daher geht die Zahl der abhängig Beschäftigten oder der Arbeitslosen zurück, wenn Personen aus diesen Gruppen sich selbständig machen. Dann ändert sich die Arbeitslosenquote nach der oben genannten Definition. Trotzdem wird diese traditionelle Form der Berechnung meist verwendet, wenn Arbeitslosenquoten für einzelne Personengruppen ausgewiesen werden.

Neuerdings wird die Zahl der registrierten Arbeitslosen auch auf alle zivilen Erwerbspersonen, also einschließlich der Selbständigen und mithelfenden Familienangehörigen bezogen. Da der Nenner in diesem Fall größer ist, ist die ausgewiesene Quote normalerweise niedriger als die traditionelle Variante.

Generell wird kritisiert, dass diese Berechnungsmethoden einige Personengruppen, die Arbeit suchen, nicht erfassen. Der Sachverständigenrat zur Begutachtung der gesamtwirtschaftlichen Entwicklung (SVR) berechnet neben der registrierten Arbeitslosigkeit die Höhe der **verdeckten Arbeitslosigkeit**, indem er subventioniert Beschäftigte (z.B. Teilnehmer an Arbeitsbeschaffungsmaßnahmen oder Kurzarbeiter), Teilnehmer an Qualifizierungsmaßnahmen, Personen im vorzeitigen Ruhestand (Arbeitslose, die älter als 58 Jahre sind und deshalb nicht mehr verfügbar sein müssen, um Unterstützungszahlungen zu beziehen) und vorübergehend erkrankte Leistungsempfänger berücksichtigt. Im Jahr 2008 waren nach Angaben des SVR ca. 1,19 Millionen Personen verdeckt arbeitslos während ca. 3,3 Millionen Arbeitslose registriert waren (SVR 2008/09, Tab. 25, S.269).

Die ausgewiesene Arbeitslosenquote hängt also sehr stark davon ab, wie die gesetzlichen Regelungen für die Betreuung Arbeitsloser ausgestaltet sind. Da diese Regelungen in verschiedenen Ländern differieren, sind diese Daten für internationale Vergleiche nicht geeignet. Daher verwendet beispielsweise das Statistische Amt der EU die **Definition der Erwerbslosenquote** der International Labour Organization (ILO). Die Zahl der Arbeitslosen wird hier nicht aus den Statistiken der nationalen Arbeitsämter erhoben, sondern im Rahmen einer Stichprobenbefragung erfasst. Als erwerbslos gelten Personen,

- die keine Beschäftigung ausüben, die mehr als eine Wochenstunde beträgt,
- die aktiv Arbeit suchend sind, d.h. in den letzten 4 Wochen eine Beschäftigung von mehr als einer Wochenstunde gesucht haben und
- innerhalb von 2 Wochen eine neue Tätigkeit aufnehmen können. Die Altersgrenze für Erwerbstätige (15–74 Jahre) ist weiter als in Deutschland gefasst.

---

1. Definitionen der Bundesagentur für Arbeit

Arbeitslosenquote, bezogen auf die abhängigen zivilen Erwerbspersonen

Zahl der registrierten Arbeitslosen dividiert durch die Zahl der abhängigen zivilen Erwerbstätigen (vollzeitig sozialversicherungspflichtig Beschäftigte, geringfügig Beschäftigten und Beamte) plus Arbeitslose)

Arbeitslosenquote, bezogen auf die Zahl aller zivilen Erwerbspersonen

Zahl der registrierten Arbeitslosen dividiert durch die Zahl aller zivilen Erwerbstätigen (einschließlich der Selbständigen und mithelfende Familienangehörige) plus Arbeitslose

2. Definition der International Labour Organization

Erwerbslose (erfasst durch Stichprobenbefragung) dividiert durch Erwerbspersonen insgesamt

Die Berechnung der Arbeitslosenquote nach deutscher Definition wird häufig mit den Hinweisen auf die verdeckte und die unechte Arbeitslosigkeit kritisiert.

Übersicht 1.3: Unterschiedliche Definitionen von Arbeitslosenquoten

Es gibt Arbeitssuchende, die nach der ILO-Definition als erwerbslos gezählt werden, weil sie eine Beschäftigung von mehr als einer Wochenstunde suchen, bei der Bundesagentur für Arbeit (BA) aber nicht als Arbeit suchend gelten, weil sie weniger als 15 Wochenstunden arbeiten wollen. Andererseits werden nach der Stichprobenerhebung der ILO auch Personen als erwerbslos erfasst, die sich nicht bei den zuständigen Arbeitsbehörden melden. Darüber hinaus sind die auch die Begriffe aktive Suche und Verfügbarkeit unterschiedlich festgelegt. (vgl. Michael Hartmann, Thomas Riede, Erwerbslosigkeit nach dem Labour-Force-Konzept – Arbeitslosigkeit nach dem Sozialgesetzbuch: Gemeinsamkeiten und Unterschiede, in: Wirtschaft und Statistik, 4/2005, S.303–310)

Die Erwerbslosenquote nach dem ILO-Konzept fällt regelmäßig geringer aus, als die Arbeitslosenquoten der Bundesagentur für Arbeit. Beispielsweise wurde für das Jahr 2008 eine Arbeitslosenquote bezogen auf alle zivilen Erwerbspersonen von 7,8% ausgewiesen. Nach dem ILO-Konzept lag sie bei 7,2%. Gleichzeitig betrug die offene und versteckte Arbeitslosigkeit nach Angaben des Sachverständigenrates zur Begutachtung der gesamtwirtschaftlichen Entwicklung 10,1% (SVR Gutachten 2008/09, S.269).

Problematisch ist außerdem, dass die Arbeitslosenquote als Einzelindikator weder die Dauer noch die Struktur der Arbeitslosigkeit anzeigen kann. Andere Kriterien für die Beschäftigungssituation sind die Relation zwischen der Zahl der offenen Stellen und der Zahl der Arbeitslosen. Allerdings lässt sich auch die Zahl der offenen Stellen nicht exakt feststellen, da nicht alle freien Stellen der Arbeitsverwaltung gemeldet werden.

Neben den Personengruppen, die eigentlich Arbeit suchen, aber nicht beim Arbeitsamt registriert werden, gibt es sicherlich auch Arbeitssuchende, die das Arbeitsamt gar nicht erst aufsuchen. Beim Arbeitsamt melden sich in erster Linie diejenigen, die Ansprüche auf Arbeitslosenunterstützung haben. Viele sind vermutlich nicht registriert, obwohl sie vielleicht Arbeit suchen oder bei günstigerer Arbeitsmarktlage suchen würden. Dies dürfte vor allem auf nicht erwerbstätige Frauen im erwerbsfähigen Alter zutreffen, aber auch Umschüler oder Studenten, die nur studieren, weil sie keine Chance sehen, mit ihrer bisherigen Ausbildung Arbeit zu bekommen. Diese Personengruppe wird auch häufig als **Stille Reserve** bezeichnet.

Unechte Arbeitslosigkeit liegt vor, wenn Personen sich als arbeitslos registrieren lassen, aber eigentlich keine neue Arbeit annehmen wollen. Die Bereitschaft, eine neue Tätigkeit anzunehmen ist vor allem in Rezessionsphasen schwer überprüfbar, solange keine Arbeitsstelle angeboten werden kann.

Der Zielwert für die Arbeitslosenquote ändert sich im Zeitablauf. Meist geht man davon aus, dass eine Situation, in der die Zahl Arbeitslosen der Zahl der offenen Stellen entspricht, als Vollbeschäftigung angesehen werden kann. Mit steigender Zahl offener Stellen ändert sich dann auch die Arbeitslosenquote, die mit Vollbeschäftigung einhergehen kann. Dahinter steht die Vorstellung, dass ein Teil der Arbeitslosigkeit unvermeidlich ist – etwa Arbeitslosigkeit, die mit einem Stellenwechsel einhergeht oder dann auftritt, wenn ein Absolvent einer Ausbildung einen ersten Arbeitsplatz sucht.

Kennzeichnend für die Beschäftigungssituation in der Bundesrepublik Deutschland ist der schubartige Anstieg der Arbeitslosigkeit in den Jahren 1974/75 und 1981/83 (Vgl. Abb.1.1) sowie der allmähliche Aufwärtstrend bis 1991. Nach der Wiedervereinigung stieg die Arbeitslosenquote für Deutschland insgesamt bis 1997 an und verharrte auf hohem Niveau. Erst 2007/2008 wurde eine Entlastung am Arbeitsmarkt spürbar. Kennzeichnend für die Entwicklung ist, dass die jeweils steigende Arbeitslosigkeit in den Abschwungphasen der siebziger und achtziger Jahre in den darauf folgenden Aufschwungphasen nicht wieder rückgängig gemacht werden. Im Zuge der achtziger Jahre nahm auch die Zahl der gemeldeten offenen Stellen deutlich ab.

Bleiben Arbeitssuchende länger als ein Jahr arbeitslos, spricht man von Langzeitarbeitslosigkeit. Die Entwicklung dieser Form der Arbeitslosigkeit ist ein Indiz für die Dauerhaftigkeit der Arbeitsmarktprobleme. Mit zunehmender Dauer der Arbeitslosigkeit sinken die Chancen, wieder eine Arbeit zu bekommen. Es gibt darüber hinaus bestimmte Personengruppen, die auf dem Arbeitsmarkt als Risikogruppen angesehen werden können. Hierzu gehören Personen ohne abgeschlossene Berufsausbildung, ältere Arbeitnehmer, Personen mit gesundheitlichen Einschränkungen, oder Arbeitskräfte in bestimmten Branchen und Regionen, die nicht mobil sind. Nach der Dauer der Arbeitslosigkeit lassen sich weitere Arten von Arbeitslosigkeit unterscheiden (vgl. Übersicht 1.4).

```
                          ┌─────────────────────┐
                          │    Arbeitslosigkeit  │
                          └─────────────────────┘
         ┌──────────────┬──────────────┬──────────────┐
┌─────────────┐ ┌─────────────┐ ┌─────────────┐ ┌─────────────┐
│ Friktionell │ │ Saisonal    │ │ Konjunkturell│ │ Strukturell │
│ Sucharbeits-│ │ jahreszeit- │ │ kurz-/mittel-│ │ langfristig │
│ losigkeit   │ │ lich bedingt│ │ fristig     │ │             │
└─────────────┘ └─────────────┘ └─────────────┘ └─────────────┘
                                      ┌──────────────┬──────────────┐
                          ┌─────────────────────┐ ┌─────────────────────┐
                          │ im engeren Sinn     │ │ im weiteren Sinn    │
                          │ branchenbezogen,    │ │ gesamtwirtschaftlich│
                          │ regional            │ │                     │
                          └─────────────────────┘ └─────────────────────┘
```

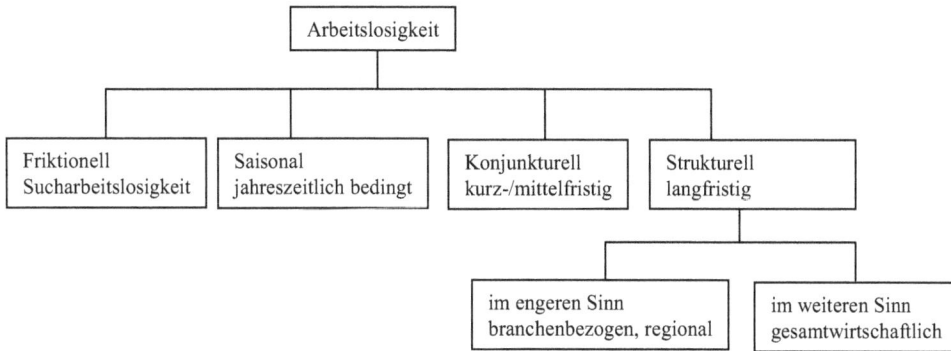

Übersicht 1.4: Formen von Arbeitslosigkeit

Vorübergehend können friktionelle und saisonale Arbeitslosigkeit auftreten. Unter der **friktionellen Arbeitslosigkeit** versteht man Reibungs- oder Fluktuationsarbeitslosigkeit, die beim Übergang von einer Stelle zur anderen entstehen kann, sowie um Sucharbeitslosigkeit, die entsteht, wenn ein Absolvent einer Ausbildung seinen ersten Arbeitsplatz sucht. Die friktionelle Arbeitslosigkeit ist einzelwirtschaftlich begründet, kann aber zu einem gesamtwirtschaftlichen Problem werden, weil sie gleichmäßig über alle Branchen, Regionen und Berufe streut. Ursachen können zum einen bei den Unternehmen liegen – z.B. wenn Betriebsteile aufgelöst werden, weil sie unwirtschaftlich geworden sind. Zum anderen kann friktionelle Arbeitslosigkeit von den Arbeitsanbietern verursacht werden, z.B. wenn nach der Ausbildung eine erste Arbeitsstelle gesucht werden muss oder ein Stellenwechsel gewünscht wird. Auch die Sucharbeitslosigkeit ist kurzfristig nicht vermeidbar, aber meist nur von begrenzter Dauer. Da die Fluktuation und der Erfolg der Arbeitsplatzsuche von der gesamtwirtschaftlichen Arbeitsmarktlage abhängig sind, ist die exakte Abgrenzung von der noch darzustellenden konjunkturellen Arbeitslosigkeit empirisch schwierig.

Saisonale Arbeitslosigkeit ist jahreszeitlich bedingt. Es handelt sich um ein kurzfristiges, nur teilwirtschaftliches Problem, da nur bestimmte Branchen betroffen sind. Diese Form geht auf Produktionsschwankungen im Jahresrhythmus, z.B. aufgrund von Klimawechsel oder Ferienterminen zurück. Beispiele sind Arbeitslosigkeit im Baugewerbe, in der Landwirtschaft oder im Tourismus. Saisonale Arbeitslosigkeit ist kurzfristig kaum vermeidbar. Das Problem der Saisonarbeitslosigkeit kann aber u.U. durch bestimmte Maßnahmen (z.B. Schlechtwettergeld) abgemildert werden. Das Ausmaß dieser Form der Arbeitslosigkeit ist u.a. von der Branchenstruktur in einem Land abhängig – insofern handelt es sich um eine strukturbedingte Form von Arbeitslosigkeit.

Im Zuge von Auslastungsschwankungen im Konjunkturzyklus entsteht kurz- und mittelfristig Arbeitslosigkeit im konjunkturellen Abschwung, die aber im Aufschwung wieder zurückgeht (**konjunkturbedingte bzw. konjunkturelle Arbeitslosigkeit**). Sie geht auf Auslastungsschwankungen in den vorhandenen Kapazitäten zurück und ist meist mit unterdurchschnittlichen Maschinenlaufzeiten verbunden, weil sich die Unterbeschäftigung nicht auf den Produktionsfaktor Arbeit beschränkt.

Daneben gibt es Formen von Arbeitslosigkeit, deren Dauer nicht auf bestimmte Phasen begrenzt ist. Diese strukturelle Arbeitslosigkeit kann einzelne Branchen, Berufe oder Regionen betreffen (**strukturelle Arbeitslosigkeit im engeren Sinn**), sie kann aber auch gesamtwirtschaftlich (**strukturelle Arbeitslosigkeit im weiteren Sinn**) auftreten. Entscheidendes Merkmal ist, dass die strukturelle Arbeitslosigkeit den Konjunkturzyklus überdauert, also langfristig anhält. Ist die Gesamtwirtschaft von Arbeitslosigkeit betroffen, kann dies z.B. auf generelle Wachstumsschwäche einer Volkswirtschaft zurückzuführen sein.

Strukturelle Arbeitslosigkeit im engeren Sinn liegt z.B. vor, wenn die Nachfrage nach den Erzeugnissen einer Branche zurückgeht, z.B. weil die Güter billiger importiert werden können (z.B. Textilindustrie). Ein weiterer Grund für strukturelle Arbeitslosigkeit können Diskrepanzen zwischen der Arbeitsnachfrage und den Arbeit suchenden Arbeitnehmern sein. Beispielsweise können im Zuge des Strukturwandels neue Anforderungen an die Beschäftigten auftreten. Angebotene und nachgefragte Qualifikationen passen dann nicht mehr zusammen (mismatch-Arbeitslosigkeit). Technologische Arbeitslosigkeit ist ein Spezialfall der strukturellen Arbeitslosigkeit, der durch Änderungen in der Produktionstechnik wichtiger Wirtschaftsbereiche ausgelöst wird. Beispielsweise führen technologisch bedingte Steigerungen der Arbeitsproduktivität – also der Ausbringungsmenge pro Arbeitsstunde –, die über das Produktionswachstum hinausgehen, zu technologischer Arbeitslosigkeit.

Bei struktureller Arbeitslosigkeit handelt es sich um ein längerfristig anhaltendes Problem. Ursachenadäquate Gegenmaßnahmen müssen bei einer Erhöhung der Anpassungsbereitschaft und -fähigkeit der Unternehmen und der Beschäftigten ansetzen.

Demgegenüber handelt es sich bei der konjunkturellen Arbeitslosigkeit um ein zeitlich befristetes Phänomen. Sie tritt in der Abschwungphase des Konjunkturzyklus auf, ist also mittelfristig wie die konjunkturellen Schwankungen selbst. Ursache sind Schwankungen der gesamtwirtschaftlichen Produktion, also eine Unterauslastung des Produktionsfaktors Arbeit im Zuge eines Abschwungs bzw. einer Rezession. Eine auf die gesamte Volkswirtschaft verbreitete konjunkturelle Arbeitslosigkeit kann daher durch konjunkturpolitische Maßnahmen gemildert oder abgebaut werden, die einen zu starken Abschwung bremsen und in einen Aufschwung überleiten. Empirisch ist es allerdings – wie bereits angedeutet – schwierig festzustellen, welche Form von Arbeitslosigkeit vorliegt.

Für die Bundesrepublik Deutschland lässt sich zeigen, dass die Schwankungen der Beschäftigung und der Produktion auf unterschiedlichem Niveau verlaufen. Zwar stimmen die Veränderungsrichtungen des Bruttoinlandsprodukts und der Beschäftigung weitgehend überein, die Veränderungsraten des Bruttoinlandsprodukts lagen aber stets über denen der Beschäftigung, d.h. ein Teil des Produktionszuwachses wurde ohne steigende Beschäftigung vollzogen. Dies geht mit einem kontinuierlichen Anstieg der Arbeitslosigkeit einher, die den Konjunkturzyklus überdauert, es liegt demnach ein Anstieg der strukturellen Arbeitslosigkeit vor (vgl. auch Abb.1.1).

1.1.2.3   Inflation

Die Preise einzelner Güter müssen bei marktwirtschaftlicher Koordination der einzelwirtschaftlichen Pläne flexibel sein, weil Preise Knappheitsrelationen anzeigen und Preisänderungen Anpassungsprozesse auslösen, die dazu führen, dass die Faktoren und Güter in die jeweils sinnvollste Verwendung gelangen. Flexible Preise erfüllen also Steuerungsfunktionen und tragen dazu bei, dass sowohl zeitpunktbezogen (statisch) als auch im Zeitablauf (dynamisch) eine gute Marktversorgung erreicht wird. Preisänderungen sind somit notwendig für die Steuerung über Märkte, auch wenn damit Preissteigerungen für einzelne stark nachgefragte Güter verbunden sind.

Problematisch hingegen sind Preisniveausteigerungen, also gleichgerichtete Erhöhungen der meisten Güterpreise in einer Volkswirtschaft, die insgesamt dazu führen, dass die Kaufkraft des Geldes bzw. des Einkommens abnimmt. Solche Preisniveausteigerungen werden als **Inflation** bezeichnet. Treten bei den meisten Gütern Preissenkungen ein, spricht man von **Deflation**. Deflation ist allerdings seltener zu beobachten. Im Folgenden stehen daher inflationäre Prozesse im Vordergrund.

Inflation ist ein makroökonomisches Phänomen, ein allgemeiner Kaufkraftverlust. Sie führt dazu, dass die Verbraucher insgesamt weniger kaufen können als zuvor.

Von einer Inflation wird nur dann gesprochen, wenn es sich um **fortgesetzte bzw. nachhaltige Preisniveausteigerungen** handelt. Zeitlich befristete Preissteigerungen, wie sie z.B. durch saisonal bedingte Knappheiten oder eine einmalige Erhöhung der Mehrwertsteuer zu einem bestimmten Zeitpunkt ausgelöst werden können, sind nicht als Inflation zu deuten.

Inflationäre Tendenzen stellen für die Wirtschaftspolitik ein Problem dar, weil sie die Wertaufbewahrungsfunktion des Geldes gefährden können. Die Überbrückungsfunktion des Geldes wird gefährdet und geldnahe Vermögensanlagen werden riskant. Tendenziell bevorzugen die Wirtschaftssubjekte bei Inflation inflationssichere Sachwerte wie z.B. Immobilien gegenüber Geldvermögen.

Häufig wird angenommen, dass konstante, relativ niedrige Inflationsraten vergleichsweise unproblematisch sind. Die Wirtschaftssubjekte können dann feste Erwartungen in Hinblick auf die Preisniveauentwicklung bilden. Das Preissystem behält seine Steuerungsfunktion und die Geldfunktionen sind weitgehend ungefährdet. Als problematisch gelten Phasen mit unvorhergesehenen und zunehmenden Inflationsraten. Entscheidungen werden kurzfristiger erfolgen, da die unkalkulierbare Inflation zu großer Planungsunsicherheit führt. Sind die tatsächlichen Inflationsraten höher als die erwarteten, besteht die Gefahr von Verstärkungseffekten der Inflation, weil die Wirtschaftssubjekte dann Güter horten. Diese Entwicklung wird häufig als Flucht in Sachwerte bezeichnet. Beispielsweise kann die Inflation zu Nachfragesteigerungen (vorweggenommene Nachfrage aus Angst vor Geldwertverlusten) führen, die weitere Preissteigerungen auf den Gütermärkten bewirken, auf denen die Nachfrage das Angebot übersteigt. Die Wirtschaftspolitik muss dann reagieren, um „Aufschaukelungsprozesse" oder „Selbstverstärkungseffekte" zu verhindern.

Gleichzeitig treten im Zuge von Inflation Verteilungseffekte auf. Diese lassen sich stichwortartig folgendermaßen charakterisieren:

- Schuldner festverzinslicher Kredite, die ja der Höhe nach langfristig fixiert sind erhalten, Vorteile gegenüber den Gläubigern.
- Bezieher fester Einkommen (Rentner, Lohn-, Gehaltsempfänger) haben Nachteile gegenüber Gewinnbeziehern.
- Geldvermögensbesitzer sind gegenüber denjenigen, die Sachvermögen besitzen, benachteiligt.

Die **Messung der Inflation** erfolgt anhand von **Preisindizes**, die sich generell als gewichtete Durchschnitte einer großen Zahl von Einzelpreisen deuten lassen. Beispielsweise berechnet das Statistische Bundesamt Verbraucherpreisindizes für verschiedene Haushaltstypen, Erzeugerpreisindizes, Im- und Exportpreisindizes.

Verbraucherpreisindizes sollen die durchschnittliche Preisentwicklung zwischen zwei Zeitpunkten für eine Vielzahl von Waren und Diensten darstellen, die von den privaten Haushalten üblicherweise gekauft werden. Dazu wird bei so genannten Laspeyres-Indizes ein Basisjahr festgelegt und ein so genannter **Warenkorb** von Gütern gebildet, die ein (repräsentativer) Haushaltstyp typischerweise kauft. Da der Warenkorb die Verbrauchsstrukturen möglichst genau erfassen soll, müssen die Güter entsprechend ihrer Bedeutung gewichtet werden (Wägungsschema). In diesem Zusammenhang muss festgelegt werden, für welchen Haushaltstyp der Index repräsentativ sein soll. Da sich die Verbrauchsgewohnheiten der Haushalte mittel und langfristig ändern, veraltet die Zusammenstellung des Warenkorbs im Zeitablauf. Um die Repräsentativität zu sichern müssen daher die Warenkörbe und Gewichtungsschemata in regelmäßigen Abständen aktualisiert werden.

Die grundsätzliche Vorgehensweise bei der Berechnung eines Preisindex wird in Übersicht 1.5 stark vereinfacht an einem Zahlenbeispiel veranschaulicht.

Gut	Preis p		Gewichtungsfaktor q	Wert des Warenkorbs p·q	
	Basisjahr o	Berichtsjahr 1	Basisjahr	Basisjahr	Berichtsjahr
	p_0	p_1	q_0	$p_0 \cdot q_0$	$p_1 \cdot q_0$
A	4,50	8,00	2	9,00	16,00
B	12,00	11,00	5	60,00	55,00
C	1,50	2,00	10	15,00	20,00
Summe				84,00	91,00

Übersicht 1.5: Beispiel zur Preisindex-Berechnung

$P = (91{,}00/84{,}00) \cdot 100 = 108{,}33$, d.h. die Lebenshaltung hat sich (gemessen am vorgegebenen Warenkorb) zwischen dem Basisjahr und dem Berichtsjahr um 8,33% verteuert.

Die Preise für die Güter des Warenkorbs werden bundesweit in mehr als 20.000 Geschäften in über 100 Orten erfragt. Aus diesen Informationen werden landes- und bundesweit geltende Durchschnittspreise ermittelt.

Im Beispiel handelt sich um einen basisjahrgewichteten Index, der nach der Formel des Preisindex nach Laspeyres berechnet wird.

$$P = \frac{\sum_{i=1}^{n} p_{it} \cdot q_{io}}{\sum_{i=1}^{n} p_{io} \cdot q_{io}} \ 100$$

Der Index i bezeichnet alle im Warenkorb enthaltenen Güter

Die Messung der Inflation durch einen Laspeyres-Index ist allerdings problematisch. Der Vorteil dieses Indextyps besteht zwar darin, dass der Berechnungsaufwand geringerer ist als bei Indizes mit jährlich aktualisierten Warenkörben (Berichtsjahrgewichtung bei so genannten Paasche-Indizes). Laspeyres-Indizes dürften aber die tatsächliche Preissteigerungsrate überzeichnen. Dafür gibt es eine Reihe von Gründen.

Die Kaufgewohnheiten der Verbraucher ändern sich im Zeitablauf. Solche Änderungen werden in einem Basisjahrgewichteten Index nur dann berücksichtigt, wenn für ein neues Basisjahr ein neuer Warenkorb ermittelt wird. Gleichzeitig weisen Produkte in ihrem Lebenszyklus einen typischen Preisverlauf auf. Neue Produkte sind in der Einführungsphase normalerweise relativ teuer, im Zuge der Expansionsphase sinken dann allerdings die Preise. Vermutlich gehen in die Berechnung der Preisindizes wenig neue Produkte ein, da sie in vielen Fällen von repräsentativen Haushalten (noch) nicht gekauft werden. Die Preissenkungen in der Expansionsphase wirken sich demnach nicht auf den Indexwert aus. Demnach sind Produkte mit Preissteigerungen im Warenkorb tendenziell überrepräsentiert. Man kann auch davon ausgehen, dass die Haushalte Güter mit starken Preissteigerungen durch andere ersetzen (Substitutionseffekt).

In vielen Fällen werden Produkte im Zeitanlauf qualitativ verbessert, was mit Preissteigerungen einhergehen kann. Diese qualitätsbedingten Preissteigerungen gehen in die Berechnung der Inflationsrate ein, obwohl sie eigentlich herausgerechnet werden müssten.

Neue Vertriebsformen wie z.B. Internet-Angebote werden zu wenig berücksichtigt. Geht man davon aus, dass die höhere Markttransparenz auf diesem Vertriebsweg preissenkende Wirkung hat, führt dies ebenfalls zu einer Überzeichnung des Indexwertes.

Unter anderem aufgrund dieser Überlegungen strebt die Europäische Zentralbank (EZB) eine Entwicklung des Preisindexes nahe, aber unter 2% an. Die Inflationsrate war in der Bundesrepublik Deutschland meist niedriger als in anderen Ländern. Manche Ökonomen bevorzugen vor diesem Hintergrund eine relative Stabilitätsdefinition. Relative Preisstabilität liegt demnach dann vor, wenn die inländische Preisentwicklung nicht stärker steigt als im Durchschnitt der wichtigsten Außenhandelspartner.

Allerdings ist auch das **Problem des Preisüberhangs** zu beachten. Der Vorjahresvergleich zeigt beschleunigte Preissteigerungen von Monat zu Monat erst verspätet an (Quasi-Durchschnittsbildung). Darüber hinaus stellt der Preisindex für die Lebenshaltung stellt auf Endprodukte ab. Es handelt sich demnach um einen Spätindikator. Erzeugerpreisindizes geben frühzeitigere Preisinformationen.

1.1.2.4   Außenwirtschaftliches Gleichgewicht

Internationale Transaktionen wie Güterim- und -exporte oder die Wanderung der Produktionsfaktoren Arbeit und Kapital zwischen verschiedenen Ländern kann die Auslastung der Produktionskapazitäten im Inland und die Verfügbarkeit von Kapital und Arbeit verändern. Damit nehmen diese Transaktionen Einfluss auf den Wirtschaftsprozess und auf die kurz- und langfristige Entwicklung von Produktion, Einkommen und Beschäftigung in einem Land. Ein außenwirtschaftliches Gleichgewicht bedeutet, dass ein Gleichgewicht zwischen Angebot und Nachfrage im Inland durch die grenzüberschreitenden Transaktionen nicht gestört wird. Dies ist dann der Fall, wenn die grenzüberschreitenden Güter-, Faktor-, und Kapitalbewegungen insgesamt (per Saldo) ausgeglichen sind. Dies bedeutet nicht, dass genauso viele Güter im- wie exportiert werden sollen, da zu den internationalen Transaktionen auch Faktor- und Kapitalbewegungen gehören. Im Fall des außenwirtschaftlichen Gleichgewichts ist der Saldo der Leistungsbilanz gleich 0 (vgl. Abschnitt 1.2.4).

Man kann das Ziel auch auf monetäre Größen beziehen: Ein **außenwirtschaftliches Gleichgewicht** liegt demnach vor, wenn grenzüberschreitende Güter-, Faktor- und Kapitalbewegungen zusammen die Devisenbestände bzw. Währungsreserven im Inland nicht verändern.

Ein außenwirtschaftliches Ungleichgewicht kann Wachstum, Beschäftigung und Geldwert im Inland negativ tangieren. Werden z.B. mehr Exporte als Importe getätigt, kann das u.U. wegen zu hoher Nachfrage Preissteigerungen im Inland auslösen. Ähnlich können Kapitalabflüsse ins Ausland zu Kapitalengpässen im Inland und damit c.p. zu steigendem Zinsniveau führen. Messkonzepte zur Erfassung des außenwirtschaftlichen Gleichgewichts werden im Zusammenhang mit der Zahlungsbilanz dargestellt (vgl. Abschnitt 1.2.3).

1.1.3   Aufgaben

1. Grenzen Sie die Begriffe Mikro-, Meso- und Makroökonomie gegeneinander ab. Was verstehen Sie unter dem Trugschluss der Verallgemeinerung?
2. Skizzieren Sie die Phasen des Konjunkturverlaufs anhand der makroökonomischen Größen Bruttoinlandsprodukt, Auslastung der Produktionskapazitäten, Arbeitslosenquote, Auftragseingang und Inflationsrate. Erläutern Sie dabei die Begriffe Früh-, Präsenz- und Spätindikatoren.
3. Erläutern Sie die Begriffe verdeckte und unechte Arbeitslosigkeit und skizzieren Sie, wie diese sich auf die Eignung der Arbeitslosenquote zur Erfassung des Problems auswirken.
4. Erläutern Sie, warum der Preisindex für die Lebenshaltung eines Privathaushaltes die Inflation nicht korrekt erfasst.
5. Was verstehen Sie unter einem außenwirtschaftlichen Gleichgewicht?

1.2 Ex post-Analyse: Beschreibung des Wirtschaftsprozesses

In diesem Kapitel

* verstehen Sie, dass in der Kreislaufanalyse die Austauschbeziehungen zwischen den Wirtschaftssubjekten als monetäre Ströme zwischen Polen (Sektoren) dargestellt werden und für jeden Pol das Kreislaufaxiom gilt. Dies bedeutet: Die Summe der Zahlungsausgänge muss am Ende der Periode (ex post) der Summe der Zahlungseingänge entsprechen.
* verstehen Sie die Aussage der ex-post-Identität, die sich am Vermögensänderungspol ablesen lässt.
* erkennen Sie, dass ein makroökonomisches Gleichgewicht vorliegt, wenn die ex post Identitäten bereits ex ante erfüllt sind, also für geplante Größen gelten.
* lernen Sie Aufbau und Bedeutung der Volkswirtschaftlichen Gesamtrechnungen kennen.
* verstehen Sie, dass in den Volkswirtschaftlichen Gesamtrechnungen die Wertschöpfung als Summe aller entstandenen Einkommen und zugleich als Wert des Güterangebots ermittelt wird.
* erfahren Sie, dass der Wert der gesamtwirtschaftlichen Produktion der Summe der entstandenen Einkommen entspricht.
* verstehen Sie, wie die Produktion einer Volkswirtschaft nach der Entstehungs-, Verwendungs- und Verteilungsrechnung dargestellt wird.
* lernen Sie die Zahlungsbilanz als Dokumentation der grenzüberschreitenden Transaktionen in einem bestimmten Zeitraum kennen.
* verstehen Sie, dass die Zahlungsbilanz insgesamt immer ausgeglichen ist, weil sie nach dem Prinzip der doppelten Buchführung geführt wird. Ungleichgewichte können nur auf den Teilbilanzen auftreten. Ein außenwirtschaftliches Gleichgewicht ist an einer ausgeglichenen Leistungsbilanz erkennbar.

Das Ziel der makroökonomischen **ex post Analyse** besteht darin, die Ergebnisse des Wirtschaftsprozesses aus der Sicht der Gesamtwirtschaft nachträglich, d.h. für einen abgeschlossenen Zeitraum zu beschreiben. (Nur) auf dieser Grundlage können die Entwicklung und die Zusammenhänge zwischen den makroökonomischen Größen in der **ex ante Analyse** erklärt und prognostiziert werden (vgl. Übersicht 1.6). Insofern ist die ex post-Analyse problemorientiert und geeignet, theoretische Erklärungsansätze empirisch zu überprüfen.

Ex post Analyse	Ex ante Analyse
Empirische Messung und Beschreibung grundlegender Größen des Wirtschaftsprozesses	Erklärung wirtschaftlicher Entwicklungen und Zusammenhänge zwischen gesamtwirtschaftlichen Größen = Kausalanalyse
= Beschreibung realisierter Größen, vergangenheitsorientiert	Beschreibung der Verhaltensweisen der Wirtschaftssubjekte, zukunftsorientiert

Übersicht 1.6: Ex post Analyse und ex ante Analyse

Da das Wirtschaften dem Ziel dient, mit Hilfe von knappen verfügbaren Mitteln Güter bereitzustellen, ist anzunehmen, dass die Wirtschaft eines Landes umso erfolgreicher ist, je mehr Mittel zur Bedürfnisbefriedigung sie bereitstellt. Die Summe aller in einer Volkswirtschaft produzierten Konsum- und Investitionsgüter – das Bruttoinlandsprodukt – wird daher häufig als Maß für den Wohlstand eines Landes und für die Leistungsfähigkeit einer Volkswirtschaft angesehen. Normalerweise werden die produzierten Güter mit ihren Marktpreisen bewertet, um sie vergleichbar zu machen. Das Inlandsprodukt misst demnach den am Markt erzielten Wert der gesamtwirtschaftlichen Produktion.

Die Beschreibung der Wirtschaftsprozesse umfasst zwei wichtige Teilbereiche:

In den **Volkswirtschaftlichen Gesamtrechnungen (VGR)**, die vom Statistischen Bundesamt (STBA) erstellt werden, werden die Austauschprozesse zwischen den – zu Aggregaten zusammengefassten – Wirtschaftssubjekten dargestellt. Die VGR liefert quantitativ-statistische Informationen über Größe und Struktur der Produktion, des Einkommens und der Ausgaben in einer Volkswirtschaft für vergangene Zeiträume (vgl. Abschnitt 1.2.3).

In der **Zahlungsbilanz (ZB)**, die für die Bundesrepublik Deutschland von der Deutschen Bundesbank erstellt wird, werden die grenzüberschreitenden Austauschprozesse erfasst. Es handelt sich um die Aufzeichnung aller ökonomischen Transaktionen, die innerhalb eines bestimmten Zeitraums zwischen Inländern und Ausländern stattfinden.

Grundlage dieser Rechenwerke ist die Überlegung, dass wirtschaftliches Handeln im Wesentlichen auf Austauschprozessen basiert, die sich zwischen Marktteilnehmern vollziehen. Die Betrachtung der Austauschbeziehungen zwischen Aggregaten ermöglicht es insofern, die Ergebnisse des Wirtschaftsprozesses zu beschreiben und ihr Zustandekommen zu erklären.

1.2.1   Kreislaufanalyse

Die Zusammenhänge zwischen volkswirtschaftlichen Größen werden nachfolgend im Rahmen eines **Kreislaufmodell**s veranschaulicht und beschrieben. Dieses Modell ermöglicht es, die verschiedenen Arten wirtschaftlicher Transaktionen zwischen den Wirtschaftssubjekten systematisch darzustellen. Es bezieht sich jeweils auf einen bestimmten Zeitraum, also z.B. auf ein Jahr.

Die kreislauftheoretische Betrachtung wurde erstmals von Francois Quesnay (1694–1774), dem Leibarzt Ludwigs des XV, entwickelt. In Analogie zum Blutkreislauf stellt er die Volkswirtschaft als in sich geschlossenes Gesamtsystem dar, dem so genannten Tableau économique (1758). Dabei werden Tauschprozesse oder Transaktionen zwischen Gruppen von Wirtschaftssubjekten als Verbindungen zwischen so genannten Polen (Aggregate oder Sektoren) abgebildet. Tauschprozesse werden als Zahlungs- oder Güterströme zwischen den Polen verstanden.

Geschlossene Volkswirtschaft ohne Staat

Der Grundgedanke der Kreislaufanalyse wird im Folgenden zunächst im einfachen Modell einer geschlossenen Volkswirtschaft ohne Staat und ohne außenwirtschaftliche Beziehungen erläutert. In einer solchen Volkswirtschaft gibt es nur die Pole Unternehmen (alle Unternehmen) und Haushalte (alle Haushalte). Zwischen diesen Polen finden Austauschbeziehungen statt. Zum einen fließt ein Güterstrom von den Unternehmen zu den Haushalten und ein Faktorleistungsstrom (z.B. Arbeitsleistungen) von den Haushalten zu den Unternehmen. Zu diesen **realen Strömen** verlaufen – entgegengerichtet – **monetäre** Ströme (Geldströme), nämlich die Zahlungen der Haushalte an die Unternehmen (für die Konsumgüter) und die der Unternehmen an die Haushalte (für die Faktorleistungen). Diese monetären Ströme stimmen wertmäßig mit den realen Strömen überein. Es ist üblich, in graphischen Kreislaufdarstellungen nur die monetären Ströme darzustellen. Dabei wird implizit unterstellt, dass Geld als Tauschmittel in hinreichendem Maß zur Verfügung steht. Geldschöpfung (vgl. Abschnitt 1.3.3) wird nicht betrachtet. Der dargestellte Kreislauf ist stets geschlossen.

Im Kreislaufdiagramm wird deutlich, dass Austauschbeziehungen zwischen den Polen bestimmte Merkmale aufweisen (vgl. dazu auch Abb.1.3). Jeder Zahlungsstrom ist zugleich Zahlungsausgang bei einem Pol und Zahlungseingang bei einem anderen Pol. Im dargestellten einfachen Kreislauf zwischen dem Haushaltspol (H) und Unternehmenspol (U) entspricht z.B. das Einkommen der Haushalte (Y_U) stets den Ausgaben der Unternehmen. Darüber hinaus entsprechen im geschlossenen Kreislauf für jeden Pol die Zahlungseingänge wertmäßig den Zahlungsausgängen. Diese Regelmäßigkeit wird als **Kreislaufaxiom** bezeichnet.

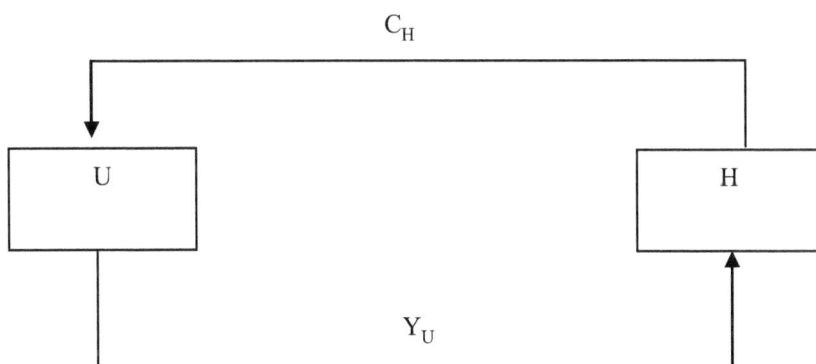

$$C_H$$

$$U \qquad\qquad H$$

$$Y_U$$

Abb. 1.3: Kreislaufschema mit 2 Polen (geschlossene Volkswirtschaft ohne Staat und Vermögensänderung)

Im einfachsten Kreislauf gilt, dass die Haushalte nicht sparen und die Unternehmen nur Konsumgüter herstellen. Das von den Unternehmen gezahlte Einkommen Y_U entspricht daher in diesem einfachen Fall der Summe der Konsumausgaben C_H und dem Wert der gesamten Produktion.

Wachsende Wirtschaft

Die stark vereinfachenden Annahmen des einfachen Modells werden im Folgenden schrittweise aufgehoben. Zunächst wird unterstellt, dass die Haushalte sparen, also nicht ihr gesamtes Einkommen für Konsumgüter ausgeben.

Haushalte bilden Geldvermögen, indem sie sparen, d.h. einen Teil ihres Einkommens nicht für Konsumgüter ausgeben sondern Konsumverzicht leisten. Die Form der Ersparnisbildung (z.B. Bankguthaben, Versicherungen oder Kauf von Wertpapieren) wird im Folgenden nicht beachtet, da sie für den Kreislaufzusammenhang ohne Bedeutung ist. In der Kreislaufanalyse wird – aggregiert im Vermögensänderungspol VÄ – nur die **Veränderung der Vermögensbestände** (Stromgröße) dargestellt (vgl. Abb. 1.4), aber nicht der Vermögensbestand, der auch in früheren Zeiträumen angesammelte Bestände umfasst.

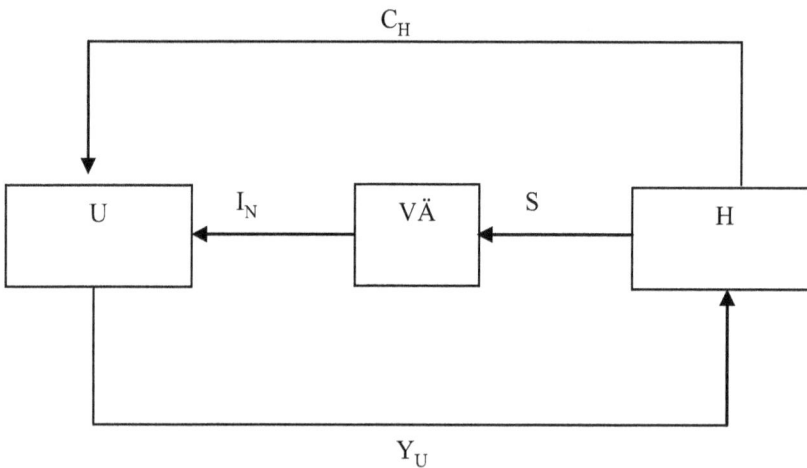

Abb. 1.4: Kreislauf mit drei Polen (geschlossene Volkswirtschaft ohne Staat mit Vermögensänderung)

Unternehmen bilden Vermögen in Form von Sachvermögen, z.B. in Form von Gebäuden, Maschinen und Lagerbeständen an Vor- und Fertigprodukten. Zu unterscheiden sind zum einen die Gesamtheit aller dauerhaften Produktionsmittel, die sich zu einem bestimmten Zeitpunkt in der Volkswirtschaft befinden (Sachkapitalbestand = Kapitalstock) und zum anderen die Investitionen (Stromgrößen). Kommen durch Investitionen der Unternehmen Sachkapitalgüter hinzu, steigt demnach der Kapitalstock. Bei den Investitionen handelt es sich um den Teil der produzierten Güter, die nicht in den Haushalten konsumiert werden sondern bei den Unternehmen verbleiben. Investitionsgüter können zum einen Güter sein, die für den Einsatz im Produktionsprozess hergestellt werden (z.B. Werkzeugmaschinen, Gebäude). Sie werden als Anlageinvestitionen (Bau- und Ausrüstungsinvestitionen) bezeichnet. Sie stellen normalerweise von den Unternehmen geplante oder freiwillige Investitionen dar. Zu den Investitionen zählen aber auch die Güter, die zwar für Haushalte hergestellt wurden, aber (noch) nicht abgesetzt wurden. Diese Lagerinvestitionen können auch ungeplant sein.

Investitionen bzw. die zu ihrer Finanzierung aufgenommenen Kredite erscheinen in der Kreislaufdarstellung als (monetärer) Strom vom Vermögensänderungspol zum Unternehmenspol. Dargestellt werden nur die **Nettoinvestitionen** I_N, d.h. der Zuwachs an Beständen von Investitionsgütern, da nur diese Vermögenszuwachs beinhalten und nur diese annahmegemäß extern finanziert werden, d.h. von einem Geldzufluss zum Unternehmenssektor begleitet werden. Darüber hinaus tätigen die Unternehmen normalerweise Ersatzinvestitionen, die dazu dienen im Produktionsprozess verbrauchte Produktionsanlagen wieder zu ersetzen. Ersatzinvestitionen, die über **Abschreibungen** finanziert werden, vollziehen sich insofern innerhalb des Unternehmenspols; sie reichen nicht über die Grenzen des Unternehmenssektors hinaus. Daher werden sie im Kreislaufdiagramm nicht dargestellt. Den Gegenwert für den Verbrauch von Produktionsanlagen stellen die Abschreibungen D dar. Auf die Probleme, die sich bei der Bewertung des Verbrauchs an Produktionskapital ergeben, wird an dieser Stelle nicht eingegangen. Die gesamten Investitionen – auch Bruttoinvestitionen I_B genannt – setzen sich somit aus den Nettoinvestitionen und den Abschreibungen zusammen (vgl. Übersicht 1.7).

Es gilt:

$I_B = I_N + D$

Bruttoinvestitionen I_B	
<ul><li>Lagerbestandsänderungen,</li><li>Änderungen des Bestands an Produktionsanlagen (Gebäude und Maschinen),</li><li>Bestände an Vorleistungsgütern</li></ul>	
Erweiterungsinvestitionen I_N	Ersatzinvestitionen (Abschreibungen) D
<ul><li>Zuwachs der Produktionskapazitäten</li><li>Lagerbestandsänderungen</li></ul>	<ul><li>Investitionen zum Ausgleich des Verbrauchs/Verschleißes an Produktionsanlagen</li></ul>

Übersicht 1.7: Arten von Investitionen

Aus dem Kreislaufaxiom ergibt sich, dass die Nettoinvestitionen der Unternehmen wertmäßig den Ersparnissen der privaten Haushalte entsprechen müssen, damit beide Pole ausgeglichen sind. Die Einkommenszahlungen an die privaten Haushalte stehen als herausfließender Strom den Einnahmen aus dem Verkauf von Konsumgütern gegenüber. Da die Haushalte aber einen Teil ihrer Einkommen sparen, ist die Summe der Konsumausgaben kleiner als die Einkommenszahlungen. Am Unternehmenspol entsteht somit eine „Finanzierungslücke", die mit Hilfe von Krediten geschlossen wird, welche die Unternehmen zur Finanzierung der Nettoinvestition aufnehmen. Die Kreditsumme muss wertmäßig der Ersparnis der privaten

Haushalte entsprechen, damit für alle drei Pole die Summe der Auszahlungen der Summe der Einzahlungen entspricht.

Eine Wirtschaft ohne Vermögensänderung ($S = I = 0$) ist eine **stationäre Wirtschaft**, d.h. die Produktionsmöglichkeiten einer solchen Wirtschaft bleiben unverändert. Eine Wirtschaft mit positiven Ersparnissen und Nettoinvestitionen ist dagegen eine wachsende Wirtschaft. Erhöht sich der Sachkapitalbestand, weiten sich die Produktionskapazitäten aus, so dass in der Zukunft eine höhere Produktion, also wirtschaftliches Wachstum, möglich ist. In der auf Stromgrößen beschränkten Kreislaufdarstellung ist (indirekt) auch zu erkennen, dass in der wachsenden Wirtschaft durch Spartätigkeit bei den Haushalten ein Vermögensbestand entsteht und in Höhe der kreditfinanzierten Nettoinvestitionen Forderungen gegenüber den Unternehmen entstehen. Der in Abb.1.4 dargestellte **Vermögensänderungspol** erfasst sämtliche vermögenswirksamen Transaktionen, also alle Zuwächse an Geld- und Sachvermögen (Lagerbestände, Produktionsmittel, Maschinen, Vorleistungen) bei den Unternehmen und Haushalten. Darüber hinaus stellt dieser Pol dar, wo die Mittel zur Finanzierung der gesamtwirtschaftlichen Nettoinvestition herkommen. Die Ersparnisse der Haushalte stellen einen hereinfließenden Strom zum Vermögensänderungspol dar, die Verwendung dieser Mittel, beispielsweise als Kredit zur Finanzierung der Erhöhung der Bestände an Produktionsanlagen einen herausfließenden Strom. Formal stellt dieser Pol – in laufender Rechnung – den Ausgleich der herein- und herausfließenden Ströme aller anderen Pole des Kreislaufs her. Der Vermögensänderungspol ist im Kreislaufmodell nicht mit dem Bankensektor identisch, da die Banken nicht nur Kredite gewähren. Als Anbieter von Dienstleistungen für private Wirtschaftssubjekte sind sie Teil des Unternehmenssektors.

Die Transaktionen zwischen den Polen einer Volkswirtschaft lassen sich graphisch (vgl. Abb.1.4) oder in Konten für die einzelnen Pole darstellen. In der Kontenform werden die Ströme nach dem Prinzip der doppelten Buchführung aufgezeigt. In dieser Darstellung entspricht jedem Pol ein Konto. Auf der linken Seite werden herausfließende Ströme verbucht, rechts die hineinfließenden Ströme. Jede Buchung tangiert zwei Konten. Abb. 1.5 verdeutlicht diese Darstellungsform anhand eines einfachen Zahlenbeispiels.

Die Ersparnisse der Haushalte stellen einen Zuwachs an Geldvermögen dar. Zwar erwerben die Haushalte kein Sachvermögen. Der Finanzierungsüberschuss der Haushalte ermöglicht aber den Unternehmen die Kreditfinanzierung einer Erhöhung der Sachvermögensbestände.

Einkommenskonto der Haushalte

C = 80	Y = 100
S = 20	

Produktionskonto der Unternehmen

Y = 100	C = 80
	I_N = 20

Vermögensänderungskonto

I_N = 20	S = 20

Abb. 1.5: Kontendarstellung für eine geschlossene Volkswirtschaft ohne Staat mit Vermögensänderung

Die Zusammenhänge lassen sich auch in Form von Gleichungsbeziehungen darstellen (vgl. Übersicht 1.8).

Pol	Zahlungsausgänge	Zahlungseingänge
Haushalte	C + S	Y
Unternehmen	Y	C + I_N
Vermögensänderung	I_N	S

Übersicht 1.8: Gleichungen in einer geschlossenen Volkswirtschaft ohne Staat

Bei der Gleichungsdarstellung wird für jeden Pol eine eigene Gleichung nach dem Prinzip des Kreislaufaxioms aufgestellt. Darüber hinaus sind die einzelnen Pole miteinander verknüpft: Dem Einkommen, das die Haushalte für Konsum oder Ersparnis verwenden können entspricht der Wert der Produktion bzw. des Angebots an Gütern.

Das Einkommen der Haushalte resultiert daraus, dass die Haushalte Faktorleistungen für den Produktionsprozess bereitstellen. In dem Maße wie produziert wird, entstehen daher grundsätzlich auch Einkommen; also entspricht der Wert der Güterproduktion dem Wert der Einkommen aller Wirtschaftssubjekte. Güter werden letztlich hergestellt, um auf Märkten verkauft zu werden; also ist die Produktion identisch mit dem Angebot.

Die Gleichungsbeziehung für den Vermögensänderungspol besagt, dass kreislauftheoretisch Sparen und (Netto-)Investitionen am Ende einer Planungsperiode gesamtwirtschaftlich übereinstimmen müssen. Sparen bedeutet Nachfrageausfall, d.h. Teile der Produktion gelangen nicht zu den Haushalten, sondern bleiben bei den Unternehmen. Definitionsgemäß handelt es sich dabei um Investitionsgüter, unabhängig davon, ob die Unternehmen diese Investitionen geplant haben, also in Form von Anlageinvestitionen tätigen wollten oder nicht. Ungeplante Investitionen treten oft in Form von Lagerinvestitionen (Lagerbestandsveränderungen) auf.

Dass Ersparnis und Nettoinvestitionen kreislauftheoretisch am Ende eines Wirtschaftsjahres übereinstimmen müssen, lässt sich auch anders begründen: Das im Unternehmenspol bereitgestellte Angebot an Gütern $C + I_N$ entspricht wertmäßig den gezahlten Einkommen, die vollständig für C und S verwendet werden. Der Wert der produzierten Konsum- und Investitionsgüter entspricht dabei der Summe der entstandenen Faktoreinkommen. Daraus ergibt sich die **ex-post-Identität**

$I_N = S$

Diese Identität lässt sich zum einen als Buchführungsprinzip verstehen. In diesem Sinn muss sie am Ende des Zeitraums, für den die Transaktionen zwischen den Wirtschaftssubjekten dargestellt werden, erfüllt sein. Sie ist insofern **ex post** eine **definitorische Beziehung**. Darüber hinaus kann diese Identität bezogen auf Planungsgrößen, also **ex ante** als **Gleichgewichtsbedingung** verstanden werden. Wenn die von den Haushalten geplanten Ersparnisse mit den von den Unternehmen geplanten Investitionen übereinstimmen, lassen sich die Pläne der Wirtschaftssubjekte erfüllen. Insofern gibt es keine Veranlassung zu Plankorrekturen. Es liegt somit ein Gleichgewicht vor.

Wenn die geplante Nachfrage nach Konsumgütern und das geplante Güterangebot nicht übereinstimmen, liegt ein Ungleichgewicht vor. Ist beispielsweise der geplante Konsum der Haushalte größer als die geplante Konsumgüterproduktion, sind nicht alle Pläne realisierbar. Es setzen Anpassungsprozesse ein, in deren Verlauf ungeplante Größen auftreten. Dies wird im Folgenden anhand eines Zahlenbeispiels verdeutlicht. Ausgangspunkt sind die folgenden Angaben zur geplanten Ersparnis und zu Konsum- und Investitionsplanungen der Wirtschaftssubjekte:

	Faktoreinkommen	Konsumpläne	Nettoinvestitions-/Sparpläne
Unternehmen	100	70	30
Haushalte	100	80	20

Der Anpassungsprozess kann unterschiedlich verlaufen. Denkbar ist, dass die Haushalte ihre Konsumpläne realisieren und die Unternehmen zuvor aufgebaute Lagerbestände verkaufen. Dies entspricht einer ungeplanten Nettoinvestition, die im Zahlenbeispiel den Wert von 10 annehmen müsste, damit ein Gleichgewicht entsteht.

$I_N real = I_N gepl - Lagerabbau = Sgepl$
$\qquad 30 - \quad 10 \qquad = 20$

Alternativ wäre denkbar, dass die Unternehmen ihr geplantes Konsumgüterangebot realisieren. In diesem Fall ergibt sich eine ungeplante Ersparnis in Höhe von 10.

$I_N real = I_N gepl = Sgepl + Sungepl$
$\qquad 30 = \quad 30 \qquad = 20 + 10$

Das Kreislaufmodell beschreibt nicht den **Verlauf** und die **Dauer des Anpassungsprozesses** zum Ausgleich, es verdeutlicht lediglich die Anpassungsrichtung. Die Anpassungsprozesse können auch durch Änderung von Güterpreisen oder Zinsen ausgelöst werden. Derartige Anpassungen werden in Teil 2 (ex ante Analyse) näher betrachtet.

Übersicht 1.9: Anpassungsprozesse zum Gleichgewicht

Die Pläne der Haushalte und der Unternehmen lassen sich zwar nicht empirisch erfassen. Die Kreislaufdarstellung verdeutlicht aber, dass die Pläne der verschiedenen Wirtschaftssubjekte nur realisierbar sind, wenn sie zusammen passen. Ökonomisch heißt das:

In einer geschlossenen Volkswirtschaft ohne Staat muss kreislauftheoretisch die geplante Investitionsnachfrage der geplanten Ersparnis entsprechen, damit am Gütermarkt weder eine Nachfragelücke ($C + I_N < C + S$) noch ein Nachfrageüberschuss ($C + I_N > C + S$) entstehen. Auch wenn die Identität nach den Planungen der Haushalte und Unternehmen nicht erfüllt ist, muss sie kreislauftheoretisch ex post, d.h. für realisierte Größen am Ende eines Beobachtungszeitraums erfüllt sein, Dies wird durch Anpassungsprozesse erreicht, in deren Verlauf ungeplante Größen auftreten (vgl. Übersicht 1.9).

Offene Volkswirtschaft ohne Staat

Normalerweise gibt es Austauschprozesse zwischen dem Inland und dem Ausland, die sich im Kreislaufmodell mit Hilfe des Auslandspols darstellen lassen. Vereinfachend wird unterstellt, dass alle grenzüberschreitenden Transaktionen über den Unternehmenspol abgewickelt werden. Die Haushalte haben also selbst keine unmittelbaren Transaktionen mit dem Ausland. In diesem Fall sind als zusätzliche monetäre Ströme die Zahlungen der inländischen Unternehmen für Importgüter und die Zahlungen des Auslands an die inländischen Unternehmen als Gegenwert für Exportgüter zu berücksichtigen. Importe werden somit als monetärer Strom von den inländischen Unternehmen zum Ausland dargestellt; Gegenwert für die Exporte ist ein monetärer Strom vom Ausland zum Inland. Der Auslandspol wird durch einen Kredit ausgeglichen, der Export- oder Importüberschuss finanziert. Übersteigen die Exporte die Importe, liegt per Saldo ein Zahlungseingang (monetärer Überschuss) im Inland bzw. ein Forderungszuwachs des Inlands gegenüber dem Ausland. Ein Exportüberschuss wird also als monetärer Strom dargestellt, der vom Vermögensänderungspol zum Auslandspol fließt.

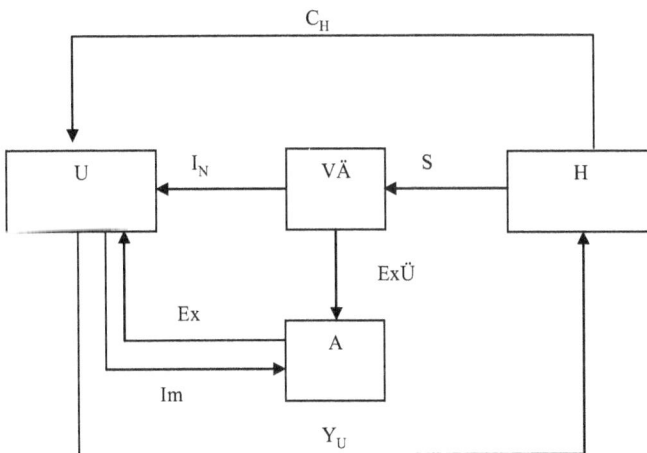

Abb. 1.6: Kreislauf mit 4 Polen (offene Volkswirtschaft mit Vermögensänderung ohne Staat)

Ein Exportüberschuss bedeutet, dass ein Teil des inländischen Einkommens nicht im Inland ausgegeben werden kann. Dementsprechend müssen die Ersparnisse der Haushalte bzw. der Unternehmen steigen. Am Vermögensänderungspol wird demnach ein Vermögenszuwachs dargestellt. In Abb.1.6 ist das Kreislaufschema für eine Wirtschaft mit 4 Polen dargestellt. In dieser Situation ergibt sich eine modifizierte Gleichungsdarstellung (vgl. Übersicht.1.10):

Pol	Zahlungsausgänge		Zahlungseingänge
Haushalte	C + S	=	Y
Unternehmen	Y + Im	=	C + I_N + Ex
Ausland	Ex	=	Im + (Ex − Im)
Vermögensänderung	I_N + (Ex − Im)	=	S

Übersicht 1.10 : Gleichungsbeziehungen für eine offene Volkswirtschaft ohne Staat

Für eine offene Volkswirtschaft ergibt sich eine veränderte Ex-post-Identität. Güterwirtschaftlich gesehen werden im Inland verkaufte Konsum- und Investitionsgüter sowie der Exportüberschuss produziert und es entstehen Einkommen in gleicher Höhe, die aber nur zum Teil in Inland zu Konsumgüternachfrage führen. Die Differenz zwischen Einkommen und Konsum, also das Sparen, muss wertmäßig der Summe aus Investitionsgüterproduktion und Exportüberschuss entsprechen. Umgekehrt bedeutet dies, dass die inländische Ersparnis das Außenhandelsdefizit des Auslands und die Nettoinvestitionen finanziert. Liegt ein Exportdefizit (= Importüberschuss) vor, erhöht sich die im Inland zur Verfügung stehende Gütermenge, so dass die Nettoinvestitionen abzüglich Exportdefizit der Ersparnis entspricht.

Offene Volkswirtschaft mit ökonomischen Aktivitäten des Staates

In den meisten Volkswirtschaften tritt auch der Staat als Anbieter und Nachfrager nach Gütern auf. Außerdem ergänzen staatliche Umverteilungsmaßnahmen die monetären Ströme zwischen den bereits genannten Polen. Erweitert man die Kreislaufbetrachtung um diese ökonomischen Aktivitäten des Staates, ergibt sich ein 5-poliger Kreislauf (vgl. Abb.1.7). Der zusätzliche Staatspol erfasst alle monetären Ströme, die zwischen den privaten Wirtschaftssubjekten und dem Staat fließen.

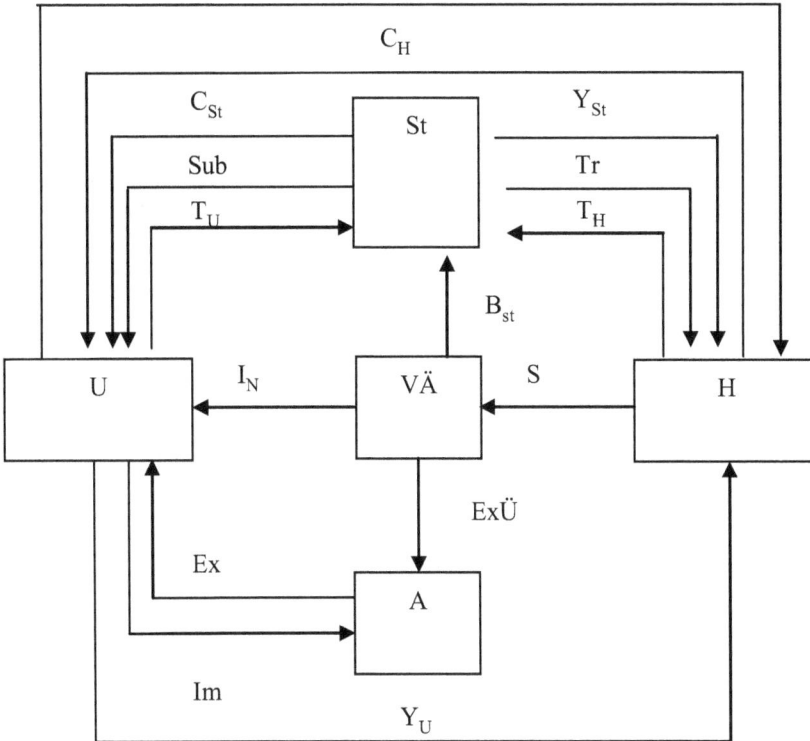

Abb. 1.7: Kreislauf mit 5 Polen (Offene Volkswirtschaft mit Staat und Vermögensänderung)

Der Staat stellt Waren und Dienste bereit, die nicht von Privaten angeboten werden (Rechtssicherheit, Verteidigung) oder deren private Erstellung und deren Verteilung nach dem Preismechanismus gesellschaftlich nicht akzeptabel wäre (Gesundheitswesen, Bildung). Um diese Leistungen zu erstellen, muss der Staat Vorleistungen und Produktionsfaktoren – vor allem Arbeitsleistungen – nachfragen. Diese staatliche Nachfrage wird als staatlicher Konsum (Staatsverbrauch) bezeichnet, im Folgenden ist von Staatsausgaben die Rede. Dabei wird nachfolgend nicht unterschieden, ob es sich um staatliche Konsum- oder Investitionsausgaben handelt. Die produzierten Leistungen werden überwiegend unentgeltlich an die privaten Haushalte abgegeben. Da die erstellten Leistungen nicht auf Märkten verkauft werden, existieren keine Marktpreise. Hilfsweise werden sie mit ihren Bereitstellungskosten bewertet. Der Staat erhebt Steuern, um die Staatsausgaben finanzieren zu können. Zusätzlich werden Zahlungen ohne Gegenleistung an die privaten Haushalte (Transfers) und Unternehmen (Subventionen) getätigt. Aus diesen Aktivitäten des Staates resultieren die folgenden Zahlungsströme:

- Die Staatsausgaben (Zahlungen des Staates an Unternehmen für Güterkäufe) C_{St} fließen vom Staat an den Unternehmenspol.
- Löhne und Gehälter für Angestellte des Staates werden als monetärer Strom vom Staat an die privaten Haushalte Y_{St} dargestellt.

- Subventionen an Unternehmen ohne spezielle Gegenleistung Sub stellen einen monetären Strom vom Staat zu den Unternehmen dar.
- Transferzahlungen an private Haushalte Tr ohne spezielle Gegenleistung (Sozialhilfe, Kindergeld) fließen vom Staat an die privaten Haushalte.
- Steuerzahlungen der privaten Haushalte T_H wie beispielsweise Einkommensteuern werden von den privaten Haushalten an den Staat gezahlt. Zur Vereinfachung wird unterstellt, dass diese Zahlungsströme auch die Beiträge zur Sozialversicherung beinhalten.
- Steuerzahlungen der Unternehmen T_U wie beispielsweise Umsatzsteuern werden von den Unternehmen an den Staat gezahlt.

Diese Ströme sind in Übersicht 1.11 in Gleichungsform dargestellt.

Pol	Zahlungsausgänge	Zahlungseingänge
Haushalte	$C_H + T_H + S$	= $\quad Y_U + Y_{ST} + Tr$
Unternehmen	$Y_U + Im + T_U$ =	$C_H + C_{ST} + Sub + Ex + I_N$
Staat	$C_{ST} + Y_{ST} + Sub + Tr$ =	$T_H + T_U + B_{ST}*$
* Budgetdefizit bei positivem Vorzeichen und Budgetüberschuss bei negativem Vorzeichen		
Ausland	Ex =	$Im + (Ex - Im)**$
** Außenhandelsüberschuss bei positivem Vorzeichen und Außenhandelsdefizit bei negativem Vorzeichen		
Vermögensänderung	$I_N + B_{ST} + (Ex - Im)$ =	S
B_{ST} Budgetsaldo des Staates. Budgetüberschuss (Ersparnis des Staates oder Vermögenszuwachs beim Staat, wenn die Summe der Einnahmen größer ist als die Summe der Ausgaben) bzw. Budgetdefizit des Staates, wenn die Ausgaben die Einnahmen übersteigen (Anstieg der Staatsverschuldung)		
Ex Exporte		
Im Importe		
$Ex - Im$ Außenhandelssaldo, d.h. Exportüberschuss, wenn die Exporte größer als die Importe sind und Importüberschuss, wenn die Importe größer sind als die Exporte		

Übersicht 1.11: Gleichungsbeziehungen für eine offene Volkswirtschaft mit ökonomischen Aktivitäten des Staates

Der Budgetsaldo des Staates (B_{ST}) ergibt sich als Differenz zwischen der Summe aller Einnahmen und der Summe aller Ausgaben. Ein Budgetüberschuss kann als Ersparnis des Staates verstanden werden und wird als monetärer Strom vom Staatspol zum Vermögensänderungspol verzeichnet. Ein Budgetdefizit des Staates wäre ein Strom zwischen diesen Polen mit umgekehrter Richtung. Für eine offene Volkswirtschaft mit ökonomischen Aktivitäten des Staates ergibt sich eine modifizierte ex-post-Identität, die sich aus der Gleichung für den Vermögensänderungspol ablesen lässt. Es gilt:

$$S = I_N + (Ex - Im) + B_{ST}$$

Die Nettoinvestitionen der Unternehmen, korrigiert um den Außenbeitrag und den Budget-saldo des Staates müssen der Ersparnis der privaten Haushalte entsprechen. Die privaten Ersparnisse dienen also der Finanzierung der Investitionen der Unternehmen. Darüber hinaus müssen sie eventuelle Budgetdefizite des Staates finanzieren. Übersteigen die Exporterlöse die Importeinnahmen, so muss schließlich ein Teil der privaten Ersparnisse ins Ausland fließen (z.B. in Form des Erwerbs inländischer Wertpapiere und Immobilien), da nur so das Ausland in die Lage versetzt wird, sein Außenhandelsdefizit gegenüber dem Inland zu finan-zieren. Die Merkmale der Kreislaufdarstellung sind in Übersicht 1.12 zusammengefasst.

1.Pole (Sektoren): Gruppen von Akteuren mit gleichen oder zumindest ähnlichen Funktionen

Arten von Kreislaufpolen:

Unternehmen (produzierende Einheiten): Unternehmen kaufen Produktionsfaktoren von Haushalten und von ande-ren Unternehmen und verkauften die produzierten Güter. Der Unternehmenspol umfasst alle inländischen Unter-nehmen.

Private Haushalte (konsumierende Einheiten): Haushalte stellen Produktionsfaktoren zur Verfügung, erhalten dafür Einkommen, das sie sofort oder später für Konsumgüter ausgeben.

öffentliche Haushalte: Sie erbringen – teilweise ohne Gegenleistung – staatliche Dienste und erhalten teilweise Zahlungen hoheitlich, d. h. ohne unmittelbare Gegenleistung

Ausland: alle nicht inländischen Wirtschaftseinheiten (Haushalte, Unternehmen, Staat).

Vermögensänderung („fiktiver" Sektor): erfasst alle Vorgänge, die die Veränderung von finanziellen Beständen in der Volkswirtschaft betreffen.

2.Ströme : Beziehungen zwischen Sektoren, d.h. gleichartige Übertragungen oder Zahlungsvorgänge zwischen Polen. Reale und monetäre Ströme entsprechen einander in der Größenordnung, sind aber entgegengesetzt gerichtet. Es werden nur monetäre Ströme dargestellt.

       Arten von monetären Strömen:

       Zahlungsströme für Bezug von Vorleistungen und Arbeitsleistungen

       Zahlungsströme für Kauf von Gütern/Diensten

       Monetäre Ströme im Zusammenhang mit der Ersparnis und der Finanzierung von Investitionen

       Zahlungen ohne Gegenleistungen: Steuern, Abgaben ,Transfers an Haushalte, Subventionen an Unter-nehmen

3. Diese Ströme sind zeitraumbezogen (z.B. auf 1 Jahr) und in jeweiligen Marktpreisen (Geldeinheiten) bewertet. Zahlungsvorgänge werden als Veränderungen erfasst. Die Höhe angesammelter Vermögensbestände wird nicht dargestellt.

4. Erfasst werden nur **Ströme zwischen den Polen,** d.h. keine Austauschbeziehungen innerhalb der Pole (z.B. Verkauf gebrauchter PKW von Haushalt zu Haushalt, Lieferung von Rohstoffen und Vorprodukten zum Zweck der Weiterverarbeitung zwischen Unternehmen).

5. Kreislaufaxiom (= Budgetprinzip): In einem geschlossenen Kreislauf ist die Summe der bewerteten Ströme, die in einem Sektor hineinfließenden, gleich der Summe der bewerteten Ströme, die aus diesem Sektor wieder heraus-fließen. In diesem Zusammenhang wird implizit unterstellt, dass keine Geldschöpfung stattfindet, welche das Volu-men der Geldströme verändern würde.

6. Darstellungsformen: Kreislaufdiagramm, Kontendarstellung (Nach Abschluss aller Buchungen muss jedes Konto ausgeglichen sein), Gleichungsdarstellung (ex post müssen die Identitäten erfüllt sein)

Übersicht 1.12: Merkmale der Kreislaufdarstellung

1.2.2   Volkswirtschaftliche Gesamtrechnungen

1.2.3.1   Beschreibung der gesamtwirtschaftlichen Produktionstätigkeit

Die **Volkswirtschaftlichen Gesamtrechnungen (VGR)** dokumentieren die Entwicklung und die Zusammenhänge zwischen wichtigen gesamtwirtschaftlichen Größen. Dieses nachfolgend in der Einzahl angesprochene System beruht gedanklich auf der Kreislaufvorstellung und kann als methodische Grundlage für die Erklärung der wichtigsten gesamtwirtschaftlichen Wirkungszusammenhänge herangezogen werden. Die Volkswirtschaftliche Gesamtrechnung stellt die Datengrundlage bereit, um ökonomische Hypothesen zu formulieren und empirisch zu überprüfen. Gleichzeitig liefert sie aber auch Informationen für die Wirtschaftspolitik. Daten werden benötigt, um wirtschaftspolitische Ziele zu operationalisieren und die Zielerreichung zu überprüfen. Die VGR ist also die Datengrundlage zur Beschreibung, Erklärung und Gestaltung des Wirtschaftsprozesses.

Die VGR stellt eine ex post Betrachtung dar und bezieht sich jeweils auf einen abgelaufenen Zeitraum, im Regelfall auf ein Jahr. Die Beschreibung der gesamtwirtschaftlichen Größen bietet zugleich Ansatzpunkte zur Beurteilung der Auswirkungen wirtschaftspolitischer Maßnahmen auf diese Größen.

Das Ziel der Volkswirtschaftlichen Gesamtrechnung besteht darin, zu ermitteln, wie groß der Wert der in einer Periode in einer Volkswirtschaft produzierten Güter ist. Es soll also die Leistungsfähigkeit einer Volkswirtschaft ermittelt werden. Da in vielen Fällen auch internationale Vergleichbarkeit dieser Rechensysteme gewünscht wird, erstellt das Statistische Bundesamt die VGR auf der Basis des Europäischen Systems der Volkswirtschaftlichen Gesamtrechnungen (ESVG 1995).

Wie in der Kreislaufbetrachtung werden **gleichartige Vorgänge zu Strömen** zusammengefasst und Personen bzw. Institutionen, die im Wirtschaftsprozess ähnliche Funktionen ausüben, zu Polen bzw. Sektoren. Wirtschaftliche Beziehungen innerhalb der Pole bleiben unberücksichtigt.

Die VGR beruht auf den folgenden Annahmen:

- Die Produktion erfolgt nur durch die Unternehmen. Die entsprechenden Transaktionen lassen sich auf einem **gesamtwirtschaftlichen Produktionskonto** darstellen.
- Alle Faktoreinkommen fließen den Haushalte zu. Die entsprechenden Ströme lassen sich auf einem **gesamtwirtschaftlichen Einkommenskonto** zusammenfassen.
- Vermögensänderungen werden sich zu einem **gesamtwirtschaftlichen Vermögensänderungskonto** aggregiert. Einkommensbestandteile, die von den privaten Haushalten nicht für den Kauf von Gütern verwendet werden, können oder müssen den Unternehmen (häufig als Kredit) zufließen und dort investiert werden. Die Unternehmen müssen gewollt oder ungewollt ihr Sachvermögen in diesem Umfang erhöhen. Dies sind die Nettoinvestitionen der Unternehmen, die u.U. auch in Form von Lagerbestandserhöhungen (an Konsumgütern) vollzogen werden. Auf jeden Fall beinhalten sie eine Änderung des Realvermögens im Unternehmensbereich.

Die VGR stellt das Gesamtergebnis aller Produktionsvorgänge innerhalb des Wirtschaftskreislaufs in Form des Inlandsproduktes dar. Das Inlandsprodukt ist eine Wertgröße, die alle in einer Volkswirtschaft produzierten Sachgüter und Dienste – in Geldeinheiten bewertet – erfasst. Der Gesamtproduktion stehen Einkommen in gleicher Höhe gegenüber, die im Zuge des Produktionsprozesses entstehen. Die Vorgehensweise bei der Ermittlung des Inlandsproduktes wird im Folgenden zunächst anhand eines einfachen Beispiels erklärt.

In einer Volkswirtschaft verkauft ein Förster Bäume, die ein Lohnarbeiter in seinem Wald geschlagen hat, an einen Möbelhersteller. Dieser stellt daraus mit Hilfe von Arbeitskräften Möbel her, die über den Handel an die Endverbraucher verkauft werden. Der Produktionsprozess lässt sich folgendermaßen in Kontenform beschreiben:

Förster

Löhne	100	Umsatz	150
Gewinn	50		

Möbelhersteller

Holzkauf	150	Möbelverkauf 250
Löhne	70	
Gewinn	30	

Möbelhändler

Möbeleinkauf	250	Möbelverkauf	
Löhne	60	an Endverbraucher	330
Gewinn	20		

Bei einem solchen mehrstufigen Produktionsprozess entspricht die Summe aller Umsätze (150 + 250 + 330) oder der Wert aller hergestellten Güter dem **Bruttoproduktionswert** (730). Der Wert der Güter, die an Endverbraucher abgegeben werden können, beträgt jedoch nur 330, ist also kleiner als die Summe aller Umsätze.

Die Differenz beruht darauf, dass in der Summe aller Umsätze der Wert der Produktion aller vorgelagerten Erzeugungsstufen auf jeder weiterverarbeitenden Produktionsstufe noch einmal mitgezählt wird. Dies führt zu einer „Aufblähung" des Produktionswertes, die umso größer ist, je arbeitsteiliger eine Volkswirtschaft organisiert ist. Um eine solche Doppelzählung zu vermeiden, wird die Summe aller Umsätze um den Wert der Güter korrigiert, die eine vorangehende Produktionsstufe geschaffen hat. Diese Größe wird als **Vorleistung** bezeichnet. Darunter versteht man den Wert der Güter, die inländische Unternehmen von anderen bezogen und bei der Produktion verbraucht haben. Bei den einzelnen Produktionsstufen stellt die Differenz zwischen dem Wert der jeweils produzierten Güter zu ihren Verkaufspreisen und den jeweiligen Vorleistungen die Wertschöpfung der entsprechenden Produktionsstufe dar.

Für das oben dargestellte Zahlenbeispiel gilt:

Bruttoproduktionswert = Summe aller Umsätze	730
– Vorleistungen aller Produktionsstufen (= 150 + 250)	– 400
= Inlandsprodukt	= 330

Die Differenz zwischen dem Bruttoproduktionswert und den Vorleistungen wird auch als **Nettoproduktionswert** bezeichnet. Je mehr der Produktionsprozess in verschiedene Produktionsstufen unterteilt ist, je arbeitsteiliger also produziert wird, desto höher muss der Bruttoproduktionswert im Vergleich zum Nettoproduktionswert sein.

Es lässt sich zeigen, dass dem Inlandsprodukt, also der Summe aller Wertschöpfungen auf den einzelnen Produktionsstufen in gleicher Höhe Einkommenszahlungen gegenüberstehen. Dazu werden die Löhne und Gewinne auf allen Produktionsstufen addiert:

Produktionsstufe 1	100 + 50 = 150
Produktionsstufe 2	70 + 30 = 100
Produktionsstufe 3	60 + 20 = 80
Summe aller Einkommen	330

Bei komplexeren Produktionsprozessen setzt sich der Bruttoproduktionswert nicht nur aus allen Umsätzen aller Unternehmen einer Volkswirtschaft zusammen. Zusätzlich muss auch der Wert der nicht verkauften Produktion in die Berechnung des Produktionswertes einbezogen werden. Dies umfasst die Erhöhung der Lagerbestände, der Eigenverbrauch und den Wert selbst erstellter Anlagen.

Die Summe der sektoralen Nettoproduktionswerte aller Wirtschaftsbereiche entspricht – nach einer hier nicht dargestellten Bereinigung – dem **Bruttoinlandsprodukt** bzw. der **Bruttowertschöpfung**. Das Bruttoinlandsprodukt drückt den Wert aller in einer Periode erzeugten und zu Marktpreisen bewerteten Waren und Dienstleistungen aus. Demnach entspricht der Nettoproduktionswert eines Wirtschaftsbereichs seinem Beitrag zum Bruttoinlandsprodukt. Dieser Beitrag zum Bruttoinlandsprodukt entspricht dem Wert der Güterproduktion und gleichzeitig dem Einkommen, das in diesem Wirtschaftsbereich entstanden ist. Bei diesen Bezeichnungen werden die Begriffe „Brutto" und „Netto" unterschiedlich verwendet. Dies wird im Folgenden noch deutlicher.

Die erzeugten Güter können Konsumgüter oder Investitionsgüter sein. Investitionsgüter dienen teilweise nur dem Ersatz verbrauchter Maschinen/Anlagen. Geht man vom Wert aller produzierten Güter aus, umfasst das so berechnete Bruttoinlandsprodukt alle Investitionsgüter, also auch die Ersatzinvestitionen. Will man den Wert der Produktion abzüglich desjenigen Teils berechnen, der zum Ersatz von im Produktionsprozess verbrauchten Produktionsanlagen dient, muss das Bruttoinlandsprodukt um die **Abschreibungen** korrigiert werden. Dann erhält man das Nettoinlandsprodukt. Da die Bewertung der Produktion überwiegend zu Marktpreisen erfolgt, spricht man auch vom Inlandsprodukt zu Marktpreisen.

Die Bewertung zu Marktpreisen beinhaltet allerdings auch Elemente, die auf die Einflussnahme des Staates zurückzuführen sind. Wenn der Staat indirekte Steuern (wie z.B. die Mehrwertsteuer oder Steuern auf Tabak oder alkoholische Getränke) erhebt, erhöhen sich tendenziell die Marktpreise; zahlt er Subventionen, ermöglicht er es den Unternehmen, ihre Produkte zu einem Preis am Markt anzubieten, der unter ihren Produktionskosten liegt. Will man diese staatliche Beeinflussung der Preise unberücksichtigt lassen, muss die Bewertung der Güter korrigiert werden. Rechnet man aus dem Bruttoinlandsprodukt zu Marktpreisen die indirekten Steuern ab und addiert die Subventionen, ergibt sich das **Bruttoinlandsprodukt zu Faktorkosten.** Es gilt:

> Bruttoinlandsprodukt zu Marktpreisen
>
> – indirekte Steuern
>
> + Subventionen
>
> Bruttoinlandsprodukt zu Faktorkosten

Der Saldo aus indirekten Steuern und Subventionen wird als **Nettogütersteuern** bezeichnet. Hierzu gehören z.B. nicht-abziehbare Umsatzsteuern, Importabgaben (Zölle, Verbrauchsteuern und Abschöpfungsbeträge auf eingeführte Güter) und sonstige Gütersteuern (Verbrauchsteuern, Vergnügungssteuern, Versicherungssteuer). Diese Steuern werden mit den Subventionen saldiert, die bei produzierten oder eingeführten Gütern gezahlt werden. In der Bewertung des Bruttoproduktionswerts zu Marktpreisen sind diese Nettogütersteuern enthalten (vgl. Übersicht 1.13).

Das Bruttoinlandsprodukt zu Marktpreisen bezieht sich auf die im Inland entstandene Wertschöpfung. Diese zugrunde liegende Produktion wird aber nicht nur von Inländern sondern auch von ausländischen Wirtschaftssubjekten erstellt. Es gibt einen grenzüberschreitenden Austausch von Faktorleistungen, z.B. wenn in grenznahen Regionen Pendler in Inland wohnen, aber im Ausland arbeiten und umgekehrt oder wenn Inländer Vermögenseinkommen aus dem Ausland beziehen (z.B. Dividenden) und umgekehrt. Die Beachtung dieser Tatsache führt zur Unterscheidung zwischen dem Inlandsprodukt und dem Nationaleinkommen (früher als Inlandsprodukt bezeichnet), das sich auf die von Inländern erzeugte Wertschöpfung bezieht. Zum **Bruttonationaleinkommen** gehören alle von Inländern erzeugten Güter. Inländer sind alle Personen bzw. Unternehmen, die ihren Haupt(wohn)sitz bzw. den Schwerpunkt ihrer ökonomischen Aktivitäten im Inland haben. Auch Gastarbeiter mit festem Wohnsitz im Inland zählen hier zu den Inländern. Entscheidend ist also der ständige Wohnsitz bzw. ständige Betriebsstandort, nicht die rechtliche Staatsangehörigkeit.

Summe aller Umsätze

+ selbst erstellte Anlagen

+ Eigenverbrauch

+ Lagerbestandsveränderungen

= **Bruttoproduktionswert** (1)

– Vorleistungen

= **Nettoproduktionswert, entspricht annähernd der Bruttowertschöpfung(2)**

= **Bruttoinlandsprodukt bewertet zu Marktpreisen**

– Abschreibungen

= **Nettoinlandsprodukt zu Marktpreisen**

– Nettogütersteuern (3)

= Nettoinlandsprodukt bewertet zu Faktorkosten

+ Saldo der Einkommen aus der übrigen Welt (Einkommenszahlungen aus dem Ausland an Inländer abzüglich der Einkommenszahlungen des Inlands an Ausländer) einschl. der Nettoproduktionsabgaben (4)

= Nettonationaleinkommen zu Faktorkosten

= Volkseinkommen

– direkte Steuern einschl. Sozialversicherungsbeiträge

+ Transferzahlungen an private Haushalte

= verfügbares Einkommen

– Sparen der privaten Haushalte

= Konsumausgaben der Privaten Haushalte

(1) Die Bewertung zu Marktpreisen wird um die so genannten Nettogütersteuern korrigiert. (2) Die amtliche Statistik umfasst allerdings als Korrekturgrößen die nicht- abziehbare Umsatzsteuer und Entgelte für unterstellte Bankdienstleistungen, auf die hier nicht näher eingegangen wird. Es gilt: Bruttowertschöpfung (unbereinigt) – Entgelte für unterstellte Bankdienstleistungen = bereinigte Bruttowertschöpfung – nicht abziehbare Umsatzsteuer bzw. Einfuhrabgaben = Bruttoinlandsprodukt zu Marktpreisen. (3) Unmittelbar auf Güter zu zahlende Steuern werden abgezogen und unmittelbar güterbezogene Subventionen addiert. (4) Saldo aus Abgaben an die EU und Subventionen von der EU.

Übersicht 1.13: Berechnung wichtiger Größen der VGR

Zum Bruttoinlandsprodukt gehören hingegen alle in einer Periode im Inland erzeugten Güter, unabhängig vom Wohnort derjenigen, die daran gearbeitet haben. Entscheidend ist Ort der Einkommenserzielung und nicht die Frage, wem die Produktionsfaktoren gehören, die eingesetzt wurden. Aus dem Bruttoinlandsprodukt zu Marktpreisen ergibt sich das Bruttonationaleinkommen zu Marktpreisen, indem die Einkommenszahlungen aus dem Ausland an Inländer addiert und die Einkommenszahlungen des Inlands an Ausländer subtrahiert.

>   Bruttoinlandsprodukt zu Marktpreisen
>   – Einkommen, die Ausländer im Inland erzielen
>   + Einkommen, die Inländer im Ausland erzielen
>
>   = Bruttonationaleinkommen zu Marktpreisen

Im Saldo der Einkommen aus der übrigen Welt sind die so genannten **Nettoproduktionsabgaben** (Saldo aus den Abgaben, die an die EU fließen und den Subventionen, die die EU zahlt) enthalten. In Übersicht 1.13 wird zusammenfassend ein Rechenweg erläutert, der unter anderem von der Summe der Umsätze zum Nettonationaleinkommen zu Faktorkosten führt.

1.2.3.2   Entstehungs-, Verwendungs- und Verteilungsrechnung

Neben dem Gesamtwert der Produktion soll die Entstehung, die Verteilung und die Verwendung der Güter aufgezeigt werden, um Ansatzpunkte für die Erklärung des Wirtschaftsprozesses zu finden. Gleichzeitig sollen die Austauschbeziehungen zwischen aggregierten (zusammengefassten) Größen wie der gesamtwirtschaftlichen Produktion, der Investition, dem Konsum und der Ersparnis dargestellt werden.

Zur Ermittlung des Bruttoinlandsprodukts gibt es daher verschiedene Berechnungskonzepte, die zum gleichen Gesamtergebnis führen. In Übersicht 1.14 sind Elemente und Anwendungsmöglichkeiten der Berechnungskonzepte dargestellt. In Übersicht 1.15 werden Angaben zur aktuellen Größenordnung der Werte für die Bundesrepublik Deutschland für das Jahr 2008 zusammengestellt.

Entstehungsrechnung

Die Gesamtproduktion entsteht in verschiedenen Wirtschaftsbereichen. Somit lässt sich die **Produktionsstruktur** beschreiben bzw. darstellen, in welchen Produktionsbereichen die Einkommen der Volkswirtschaft erwirtschaftet werden. Beispielsweise würde im oben dargestellten Möbelproduktionsbeispiel erkennbar, welche Beträge Fortwirtschaft, Möbelhersteller und Möbelhandel zur gesamten Wertschöpfung leisten. Dieses Berechnungskonzept wird als **Entstehungsrechnung** bezeichnet. Die zugrunde liegende Einteilung der tätigkeitsbezogenen Wirtschaftsbereiche unterscheidet – in einer groben Unterteilung – 6 Wirtschaftsbereiche. Die Land-/Forstwirtschaft einschließlich Fischerei entspricht dem primären Bereich, das Produzierende Gewerbe und die Bauwirtschaft werden als sekundäre Bereiche bezeichnet und die drei Dienstleistungsgruppen (1) Handel, Gastgewerbe, Verkehr, (2) Finanzierung, Vermietung und Unternehmensdienstleister sowie (3) öffentliche und private Dienstleister bilden den tertiären Sektor.

Die Entstehungsrechnung liefert die erforderlichen Informationen für Strukturanalysen. Mit ihrer Hilfe lässt sich darstellen, in welchen Wirtschaftsbereichen die Produktion und die Einkommensentstehung erfolgen. Langfristige Veränderungen der Anteile der einzelnen Wirtschaftsbereiche an der Gesamtproduktion in einer Volkswirtschaft beschreiben den Strukturwandel.

Verwendungsrechnung

Neben der Einkommensentstehung kann die Güterverwendung zur Berechnung des Bruttoinlandsproduktes herangezogen werden. Im Rahmen der **Verwendungsrechnung** werden die verschiedenen Güter danach unterschieden, für welchen Verwendungszweck sie nachgefragt werden. Unterschieden werden

- **Private Konsumausgaben**, zu denen die Konsumausgaben der privaten Haushalte und die Konsumausgaben (= Eigenverbrauch) der privaten Organisationen ohne Erwerbszweck (z.B. Parteien und Verbände) gehören.

- die **Konsumausgaben des Staates,** die dem Wert der vom Staat selbst produzierten Güter und den Ausgaben für Güter entsprechen, die als soziale Sachtransfers (z.B. die Dienstleistungen des Gesundheits- und Erziehungswesens) den privaten Haushalten als Konsum bereitgestellt werden.
- die **Bruttoinvestitionen**. Sie umfassen Käufe von Anlagen, deren Nutzungsdauer mehr als ein Jahr beträgt. Zu den Bruttoanlageinvestitionen gehören Ausrüstungen (Maschinen, Geräte, Fahrzeuge), Bauten und Sonstige Anlagen (z.B. Computersoftware).
- **Vorratsänderungen**
- Diese vier Komponenten stellen die **inländische Verwendung** dar. Darüber hinaus können die im Inland hergestellten Güter aber auch exportiert werden und die im Inland verfügbare Gütermenge wird durch die Importe erhöht. Das Bruttoinlandsprodukt umfasst daher auch
- den **Außenbeitrag**, die Differenz zwischen Exporten und Importen von Waren und Dienstleistungen.

Da die verschiedenen Nachfragekomponenten im Konjunkturzyklus unterschiedlich stark schwanken können, bildet die Verwendungsrechnung die Grundlage für Konjunkturanalysen.

Wurden im Rahmen der nationalen VGR in der Verwendungsrechnung die Sektoren Unternehmen, Staat, übrige Welt und private Haushalte einschließlich Privater Organisationen ohne Erwerbszweck unterschieden, lässt sich nach der Anpassung der VGR an die Europäische Verordnung zur Volkswirtschaftlichen Gesamtrechnung der Unternehmenssektor nicht mehr eindeutig erfassen, da Einzelunternehmer jetzt zu den privaten Haushalten zählen. Die neu abgegrenzten Sektoren der Verwendungsrechnung sind: Private Organisationen ohne Erwerbszweck, Private Haushalte, finanzielle Kapitalgesellschaften, nicht-finanzielle Kapitalgesellschaften, Staat und übrige Welt.

Verteilungsrechnung

Im Rahmen der Verteilungsrechnung wird das Nationaleinkommen, das den Inländern zufließt, aus den verschiedenen Einkommensarten ermittelt. Dazu wird zunächst das Bruttonationaleinkommen um den Saldo der von der übrigen Welt empfangenen Primäreinkommen und der Produktions- und Importabgaben an den Staat korrigiert. Subtrahiert man zusätzlich die Abschreibungen erhält man das Nettonationaleinkommen oder Primäreinkommen (zu Faktorkosten), das dem **Volkseinkommen** entspricht. Das Volkseinkommen setzt sich aus den Arbeitnehmerentgelten und aus den Unternehmens- und Vermögenseinkommen, die Selbständige oder Arbeitnehmer erhalten, zusammen. Zu den Arbeitnehmerentgelten zählen die Löhne und Gehälter der abhängig Beschäftigten und der Beamten.

Diese Einkommen stehen allerdings nicht vollständig den privaten Haushalten zur Verfügung. Korrigiert man das Volkseinkommen um die direkten Steuern und die Abgaben zur Sozialversicherung und addiert die Transferzahlungen dazu, die der Staat an private Haushalte leistet, erhält man das **verfügbare Einkommen der privaten Haushalte**. Diese Größe steht den privaten Haushalten zur Verfügung, d.h. sie können sie auf privaten Konsum und Ersparnis aufteilen. Werden die Einkommen konsumiert, können sie für im Inland erzeugte Güter oder für ausländische Produktionen ausgegeben werden.

Begriff	Entstehungsrechnung	Verteilungsrechnung	Verwendungsrechnung
Elemente	Bruttoproduktionswert, Brut-towertschöpfung der einzelnen Wirtschaftsbereiche	Summe aller Einkommensarten, Nettonational-einkommen zu Faktorkosten	Endnachfragekomponen-ten (privater Konsum, Bruttoinvestition, Staats-verbrauch, Außenbeitrag)
Anwendung	Datengrundlage für die Struk-turpolitik	Datengrundlage für die Ein-kommens-/Verteilungspolitik	Datengrundlage für die Konjunkturpolitik

Übersicht 1.14: Ziele der Entstehungs-, Verwendungs- und Verteilungsrechnung

Aus den Anteilen der Arbeitnehmerentgelte und der Unternehmens- und Vermögensein-kommen am Volkseinkommen lässt sich die Aufteilung der entstandenen Einkommen auf die Produktionsfaktoren aufzeigen. Da sich das Volkseinkommen Y aus den Löhnen L (Ein-kommen aus unselbständiger Beschäftigung) und aus den Gewinnen G (Einkommen aus selbständiger Beschäftigung und aus Vermögen) zusammensetzt, gilt:

$$Y = L/Y + G/Y$$

Der Anteil der Löhne am Volkseinkommen L/Y wird als **Lohnquote**, der Anteil der Gewin-ne am Volkseinkommen G/Y als **Gewinnquote** bezeichnet. Definitionsgemäß müssen sich Lohn- und Gewinnquote zu 1 ergänzen. Steigt die Lohnquote, muss die Gewinnquote sinken und umgekehrt. Die Lohnquote steigt, wenn bei konstanter Erwerbstätigenstruktur der Lohn-anteil am Einkommen steigt. Sie steigt aber auch, wenn die Erwerbstätigenstruktur sich än-dert. Denkbar ist z.B. dass die Zahl der Lohnempfänger steigt, weil einzelne Personen ihre selbständige Tätigkeit aufgeben und stattdessen eine unselbständige Arbeit übernehmen. Dies kann mit unveränderter Tätigkeit verbunden sein, wenn z.B. zuvor selbständige Unter-nehmen von anderen übernommen werden.

Um solche Veränderungen der Erwerbstätigenstruktur zu berücksichtigen, wird eine **berei-nigte Lohnquote** ermittelt. Dabei wird rechnerisch ein konstanter Anteil von Selbständigen an der Zahl der Erwerbspersonen unterstellt. Die bereinigte Lohnquote steigt, wenn die Löh-ne stärker steigen als die Gewinne.

Die Zuordnung der Einkommensarten auf die Produktionsfaktoren unselbständige Arbeit bzw. Gewinne und Kapitaleinkommen besagt nichts darüber, welchen Haushalten diese Einkommen jeweils zufließen, da ein Haushalt z.B. Lohn- und Zinseinkommen haben kann. Die Verteilung auf die Produktionsfaktoren – **funktionelle Verteilung** genannt – sagt somit nichts über die **personelle** Verteilung aus.

Die Einkommensverteilung, die sich am Markt ergibt (**Primärverteilung**) wird außerdem durch staatliche Eingriffe verändert. Die sich ergebende Einkommensverteilung wird als **Sekundärverteilung** bezeichnet.

Entstehungsrechnung			Verwendungsrechnung			Verteilungsrechnung		
	in Mrd. Euro	in %		in Mrd. Euro	in %		in Mrd. Euro	in %
Land-/Forstwirtschaft, Fischerei	19,57	0,8	Konsumausgaben der privaten Haushalte	1365,17	54,8	Arbeitnehmerentgelt	1225,8	49,2
Produzierendes Gewerbe	579,96	23,3						
Baugewerbe	93,82	3,8						
Handel, Gastgewerbe, Verkehr	399,83	16,0	Konsumausgaben der privaten Organisationen ohne Erwerbszweck	37,08	1,5	Unternehmens-/Vermögenseinkommen	654,3	26,3
Finanzierung, Vermietung und Unternehmensdienstleister	655,04	26,3	Konsumausgaben des Staates	452,04	18,1	*Produktions-/Importabgaben abzügl. Subventionen*	*285,3*	*11,4*
öffentliche und private Dienstleistungen	486,9	19,5	Nettoinvestitionen	117,52	4,7	Nettonationaleinkommen zu Marktpreisen	2165,5	
BWS	2235,12		Abschreibungen	363,12	14,6	Abschreibungen	363,1	14,6
			Inländische Verwendung	2334,93				
Gütersteuern abzügl. Subventionen	*256,88*	10,3	Außenbeitrag	157,07	6,3	Saldo der Primäreinkommen aus der übrigen Welt	36,6	1,5
Bruttoinlandsprodukt zu Marktpreisen	2492	100	Bruttoinlandsprodukt zu Marktpreisen	2492	100	Bruttoinlandsprodukt zu Marktpreisen	2492	100

Übersicht 1.15: Entstehungs-, Verteilungs- und Verwendungsrechnung 2008 (Quelle: Statistisches Bundesamt (Hrsg.), Volkswirtschaftliche Gesamtrechnungen. Wichtige Zusammenhänge im Überblick 2008,Wiesbaden 2009, S.9.)

Aus der Übersicht 1.15 ist zu ersehen, dass die Entstehungs-, Verwendungs- und Verteilungsrechnung zum gleichen Wert für das Bruttoinlandsprodukt zu Marktpreisen führen. Dies ist mit dem Kreislaufgedanken vereinbar: Der Wert der Produktion (Bruttoinlandsprodukt) entspricht der Summe der entstandenen Einkommen und beschreibt, in welchem Umfang konsumiert werden kann und die Produktionskapazitäten durch Investitionen erhalten bzw. erweitert werden können.

1.2.3.3 Grenzen der Aussagefähigkeit der Berechnung des Bruttoinlandsproduktes

Die Beschreibung des Wirtschaftsprozesses auf der gesamtwirtschaftlichen Betrachtungsebene ist wichtig, weil sie ansatzweise den gesamtwirtschaftlichen Erfolg bzw. die Leistungsfähigkeit einer Volkswirtschaft beschreibt. Darüber hinaus wird das Bruttoinlandsprodukt häufig als Wohlstandsindikator bzw. als Maß für die Lebensqualität in einem Land angesehen.

Außerdem sind Kenntnisse der Beziehungen zwischen den gesamtwirtschaftlichen Größen wirtschaftspolitisch bedeutsam. Der gezielte Einsatz wirtschaftspolitischer Maßnahmen setzt Wissen über gesamtwirtschaftliche Zusammenhänge voraus. Das Bruttoinlandsprodukt kann als Maßstab für die wirtschaftliche Entwicklung im Zeitablauf herangezogen werden und dient zugleich als Maßgröße für internationale Vergleiche. Für internationale Vergleiche ist wichtig, dass nicht nur die Höhe der Produktion sondern auch die Größe der Bevölkerung, die mit diesen Gütern versorgt werden muss, beachtet wird. Daher werden hier sinnvollerweise Bruttoinlandsprodukte je Einwohner betrachtet. Darüber hinaus kann die Preissteigerungsrate in verschiedenen Ländern – und innerhalb eines Landes auch zu verschiedenen Zeiten – unterschiedlich hoch sein. Daher sollten für internationale Vergleiche und vor allem für die Betrachtung der Entwicklung im Zeitablauf preisbereinigte Werte, die – im Gegensatz zu den unbereinigten oder nominalen Werten – als **reale Größen** bezeichnet werden, herangezogen werden.

Trotzdem gibt es Vorbehalte gegen die Aussagefähigkeit der Inlands- oder Nationaleinkommensgrößen als Wohlstandsindikatoren. Einige Kritikpunkte werden im Folgenden kurz skizziert:

- Ausgangspunkt der Berechnung des Inlandsprodukts sind die über Märkte gehandelten Güter. Folglich sind alle Güter, die nicht über Märkte getauscht werden, in der Darstellung der volkswirtschaftlichen Produktion nicht erfasst. Insbesondere fehlen Leistungen wie ehrenamtliche Tätigkeiten und Güter, die im Rahmen der Eigenversorgung hergestellt werden wie Hausfrauen-Arbeit oder Do-it-yourself-Produktionen, die sich nicht in Marktbeziehungen niederschlagen. Darüber hinaus wird die Schattenwirtschaft (Schwarzarbeit) nicht erfasst. Auch vom Staat bereitgestellte Güter werden meist nicht zu Marktpreisen angeboten, insofern fehlt ein Bewertungsmaßstab. Hilfsweise werden staatliche Leistungen daher mit ihren Herstellungskosten bewertet. Es liegt auf der Hand, dass die Lebensqualität je nach Umfang dieser Aktivitäten von Land zu Land sehr unterschiedlich sein kann.
- Das Niveau der Produktion in einer Volkswirtschaft sagt nichts darüber aus, wie Güter unter den Wirtschaftssubjekten verteilt sind. Die Lebensqualität in einem Land kann aber durchaus davon abhängen, wie groß die Spanne zwischen Armen und Reichen ist.
- Darüber hinaus wird nicht dargestellt, welcher Arbeitseinsatz für die Güterproduktion erforderlich war. Ein Zuwachs an Freizeit könnte durchaus eine Wohlstandsverbesserung darstellen, die im Inlandsprodukt nicht erfasst wird. Die Leistungsfähigkeit einer Volkswirtschaft wird möglicherweise besser durch die „Arbeitsproduktivität" gemessen. Darunter versteht man den Quotienten aus dem Wert der Produktion und dem Arbeitseinsatz.

- In das Inlandsprodukt gehen alle Güter ein, unabhängig davon, ob sie wirklich Nutzen stiften oder nicht. Beispielsweise dienen Gesundheitsausgaben nur dazu, gesundheitliche Beeinträchtigungen wieder zu beseitigen. Im besten Fall wird die Lebensqualität wieder so hergestellt wie sie vor der Erkrankung war. Es tritt – gegenüber der Ausgangssituation vor der Erkrankung – keine Verbesserung der Lebenssituation ein. Trotzdem wird eine Erhöhung des Bruttoinlandsprodukts gemessen.
- Ähnliches gilt, wenn Ausgaben zur Beseitigung von Umweltschäden getätigt werden. Diese Sachverhalte lassen sich als Ungüter bezeichnen. Die Produktion dieser Güter geht in das Bruttoinlandsprodukt ein. Sie verbessert zwar die Lebensqualität gegenüber der Situation mit Umweltverschmutzung. Es lässt sich aber nicht eindeutig entscheiden, ob die Lebensqualität nicht noch höher wäre, wenn die Umweltverschmutzung von vornherein vermieden worden wäre. Darüber hinaus kann Produktion mit Verbrauch von nicht erneuerbaren Ressourcen einhergehen, die dann in der Zukunft nicht mehr verfügbar sind. Der Verbrauch von Mineralöl-, Erdgas- oder Uranvorkommen stößt irgendwann an Grenzen, so dass die künftige Lebensqualität beeinträchtigt wird.

Diese Grenzen der Aussagefähigkeit der Volkswirtschaftlichen Gesamtrechnung führen dazu, dass das Statistische Bundesamt ergänzende Dokumentationssysteme aufstellt wie z.B. die Gesundheitsberichterstattung und die umweltökonomische Gesamtrechnung. Im Rahmen dieser Berechnungen sollen qualitative Aspekte berücksichtigt werden, die zur Beurteilung des Wohlstands eines Landes wichtig sind, aber im Rahmen der VGR nicht erfasst werden (können).

1.2.3   Zahlungsbilanz

In der Zahlungsbilanz werden alle wirtschaftlichen Transaktionen dargestellt, die während eines bestimmten Beobachtungszeitraums zwischen dem Inland und dem Ausland stattgefunden haben. Sie liefert demnach Informationen für die Außenwirtschaftspolitik, aber auch für die Geld- und Finanzpolitik. Mögliche Transaktionen zwischen In- und Ausland sind:

- Warenexporte und Warenimporte
- Dienstleistungsimporte, d.h. Erwerb von Leistungen im Ausland (dazu gehören auch Urlaubsreisen), und Dienstleistungsexporte, d.h. Verkauf von Leistungen im Ausland
- Übertragungen unentgeltlicher Leistungen zwischen In- und Ausland, z.B. in Form von Katastrophenhilfe
- Kapitalexporte wie z.B. Direktinvestitionen, die inländische Unternehmen im Ausland tätigen und Kapitalimporte aus dem Ausland

	Struktur der Zahlungsbilanz	
	Einnahmen/Kapitalimporte	Ausgaben/ Kapitalexporte
Leistungsbilanz	Warenausfuhr	Wareneinfuhr
	Dienstleistungsausfuhr	Dienstleistungseinfuhr
	Außenbeitrag zum Bruttoinlandsprodukt	
	Empfangene Erwerbs-/Vermögenseinkommen	Geleistete Erwerbs-/Vermögenseinkommen
	Außenbeitrag zum Bruttonationaleinkommen	
	Empfangene laufende Übertragungen	Geleistete laufende Übertragungen
	Saldo aus Ersparnis und Nettoinvestition	
Bilanz der Vermögensübertragungen	Empfangene Vermögensübertragungen	Geleistete Vermögensübertragungen
	Finanzierungssaldo	
Kapitalbilanz	Kapitalimporte	Kapitalexporte
	Zunahme der Verbindlichkeiten bzw. Abnahme der Forderungen gegenüber dem Ausland	Zunahme der Forderungen bzw. Abnahme der Verbindlichkeiten gegenüber dem Ausland
	Abnahme von Währungsreserven der Zentralbank	Zunahme der Währungsreserven der Zentralbank
Saldo der statistisch nicht aufgliederbaren Transaktionen (Restposten)		

Übersicht 1.16: Struktur der Zahlungsbilanz

Die Zahlungsbilanz wird nach dem Prinzip der doppelten Buchführung geführt, d.h. jede Transaktion berührt zwei Teilbilanzen, jeweils eine auf der Aktiv- und eine auf der Passivseite. Transaktionen, die zu Forderungszuwächsen bzw. zu Deviseneinnahmen (d.h. zu einem Zuwachs bei dem Bestand an ausländischen Währungseinheiten im Inland) führen, wie beispielsweise der Export von Waren und Diensten, werden auf der linken Seite der Teilbilanzen verbucht; Transaktionen, die die Verbindlichkeiten erhöhen bzw. zu Devisenausgaben führen, also den Bestand an ausländischen Währungseinheiten im Inland verringern, auf der rechten. Ein Beispiel dafür sind Kapitalexporte, die in Form von Devisen getätigt werden. Die Zahlungsbilanz stellt somit die wirtschaftliche Verflechtung mit dem Ausland dar. Es werden Veränderungen von Forderungen ausgewiesen. Die Zahlungsbilanz enthält also keine Bestandsgrößen zu einem Stichtag wie eine normale Bilanz, sondern innerhalb des betrachteten Zeitraums geflossene monetäre Ströme. Die Bewertung der Größen erfolgt zu Marktpreisen. Die Darstellung bezieht sich normalerweise auf ein Kalenderjahr.

Die verschiedenen Arten von Transaktionen werden in verschiedenen Teilbilanzen dargestellt (vgl. Übersicht 1.16). Die **Handelsbilanz** zeigt Warenströme auf. In der Dienstleistungsbilanz werden die Export- und Importwerte immaterieller Güter verzeichnet. Dazu gehört vor allem der internationale Reiseverkehr. Ausgaben im touristischen Reiseverkehr (Auslandsreisen) gelten als Dienstleistungsimporte, weil ein Inländer Dienstleistungen des Auslands beansprucht. In der **Dienstleistungsbilanz** werden außerdem grenzüberschreitende Transportleistungen, Einnahmen aus Lizenzen und Patenten, Werbe- und Messekosten sowie

Zahlungen für Versicherungen aufgezeigt. Kapitalerträge (Entgelt für geleistete Kapitaldienste) bzw. Erwerbs- und Vermögenseinkommen wie z.B. Zinsen und Dividenden werden in einer eigenen Teilbilanz ausgewiesen. Wenn die Salden der Handels- und Dienstleistungsbilanz zusammen größer als Null sind, liegt ein Nettogüter- und Dienstleistungsexport vor. Dieser Saldo entspricht dem schon mehrfach angesprochenen Außenbeitrag zum Bruttoinlandsprodukt. Nimmt man den Saldo der Erwerbs- und Vermögenseinkommen hinzu, erhält man den Außenbeitrag zum Bruttonationaleinkommen.

Auf der **Übertragungsbilanz** werden Geldübertragungen ausgewiesen, denen keine Gegenleistung gegenübersteht. Es kann sich entweder um laufende Übertragungen handeln oder um Vermögensübertragungen wie z.B. Schenkungen, Erbschaften oder Schuldenerlasse. Neben geleisteten bzw. empfangenen Übertragungen werden in dieser Teilbilanz auch Beiträge an internationale Organisationen, Rentenzahlungen an Ausländer, Entwicklungshilfe, sofern sie nicht gegen Kredit geleistet wird oder Überweisungen von Gastarbeitern an ihre Familien dargestellt.

Die Zusammenfassung der Handels- und Dienstleistungsbilanz, der Bilanz der Erwerbs- und Vermögensübertragungen sowie der Bilanz der Erwerbs- und Vermögenseinkommen heißt **Leistungsbilanz**. Sie kann auch als Realteil der Zahlungsbilanz verstanden werden, weil sie die Güterbewegungen zwischen dem Inland und dem Ausland widerspiegelt. Letztlich erfasst der **Saldo** der Leistungsbilanz, ob im Berichtsjahr die neuen Zahlungsforderungen gegenüber dem Ausland die Zahlungsverpflichtungen, die das Inland dem Ausland gegenüber einging, übersteigen. Ein Leistungsbilanzüberschuss ist also ein Vermögenszuwachs. In welcher Form dieser Vermögenszuwachs entstand, kann an der Kapitalbilanz abgelesen werden.

Die **Kapitalbilanz** stellt die Änderung des Nettoauslandsvermögens eines Landes dar. Sie umfasst Veränderungen von Forderungen und Verbindlichkeiten der privaten Wirtschaft und des Staates gegenüber dem Ausland, also z.B. Kredite von Inländern an ausländische Wirtschaftseinheiten oder die Änderung von Sichtguthaben von Inländern bei ausländischen Banken und umgekehrt. Darüber hinaus werden hier Aktienkäufe und -verkäufe, Wertpapier(ver-)käufe, grenzüberschreitende Kredite, Darlehen, Firmenübernahmen und Direktinvestitionen aufgezeichnet. Die Kapitalbilanz wird in Teilbilanzen für Direktinvestitionen, für Wertpapieranlagen und für den Kreditverkehr untergliedert. Außerdem enthält sie die Veränderung der Währungsreserven bei der Zentralbank, die früher in einer getrennten Devisenbilanz ausgewiesen wurden.

Nehmen per Saldo die Kapitalanlagen im Ausland zu, liegt ein Kapitalbilanzdefizit vor, weil die Kapitalexporte mit negativem Vorzeichen gebucht werden. Nach der Logik des Buchungssystems müssen die Salden der Leistungsbilanz und der Kapitalbilanz (absolut) gleich groß sein, aber unterschiedliche Vorzeichen aufweisen. Dies ist aber selten der Fall. Um Ungenauigkeiten der statistischen Erfassung der einzelnen Ströme auszugleichen wird daher die Zahlungsbilanz statistisch durch einen so genannten Restposten komplettiert. Zu den Restposten gehören Transaktionen, die aufgrund von Ermittlungsfehlern nicht eindeutig zugeordnet werden können und Korrekturen, die erforderlich sind, weil Transaktionen im dargestellten Zeitraum noch nicht vollständig abgewickelt werden konnten wie z.B. Vorauszahlungen. Darüber hinaus werden Korrekturen erfasst, die erforderlich werden, wenn Währungsbestände nach Wechselkurskorrekturen neu bewertet werden müssen.

Merkmale der Erfassung von Transaktionen in der Zahlungsbilanz

▪ Jeder Vorgang wird gemäß dem Prinzip der doppelten Buchführung zweimal erfasst. Die Zahlungsbilanz insgesamt ist immer ausgeglichen, da jede Buchung eine Gegenbuchung hat.

▪ Zahlungseingänge werden auf der Aktivseite und Zahlungsausgänge auf der Passivseite verbucht. Alle Transaktionen berühren eine (linke) Aktivseite und eine (rechte) Passivseite einer Teilbilanz der Zahlungsbilanz. Wenn von einer unausgeglichenen Zahlungsbilanz die Rede ist, ist genauer gesagt gemeint, dass Teilbilanzen unausgeglichen sind.

▪ Der Saldo der Handels- und Dienstleistungsbilanz entspricht dem Außenbeitrag zum Bruttoinlandsprodukt. Der Leistungsbilanzsaldo stellt die Veränderung der Nettoposition einer Volkswirtschaft dar. Sie spiegelt die Leistung bzw. Wirtschaftskraft einer Volkswirtschaft wider. Ein Leistungsbilanzdefizit (Passivsaldo) bedeutet einen Nettozuwachs der Verbindlichkeiten gegenüber dem Ausland (Nettokapitalimport). Bei einem Leistungsbilanzüberschuss (Aktivsaldo) liegt ein Nettozuwachs der Forderungen vor, da die Exporte die Importe übersteigen. Eine ausgeglichene Leistungsbilanz beinhaltet ein außenwirtschaftliches Gleichgewicht.

Übersicht 1.17 : Merkmale der Zahlungsbilanz

In Deutschland ist die Leistungsbilanz insgesamt meist positiv, obwohl die Übertragungsbilanz und Dienstleistungsbilanzen Defizite aufweisen. Der Überschuss im Warenhandel wurde somit gebraucht, um zu einem Ausgleich zu kommen.

1.2.4 Aufgaben

1. Erläutern Sie die Begriffe ex post und ex ante Größen.
2. Erläutern Sie, nach welchem Kriterium Pole bzw. Sektoren in der Kreislaufdarstellung gebildet werden. Welche Vorstellung des Wirtschaftsprozesses steht hinter dieser Darstellung?
3. Stellen Sie die ex-post Identität für eine offene Volkswirtschaft mit Staat auf und interpretieren Sie die Aussage dieser Gleichungsbeziehung.
4. Erläutern Sie den Begriff der Bruttoinvestitionen und der Nettoinvestitionen. Wie entwickelt sich der Bestand an Sachkapital, wenn die Nettoinvestitionen negativ sind?
5. Tragen Sie die folgenden Zahlenwerte (in Geldeinheiten) für eine offene Volkswirtschaft mit Staat in ein Kreislaufschema ein und überprüfen Sie die Polgleichungen. Wie hoch sind die Nettoinvestitionen der Unternehmen, die Ersparnis der privaten Haushalte, der Budgetsaldo des Staates und der Außenbeitrag?

Einkommenszahlungen der Unternehmen	220
Einkommenszahlungen des Staates	50
Konsumausgaben der privaten Haushalte	160
Exporte	90
Importe	80
Staatsverbrauch	50
Steuerzahlungen der Haushalte	100
Steuerzahlungen der Unternehmen	50
Subventionszahlungen	30
Transferzahlungen	20

6. Die Wirtschaft eines Landes lässt sich durch die folgenden Zahlenangaben (in Geldeinheiten) beschreiben: Unternehmens- und Vermögenseinkommen: 1000, Arbeitnehmerentgelte: 1500, Abschreibungen: 200, Indirekte Steuern abzüglich Subventionen: 300, direkte Steuern: 400, Transferzahlungen an private Haushalte: 200. Bitte berechnen Sie das Volkseinkommen, das Nettonationaleinkommen zu Marktpreisen, das Bruttonationaleinkommen zu Marktpreisen und das verfügbare Einkommen. Welches Berechnungskonzept der VGR liegt Ihrer Vorgehensweise zugrunde? Wie hoch ist die private Ersparnis, wenn der private Konsum 2000 GE beträgt.

7. Für eine geschlossene Volkswirtschaft mit Staat sind folgende Größen (in Geldeinheiten GE) ermittelt worden: Bruttoproduktionswert: 6000, Bruttoinlandsprodukt zu Marktpreisen 5000, Nettoinlandsprodukt zu Marktpreisen: 4000, Volkseinkommen: 3500, verfügbares Einkommen: 2000. Bestimmen Sie die Höhe der Vorleistungen, die Abschreibungen, den Saldo aus indirekten Steuern und Subventionen sowie den Saldo aus direkten Steuern und Transfers. Welche der genannten Größen würden sie verwenden, um (1) den Umfang der gesamten Produktionstätigkeit in der Volkswirtschaft, (2) die Einkommensentstehung in der Volkswirtschaft zu beschreiben. Die privaten Konsumausgaben betragen 1500 GE. Wie hoch ist die private Ersparnis?

8. Die folgenden Zahlenangaben (in Geldeinheiten) beschreiben die Verwendungsseite der Wirtschaft eines Landes: Konsumausgaben der Privaten Haushalte: 1650, Nettoinvestition: 150, Konsumausgaben des Staates: 500, indirekte Steuern abzüglich Subventionen: 400, Außenbeitrag:300, Abschreibungen: 250, Arbeitnehmerentgelte: 2000. Ermitteln Sie aus diesen Angaben das Bruttonationaleinkommen zu Marktpreisen, das Nettonationaleinkommen zu Marktpreisen, das Volkseinkommen und die Veränderung des Produktionspotentials, die Unternehmer- und Vermögenseinkommen. Welche Angaben wären erforderlich, um das verfügbare Einkommen bestimmen zu können? Unter welcher Annahme stimmen Bruttoinlandsprodukt und Bruttonationaleinkommen überein?

9. In Rahmen der VGR wird die Einkommensentstehung bzw. die Produktionstätigkeit in einer Volkswirtschaft anhand von drei verschiedenen Konzepten berechnet. Erläutern Sie diese Konzepte und stellen Sie dar, für welche Politikbereiche Informationsgrundlagen bereitgestellt werden.

10. Unter welchen Annahmen stimmen die folgenden Größen überein:
   – Bruttoinlandsprodukt zu Marktpreisen und Nettoinlandsprodukt zu Marktpreisen
   – Nettoinlandsprodukt zu Faktorkosten und Nettoinlandsprodukt zu Marktpreisen
   – Bruttoinlandsprodukt zu Marktpreisen und Bruttonationaleinkommen zu Marktpreisen
   – verfügbares Einkommen und Volkseinkommen

1.3   Geldordnung

In diesem Kapitel

- lernen Sie verschiedene Erscheinungsformen des Geldes und unterschiedlich weite Gelddefinitionen kennen. Zur Geldmenge zählen Bargeld, Sichteinlagen der Nichtbanken bei Banken und – je nach Abgrenzung – Termin-, Spar- und andere Einlagen.
- verstehen Sie die Bedeutung und Aufgaben wichtiger Institutionen der Geldordnung wie Zentralbank und Geschäftsbanken bzw. Finanzinstitute und die Rolle der Nichtbanken.
- wird die Rolle der Zentralbank für die Geld- und Kreditversorgung der Wirtschaft erklärt. Durch primäre Geldschöpfung kann die Zentralbank gesetzliches Zahlungsmittel in Umlauf bringen.
- erfahren Sie, dass in der Europäischen Wirtschafts- und Währungsunion (EWWU) bzw. in der Eurozone alle geldpolitischen Kompetenzen an die Europäische Zentralbank (EZB) übertragen wurden. Die nationalen Zentralbanken sind in diesem System in erster Linie ausführende Organe.
- verstehen Sie, wie Geschäftsbanken durch sekundäre Geldschöpfung die gesamtwirtschaftliche Geldmenge über die Zentralbankgeldmenge hinaus steigern können. Diese Geldschöpfung erfolgt in freier Vereinbarung zwischen Banken und Nichtbanken.
- vollziehen Sie nach, dass die Zentralbank diese sekundäre Geldschöpfung nur indirekt beeinflussen kann, z.B. über die Wahl der Mindestreservesätze.
- lernen Sie (in einem Exkurs), dass die Geldschöpfung alternativ auch in einem Vollgeldsystem ausschließlich durch die Zentralbank erfolgen könnte.
- verstehen Sie, dass die Entwicklung der gesamtwirtschaftlichen Geldmenge entscheidend für die Entwicklung des Preisniveaus ist. Inflationäre Prozesse sind bei konstanter Umlaufgeschwindigkeit des Geldes ohne Geldmengenausweitung nicht denkbar. Nach der monetären Inflationserklärung steigt das Preisniveau umso stärker, je mehr das Wachstum der Geldmenge das Wachstum der realen Produktion übersteigt.

1.3.1   Gelddefinition, Geldformen, Geldmenge

Wird in einer Naturaltauschwirtschaft Geld als universelles Tauschmittel eingeführt, ergeben sich neue Tauschbedingungen, die von der Geldversorgung der Wirtschaft abhängen. Normalerweise geht man davon aus, dass in einer Geldwirtschaft die Transaktionskosten gegenüber der Tauschwirtschaft sinken. Für das Funktionieren einer Marktwirtschaft ist allerdings von zentraler Bedeutung, dass einerseits ausreichend Liquidität bereitgestellt wird, damit gewünschte Tauschvorgänge gegen Geld abgewickelt werden können, andererseits das Geld wertstabil bleibt. Beides muss über die Geldordnung abgesichert werden.

Die Geldordnung umfasst die institutionellen Zuständigkeiten und Prozesse der Geldversorgung bzw. der Geldpolitik. Sie regelt also, was als gesetzliches Zahlungsmittel zugelassen ist bzw. was als Geld akzeptiert wird und wer Geld nach welchem Verfahren und mit welchem Ziel in Umlauf bringen kann. Nachfolgend wird die Geldordnung im Euroraum dargestellt und diskutiert. Abschließend wird der Zusammenhang zwischen Geldmenge und Inflation erläutert.

Im engen (juristischen) Sinn ist unter Geld das **gesetzliche Zahlungsmittel** zu verstehen. Der (weiteren) **funktionalen Gelddefinition** zufolge ist Geld dagegen jedes Gut, welches Geldfunktionen erfüllt, also als Recheneinheit, Zahlungs- und Wertaufbewahrungsmittel geeignet ist, als solches genutzt wird und somit die Tauschvorgänge erleichtert. Um diese Funktionen gut erfüllen zu können, muss das Geld allgemein anerkannt und – als Voraussetzung dazu – wertbeständig, das heißt auch: knapp, sein.

Verschiedene Geldgüter erfüllen diese Geldfunktionen. Münzen und Banknoten (**Bargeld**) sind als gesetzliches Zahlungsmittel akzeptiert. Banknoten stellen verbriefte Verbindlichkeiten der Zentralbank dar (auch wenn kein Recht auf Umtausch der Noten – etwa in Gold – besteht). Wirtschaftssubjekte können aber auch mit den bei Banken gehaltenen **Sichtguthaben** bezahlen; z.B. wenn Käufe per EC-Karte getätigt werden. Sichtguthaben stellen aus der Sicht der Banken eine Verbindlichkeit gegenüber den privaten Kunden dar, aus Kundensicht handelt es sich dabei um eine Forderung auf Zahlung von Bargeld. Die verschiedenen Varianten des stoffwertlosen **Buch-** bzw. **Giralgeldes** sowie die Spielarten des elektronischen Geldes erfüllen insofern ebenfalls Geldfunktionen. **Termineinlagen** (Einlagen, die für eine bestimmte Frist einer Bank zur Verfügung gestellt wurden) sind dem unmittelbaren Zugriff entzogen, es sei denn, der Anleger nimmt einen Zinsverlust in Kauf. Sie können aber (zu relativ geringen Kosten) in Bargeld oder Buchgeld umgetauscht werden und stehen bei Bedarf schnell als Geld zur Verfügung. Es handelt sich sozusagen um „geparktes" Geld bzw. „Quasigeld", von dem ähnliche Wirkungen ausgehen wie von Sichtguthaben. Mit ähnlicher Argumentation sind auch **Sparguthaben** mit bestimmter Kündigungsfrist dem Geld zurechenbar. Entscheidend ist die „Geldnähe" dieser Einlagen, d.h. die Möglichkeit diese Anlagearten in Liquidität für Güterkäufe umzuwandeln. Würden sie nicht als liquide Mittel erfasst, könnte es zu einer fehlerhaften Beurteilung der Geldversorgung einer Wirtschaft führen. Kurs- bzw. Wertschwankungen ausgesetzte Vermögensformen wie z.B. Aktien, Anleihen, Anteile an bestimmten Fonds oder abgeleitete Wertpapiere (Derivate) lassen sich meist nur zu höheren Kosten wieder „zu Geld machen"; auch sie sind freilich in weiterem Sinne „geldähnlich".

Wegen der verschiedenen Geldarten bzw. unterschiedlichen Formen von liquiden Mitteln lässt sich die **Geldmenge** einer Wirtschaft in unterschiedlichen Abgrenzungen erfassen. Je nach Fragestellung ist die eine oder andere Abgrenzung sinnvoll. Gebräuchlich ist eine Gliederung in drei unterschiedlich weite Abgrenzungen. Neben einer eng abgegrenzten Geldmenge M1 wird dann eine mittlere und eine weite Abgrenzung (M2 bzw. M3) betrachtet. In der Definition der **Europäischen Zentralbank** (EZB) enthält M1 neben dem Bargeldumlauf nur Sichtguthaben, M2 zudem Termin- und Spareinlagen und M3 weitere geldnahe Vermögensformen. Übersicht 1.18 zeigt die Entwicklung der genannten Geldmengenaggregate laut Angaben der EZB für den Zeitraum von 2000 bis 2006.

Geld-menge	Abgrenzung/Definition	in Mrd. Euro[1)		Δ in %
		6/00	12/06	
Bargeld			592	
M1	=Bargeldumlauf (ohne Kassenbestände der Banken) + täglich fällige Einlagen (in etwa: Sichtguthaben) der Nichtbanken bei Banken[2)	2.010	3.754	+86,8
M2	=M1 + Einlagen von Nichtbanken mit vereinbarter Laufzeit bis 2 Jahre (Termineinlagen) + Einlagen mit vereinbarter Kündigungsfrist (Spareinlagen)	4.158	6.727	+61,8
M3	=M2 + Repogeschäfte[3) + Bankschuldverschreibungen mit einer Laufzeit bis zu zwei Jahren + Geldmarktfondsanteile + Geldmarkt-papiere	4.929	7.782	+57,9

1) Geldmenge in den Ländern, die an der Währungsunion teilnehmen.
2) Ohne Sichtguthaben der Banken bei der Zentralbank.
3) Geschäfte, bei denen Banken Wertpapiere einem anderen Akteur für eine bestimmte Frist gegen Zahlung eines bestimmten Betrages übertragen und damit eine Verbindlichkeit eingehen. Ist der andere Akteur eine im Euroraum ansässige Nichtbank, liegt sekundäre Geldschöpfung vor und die (temporäre) Verbindlichkeit wird als Repogeschäft in M3 erfasst.

Übersicht 1.18: Abgrenzungen der Geldmenge durch die EZB

M1, M2 und M3 entwickeln sich zumeist nicht parallel, sondern in Abhängigkeit von der Zinsstruktur unterschiedlich. Sinken z.B. die Zinsen für Spareinlagen stärker als für Sichtguthaben, so ist mit einer Umwandlung von Spareinlagen in Sichtguthaben zu rechnen. Dadurch steigt M1, während M2 und M3 konstant bleiben. M2 und M3 fangen also zinsbedingte Umschichtungen, die de facto die volkswirtschaftliche Liquiditätslage unverändert lassen, eher „in sich auf". Daher orientiert die EZB ihre Geldpolitik an der weit abgegrenzten Geldmenge M3.

1.3.2 Institutionen und Akteure der Geldversorgung

An der Versorgung der Wirtschaft mit Geld – man spricht auch von **Geldangebot** – sind in modernen Volkswirtschaften im Regelfall nur die folgenden Akteure bzw. Institutionen beteiligt:

- Institutionen, die gesetzliche Zahlungsmittel herausgeben. Um die Geldversorgung besser steuern zu können, ist dieses Recht heute im Regelfall einer einzigen Notenbank bzw. **Zentralbank** vorbehalten.
- Akteure des Finanzsektors. Dazu gehören **Geschäftsbanken** und andere Finanzinstitutionen, die finanzielle Einlagen entgegennehmen und verwalten, Kredite gewähren oder in Wertpapiere investieren, wie z.B. Geldmarktfonds. Diese Akteure handeln als private Unternehmen, die aus den angebotenen Dienstleistungen – Abwicklung von Zahlungsvorgängen, Geldanlage und Kreditvergabe – Gewinne erzielen. Im Regelfall können Banken auch (sekundär) Geld schöpfen (vgl. Abschnitt 1.3.3.2).

Alle übrigen Wirtschaftseinheiten, d.h. Unternehmen, private und öffentliche Haushalte werden als **Nicht-Banken** oder auch als **Publikum** bezeichnet. Das Publikum hat keine

Geschäftsbeziehungen zur Notenbank. Es legt Geld auf Konten bei den Geschäftsbanken an und nimmt Kredite auf.

Die Institutionen, die in einem zweistufigen Bankensystem an der Geldausgabe bzw. Geldschöpfung beteiligt sind, werden im Folgenden am Beispiel der **Eurozone** betrachtet.

1.3.2.1   Bankensystem

(Europäische) Zentralbank

Normalerweise wird die Geldordnung auf der nationalen Ebene festgelegt und ist von Land zu Land unterschiedlich. Im Rahmen der Europäischen Wirtschafts- und Währungsunion haben jedoch mehrere Länder die entsprechenden Kompetenzen in einem freiwilligen Schritt auf die gemeinschaftliche Ebene verlagert. Seit 1999 hat in der **Eurozone** die **Europäische Zentralbank (EZB)** die Kompetenzen in Bezug auf die Geldherausgabe und Geldmengensteuerung von den Zentralbanken der Mitgliedstaaten übernommen. Die gesetzlichen Grundlagen dafür sind im EU-Vertrag und der Satzung des Europäischen Systems der Zentralbanken und der Europäischen Zentralbank niedergelegt.

Die EZB ist gemäß Art. 127 und 128 des Vertrags über die Arbeitsweise der europäischen Union (VAEU) in der europäischen Wirtschafts- und Währungsunion (EWWU) für die Ausgabe der gesetzlichen Zahlungsmittel zuständig bzw. hat das ausschließliche Recht, die Ausgabe von gesetzlichen Zahlungsmitteln zu genehmigen. Im Einzelnen hat sie folgende Aufgaben:

- Sicherung einer ausreichenden Liquiditätsversorgung der Wirtschaft und Organisation eines reibungslosen Zahlungs- und Kreditverkehrs. Die EZB fungiert als Bank der Banken, d.h. kann Einlagen von Geschäftsbanken annehmen, den Banken Kredite gewähren und die Banken verpflichten, bei ihr bestimmte Teile ihrer Einlagen als Mindestreserve zu halten.
- Durchführung der gemeinsamen **Geldpolitik** im Euro-Währungsgebiet. Erstes Ziel bei der Steuerung der Geldversorgung ist die Sicherung des €-Geldwertes bzw. der Preisniveaustabilität im €-Währungsraum (Art. 127 VAEU), d.h. die Vermeidung von Inflation und Deflation. Nur wenn es mit dem Ziel der Preisniveaustabilität vereinbar ist, soll die EZB die allgemeine Wirtschaftspolitik in der EWWU unterstützen, z.B. durch großzügige Geldversorgung die Finanzierung von Investitionen und damit die Schaffung von Arbeitsplätzen erleichtern. Demgegenüber strebt die amerikanische Zentralbank gleichermaßen Preisniveaustabilität und Konjunkturstabilität an.
- Halten und Verwalten der offiziellen Währungsreserven der Mitgliedstaaten. Währungsreserven entstehen z.B., wenn die EZB eigene Währung (€) gegen fremde Währung (z.B. $) herausgibt.
- Funktion als Bank der Banken, indem sie deren Rücklagen verwaltet und ihnen zu unterschiedlichen Bedingungen Kredite bereitstellt. Die EZB tätigt keine Geschäfte mit Nicht-Banken, sondern überlässt diese Aufgabe den Geschäftsbanken. Insofern handelt es sich um ein zweistufiges Bankensystem.

Im Rahmen der bestehenden Wechselkurssysteme führt die Zentralbank ferner Devisenge-schäfte durch, d.h. sie kauft und verkauft Fremdwährungen, z.B. um starke Schwankungen der Wechselkurse zu dämpfen. Für Grundsatzfragen der Währungspolitik (z.B. die Entschei-dung darüber, inwieweit die Wechselkurse der gemeinsamen Währung gegenüber anderen Währungen fixiert bzw. frei und flexibel sein sollen) ist in Europa jedoch nicht die EZB, sondern der EU-Rat zuständig.

Die EZB bildet zusammen mit den nationalen Zentralbanken das **Europäische System der Zentralbanken (ESZB)**. In Bezug auf die Geldversorgung besteht folgende Arbeitsteilung: Der generelle Kurs der Geldpolitik wird durch die EZB-Gremien festgelegt, in denen Vertre-ter der nationalen Zentralbanken der Mitgliedstaaten mitwirken. Die gemeinsam beschlosse-ne Geldpolitik wird dann von den Zentralbanken der Mitgliedsländer der Währungsunion durchgeführt. Die Geldpolitik der EZB ist natürlich an den europaweiten und nicht an natio-nalen Entwicklungen ausgerichtet. Zentralbanken der Länder, die der EU, aber noch nicht der Europäischen Wirtschafts- und Währungsunion beigetreten sind, betreiben (weiterhin) eine eigenständige nationale Geldpolitik. Im Zuge der Vorbereitung eines Beitritts zur EW-WU sind allerdings die Währungen dieser Länder durch spezielle Mechanismen mit dem € verbunden, was die Spielräume der Geldpolitik in diesen Ländern einschränkt.

Die früher in Deutschland für die Geldpolitik zuständige **Deutsche Bundesbank** ist als Be-standteil des ESZB nur noch ausführendes Organ der EZB. Sie verwaltet nach wie vor einen Teil der Währungsreserven und wirkt weiter bei der Bankenaufsicht mit. Sie bleibt „Haus-bank" des deutschen Staates und übernimmt z.B. die Emission bzw. Platzierung der Wertpa-piere des Bundes. Sie unterstützt weiterhin die allgemeine Wirtschaftspolitik der Regierung, nun aber „unter Wahrung ihrer Aufgabe als Bestandteil des ESZB".

Das ESZB wird vom **EZB-Rat** und vom **Direktorium der EZB** geleitet (Art. 129 VAEU). Der EZB-Rat tagt regelmäßig. Er fasst die notwendigen geldpolitischen Beschlüsse und genehmigt die Ausgabe von €-Noten und €-Münzen durch die Nationalstaaten. Die Durch-führung dieser Beschlüsse obliegt dem Direktorium, welches die laufenden Geschäfte der EZB führt. Der EZB-Rat besteht aus den Mitgliedern des Direktoriums der EZB (d.h. dem Präsidenten, dem Vizepräsidenten und vier weiteren Mitgliedern) und den Präsidenten der nationalen Zentralbanken der EU-Länder, die den € eingeführt haben. Jedes Mitglied im Rat hat eine (gleichwertige) Stimme, es gilt die einfache Stimmenmehrheit. Diese Regelung zielt auf die „Entnationalisierung" der gemeinsamen Geldpolitik, auch wenn die Vertreter aller nationalen Zentralbanken an den Beschlüssen mitwirken. Der erweiterte Rat umfasst neben den Mitgliedern des EZB-Rates auch die Präsidenten der nationalen Zentralbanken der Län-der, die den € (noch) nicht eingeführt haben.

Voraussetzung für die Funktionsfähigkeit und Stabilität der Geldordnung in der Europäi-schen Währungsunion ist die **Unabhängigkeit der EZB** bzw. des ESZB. Gemäß Art. 130 VAEU ist die EZB funktional unabhängig, d.h. unabhängig von Weisungen der nationalen Regierungen der Mitgliedstaaten und von anderen EU-Organen. Die EZB und nationale Zentralbanken dürfen auch keine Kredite an Staaten oder EU-Institutionen vergeben (Art. 123 VAEU). Damit entfällt die Möglichkeit, dass öffentliche Stellen über Kredite bei der Zentralbank eine politisch gesteuerte Geldschöpfung betreiben können. Die EZB ist ferner finanziell unabhängig. Sie hat eigene Einnahmen und erstellt einen eigenen Jahresabschluss.

Das ESZB erzielt einen Geldschöpfungsgewinn (Seignorage), denn die Bereitstellung von Geld verursacht nur geringe Kosten, ist aber mit Erlösen verbunden. Das ESZB stellt Geld nicht umsonst zur Verfügung. Der noch darzustellende Vorgang der Geldausgabe erinnert eher an das bankmäßige Ausleihen von Geld unter Berechnung von Zinsen. Das ESZB erzielt sozusagen Habenzinsen für die Geldbereitstellung, ohne selbst auf einer Finanzierungsseite Sollzinsen zahlen zu müssen.

Gewinne können auch aus dem Herausbringen von Münzen entstehen: Übersteigt der Nennwert von Münzen deren Herstellungskosten, so erzielt die ausgebende Stelle einen Münzgewinn. In Deutschland hat der Bund das Recht der Münzprägung (das Münzregal). Die Menge der zu prägenden Münzen wird allerdings von der EZB genehmigt. Angesichts des relativ geringen Wertes der umlaufenden Münzen werden diese nachfolgend nicht näher betrachtet.

Zur Unabhängigkeit einer Zentralbank gehört auch die personelle Autonomie. Denn Regierungen und andere staatliche Institutionen könnten versuchen, die funktionelle Autonomie der Zentralbank zu unterlaufen, indem sie Einfluss auf die Leitung der Zentralbank und auf deren personelle Besetzung nehmen. Die Autonomie steigt bei langen Amtszeiten (dies reduziert die Zahl von Personalentscheidungen) und bei Ausschluss einer zweiten Amtsperiode, denn dann kommen Amtsinhaber nicht in Versuchung, sich mit Blick auf eine mögliche Wiederernennung eventuellem politischem Druck zu beugen. Die Mitglieder des Direktoriums der EZB werden (nach Anhörung des Europäischen Parlaments und des EZB-Rates) von den Regierungschefs der Mitgliedstaaten einvernehmlich ausgewählt und ernannt. Ihre Amtszeit beträgt acht Jahre, eine Wiederwahl ist unmöglich. Übersicht 1.19 zeigt die EU-rechtlichen Grundlagen der EZB im Überblick.

Merkmal	Charakterisierung	Rechtsgrundlage
Ziel der EZB	Preisniveaustabilität. Nur wenn diese gesichert ist, Unterstützung der allgemeinen Wirtschaftspolitik	Art. 127[1]
Aufgaben der EZB	Durchführung der gemeinschaftlichen Geldpolitik, Halten der offiziellen Währungsreserven, Durchführung von Devisengeschäften, Förderung des Funktionierens der Zahlungssysteme, Genehmigung der Ausgabe der gesetzlichen Zahlungsmittel	Art. 127[1] Art. 128[1]
EZB-Direktorium	Präsident, Vizepräsident und 4 weitere Mitglieder	Art. 11[2] sowie Art. 129[1]
EZB-Rat	Mitglieder des Direktoriums und Präsidenten der nationalen Zentralbanken der EWWU-Länder	Art. 10[2] sowie Art. 129[1]
Erweiterter Rat	Mitglieder des EZB-Rates und Präsidenten der nationalen Zentralbanken der EU-Länder, die den € noch nicht eingeführt haben	Art. 45 und 47[2]
Unabhängigkeit der EZB	funktionell finanziell personell	Art. 130[1] sowie Art. 7[2] Art. 11[2]
1) VAEU 2) Satzung von ESZB und EZB.		

Übersicht 1.19: Rechtliche Grundlagen der EZB und des ESZB

Geschäftsbanken

Geschäftsbanken und andere Finanzinstitute (z.B. Geldmarktfonds) handeln mit monetären Forderungen und Verbindlichkeiten. Sie nehmen **Einlagen** entgegen und verwalten sie auf eigene Rechnung, d.h. um Gewinne zu erzielen. Geschäftsbanken verkaufen auch bestimmte Dienstleistungen, z.B. Kontoführung. Sie handeln gewinnorientiert, wobei sie stets die Zahlungsfähigkeit (Liquidität) aufrechterhalten müssen. Gewinne entstehen unter anderem dadurch, dass die Zinsen, welche Banken für gewährte Darlehen erhalten (aus Kundensicht: Sollzinsen), meist höher sind als die Zinsen, die sie für selbst aufgenommene Gelder, z.B. Sicht-, Termin- und Sparguthaben, zahlen (für Bankkunden: Habenzinsen). Die Einlagen der Nichtbanken sind aus Sicht der Geschäftsbanken Verbindlichkeiten. Sie führen den Geschäftsbanken Zentralbankgeld zu, auf dessen Grundlage sie Kredite gewähren können. Banken können bei ihrer Tätigkeit – wie noch zu zeigen ist – Geld schöpfen.

Geschäftsbanken verwenden die finanziellen Mittel, über die sie verfügen können, um ihre Liquidität zu sichern und – unter Inkaufnahme von Risiko – Erträge zu erzielen. Geschäftsbanken brauchen Bargeld bzw. **Kassenreserven**, um auch dann zahlungsfähig zu bleiben, wenn die Auszahlungswünsche aller Kunden größer sind als die gesamten Einzahlungen. Erträge fallen bei diesen Kassenreserven nicht an. Geschäftsbanken halten auch Guthaben bei der Zentralbank. Zumeist sind dies vorgeschriebene **Mindestreserven**, nur in geringem Maß auch **Überschussreserven**, etwa zur Abwicklung des Überweisungsverkehrs zwischen Banken oder zur Liquiditätssicherung, wenn Banken Einlagen bei der Zentralbank für sicherer halten als Einlagen bei anderen Banken. Auch die (verzinsten) Guthaben bei anderen Banken dienen eher der Sicherung der Zahlungsfähigkeit. Das Ertragsziel steht demgegenüber im Vordergrund, wenn Geschäftsbanken aufgenommene Gelder in Wertpapiere investieren oder wenn sie Kundenkredite gewähren. Kundenkredite bringen besonders hohe Erträge, beinhalten allerdings auch das Risiko des Kreditausfalls. Kredite können – wie Kontokorrentkredite bei der Kontoüberziehung – unverbrieft oder durch ein Schulddokument (z.B. Schuldverschreibung) verbrieft sein. Unverbriefte Kredite können im Regelfall nicht vorzeitig zurückgefordert und/oder verkauft werden. Im Bereich der verbrieften Kredite haben Finanzmarktinnovationen (daher) zuletzt zu einer immer größeren Formenvielfalt geführt.

Die volkswirtschaftliche Rolle der Banken besteht darin, das Sparkapital der Anleger als Kredit in günstige Verwendungen, beispielsweise für Investitionen an Unternehmen weiterzuvermitteln. Da die Fähigkeit der Investoren, Zinsen zu zahlen, von den (erwarteten) Erträgen abhängt, kommen primär rentable Investitionsprojekte zum Zuge. Gleichzeitig trägt dieses System dazu bei, dass risikoreiche Investitionen unterbleiben, da seriöse Banken im eigenen Interesse die Kreditwürdigkeit der Investoren prüfen müssen. Ein funktionierendes Bankensystem spielt also eine zentrale Rolle dafür, dass – kreislauftheoretisch gesehen – die Ersparnisse der privaten Haushalte gewinnbringende Investitionen finanzieren. Das Bankensystem unterstützt somit den Prozess der Faktorallokation. Die krisenhaften Entwicklungen, die in einigen Ländern Asiens 1997/98 und weltweit ab 2008 unter anderem von einer risikoreichen Kreditvergabe durch private Geschäftsbanken (z.B. ohne hinreichendes Eigenkapital) ausgingen, verdeutlichen allerdings die Notwendigkeit einer **Bankenaufsicht**, die riskante Geldgeschäfte ohne hinreichendes Eigenkapital wirksam unterbindet.

Die genannten Krisen lassen vermuten, dass die Kontrolle der Banken unzureichend ist. Dies kann an der mangelnden Transparenz der Kreditmärkte liegen, welche eine Abschätzung des Ertragspotentials von Investitionsprojekten erschwert. Auch politische Einflussnahme bei der Kreditvergabe kann eine Rolle spielen. Der im Wettbewerb mögliche Konkurs von Banken wird z.B. oft aus Gründen des Gläubiger- bzw. Sparerschutzes als problematisch empfunden und eingeschränkt. Zwar werden primär solche Banken Verluste erleiden, die eine schlechte Geschäftspolitik betreiben. Dies wird aber häufige erst erkannt, wenn die negativen Wirkungen von Bankenverlusten bzw. -pleiten auf Nicht-Banken schon eingetreten sind. Eine wirksame Bankenaufsicht bzw. -kontrolle muss daher „präventiv" sein. Institutionell kann die Bankenaufsicht durch ein unabhängiges Aufsichtsamt erfolgen. Inhaltlich können Obergrenzen für die Kreditgewährung der Banken (in Relation zu deren Eigenkapital) definiert werden. Im Zuge der Globalisierung muss die Bankenaufsicht allerdings zunehmend durch internationale Vereinbarungen und Regelungen ergänzt werden. In diesem Sinne hat sich der Basler Ausschuss für die Bankenaufsicht in den letzten Jahren unter anderem auf bestimmte Eigenkapitalanforderungen geeinigt („Basel II"). Je risikoreicher ein Kredit, mit desto mehr Eigenkapital muss er demnach hinterlegt sein.

1.3.2.2   Geldmärkte

Der Geldbereich umfasst neben der Geldversorgung durch die Zentralbank auch den Geldumlauf und die Kreditgewährung sowie die **Geld- und Kreditmärkte**. Auf diesen Märkten werden Zentralbankgeld und Kredite verschiedener Art und Fristigkeit gehandelt.

Auf dem **Geldmarkt** finden zum einen **kurzfristige** Geschäfte zwischen Geschäftsbanken bzw. Nicht-Banken mit erstklassiger Bonität (z.B. Bund) und der Zentralbank statt. Akteure, die Bedarf an Zentralbankgeld haben (Geschäftsbanken z.B. bei hohen Barabhebungen von Kunden), können sich hier von anderen Akteuren, die über entsprechende Überschüsse verfügen, die nötige Liquidität beschaffen. Nach Fristigkeit lässt sich unterscheiden:

- Tagesgeld (innerhalb eines Tages bzw. über Nacht rückzahlbar bzw. mit täglicher Überprüfung der Konditionen). Der entsprechende Zins heißt Tagesgeldsatz. Die EZB ermittelt für die EWWU einen durchschnittlichen (europäischen) Tagesgeldsatz EONIA (European Overnight Index Average).
- Termingeld (z.B. innerhalb einer festen Laufzeit bis zu einem Jahr rückzahlbar). Die Laufzeiten betragen z.B. 1, 3, 6 oder 12 Monate. Die entsprechenden Zinsen heißen Geldmarktsätze oder auch „interbank offered rates", weil sie zwischen Banken gelten – in Europa z.B. european interbank offered rates (Euribor). Der Euribor wird aus wichtigen europäischen Geldmarktsätzen (für Laufzeiten zwischen 1 und 12 Monaten) ermittelt. Geldmärkte sind allerdings international eng verflochten. Keine Bank wird sich auf einem Markt verschulden, wenn es auf einem anderen Markt billiger möglich ist.

Auf dem Geldmarkt werden zum anderen bestimmte verbriefte Forderungen, so genannte Geldmarktpapiere gehandelt. Die Zentralbank kann am Handel mit Geldmarktpapieren teilnehmen, indem sie geeignete Papiere mit bestimmten Preisabschlägen (Agio) an Banken, die Bedarf an Zentralbankgeld haben, verkauft. Papiere mit Ankaufzusage können dabei von ihren Eigentümern jederzeit vor Fälligkeit an die Zentralbank zurückverkauft werden, und zwar zu einem Preis, der nur geringe Verluste beinhaltet. Diese Papiere sind also besonders liquide. Weniger liquide sind Papiere ohne Ankaufzusage. Deren Kauf lohnt nur, wenn die Zentralbank eine entsprechend höhere Verzinsung festsetzt. Bei Geschäften ohne Ankaufzusage kann die Zentralbank den Zugang der Banken zu Zentralbankgeld besser steuern.

Ferner gibt es verschiedene **Finanzmärkte**, auf denen Angebot und Nachfrage nach Finanzmitteln zusammentreffen. Auf dem Markt für kurz- und mittelfristige Bankkredite treten Geschäftsbanken als Anbieter und Nichtbanken als Nachfrager von Geld auf. Wichtige Teilmärkte sind die Märkte für Kontokorrentkredite und für Darlehen. Auf dem **Kapitalmarkt** werden Aktien und festverzinsliche Wertpapiere (z.B. von Unternehmen oder vom Staat herausgegebene Anleihen) gehandelt. Auf dem Markt für sonstige langfristige Kredite werden unter anderem Hypothekenkredite angeboten und nachgefragt.

1.3.3   Geldangebot, Geldschöpfung

Sind Zentralbank und der Bankensektor an der Herausgabe bzw. Schaffung und Verteilung von Geld beteiligt, so handelt es sich um ein zweistufiges Geldsystem. Dann lässt sich die Primärgeldschöpfung der Zentralbank und die Sekundärgeldschöpfung des Bankensektors unterscheiden. Die Tatsache, dass Geld geschöpft, d.h. zusätzlich zum bereits umlaufenden Geld in Umlauf gebracht werden kann, wurde bisher (z.B. in der Kreislaufdarstellung) nicht berücksichtigt.

1.3.3.1   Primärgeldschöpfung

Die **Primärgeldschöpfung** erfolgt durch **Ausgabe von Zentralbankgeld** seitens der Zentralbank. Das Zentralbankgeld besteht aus Bargeldumlauf (Noten und Münzen als gesetzliches Zahlungsmittel) und Sichtguthaben von Geschäftsbanken bei der Zentralbank. Es wird zuweilen auch **monetäre Basis** oder **Geldbasis** genannt.

Die Herausgabe von Zentralbankgeld erfolgt normalerweise im Rahmen gewisser Tausch- bzw. Kreditgeschäfte, an denen die Zentralbank beteiligt ist (die etwas anders geregelte Herausgabe von Münzen wird nachfolgend nicht näher betrachtet). Die Zentralbank erwirbt bei diesen Geschäften von anderen Wirtschaftseinheiten (meist von Geschäftsbanken) Vermögensteile bzw. Aktiva (Devisen, Wertpapiere) oder gewährt Kredite an Banken und zahlt mit selbst geschaffenem Zentralbankgeld, indem sie Banknoten herausgibt oder Sichtguthaben einräumt. Für das geschaffene Zentralbankgeld fordert sie eine „Leihgebühr" **(Leitzins)**. Durch diese – in der Regel befristeten – Geschäfte kommt Zentralbankgeld in Umlauf. Werden dagegen z.B. Banknoten „nur" gedruckt und in den Tresoren der Zentralbank gelagert, findet keine Primärgeldschöpfung statt. Die beschriebene Primärgeldschöpfung erfolgt **endogen**, d.h. innerhalb des Bankensektors auf Basis freier Vereinbarungen zwischen Kreditgeber (Zentralbank) und Kreditnehmern (Banken).

Begleichen umgekehrt Geschäftsbanken bei der Zentralbank ihre Schulden oder verkauft die Zentralbank Vermögensteile an Geschäftsbanken, so fließt Zentralbankgeld wieder zurück an die Zentralbank, wird also „aus dem Umlauf genommen" **(Primärgeldvernichtung)**. Da bei üblicherweise befristeter Herausgabe von Zentralbankgeld ständig einige früher gewährte Kredite an die Zentralbank zurückgezahlt werden, wird fortlaufend Zentralbankgeld vernichtet. Will die Zentralbank die Zentralbankgeldmenge konstant halten, muss sie unter diesen Umständen immer wieder neu Zentralbankgeld in Umlauf bringen.

Früher engten Vorschriften über eine bestimmte Deckung der Banknoten (z.B. durch Goldvorräte der Zentralbank) den Spielraum der Primärgeldschöpfung ein. Dann hatte die Zentralbank eventuell Probleme, den zu einer gewünschten Geldmenge erforderlichen Goldvorrat zu beschaffen. Heute kann die Zentralbank dagegen theoretisch unbegrenzt Zentralbankgeld schöpfen. Durch Einräumung von Sichtguthaben schafft sie Geld „aus dem Nichts". Auch Banknoten kann sie in beliebigem Umfang bereitstellen. Zentralbankgeld ist damit im Prinzip nicht (bzw. nur indirekt über die gesamtwirtschaftliche Produktion) real gedeckt. Anstelle starrer Deckungsvorschriften sollen heute Vorschriften, welche die Zentralbank auf Sicherung der Geldwertstabilität verpflichten, für eine angemessene Begrenzung der Geldschöpfung sorgen. Während die Zentralbank die primäre Geldschöpfung nach oben begrenzen kann, kann sie die Geschäftsbanken aber nicht verpflichten, den Spielraum für die Kredite der Zentralbank zu nutzen. Insofern hat die Zentralbank die primäre Geldschöpfung nicht vollständig unter Kontrolle, wenn Banken zögern, mit der Zentralbank entsprechende Geschäfte zu tätigen. Nehmen die Banken allerdings Kredite der Zentralbank in Anspruch, können sie ihrerseits die umlaufende Geldmenge durch Kredite an Nicht-Banken erweitern. Auch dies ist eine Form der Geldschöpfung, die nun darzustellen ist.

1.3.3.2   Sekundärgeldschöpfung und Geldschöpfungsmultiplikator

An der Herausgabe und somit „Schöpfung" von Geld sind in einer zweiten Stufe auch die Geschäftsbanken beteiligt. Dieser Prozess wird daher **Sekundärgeldschöpfung** genannt. Per Saldo wird bei diesen Vorgängen das auf der primären Stufe von der Zentralbank in Umlauf gebrachte Geld erneut herausgegeben.

Sekundär- bzw. Giralgeldschöpfung erfolgt, wenn Geschäftsbanken von Nicht-Banken Vermögensteile bzw. „Aktiva" (z.B. Wertpapiere) kaufen oder Kredit gewähren und im Gegenzug Sichtguthaben einräumen, mit denen die Nicht-Banken wie mit Bargeld bezahlen können. Banken können also **endogen**, d.h. in freier Vereinbarung mit dem Kunden, durch Einräumung von Sichtguthaben Geld schöpfen. Das so geschöpfte Giralgeld wird auch als Kreditgeld bezeichnet. Dieses Kreditgeld ist indirekt durch die verursachte Wirtschaftsleistung gedeckt, nicht aber durch einen konkreten Gütervorrat (wie z.B. Gold). Analog erfolgt die durch andere Finanzinstitutionen betriebene Sekundärgeldschöpfung, z.B. bei der Ausgabe von Geldmarktfondsanteilen bzw. Geldmarktpapieren.

Bei Überweisungen zwischen Banken entspricht dagegen die Giralgeldschöpfung einer Bank der Giralgeldvernichtung bei einer anderen Bank. Ähnliches gilt, wenn ein Haushalt Bargeld zur Bank bringt. Dann entsteht zwar ein Sichtguthaben bzw. aus Sicht der Bank eine Sichteinlage. Das Giral- bzw. Geschäftsbankengeld ersetzt hier aber lediglich das eingenommene Zentralbankengeld. Die Geldmenge bleibt insgesamt unverändert.

Formen der Geldschöpfung	Primär (durch Zentralbank)	Sekundär (z.B. durch Banken)
Exogen (vollständig durch Geldemittenten kontrollierbar)	z.B.: Bereitstellung von Münzen und Banknoten nach Vorgabe der EZB	
Endogen (im Rahmen von Vereinbarungen, z.B. zwischen Kreditgeber und -nehmer)	z.B.: Schöpfung von Zentralbankgeld bei Kreditgewährung an Banken	z.B.: Schöpfung von Giralgeld durch Banken bei Kreditgewährung an Nichtbanken

Übersicht 1.20: Formen der Geldschöpfung

Die Zentralbankgeldmenge bzw. monetäre Basis kann insgesamt durch sekundäre Geldschöpfung stark vergrößert werden. Die Möglichkeit der sekundären Geldschöpfung ist aber begrenzt. Dies sei nun für den Bankensektor erläutert.

Eine **einzelne Bank** kann nur in engen Grenzen Giralgeld schaffen. Zum einen müssen die Geschäftsbanken einen Teil der Kundeneinlagen als Mindestreserve bei der Zentralbank hinterlegen, können diesen Teil also nicht zur Kreditgewährung nutzen. Damit hängt der Geldschöpfungsspielraum auch davon ab, welchen Mindestreservesatz die Zentralbank festlegt. Zum anderen behalten Banken vom verbleibenden **freien Zentralbankgeld** zumeist einen Teil in ihren Kassen, um unerwartete Häufungen von Auszahlungswünschen der Kunden bewältigen zu können. Sie brauchen Zentralbankgeld in Form von Bargeld, wenn Kunden, denen Sichtguthaben eingeräumt wurden, Geld bar abheben wollen. Bei der Gewährung von Krediten verlieren Banken Zentralbankgeld, sofern die Kunden gewährte Kredite für Zahlungen verwenden und der Empfänger der Zahlung nicht zugleich Kunde dieser Bank ist.

Den Banken zusammen (dem Geschäftsbankensystem) bieten sich wesentlich größere Spielräume. Denn die von einer Bank gewährten Kredite führen im Regelfall zu Zahlungsströmen, die letztlich *bei anderen Banken* wieder als Einlage landen. Auf Basis dieser Einlagen können dann von den anderen Banken wieder Kredite ausgegeben werden. Ginge unterwegs nichts verloren, so könnte Zentralbankgeld – einmal in Umlauf gebracht – theoretisch beliebig oft bei Banken eingelegt und dann von den Banken erneut herausgegeben werden. Zwei „Lecks" in diesem Kreislauf verhindern jedoch, dass die sekundäre Geldschöpfung beliebig groß werden kann:

- Die schon erwähnte Mindestreservepflicht bewirkt, dass Einlagen nicht zu 100% wieder ausgegeben werden können.
- ein Teil des umlaufenden Geldes wird von (Nicht-)Banken bar gehalten und nicht wieder bei einer Bank eingelegt (**Bargeldquote**).

Ferner gibt es – im folgenden nicht näher betrachtete – Vorschriften zur Absicherung von Bankkunden, deren Einhaltung durch entsprechende Aufsichtsämter überwacht werden (**Bankenaufsicht**) und die im Effekt die Kreditgewährung und Sekundärgeldschöpfung begrenzen.

Die sekundäre Geldschöpfung und ihre Begrenzung sei an einem einfachen **Zahlenbeispiel** verdeutlicht. Es gebe nur Sichteinlagen, kein Bargeld, keine Termin- und Spareinlagen. Kredite werden auf der Basis von freiem Zentralbankgeld vergeben. Dabei sei unterstellt, dass die Banken ihren Kreditspielraum voll ausnutzen. Der Mindestreservesatz betrage 10%. Die

Zentralbank habe anfangs Zentralbankgeld in Höhe von 2.000 € herausgegeben, indem sie von einer Geschäftsbank A Wertpapiere gekauft und mit Einräumung eines Sichtguthabens bezahlt hat. Bank A verfügt – da sie 200 € als Mindestreserve bei der Zentralbank halten muss – somit über freies Zentralbankgeld (Überschussguthaben) von 1.800 €. Bei Ausschöpfung ihres Spielraums wird Bank A durch Einräumung entsprechender Sichtguthaben Kredite in Höhe von 1.800 € gewähren. Der Prozess kann sich nun unterschiedlich vollziehen.

Bank A könnte z.B. die 1.800 € einem einzigen Kreditnehmer zur Verfügung stellen. Überweist dieser die Summe an einen Geschäftspartner, der sein Konto bei Bank B unterhält, so bewegen sich die Sichtguthaben (und Mindestreservepflichten) von Bank A zu Bank B, welche nun in entsprechender Höhe über Zentralbankgeld verfügt. Die Einlagen können aber vom Geschäftspartner auch für weitere Zahlungen verwandt werden. Nutzt er z.B. die Hälfte der Einlage zur unbaren Bezahlung eines Güterkaufs, so hat Bank B nur 900 € zur Kreditgewährung zur Verfügung. Die anderen 900 € sind jedoch auf dem Konto des Verkäufers der Güter (z.B. bei Bank C) gelandet, wo sie entweder zunächst bleiben oder für erneute (unbare) Zahlungen verwendet werden und dann als Sichteinlage bei noch einer anderen Bank (z.B. Bank D) landen. Im Einzelnen könnten sich auch andere Zahlungsströme ergeben. Insgesamt verbleiben aber Mehreinlagen in Höhe von 1.800 € im Bankensektor. Letztlich wurde in **Phase I** also die Primärgeldschöpfung von 2.000 € um die Sekundärgeldschöpfung von 1.800 € ergänzt (wie schnell sich diese Abläufe vollziehen, hängt vom Verhalten der privaten Wirtschaftssubjekte ab).

Die Banken können nun – in **Phase II** der sekundären Geldschöpfung – erneut Kredite gewähren. Die Mehreinlagen von zusammen 1.800 € erlauben, da weitere 180 € als Mindestreserve bei der Zentralbank zu halten sind, zusätzliche Ausleihungen in Höhe von 1.620 €. Diese Kredite werden zwar für unterschiedliche Zahlungsvorgänge genutzt, die 1.620 € verbleiben letztlich aber wieder vollständig im Bankensektor. Nach Aufstockung der Mindestreserven um 162 € können – in **Phase III** – weitere 1.458 € als Kredit ausgegeben werden, usw. Dieser Prozess kann sich so lange fortsetzen, bis das gesamte Zentralbankgeld von 2.000 € als Mindestreserve gebunden ist. Dann ist – wie noch zu erläutern – eine sekundäre Geldschöpfung in Höhe von 18.000 € erreicht (vgl. Übersicht 1.21).

Phase der Geldschöpfung	Einlagen (€)	Mindestreserve (€)	Kredite (€)
Phase 0 (Bank A)	2.000	200	1.800
Phase I (Banken B, C, D)	1.800	180	1.620
Phase II (diverse Banken)	1.620	162	1.458
Phase III (diverse Banken)	1.458	145,8	1.312,2
..	..	..	..
Insgesamt	20.000	2.000	18.000

Übersicht 1.21: Beispiel zur sekundären Geldschöpfung (ohne Bargeld)

Neben der Mindestreservepflicht kann auch die Bargeldhaltung der sekundären Geldschöpfung Grenzen setzen. Steigt bei Nicht-Banken die Neigung zur Bargeldhaltung, so sinken deren Einlagen bei den Banken und somit der Spielraum für sekundäre Geldschöpfung.

Trotzdem kann das Bankensystem insgesamt ein Vielfaches des verfügbaren Betrages an freiem Zentralbankgeld an Krediten gewähren und damit die in Umlauf befindliche Geldmenge stark vergrößern. Die Zentralbank, welche direkt nur die Zentralbankgeldmenge (d.h. die Geldbasis) kontrolliert, kann zwar mit Hilfe der Mindestreservepflicht mittelbar auch auf die sekundäre Geldschöpfung Einfluss nehmen, und somit die gesamte Geldversorgung der Wirtschaft „steuern". Für eine solche Gestaltung muss sie allerdings eine gute Vorstellung vom Umfang der Kreditgeldschöpfung entwickeln, durch welche die Geldbasis vergrößert wird. Der **Vergrößerungsfaktor** hängt vom Mindestreservesatz und von der Bargeldquote ab. Dies sei nun betrachtet.

Der **Geldschöpfungsmultiplikator** beschreibt den Zusammenhang zwischen der Zentralbankgeldmenge ZM und der gesamtwirtschaftlichen Geldmenge M. Die Geldmenge M entspricht der Summe der primären und sekundären Geldschöpfung (im Beispiel: 2.000 + 18.000 = 20.000 €; erste Spalte der Tabelle). Sie ergibt sich – bei enger Abgrenzung im Sinne von M1 – auch als Summe von Bargeldumlauf B und den von den Banken eingeräumten Sichtguthaben D:

$$M = B + D$$

Die Zentralbankgeldmenge ZM beinhaltet demgegenüber nur das von der Zentralbank geschöpfte bzw. in Umlauf gebrachte Geld. ZM entspricht der Summe aus Bargeldumlauf und Sichteinlagen der Banken bei der Zentralbank. Entstehen diese nach Maßgabe des Mindestreservesatzes r aus Einlagen von Nichtbanken bei Banken (hier vereinfacht: aus den Sichtguthaben D), so gilt:

$$ZM = B + r \cdot D$$

Im obigen Beispiel ohne Bargeld und ohne Überschussreserven entspricht die Zentralbankgeldmenge von 2.000 €, die ursprünglich aus einer Einlage der Bank A bei der Zentralbank bestand, am Ende den – aus der Mindestreservepflicht resultierenden – Sichteinlagen verschiedener Banken bei der Zentralbank in Höhe von r · D.

Der **Geldschöpfungsmultiplikator** lässt sich nun aus den oben erläuterten Definitionen für ZM und M herleiten. Aus

$$ZM = B + r{\cdot}D \qquad \text{folgt wegen } D - M - B:$$
$$ZM = B + r \cdot (M - B) = r \cdot M + (1 - r) \cdot B.$$

Definiert man nun die Bargeldquote b als Anteil des Bargeldumlaufs B an der gesamten Geldmenge M, d.h.: b = B/M (einige Autoren beziehen die Bargeldquote auf die Sichteinlagen, also b = B/D; dem wird hier nicht gefolgt), so ergibt sich durch Umstellung B = b · M. Nach Einsetzen folgt dann:

$$ZM = r \cdot M + (1 - r) \cdot b \cdot M = (r + b - r \cdot b) \cdot M$$

bzw. im Umkehrschluss:

$$M = \qquad\qquad\qquad ZM \cdot 1/(r + b - r \cdot b)$$

Der **Geldschöpfungsmultiplikator 1/(r + b – r · b)** zeigt an, welche Wirkung ein Impuls der Zentralbank – d.h. eine Änderung ΔZM – auf M hat:

$$\Delta M/\Delta ZM = 1/(r + b - r \cdot b) \qquad\qquad \text{bzw.} \quad \Delta M = \Delta ZM \cdot 1/(r + b - r \cdot b)$$

Bei positiver sekundärer Geldschöpfung ist der Geldschöpfungsmultiplikator größer als 1. Dann ist die insgesamt umlaufende Geldmenge (M) größer als die Zentralbankgeldmenge (ZM). Im obigen Beispiel mit r = 0,1 und b = 0 ergibt sich ein Multiplikator von 1/0,1 = 10. Aus der Zentralbankgeldmenge ZM von 2.000 € wurde letztlich eine Geldmenge M von 20.000 €. Die sekundäre Geldschöpfung betrug demnach 18.000 €.

Für r und b < 1 kann der Term (r + b – r · b) nicht größer als 1, der Multiplikator mithin nicht kleiner als 1 werden. Je höher die Bargeldquote b und/oder der Mindestreservesatz r, desto größer ist der Term (r + b – r · b), desto niedriger ist somit der Multiplikator. Mindestreservepflicht und Bargeldhaltung begrenzen den Spielraum der Banken und damit den maximal möglichen Umfang der sekundären Geldschöpfung. Eine analoge Bremswirkung tritt auf, wenn die Banken selbst Kassen- bzw. **Überschussreserven** halten, also ihre Zentralbankgeld-Guthaben nicht vollständig als Kredite ausleihen. Die sekundäre Geldschöpfung ist dann gedrosselt.

Die Zentralbank kann somit den Prozess der Geldschöpfung zwar insgesamt beeinflussen und nach oben begrenzen. Sie kann aber die Ausschöpfung des Kreditvergabespielraums durch Geschäftsbanken nicht erzwingen. Sie kennt auch die Höhe des Geldschöpfungsmultiplikators nie genau und muss bei der Geldmengensteuerung stets „nachjustieren".

1.3.3.3   Ökonomische Bedeutung der Ordnung der Geldschöpfung

Durch endogene Geldschöpfung entstandenes Kreditgeld hat wichtige Vorteile. Es entsteht, wenn und soweit es gebraucht wird. Da für die Geldnutzung ein Preis (Zins) gezahlt werden muss, wird es sparsam geschaffen und effizient verwendet. Der Zins lenkt das Kreditgeld in rentable Verwendungen. Über den Zins hinaus fallen kaum Transaktionskosten der Geldnutzung an. Daher ist Kreditgeld auch als Tauschmittel gut akzeptiert.

Mit Kreditgeld entstehen andererseits Schulden. Nicht-Banken (einschließlich Staat) müssen sich ja beim Finanzsektor verschulden, damit Kreditgeld entstehen kann. Banken erzielen über die Zinsen, die von den Geldbenutzern an die Banken gezahlt werden müssen, einen Geldschöpfungsgewinn. Ferner wirkt Kreditgeld tendenziell polarisierend: Verschuldet sich z.B. der Staat, so muss er später Steuern erheben bzw. anheben, um den primär an Vermögende fließenden Schuldendienst leisten zu können. Da Banken gleichzeitig über Geldschöpfung und Geldverwendung (mit)entscheiden, entsteht Kreditgeld zudem – gewinnorientiert – primär an ökonomischen „hot spots" mit vielen Investitionschancen und fehlt tendenziell in der Peripherie. Ungünstig ist auch die Instabilität der Kreditgeldschöpfung. Geschäftsbanken verhalten sich als gewinnorientierte Unternehmen prozyklisch. Im Boom werden sie – wegen positiver Erwartungen in Hinblick auf die Rentabilität zahlreicher Investitionsprojekte und bei steigenden Zinsen – die Kreditvergabe eher ausweiten, in der Rezession bzw. in der Vertrauenskrise dagegen drosseln. Dann ist sogar die Stabilität der Banken selbst gefährdet, weil sie darauf angewiesen sind, selbst Kredite bei anderen Banken zu beanspruchen. Schließlich ist eine störungsfreie Kreditgeldversorgung durch Sekundärgeldschöpfung der Banken nur möglich, wenn die Verschuldung der privaten Wirtschaftssubjekte steigt. Denn Kredite sind normalerweise von einer Zinsforderung begleitet, die ihrerseits mit Kreditgeld zu begleichen ist, welches dafür zusätzlich verfügbar sein muss. Dies führt zu einer Art Wachstumszwang in der Kreditgeldwirtschaft.

Geldschöpfung muss jedoch nicht (endogene) Kreditgeldschöpfung sein. Geld könnte auch anders herausgegeben werden, z.B. zinsfrei bzw. ohne Kreditgeschäft und exogen, d.h. nicht in freier Vereinbarung, sondern von der emittierenden Stelle voll kontrollierbar (vgl. den Exkurs in Übersicht 1.22).

Die Geldschöpfung könnte sich im Detail wie folgt vollziehen (vgl. z.B. J. Huber, J. Robertson, Geldschöpfung in öffentlicher Hand, Kiel, 2008): Eine unabhängige Zentralbank schöpft regelmäßig den Betrag an neuem Geld, der nach ihrer Einschätzung zur Erreichung der geldpolitischen Ziele notwendig ist. Die Summe wird der Regierung zins- und kostenfrei zur Verfügung gestellt und als Staatseinnahme überlassen. Dazu wird sie auf Konten gutgeschrieben, die die Zentralbank für die Regierung führt. Die Regierung bringt dieses neue Geld dann durch öffentliche Ausgaben in Umlauf, z.B. indem sie Unternehmen für den Bau neuer Straßen bezahlt. Der Geldschöpfungsgewinn fällt damit faktisch der öffentlichen Hand zu und steigende Ausgaben lösen keinen Anstieg der Staatsverschuldung aus, wenn sie nicht über den von der unabhängigen Zentralbank geplanten Umfang hinausgeht.

In einem solchen System wird gleichzeitig den Geschäftsbanken die Möglichkeit entzogen, per Kreditvergabe neues Geld zu schöpfen. Ihre Rolle bei der Kreditvergabe wird dann auf die Vermittlung von Darlehen auf der Grundlage von bereit vorhandenem Geld beschränkt. Damit Geschäftsbanken kein neues Geld mehr schöpfen können, werden Sichtguthaben in der offiziellen Währung als gesetzliche Zahlungsmittel (als „Vollgeld") definiert und so dem Bargeld rechtlich gleichgestellt. Dann entspricht die Gesamtmenge M an gesetzlichen Zahlungsmitteln dem Gesamtbetrag an unbarem Geld auf allen Girokonten von Banken und Nicht-Banken plus Bargeld (d.h. etwa dem heutigen M1). Die Girokonten sind aus den Bankbilanzen ausgegliedert. Die Banken müssen sie, anders als heute, getrennt verwalten. Es gibt eine klare Unterscheidung zwischen Geld als Zahlungsmittel (Vollgeld) und Geld als Wertaufbewahrungsmittel, z.B. auf Sparkonten. Zahlungen auf Vollgeldkonten müssen dann immer entsprechende Abbuchungen von anderen Vollgeldkonten auslösen oder aber in Bargeld geleistet werden. Nur noch der Zentralbank ist es möglich, Geld zu schöpfen, ohne es vorher eingenommen zu haben. Missachtet eine andere Organisation diese Trennung und schreibt unbares Geld „freihändig" auf ein laufendes Konto gut, wird dies wie illegales Drucken von Banknoten oder illegales Prägen von Münzen als Geldfälschung oder Betrug geahndet.

Eine entsprechende Umstellung der Geldschöpfung (Vollgeldreform) hätte möglicherweise verschiedene Vorteile: Realisiert der Staat anstelle der Banken die Geldschöpfungsgewinne, werden die öffentlichen Finanzen entlastet. Durch den Abbau der Machtposition der Banken wird die Geldschöpfung auch besser kompatibel mit der sozialen Marktwirtschaft. Die angesprochenen Polarisierungseffekte werden gemildert, da der Zins nun nicht schon bei der Geldschöpfung entsteht. Auch die konjunkturelle Instabilität würde bei exogener Geldschöpfung gemildert, da dann prozyklisches Bankenverhalten bei der Geldschöpfung keine Rolle mehr spielt. Die Zentralbank könnte Geld nach stabilen Regeln oder mit Blick auf die Stabilisierung herausgeben, ohne Schwankungen der Sekundärgeldschöpfung ausgleichen zu müssen. Sie hätte zudem eine vollständige Kontrolle der Geldmengenentwicklung. Die Gefahr von Finanzkrisen würde insofern geringer. Dadurch, dass der Geldschöpfungsgewinn dem Staat zufällt, können zudem realwirtschaftliche Kräfte freigesetzt werden, d.h. Aktivitäten realisiert werden, die sonst an einer hohen Rentabilitätsschwelle scheitern. Umgekehrt können im Umfang wegfallender Zinslasten auch der Wachstumszwang und damit auch wachstumsbedingte nachteilige ökologische Effekte gemildert werden. Wenngleich Vieles an diesem Vorschlag und seiner Realisierbarkeit kritisch zu diskutieren bleibt, zeigt sich doch, dass exogene zinsfreie Geldschöpfung eine diskutierbare Alternative zu endogener Kreditgeldschöpfung ist.

Übersicht 1.22: Exkurs: Vollgeldsystem

1.3.4   Geldmenge und Geldwert

Die Geldmenge ist eine wirtschaftspolitische Schlüsselgröße. Wird sie von der Zentralbank ungünstig gesteuert bzw. durch die sekundäre Geldschöpfung des Finanzsektors ungünstig beeinflusst, so drohen gesamtwirtschaftliche Probleme. Ist die Geldversorgung „zu knapp", so wird die Wirtschaftsaktivität durch Liquiditätsengpässe, d.h. durch mangelnde Zahlungsfähigkeit gebremst. Es besteht die Gefahr einer Deflation, außerdem könnte die Beschäftigung sinken, weil die Produktion und Nachfrage durch Liquiditätsengpässe begrenzt wird. Ist die Geldmenge dagegen „zu groß", ist Geldentwertung bzw. Inflation zu befürchten. Der Zusammenhang zwischen Geldversorgung und Preisniveauentwicklung ist zentraler Gegenstand der monetären Inflationserklärung. Zentrale Orientierungsgröße für die Geldversorgung ist dabei die reale Produktion bzw. die Menge der verfügbaren Güter.

Steigt die umlaufende Geldmenge stärker als die Menge der verfügbaren Güter bzw. trifft mehr Geld bzw. kaufkräftige Nachfrage auf einen bestimmten Güterberg, so verschiebt sich das Tauschverhältnis zwischen Geld und Gütern zu Ungunsten des Geldes. Die Güterpreise steigen „auf breiter Front", die Kaufkraft des Geldes sinkt, es entsteht Inflation. Inflation bewirkt einen anhaltenden Prozess von Kaufkraftverlusten des Einkommens. Es handelt sich um ein gesamtwirtschaftliches, makroökonomisches Phänomen, das sich auf alle Preise bzw. auf das Preisniveau auswirkt. Mit einer Geldeinheit kann man dann weniger Güter kaufen. Diese – später genauer erläuterten – Vorgänge zeigen, dass die Steuerung der Geldmenge in engem Zusammenhang zur Entwicklung des Geldwertes, des Preisniveaus und der Inflation steht.

Allerdings stellt sich die Frage, in welcher der eingangs angesprochenen Abgrenzungen die Geldmenge an der Entwicklung der realen Produktion zu orientieren ist. Im zweistufigen Geldsystem mit endogener Geldschöpfung sollte sich die Steuerung der Geldversorgung – wenn möglich – auf eine weit abgegrenzte Geldmenge beziehen, denn bei Vernachlässigung „geldnaher" Aggregate liefe die Zentralbank Gefahr, potentielle Inflationsgefahren zu übersehen. Die Europäische Zentralbank bezieht daher ihre Geldpolitik auf die weit abgegrenzte Geldmenge M3. Bei exogener Geldschöpfung im Vollgeldsystem könnte sich die Steuerung auf eine enger abgegrenzte Vollgeldmenge beziehen. Ein weiteres Problem besteht darin, dass bei der Inflationsmessung die Entwicklung der Vermögenspreise nicht berücksichtigt wird. Wird z.B. neu geschaffenes Geld zur Finanzierung vorhandener Immobilien gewährt, so bleibt der reale Output konstant. Der zu erwartende Preisanstieg findet aber am Immobilienmarkt statt und geht insofern nicht in die offizielle Inflationsrate ein. Daher muss die Zentralbank bei der Steuerung der Geldversorgung stets auch die Entwicklung der Vermögenspreise beobachten.

Neben der monetären gibt es nicht-monetäre Inflationserklärungen, denen zufolge Geldwert und -menge weniger eng verknüpft sind. Die nicht-monetären Ansätze beziehen sich auf den Güterbereich der Volkswirtschaft. Sie werden im Detail später besprochen. Monetäre und nicht-monetäre Inflationserklärungen ergänzen sich. In beiden Theorien stellt allerdings die Zunahme der Geldmenge (oder der später zu erklärenden Umlaufgeschwindigkeit des Geldes) eine notwendige Bedingung für einen anhaltenden Inflationsprozess dar.

1.3.5   Aufgaben

1. Erläutern Sie, welche Bedeutung die Geldordnung für den Wirtschaftsprozess hat.
2. Worin besteht das primäre Ziel der EZB?
3. Erläutern Sie, welche institutionellen Vorkehrungen erforderlich sind, um die Unabhängigkeit der Zentralbank zu sichern.
4. Wie können Banken durch sekundäre Geldschöpfung die Geldmenge vergrößern? Erläutern Sie in diesem Zusammenhang den Geldschöpfungsmultiplikator.
5. Erläutern Sie, wie und wie genau die Zentralbank den Prozess der sekundären Geldschöpfung beeinflussen kann.
6. Erläutern Sie den Unterschied zwischen endogener und exogener Geldschöpfung.
7. Erläutern Sie den Inhalt der monetären Inflationserklärung.

2 Ex ante Analyse: Makroökonomische Theorie des Wirtschaftsprozesses

In der **makroökonomischen Theorie** wird untersucht, wie zusammengefasste (aggregierte) ökonomische Größen sich entwickeln. Im Vordergrund stehen dabei das reale Volkseinkommen und dessen Wachstum, die Beschäftigung und das Preisniveau bzw. Arbeitslosigkeit und Inflation. Darüber hinaus werden die Wirkungen wirtschaftspolitischer Maßnahmen auf Volkseinkommen, Beschäftigung und Preisniveau analysiert.

Entscheidende Frage der Makroökonomie ist, unter welchen Bedingungen die Marktbeziehungen auf verschiedenen Märkten gesamtwirtschaftlich zu Gleichgewichten führen und Ungleichgewichte – z.B. zwischen geplanter Produktion und geplanter Nachfrage bzw. zwischen dem Arbeitsangebot und der Arbeitsnachfrage – über die Marktsteuerung abgebaut werden. Im Einzelnen werden der gesamtwirtschaftliche Gütermarkt, die aggregierten Märkte für die Produktionsfaktoren für Kapital und Arbeit sowie der Geldmarkt untersucht. Darüber hinaus wird untersucht, ob einzelne Gleichgewichte so miteinander vereinbar sind, dass ein (simultanes) gesamtwirtschaftliches Gleichgewicht entstehen kann. Ein solches Gleichgewicht liegt vor, wenn die Pläne aller Beteiligten (ex ante Größen) auf allen Märkten übereinstimmen. Dann muss kein Wirtschaftssubjekt seine Pläne korrigieren, es treten also keine ungeplanten Größen auf. In diesem Fall sind die zuvor beschriebenen ex post-Identitäten nicht nur definitionsgemäß für ex post Größen sondern bereits am Anfang einer Planungsperiode für geplante Größen erfüllt.

Die Analyse von Gleichgewichten in einer ganzen Volkswirtschaft erfordert vereinfachende Annahmen. Im Folgenden

- werden nur Marktwirtschaften mit Privateigentum betrachtet, in denen Anbieter und Nachfrager dezentral planen
- wird unterstellt, dass die Produktionsfaktoren und die produzierten Güter jeweils homogen sind, d.h. keine Qualitätsunterschiede bestehen
- wird zunächst weitgehend von der wirtschaftlichen Aktivität des Staates abgesehen und die „geschlossene" Volkswirtschaft (ohne außenwirtschaftliche Verflechtung) betrachtet. Diese Annahme kann jedoch schrittweise aufgehoben werden.

Selbst in dieser vereinfachten Modellwelt haben unterschiedliche Vorstellungen nebeneinander Platz. Zur Untersuchung makroökonomischer Zusammenhänge gibt es verschiedene Modelle, die sich durch ihre Ausgangsannahmen unterscheiden. Im Folgenden werden – stark vereinfacht – zwei theoretische „Grundrichtungen" dargestellt, nämlich:

- die (Neo-)Klassik
- der Keynesianismus

Diese Richtungen unterscheiden sich unter anderem im Hinblick auf die Fristigkeit der Betrachtung und hinsichtlich der Annahmen zum Verhalten der privaten Wirtschaftssubjekte, so dass die Entwicklung gesamtwirtschaftlicher Größen kurz-/mittelfristig und langfristig unterschiedlich erklärt werden. Während die Vertreter der stärker langfristig und angebotsorientiert ausgerichteten (Neo-)Klassik davon ausgehen, dass die marktwirtschaftliche Steuerung grundsätzlich zu stabilen Gleichgewichten auf allen Märkten führt, basiert die eher kurz- und mittelfristig ausgerichtete und nachfrageorientierte keynesianische Theorie auf der Vorstellung, dass Marktwirtschaften zumindest kurzfristig durch Ungleichgewichte gekennzeichnet sein können, die nicht automatisch durch Marktkräfte beseitigt werden, so dass staatliche Eingriffe sinnvoll sein können.

Bis heute existieren diese „Denkgebäude" nebeneinander, ohne dass eine der beiden Theorien generell als überlegen angesehen werden kann.

2.1   Langfristige Betrachtung: (Neo-)Klassische Theorie

Lernziele

In diesem Kapitel

- verstehen Sie, wie Anpassungsprozesse bei vollkommen flexiblen Preisen bzw. unter den Bedingungen der vollständigen Konkurrenz auf dem Güter-, dem Arbeits- und dem Kapitalmarkt verlaufen und wie die Gleichgewichte auf den Teilmärkten zu einem gesamtwirtschaftlichen Gleichgewicht koordiniert werden.
- wird erklärt, warum aus klassischer Sicht jedes Angebot sich selbst seine Nachfrage schafft (Saysches Theorem). Die Ersparnis der privaten Haushalte, die zunächst eine Nachfragelücke beinhaltet, wird am Kapitalmarkt vollständig in Investitionen „umgewandelt", die ihrerseits eine Nachfragegröße darstellen. Durch Anpassung der relativen Preise bzw. des Zinssatzes (am Kapitalmarkt) gelingt auch eine Anpassung zwischen Nachfrage- und Angebotsstruktur.

- erkennen Sie, dass die Marktwirtschaft ohne Anpassungsbarrieren und -verzögerungen eine Tendenz zu einem simultanen Gleichgewicht bei Vollbeschäftigung hat. Dann finden alle, die zum herrschenden Lohnsatz arbeiten wollen, auch Arbeit. Insofern sind aus klassischer Sicht keine Staatseingriffe erforderlich.
- verstehen Sie, warum unter den Annahmen des klassischen Modells zusätzliche staatliche Güternachfrage kurzfristig bei gegebenem Güterangebot lediglich private Nachfrage verdrängt.
- wird erläutert, warum unter den gegebenen Annahmen eine Erhöhung der bereitgestellten Geldmenge durch die Zentralbank bei konstantem Einkommen und konstanter Umlaufgeschwindigkeit des Geldes nur zu einem Anstieg des Preisniveaus führt. So gesehen ist das Geld neutral; es ist also nicht möglich, durch eine Erhöhung des Geldangebots die Beschäftigung in einer Volkswirtschaft zu erhöhen.

Das „(neo-)klassische System" beruht auf Arbeiten verschiedener Ökonomen des 18., 19. und 20. Jahrhunderts. Im Folgenden wird vereinfachend nur von Klassik bzw. Klassikern gesprochen.

Das **klassische Modell** geht davon aus, dass auf den Märkten folgende Bedingungen der vollständigen Konkurrenz erfüllt sind: ein funktionierendes Preissystem mit flexiblen Preisen, Zinsen und Löhnen, die jeweils für einen Ausgleich zwischen Angebot und Nachfrage auf Güter-, Kapital- und Arbeitsmärkten sorgen. Die Wirtschaftssubjekte passen sich jeweils „unendlich" schnell an geänderte Daten an. Es gibt weder Anpassungsblockaden noch Anpassungsverzögerungen oder andere Marktunvollkommenheiten; im Prinzip werden damit die Bedingungen des vollkommenen Marktes unterstellt. Die Wirtschaft tendiert daher im Prinzip stets zu einem stabilen simultanen Gleichgewicht auf allen Märkten. Aus der einzelwirtschaftlichen Theorie wird die Vorstellung übernommen, dass Gleichgewichtszustände optimal sind.

Die Märkte werden vom Verhalten der Unternehmen und der Haushalte bestimmt. Gewinnmaximierende Unternehmen bieten Güter auf den Gütermärkten an und fragen Arbeit und Kapital auf den Faktormärkten sowie Investitionsgüter am Gütermarkt nach. Die nutzenmaximierenden Haushalte bieten Arbeitsleistungen und Kapital (Ersparnisse) an, gleichzeitig fragen sie Konsumgüter nach.

Im Folgenden wird – für eine geschlossene Volkswirtschaft ohne Staat – beschrieben, wie sich die Wirtschaftssubjekte nach den Annahmen des klassischen Systems verhalten, wie diese Verhaltensweisen auf den verschiedenen gesamtwirtschaftlichen Märkten und zwischen den Märkten koordiniert werden und welche gesamtwirtschaftlichen Ergebnisse daraus resultieren.

2.1.1   Gütermarkt

Der gesamtwirtschaftliche Gütermarkt entsteht durch eine gedankliche Zusammenfassung aller Gütermärkte der Volkswirtschaft. Er umfasst also sämtliche in einer Volkswirtschaft auf Märkten gehandelten Sachgüter und Dienstleistungen. Der Gütermarkt lässt sich unter der einfachen Annahme betrachten, dass es nur ein homogenes Gut gibt, oder unter der Annahme, dass es zwar verschiedene Güter gibt, dass aber die preisliche Steuerung auf allen „Teilgütermärkten" ohne Anpassungsverzögerungen funktioniert. Im Gütermarktgleichgewicht sind dann alle Teilgütermärkte ausgeglichen.

Gemäß klassischer Argumentation bestimmt sich auf den Teilmärkten für einzelne Güter die Nachfrage nach den jeweiligen Güterpreisen. Die Preise bzw. die **relativen Preise** (die Verhältnisse der einzelnen Güterpreise untereinander) werden im jeweiligen Zusammenspiel von Angebot und Nachfrage gefunden. Es ist denkbar, dass einige Güter nur eine geringe Nachfrage finden, andere Güter aber so stark nachgefragt werden, dass das Angebot nicht ausreicht. In diesem Fall ändert sich in klassischer Vorstellung die **Preisstruktur** so lange, bis die Nachfrage strukturell zum Angebot passt und somit der ganze Güterberg Absatz findet. Dieser Prozess vollzieht sich ohne Anpassungsverzögerungen.

Das **Gütermarktangebot (Y_A)** richtet sich somit *auf einzelnen Gütermärkten* nach dem Preis, den die Anbieter für ihre Produkte erwarten. Steigende (erwartete) Güterpreise führen im Regelfall zu einer Angebotsausdehnung, d.h. zu steigendem Faktoreinsatz in der Produktion. *Gesamtwirtschaftlich* dagegen sind die Produktionsmöglichkeiten und damit das Angebot – zumindest in einer geschlossenen Volkswirtschaft – durch die insgesamt verfügbare Faktorausstattung begrenzt. Das Angebot hängt also vom Faktoreinsatz ab, d.h. vom Einsatz der Faktoren Arbeit A, Kapital K, Boden B. Die Form dieses Zusammenhangs hängt ferner vom technischen Wissen bzw. von der Produktionstechnik ab, die kurzfristig als konstant unterstellt wird. Der gesamtwirtschaftliche Zusammenhang zwischen Faktoreinsatz und Produktionsergebnis bzw. Angebot Y_A lässt sich durch die **Produktionsfunktion**

$$Y_A = f(A, K, B)$$

beschreiben. Bei gegebenem Einsatz von Kapital und Boden und gegebener Produktionstechnik wird die Produktion bzw. das Angebot Y_A allein durch den – auf dem Arbeitsmarkt bestimmten – Arbeitseinsatz determiniert. In Abb. 2.1 führt z.B. ein Arbeitseinsatz in Höhe von A* zu einer realen Produktion in Höhe von Y_A*. $Y_A = f(A)$ gibt an, wie sich die Ausbringungsmenge bei partieller Variation des Faktors Arbeit ändert. Im klassischen System wird üblicherweise unterstellt, dass die Grenzerträge des Faktoreinsatzes abnehmen. Die Funktion Y_A hat einen degressiven steigenden Verlauf. (vgl. Abb. 2.1). Bei einer Ausdehnung des Arbeitseinsatzes nimmt die reale Produktion zu, allerdings wird die Produktionszunahme mit wachsendem Arbeitseinsatz, der Grenzertrag immer geringer **(Gesetz des von Anfang an abnehmenden Grenzertrags)**.

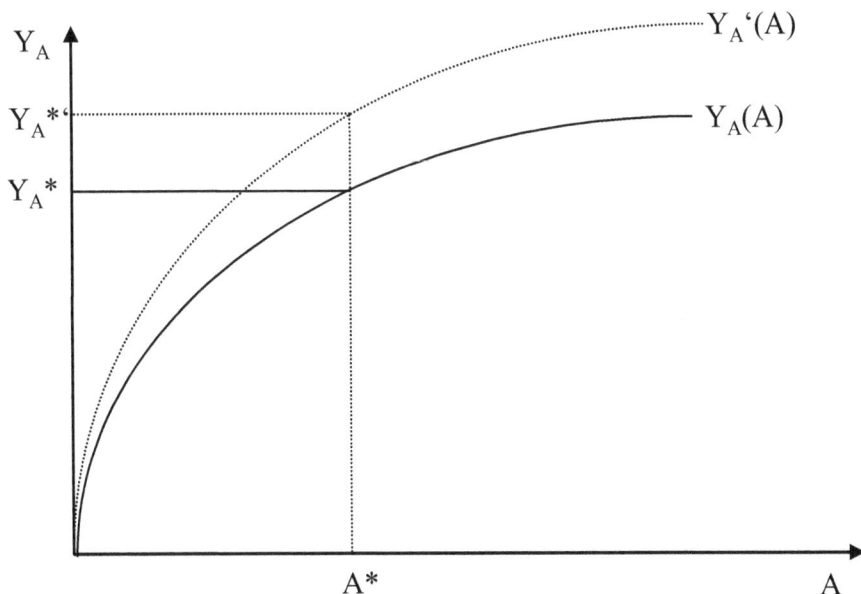

Abb. 2.1: Gesamtwirtschaftliche Produktionsfunktion bei partieller Variation des Faktor Arbeit („partielle Produktionsfunktion")

In der Abb. lässt sich auch die Wirkung von Änderungen des Einsatzes der anderen Produktionsfaktoren darstellen. Ein steigender Kapitaleinsatz führt c.p. zu höherer Produktion, d.h. zu Wachstum. Nettoinvestitionen verschieben also die Produktionsfunktion nach oben, z.B. auf $Y_A'(A)$. Die **Arbeitsproduktivität,** d.h. die Relation zwischen Ausbringungsmenge und Arbeitseinsatz steigt. In gleicher Weise bewirken ein vermehrter Einsatz des Faktors Boden und/oder eine Zunahme des technischen oder organisatorischen Wissens bzw. technischer Fortschritt eine Verschiebung der partiellen Produktionsfunktion nach oben.

Die **Gütermarktnachfrage (Y_N)** ist – wie das Angebot – *auf einzelnen Gütermärkten* preisabhängig, dies gilt auch für die Nachfragestruktur, die sich aufgrund der Preisrelationen zwischen den Gütern bildet. Für das *Gesamtniveau* der Güternachfrage sind die einzelnen Güterpreise dagegen aus klassischer Sicht zweitrangig. Das gesamtwirtschaftliche Niveau der Güternachfrage hängt vielmehr vom gesamtwirtschaftlichen **Einkommen** ab, welches wiederum – kreislauftheoretisch – insgesamt dem Wert der Produktion und damit dem Angebot entspricht. Steigendes Einkommen versetzt die Haushalte in die Lage, insgesamt mehr Güter nachzufragen und so ihren Nutzen zu vergrößern. Die Haushalte können ihr Einkommen zwar auch sparen. Die Klassiker unterstellen aber, dass die Haushalte eine Präferenz für Gegenwartskonsum haben. Sie arbeiten, um ihren Nutzen durch Konsum von Gütern erhöhen zu können. Daher sparen sie nur, wenn sie für den Konsumverzicht in der Gegenwart durch Zinszahlungen bzw. durch höhere Konsummöglichkeiten in der Zukunft entschädigt werden. Daher orientieren sie ihre Ersparnis S am Realzins. Bei zunehmendem Zinssatz i steigt die Neigung, Teile des Einkommens zu sparen. Zugleich geht die Konsumneigung zurück. Indirekt ist damit auch die Konsumnachfrage der privaten Haushalte zinsabhängig. Formal gilt somit

S = S(i) mit dS/di > 0 und C = C(i) mit dC/di < 0.

Zusammenfassend gilt: Die Haushalte teilen ihr Einkommen auf Konsum und Ersparnis auf, indem sie sich am Zinsniveau orientieren. Wegen der Präferenz für Gegenwartskonsum sparen die Haushalte nur, wenn sie für den Konsumverzicht in der Gegenwart durch Zinszahlungen entschädigt werden.

Da der gleichzeitige Verzicht auf Konsum *und* auf Zinsen in klassischer Sicht nicht rational wäre, unterstellen die Klassiker, dass die Ersparnis vollständig am Kapitalmarkt ankommt und nicht „gehortet" bzw. dem Wirtschaftskreislauf entzogen wird. Die Ersparnis finanziert vielmehr die von den Unternehmen entfaltete (zinsabhängige) Nachfrage nach Investitionsgütern. Dabei wird die ersparnisbedingte Nachfragelücke in vollem Umfang durch Investitionsgüternachfrage ausgefüllt. Dies wird im Folgenden genauer erklärt.

2.1.2   Kapitalmarkt

Am Kapitalmarkt erfolgt der Ausgleich zwischen dem Sparen der Haushalte und den Investitionsplänen der Unternehmer. Das Sparen der Haushalte schlägt sich dort als **Kapitalangebot** und die Investitionsgüternachfrage der Unternehmen als **Kapitalnachfrage** nieder. Der Ausgleich von Ersparnis und Investition erfolgt am Kapitalmarkt über den **Zinsmechanismus**.

Der Zins kann als Preis für die temporäre Überlassung von Kapital gedeutet werden. Seine Existenz ist erklärbar durch die angesprochene Gegenwartspräferenz der Sparer und zum anderen durch die Erwartung der Investoren, dass die Investition als lohnender Produktionsumweg zu Erträgen führt, aus denen der Zins gezahlt werden kann. Da diese Erträge a priori aber unsicher sind, enthält der Zins auch eine gewisse Risikoprämie für den Kapitalanbieter. Die Höhe des Zinses wird durch Marktprozesse am Kapitalmarkt gefunden.

Je niedriger der Zinssatz, desto geringer ist zum einen – wie beschrieben – das aus der Ersparnis gespeiste Kapitalangebot, desto geringer sind zum anderen die Finanzierungskosten von Investitionen, desto höher ist somit c.p. die Investitionsnachfrage der Unternehmen. Unternehmen vergleichen die Kosten des Kapitaleinsatzes mit den Erträgen der Investition. Gemäß klassischer Hypothese nimmt gesamtwirtschaftlich der Grenzertrag des Kapitaleinsatzes mit steigender Einsatzmenge ab. Somit lohnt sich für gewinnmaximierende Unternehmen eine Ausweitung des Kapitaleinsatzes durch Investitionen nur bei fallendem Zins. Bei steigendem Zins fällt dagegen die Nachfrage nach Investitionen. Wird die Bedeutung anderer Einflussfaktoren vernachlässigt, so lässt sich der Kapitalmarkt in einem Zins-Mengen-Diagramm mit steigend verlaufender Angebots- bzw. Sparfunktion S und fallend verlaufender Nachfrage- bzw. Investitionsfunktion I darstellen (vgl. Abb. 2.2).

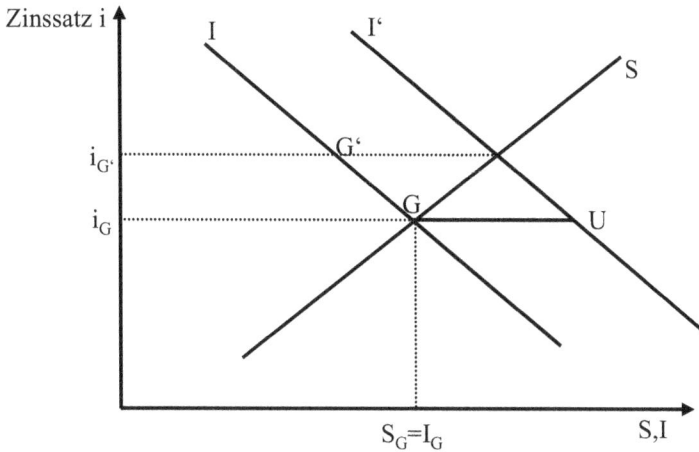

Abb. 2.2: Der Zinsmechanismus am Kapitalmarkt

Befindet sich der Kapitalmarkt zunächst im Gleichgewicht G, so kommen Ersparnis und Investitionen beim Zinssatz i_G zum Ausgleich ($S_G = I_G$). Steigt nun die Investitionsgüternachfrage aufgrund exogener Einflüsse von I nach I', so übertrifft beim Zinssatz i_G die Kapitalnachfrage das Spar- bzw. Kapitalangebot (vgl. die markierte Strecke GU). Die Ersparnis der Haushalte ist plötzlich „zu klein" (bzw. die Konsumgüternachfrage der Haushalte „zu groß"). Dieses Ungleichgewicht wird über den Zinsmechanismus beseitigt. Ein steigender Zinssatz drängt die nun zu große Konsumgüternachfrage der Haushalte zugunsten einer höheren Ersparnis zurück. Damit werden mehr Investitionen als im Punkt G möglich, obgleich die Investitionsgüternachfrage – von Punkt U aus gesehen – zinsbedingt wieder etwas sinkt. Im neuen Gleichgewicht (vgl. Punkt G') kommen Ersparnis bzw. Kapitalangebot und Investitions- bzw. Kapitalnachfrage bei höherem Zinssatz i_G' wieder zum Ausgleich.

Da sich über den Zinsmechanismus am Kapitalmarkt die Ersparnis in Nachfrage der Unternehmen nach Investitionsgütern „umsetzt", werden auch die nicht direkt konsumierten Teile des Faktoreinkommens in voller Höhe nachfragewirksam. Dabei wird allerdings unterstellt, dass alle Investitionen der Unternehmen Sachinvestitionen sind, die zugleich eine Form von Güternachfrage darstellen. Ein vorhandenes Güterangebot wird im Ergebnis letztlich selbst dann vollständig nachgefragt, wenn die Struktur des Angebotes (zunächst) nicht zur Struktur der Nachfrage passt. Preise und Zinssatz ändern sich dann (theoretisch unendlich schnell) so lange, bis das Güterangebot auch in der gegebenen Struktur gerade nachgefragt wird. Diese Überlegung ist als **Saysches Theorem** bekannt: Gesamtwirtschaftlich schafft sich demzufolge das (Güter-)Angebot letztlich seine eigene Nachfrage (vgl. Übersicht 2.1). Die Nachfrage entfaltet gesamtwirtschaftlich keine eigenständige wirtschaftliche Kraft.

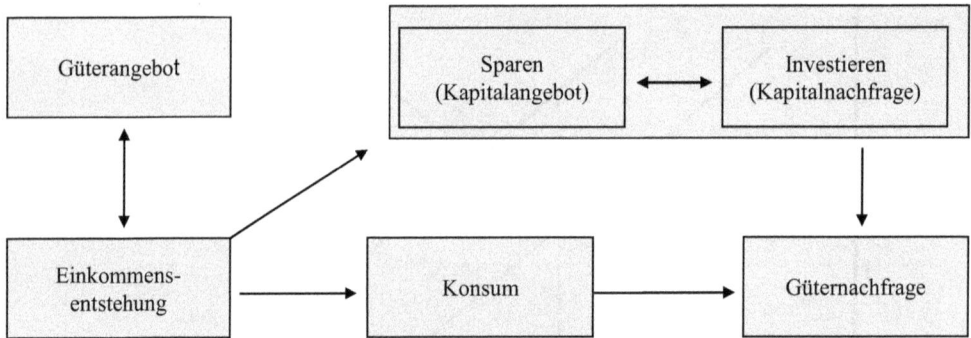

Übersicht 2.1.: Das Saysche Theorem

Damit ist in klassischer Sicht **immer gleichzeitig ein Gleichgewicht auf dem Güter- und Kapitalmarkt** garantiert. Das Niveau dieses Gleichgewichts bemisst sich nach der Höhe des Angebots, das wiederum c.p. vom Stand der Technik und vom Faktoreinsatz in der Produktion abhängt. Deswegen gilt die klassische Theorie als theoretische Basis einer **angebotsorientierten Wirtschaftspolitik**. Der Einsatz des Faktors Kapital ändert sich in Abhängigkeit vom Zinsniveau, das am Kapitalmarkt bestimmt wird.

2.1.3   Arbeitsmarkt

Für die Klassiker ist der Arbeitsmarkt ein ganz normaler Markt, auf dem Arbeit gegen Lohn getauscht wird. Die folgende gesamtwirtschaftliche Betrachtung unterstellt, dass keine Anpassungshemmnisse und -verzögerungen bestehen, dass der Faktor Arbeit vollständig homogen ist, d.h. dass die Arbeitskräfte ohne Qualifikationsprobleme jede angebotene Arbeitsstelle annehmen können und dass – deshalb – die Arbeitskräfte sektoral und regional vollständig mobil sind.

Unter diesen Voraussetzungen kann sich am Arbeitsmarkt normalerweise immer wieder ein Gleichgewicht ergeben. Wenn die Löhne vollständig flexibel sind führen Lohnerhöhungen bei zu geringem Arbeitsangebot und Lohnsenkungen bei zu hohem Arbeitsangebot zum Ausgleich. Dabei wird unterstellt, dass sowohl die Arbeitsnachfrage als auch das Arbeitsangebot typisch reagieren, also dass bei steigendem Lohnsatz das Arbeitsangebot zu- und die Arbeitsnachfrage abnimmt. Dazu nun im Einzelnen:

Gewinnmaximierende Unternehmen **fragen Arbeit nach**, wenn es sich für sie lohnt. Sie vergleichen die Kosten einer zusätzlichen Arbeitsleistung (d.h. den Lohnsatz) mit den Erlösen der resultierenden Mehrproduktion. Eine (Mehr)nachfrage nach Arbeit erscheint lohnend, wenn der (erwartete) **Grenzerlös aus dem Grenzprodukt der Arbeit**, also der durch den Mehreinsatz von Arbeit zusätzlich möglich gewordene Erlös, die zusätzlichen Lohnkosten übertrifft. Die Nachfrage der Unternehmen (umgangssprachlich in diesem Zusammenhang missverständlich auch als „Arbeitgeber" bezeichnet) wird somit vom Grenzertrag der Arbeit bestimmt. Da die Klassiker annehmen, dass der Grenzertrag der Arbeit bei zunehmendem Arbeitseinsatz abnimmt (vgl. dazu Abb. 2.1), kann zusätzliche Arbeit c.p. nur bei fallendem Lohnsatz rentabel zum Einsatz kommen. Die aus der Steigung der partiellen Produktionsfunktion herzuleitende Grenzertrags- bzw. Arbeitsnachfragefunktion A_N verläuft – wie für Nachfragekurven typisch – durchgängig fallend. (vgl. Abb. 2.3).

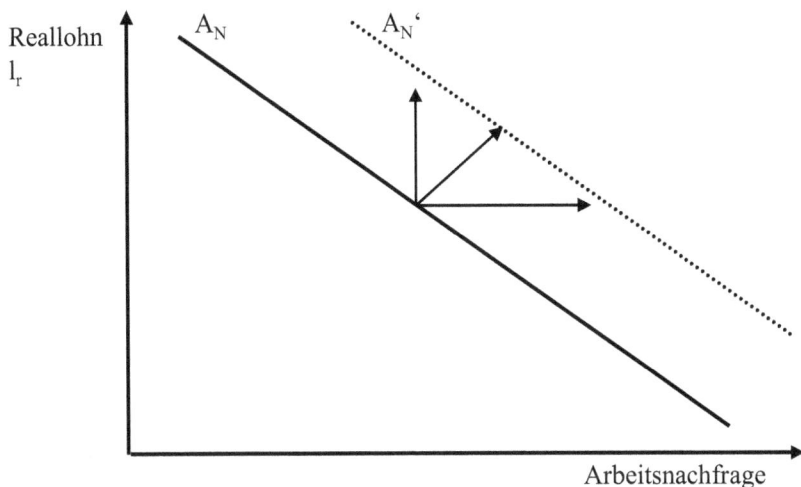

Abb. 2.3: Arbeitsnachfragefunktion

Bei dieser Rentabilitätsüberlegung ist nicht nur der Geld- bzw. Nominallohn, sondern auch die Höhe der Güterpreise wichtig. Die Arbeitsnachfrage wird vom Verhältnis der zusätzlichen Arbeitskosten zum zusätzlich erzielbaren Erlös bestimmt, welcher auch von der Höhe der Güterpreise abhängt. Daher entscheidet die Relation der Löhne zu den Güterpreisen, also der Reallohn, ob eine Ausweitung des Arbeitseinsatzes den Gewinn der Unternehmen erhöht. Je höher c.p. der Reallohn, desto ungünstiger ist aus Sicht der Unternehmer das Verhältnis von Lohnsatz und Grenzerlös der Arbeit, desto unattraktiver ist somit der Einsatz des Faktors Arbeit. Je niedriger umgekehrt der Reallohn ist, desto mehr Arbeitseinheiten werden rentabel, desto höher ist mithin die Arbeitsnachfrage. Die in Abb. 2.3 dargestellte Arbeitsnachfragekurve ist also auf den Reallohn zu beziehen.

Bei verändertem Einsatz der anderen Faktoren verschiebt sich der dargestellte Zusammenhang. Steigt z.B. der Kapitaleinsatz bzw. die maschinelle Ausstattung der Arbeitsplätze oder wird technischer Fortschritt realisiert, dann wird die Produktionsfunktion bei partieller Variation des Faktors Arbeit wird steiler (vgl. Verschiebung von $Y_A(A)$ nach $Y_A'(A)$ in Abb. 2.1). Für die Produktion einer bestimmten Gütermenge ist dann weniger Arbeit als zuvor erforderlich. Mit der gleichen Beschäftigung wie zuvor (A^*) kann umgekehrt eine entsprechend größere Gütermenge als zuvor (z.B. $Y_A^{*'}$) produziert und (gemäß dem Sayschen Theorem) auch abgesetzt werden. In diesem Fall steigt der Wert der Produktion. Die produktiver gewordene Arbeit kann besser entlohnt werden. Die Arbeitsnachfragekurve verschiebt sich nach A_N' (vgl. Abb. 2.3). Dabei zeigt sich freilich, dass der Produktivitätsanstieg nicht nur in höhere Löhne (senkrechter Pfeil), sondern auch in einen Anstieg der Beschäftigung (waag-rechter Pfeil) oder in eine Kombination von beiden Möglichkeiten umgesetzt werden kann (diagonaler Pfeil).

Das **Arbeitsangebot** erklärt sich aus einem Kalkül der als Anbieter von Arbeit auftretenden privaten Haushalte. Haushalte wollen den Nutzen, den sie aus Konsum und Freizeit erzielen, maximieren. Dabei gilt das Gossensche Gesetz: Je höher der Konsum, umso geringer der Grenznutzen der letzten konsumierten Gütereinheit, je mehr Freizeit, umso geringer der Grenznutzen aus letzten Freizeiteinheit. Die Haushalte als Arbeitsanbieter vergleichen nun den Grenznutzen des Mehrkonsums, der möglich wird, wenn sie ihr Arbeitsangebot auswei-ten mit dem Nutzenverlust aufgrund der entgangenen Freizeit. Anders formuliert vergleichen sie den Grenznutzen der letzten Arbeitsminute mit dem Grenznutzen der letzten Freizeitmi-nute. Steigende Löhne verschieben die Haushaltspräferenzen zugunsten des Arbeitsangebots, fallende Löhne dagegen zugunsten von Freizeit, d.h. zu Lasten des Arbeitsangebots. Die Arbeitsangebotskurve verläuft somit typischerweise steigend (vgl. Abb. 2.4).

Das Arbeitsangebot kann allerdings auch „atypisch" reagieren. Bei sehr hohen Reallöhnen kann z.B. die motivierende Wirkung weiterer Lohnsteigerungen vom steigenden Grenznut-zen der Freizeit überlagert werden. Haushalte wollen dann weniger arbeiten, um mehr Frei-zeit zu genießen. Bei sehr hohen Löhnen kann es sogar zu einem Rückgang des Arbeitsange-botes kommen, wenn Haushalte eine angestrebte Einkommenshöhe bei steigendem Lohnsatz mit einer geringeren Arbeitszeit erreichen können. Bei sehr geringen Löhnen kann anderer-seits ein weiterer Rückgang der Löhne dazu führen, dass Haushalte aus Gründen der Exis-tenzsicherung gezwungen sind, das Arbeitsangebot auszudehnen (z.B. durch Überstunden oder Übernahme von Zweitjobs). Die Berücksichtigung dieser Argumente führt zu einer „doppelt gekrümmten" Arbeitsangebotskurve, die nur im mittleren Bereich den typischen Verlauf hat. Im Folgenden wird ein durchgängig typischer Verlauf unterstellt.

Bei einem normalen Verlauf der Arbeitsangebots- und Arbeitsnachfragefunktion kommt es bei flexiblen Löhnen in klassischer Vorstellung im Regelfall zu einem **Gleichgewicht bei Vollbeschäftigung**. Es wird sehr schnell ein Reallohnniveau gefunden, bei dem jeder, der zu diesem Reallohn arbeiten will, Arbeit findet und jedes Unternehmen, das zu diesen Bedin-gungen Arbeiter einstellen will, Arbeitswillige findet. In Abb. 2.4 liegt ein solches Gleich-gewicht in Punkt G, also bei dem Lohnsatz l_r* und bei der Menge A*. Nach „exogenen Stö-rungen" wird ein Gleichgewicht schnell wieder erreicht. Verschiebt sich z.B. durch Zuwan-derung die Arbeitsangebotskurve nach außen (z.B. nach A_A'), setzt ein Anpassungsprozess ein, in dessen Verlauf ein neues Gleichgewicht in Punkt G' erreicht wird. Dann herrscht nämlich beim Ausgangslohnsatz l_r* ein (als durchgezogene Linie markierter) Angebotsüber-schuss. Dieser drückt auf den Reallohnsatz. Daraufhin sinkt das Angebot und die Nachfrage steigt. Diese Anpassung erfolgt so lange, bis der Reallohn auf l_r' gefallen ist.

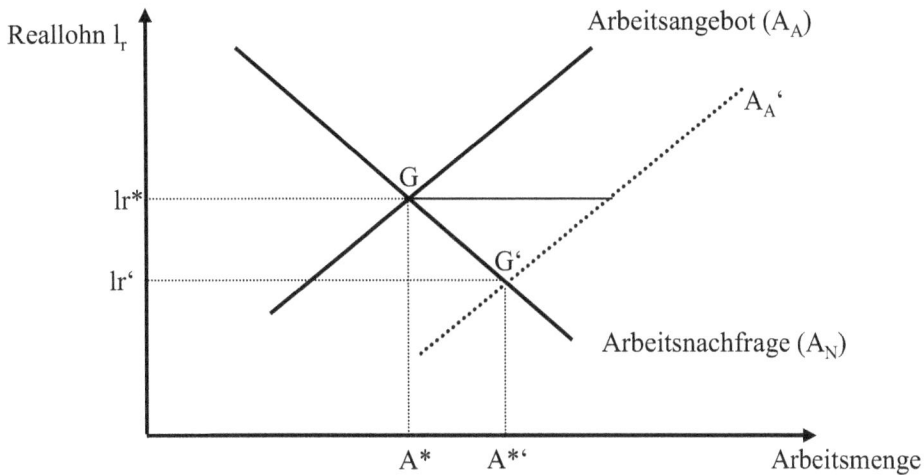

Abb. 2.4: Gleichgewicht am Arbeitsmarkt

Die **klassische Folgerung** aus dieser Betrachtung lautet: Solange Preise und Löhne flexibel sind, **kann es keine unfreiwillige Arbeitslosigkeit geben**. Wer nicht bereit ist, zum gleichgewichtigen Reallohnsatz zu arbeiten, ist aus klassischer Sicht freiwillig arbeitslos. Staatliche Maßnahmen zum Abbau freiwilliger Arbeitslosigkeit erscheinen nicht erforderlich.

Die klassische Vollbeschäftigungsthese steht im deutlichen Widerspruch zur heutigen Realität in den meisten Industrieländern. Aus klassischer Sicht beruht Arbeitslosigkeit auf **Mängeln der Steuerung am Arbeitsmarkt**, die sich auf mangelnde Transparenz, mangelnde Mobilität oder regulierungsbedingt mangelnde Lohnflexibilität zurückführen lassen.

Es entspricht klassischem Gedankengut, zu fordern, der Staat solle die Funktionsfähigkeit der Arbeitsmärkte durch entsprechende **Deregulierung** verbessern. Offen bleibt allerdings die Frage, ob wirklich alle Anpassungshemmnisse – z.B. mangelnde Mobilität der Arbeitsanbieter – so weit beseitigt werden können, dass vollständige sektorale und regionale Mobilität der Arbeitnehmer bei flexiblen Löhnen realisierbar wird. Wenn nicht, ist fraglich, ob Anpassungsprozesse zum einem Gleichgewicht am Arbeitsmarkt möglich sind.

2.1.4   Gesamtwirtschaftliches (realwirtschaftliches) Gleichgewicht

Gütermarkt, Kapitalmarkt und Arbeitsmarkt der Volkswirtschaft hängen im klassischen System zusammen, sie sind interdependent (vgl. Übersicht 2.2).

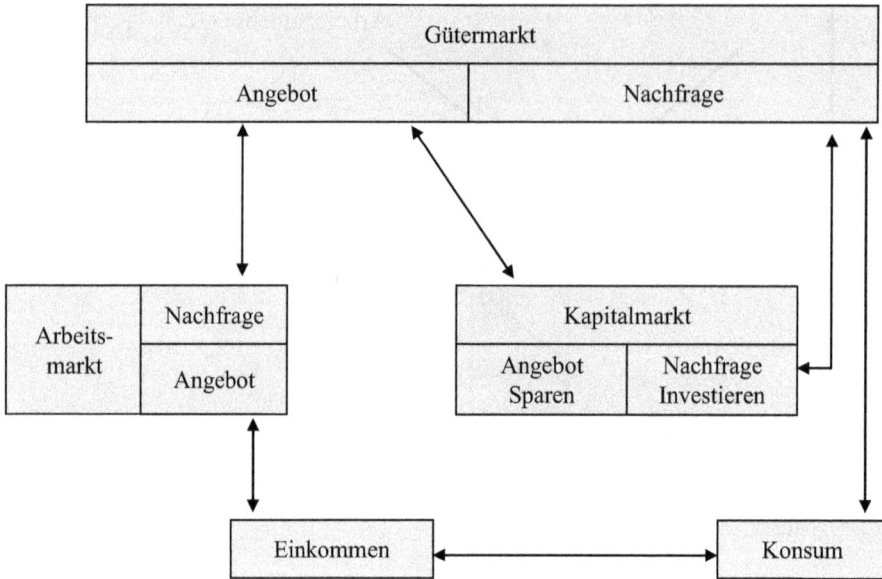

Übersicht 2.2: Interdependenz der Märkte in einer Volkswirtschaft

Die angesprochenen Märkte tendieren aus Sicht der Klassiker nicht nur isoliert zu „Teil-gleichgewichten". Vielmehr steuert die gesamte Volkswirtschaft zu einem simultanen (stabi-len) Gleichgewicht auf allen Märkten. Im „klassischen System" gelang erstmals eine in sich geschlossene Darstellung interdependenter makroökonomischer Märkte. Diese Synthese – eine simultane Betrachtung des Gleichgewichts am Güter-, Kapital- und Arbeitsmarkt einer Volkswirtschaft – sei nun anhand der Abb. 2.5 veranschaulicht.

Der obere Quadrant der Abb. illustriert den gesamtwirtschaftlichen Arbeitsmarkt. Dort wird der Gleichgewichtsreallohn l_r^* gefunden. Der resultierende Arbeitseinsatz A^* ermöglicht und bewirkt (bei Konstanz der übrigen Faktoreinsätze und bei gegebener Produktionsfunktion) eine gesamtwirtschaftliche Produktion Y_A^*. (Quadrant unten links). Damit ist kreislauftheo-retisch gesehen auch die Höhe des Einkommens bestimmt, welches die Haushalte auf Kon-sum und Sparen aufteilen können. Da die Ersparnis (und damit indirekt auch der Konsum) sowie die Investitionen zinsabhängig sind, bringt der flexible Kapitalmarktzins Ersparnis und Investition zum Ausgleich, so dass zugleich das Niveau des Gütermarktgleichgewichts Y^* und die Aufteilung des Güterangebots auf Konsum- und Investitionsgüter festlegt. Nach dem Sayschen Theorem wird Y_A auch vollständig nachgefragt. Der Gleichgewichtszinssatz i^{real*} am Kapitalmarkt (vgl. Quadrant rechts) bestimmt dabei die Höhe der Kapitalnachfrage, die in vollem Umfang der Investitionsgüternachfrage entspricht. Die gleichgewichtige Konsum-güterproduktion C^* ergibt sich als Differenz: $C^* = Y^* - I^*$. Die dazu passende gleichgewichti-ge Höhe der Konsumgüternachfrage ergibt sich „automatisch" durch Anpassung der Zinsen: weil die Konsumenten eine absolute Präferenz für Konsumnachfrage haben, sparen sie nur in dem Maße, in dem sie durch die Zinshöhe für Konsumverzicht entschädigt werden. Die (in

Abb. 2.5 nicht direkt erkennbare) Produktions*struktur* passt sich en detail aufgrund flexibler Preise auf den einzelnen Gütermärkten jeweils an die Nachfragestruktur an.

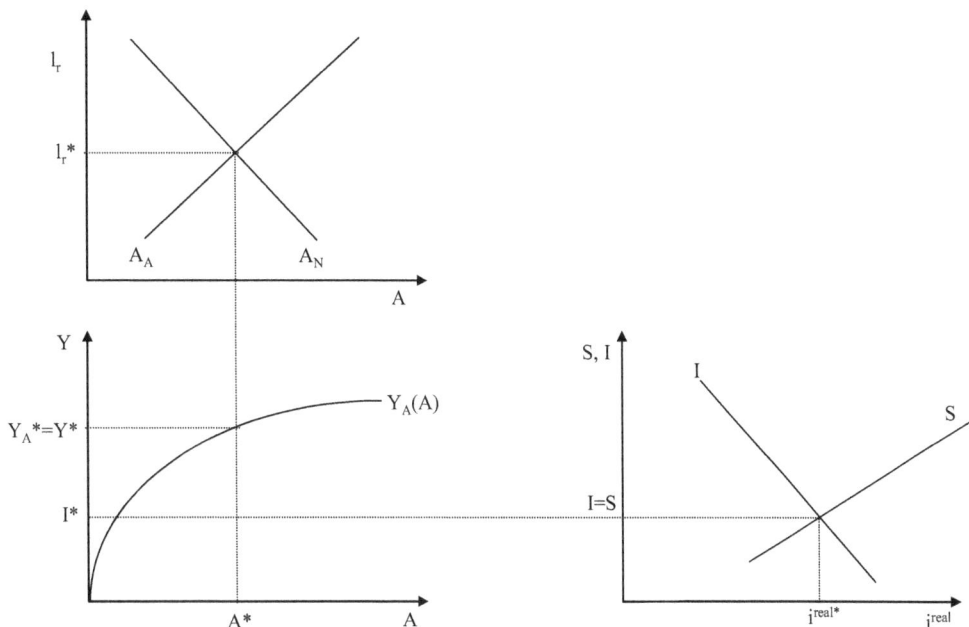

Abb. 2.5: Simultanes Gleichgewicht auf den Märkten einer Volkswirtschaft

In den folgenden Perioden kann sich ein anderes Gleichgewicht herausbilden. Investitionen der laufenden Periode oder technische Fortschritte, die die Produktivität der Arbeit erhöhen, verschieben nämlich die Produktionsfunktion nach oben. Dann kann mit gleicher Arbeitsmenge eine erhöhte Produktion erstellt werden. Daher steigt zugleich die Zahlungsbereitschaft der Unternehmen für den Produktionsfaktor Arbeit, die Arbeitsnachfragekurve verschiebt sich nach oben und es wird mehr Arbeit als zuvor eingesetzt. Produktion und Güterangebot steigen. Während dieses Anpassungsprozesses können Ungleichgewichte an den einzelnen Märkten auftreten, die den Klassikern zufolge aber nur vorübergehend sind. Ein neues simultanes Gleichgewicht wird schnell (theoretisch mit unendlicher Anpassungsgeschwindigkeit) gefunden. Selbst wenn allerdings Preise, Löhne und Zinsen nicht so flexibel sind wie bislang unterstellt, lässt sich die klassische Gleichgewichtsthese so interpretieren, dass zumindest langfristig die dargestellten Gleichgewichtstendenzen auftreten.

Die hier für eine geschlossene Volkswirtschaft ohne Staat dargestellte Analyse lässt sich auch auf offene Volkswirtschaften und auf Volkswirtschaften mit Staat übertragen. Dabei ergeben sich allerdings Modifikationen.

In einer offenen Volkswirtschaft sind die Güter über die Grenzen hinweg mobil. Von einem „gegebenen" Güterberg kann nicht mehr gesprochen werden. Dann gilt auch das Saysche Theorem nicht mehr zwingend. In einer offenen Volkswirtschaft sind Ungleichgewichte zwischen Importen und Exporten, ferner Ungleichgewichte in Bezug auf die Leistungsbilanz oder die Devisenbilanz denkbar. Sind aber die Wechselkurse zwischen den offenen Volkswirtschaften flexibel, so entsteht der klassischen Theorie zufolge über Wechselkursanpassungen eine automatische Ausgleichstendenz, so dass das gesamtwirtschaftliche Gleichgewicht durch den Außenhandel zwar beeinflusst, aber nicht verhindert wird.

Auch der Staat kann durch seine Aktivität in verschiedener Weise Einfluss auf das beschriebene gesamtwirtschaftliche Gleichgewicht nehmen. Er kann z.B. als zusätzlicher Anbieter und Nachfrager am Gütermarkt sowie als Nachfrager am Kapitalmarkt und am Arbeitsmarkt in Erscheinung treten. Die Mittel hierzu muss er allerdings (etwa in Form von Steuern) dem privaten Sektor entziehen. Insofern würde gemäß dem Sayschen Theorem eine zusätzliche staatliche Nachfrage nicht zu einer Ausweitung des Angebots führen, sondern nur – bei kurzfristig gegebenem Angebot – die private Nachfrage verdrängen.

2.1.5   Geldmarkt, Quantitätstheorie, monetäre Inflationserklärung

Die bisherige Betrachtung war rein realwirtschaftlich. Die Einführung von Geld kann allerdings die Tauschvorgänge in einer Wirtschaft erleichtern. Insofern stellt sich die Frage, in welcher Weise das Geld bzw. Art und Umfang der Geldversorgung auf das beschriebene gesamtwirtschaftliche Gleichgewicht bzw. auf die Anpassungsprozesse zum Gleichgewicht einwirken kann. Die Analyse ist somit um eine monetäre Betrachtung zu ergänzen.

Die Geldversorgung einer Volkswirtschaft erfolgt heute üblicherweise in einem zweistufigen System über primäre und sekundäre Geldschöpfung. Die Geldschöpfung erfolgt dabei meist im Rahmen von Kreditgeschäften und endogen, d.h. auf Basis freier Vereinbarungen zwischen Kreditgeber und -nehmer. Im Folgenden wird jedoch von den Geldschöpfungsmöglichkeiten der Banken abgesehen und vereinfachend unterstellt, dass nur die Zentralbank für die Geldversorgung der Wirtschaft zuständig ist und die in Umlauf befindliche Geldmenge vollständig kontrollieren kann (exogenes Geldangebot). In diesem Fall entspricht die Zentralbankgeldmenge ZM der gesamtwirtschaftlichen Geldmenge M. Der Geldschöpfungsmultiplikator ist dann = 1. Auf dem Geldmarkt stehen sich somit Zentralbank und Nicht-Banken gegenüber; gehandelt wird Zentralbankgeld.

Die Angebotsseite des Geldmarktes lässt sich unter diesen sehr restriktiven Annahmen folgendermaßen beschreiben: Das **Geldangebot M (Money)** wird von der Zentralbank exogen gesteuert bzw. bereitgestellt. Die Pläne der Kreditanbieter und -nachfrager werden im Modell nicht betrachtet. M ist konstant, es sei denn, die Zentralbank ändert das Geldangebot. (Mögliche Gründe dafür werden in Teil 3 diskutiert).

Die **Geldnachfrage L (Liquidity)** wird im klassischen System allein über das **Transaktionsmotiv** erklärt. Haushalte und Unternehmen fragen Geld nur nach, um Tauschvorgänge abzuwickeln, Geld wird (nur) als Transaktions- bzw. Zahlungsmittel genutzt, um damit Güter kaufen zu können. Als Vermögensanlage ist Geld aus klassischer Sicht ungeeignet, weil es – im Gegensatz etwa zu Wertpapieren – keine Zinsen oder sonstigen finanziellen Erträge bringt. Ersparnisse werden nur dann gebildet, wenn als Entschädigung für den zu leistenden Konsumverzicht Zinseinnahmen oder vergleichbare Erträge anfallen.

Weil es aber zu unbequem ist, für jede kleine Auszahlung Sparguthaben oder andere Formen ertragbringender Vermögensanlagen in Geld zu verwandeln, wollen zumeist die Wirtschaftssubjekte zur Abwicklung der Tauschvorgänge – unabhängig vom Zinsniveau – stets einen gewissen Geldbestand (eine bestimmte Liquiditätsnachfrage in Form von **Transaktionskasse**) halten. Je größer die abzuwickelnden Tauschvolumina, desto mehr Geld wird nachgefragt. Die Tauschwünsche sind ihrerseits umso größer, je höher Produktion und Einkommen (Y). Die Geldnachfrage L ist also positiv von Y abhängig:

$$L = L(Y), \text{ wobei } dL/dY > 0.$$

Die Geldnachfrage wird jedoch auch von den Zahlungsgewohnheiten bestimmt. Diese äußern sich vor allem darin, wie häufig das Geld benutzt wird, um Güterkäufe zu tätigen bzw. Einkommen zu zahlen, d.h. wie schnell das Geld zwischen den Kassen der Unternehmen und denen der Haushalte „umläuft" (**Umlaufgeschwindigkeit V**). Meist wird Geld eine Zeitlang „gehalten", um die Spanne zwischen Zahlungseingängen und Zahlungsausgängen zu überbrücken (**Kassenhaltungsdauer k = 1/V**). Eine wichtige Bedeutung kommt hierbei der Häufigkeit bzw. Frequenz von Einkommenszahlungen zu. Dies sei nachfolgend durch den Vergleich von halbmonatlicher und monatlicher Gehaltszahlung verdeutlicht.

Unterstellt sei, dass die Unternehmen das Gehalt an die Haushalte jeweils am Anfang der Periode überweisen und die Haushalte dieses Gehalt danach gleichmäßig für Güterkäufe bei Unternehmen verausgaben, so dass im Schnitt das Geld gerade bis zur neuen Gehaltszahlung reicht. Bei halbmonatlicher Gehaltszahlung wird ein Geldschein im Monat zweimal an einen Haushalt überwiesen und fließt zweimal über einen Güterkauf wieder in den Unternehmenssektor zurück. Bei monatlicher Gehaltszahlung läuft dieser Geldschein dagegen nur einmal um. Die Kassenhaltungsdauer ist doppelt, die Umlaufgeschwindigkeit des Geldes halb so hoch. Entsprechend mehr Geld wird benötigt, um das Monatseinkommen für Güterkäufe zu verwenden.

Bei Gehaltszahlung am Beginn der Periode und gleichmäßiger Verausgabung im Lauf der Periode beschreibt der Geldbestand der Haushalte im Zeitverlauf ein „Sägezahnmuster". Bei monatlicher Zahlung ist der maximale Geldbestand bei den Haushalten doppelt so hoch wie bei halbmonatlicher Zahlung – abzulesen in Abb. 2.6 an der Höhe der Zacken der Säge (monatliche Zahlung ist mit durchgezogener Linie, halbmonatliche Zahlung – für den ersten Monat – mit gestrichelter Linie angedeutet). Daraufhin ist bei monatlicher Zahlung auch der durchschnittliche Geldbestand und damit die Geldnachfrage doppelt so hoch wie bei monatlicher Zahlung.

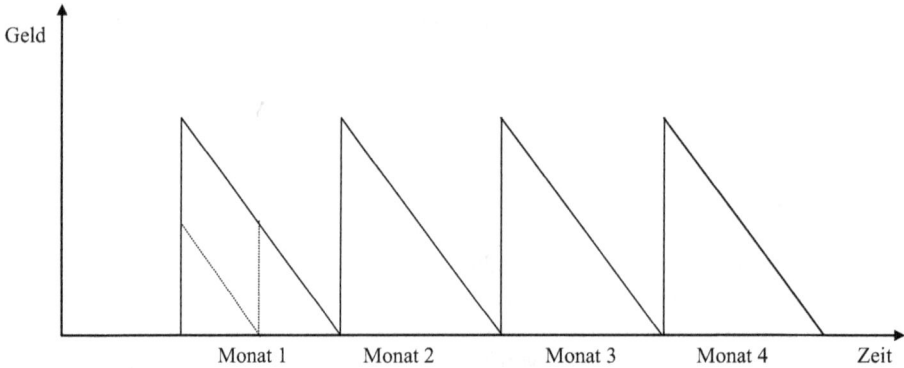

Abb. 2.6: Einfluss der Zahlungsgewohnheiten auf die Geldnachfrage

Je länger das Geld zur zeitlichen Überbrückung zwischen Einnahmen und Ausgaben im Durchschnitt gehalten wird (je höher also k), desto mehr Geld wird im Durchschnitt benötigt, um Güterkäufe tätigen zu können. Eine einfache Hypothese zur Geldnachfrage L ist daher:

$$L = k \cdot Y \text{ mit } dL/dY = k \text{ (vgl. Abb. 2.7)}.$$

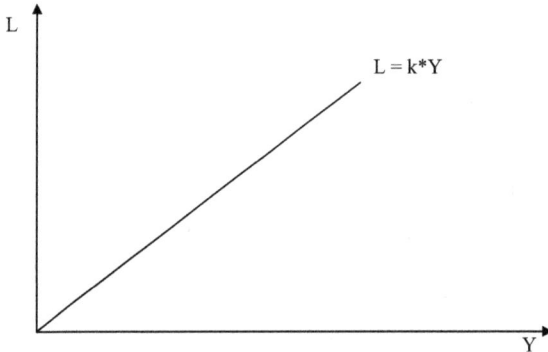

Abb. 2.7: Einkommensabhängige Geldnachfrage

Durch Zusammenführung von Geldangebot und Geldnachfrage lässt sich nun das monetäre Gleichgewicht darstellen. Man spricht hier auch vom **Gleichgewicht am Geldmarkt,** obwohl unter Geldmarkt in der Praxis meist der Markt verstanden wird, an dem sich Banken untereinander kurzfristig (Zentralbank)Geld leihen. Im Gleichgewicht müssen das (exogene) Geldangebot der Zentralbank und die geplante Geldnachfrage der Wirtschaftssubjekte übereinstimmen, d.h. M = L, oder

$$M = k \cdot Y$$

Geldangebot und Geldnachfrage stimmen also überein, wenn – bei gegebenen Zahlungsgewohnheiten, d.h. für einen bestimmten Wert für k – das Einkommen Y gerade so hoch ist,
dass die Haushalte genau die angebotene Geldmenge M nachfragen, um Güterkäufe tätigen
zu können (Wert Y* in Abb. 2.8).

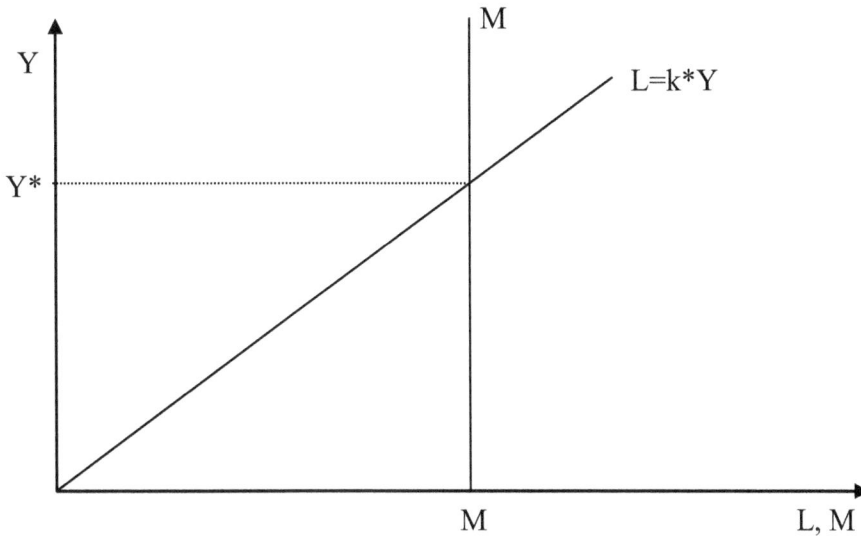

Abb. 2.8: Gleichgewicht auf dem Geldmarkt

Die Kaufkraft des Geld- bzw. des Nominaleinkommens Y* hängt allerdings vom Güterpreisniveau ab; sie steigt bei sinkenden bzw. sinkt bei steigenden Güterpreisen. Das Nomi-
naleinkommen Y lässt sich in eine Preiskomponente P und eine Realkomponente Y_r
(= preisbereinigtes Realeinkommen) zerlegen:

$$Y = P \cdot Y_r$$

Bestünde der Güterberg nur aus einem Gut, so wäre Y in Geldeinheiten, P in Geldeinheiten
pro Stück und Y_r in Mengeneinheiten anzugeben. In einer „Mehr-Güter-Welt" lassen sich
jedoch verschiedene Güter („Äpfel" und „Birnen") nicht in einer einheitlichen Mengenska-
lierung fassen. Gesamtwirtschaftlich werden daher sowohl Y als auch Y_r in Geldeinheiten
angegeben, das **Preisniveau** P ist dagegen eine dimensionslose Indexgröße.

Für die oben beschriebene Gleichgewichtsbeziehung am Geldmarkt gilt also:

$$M = k \cdot Y = k \cdot P \cdot Y_r \text{, bzw., da k=1/V}$$

$$M \cdot V = P \cdot Y_r$$

Diese Beziehung heißt **Quantitätsgleichung des Geldes**; sie definiert den Zusammenhang zwischen Geldmenge und (realer) Gütermenge. Für realisierte Größen, also ex post ist diese Beziehung immer erfüllt. In einem Geldmarktgleichgewicht ist die Quantitätsgleichung auch ex ante, d.h. für geplante Größen erfüllt. Die Klassiker unterstellen, dass die Zahlungsgewohnheiten nicht von der Geldmenge beeinflusst werden und sich nur langsam ändern, dass somit auch die Umlaufgeschwindigkeit, die angibt, wie häufig eine Geldeinheit im Durchschnitt für Käufe des Inlandsprodukts in der betrachteten Periode verwendet wird ($V = P \cdot Y_r/M$), nicht durch monetäre Entwicklungen beeinflusst wird.

Auch die Höhe der realen Produktion Y_r hängt nach dem klassischen Modell nicht von der Geldmenge M ab, sondern nur von der Produktionsfunktion und von den Einsatzmengen der Produktionsfaktoren, die auf dem Güter- und Kapitalmarkt durch freie Preisbildung bestimmt werden. Die Höhe der realen Produktion und die Zahlungsgewohnheiten sind somit in Bezug auf den Geldmarkt exogen gegeben.

Unter diesen Annahmen wird aus der Quantitätsgleichung die **klassische Quantitätstheorie**. Diese besagt, dass bei einer Zunahme des Geldangebots bzw. der Geldmenge der Ausgleich von Geldangebot und Geldnachfrage nur über eine Zunahme des Preisniveaus P erfolgen kann (dM => dP). Geldmenge und Preisniveau entwickeln sich c.p. also proportional; die Wachstumsraten W von Geldmenge und Preisniveau entsprechen sich (d.h.: $W_M = W_P$). Dies führt zur **monetären Inflationserklärung**: Inflation entsteht, wenn zu viel Geld in Umlauf gebracht wird. Trifft – bildlich gesprochen – eine größere Geldmenge als zuvor auf einen gegebenen Güterberg, so ändert sich das Tauschverhältnis zwischen Gütern und Geld zuungunsten des Geldes. Die Güterpreise steigen, der Geldwert sinkt.

Führt eine (exogene) Vergrößerung des Geldangebots zu keiner Erhöhung der realen Produktion, so ist das Geld realwirtschaftlich neutral. Anders ausgedrückt: die Geldmenge M (bzw. das monetäre Volumen $M \cdot V$) beeinflusst nur das Preisniveau P einer gegebenen realen Produktion Y_r, es kann selbst dieses Niveau Y_r nicht beeinflussen. Geld hat also keine realen Wirkungen. Dies wird auch als (realwirtschaftliche) **Neutralität des Geldes** bezeichnet. Das Geld liegt wie ein **Schleier** über den realen Größen der Wirtschaft. Bei einer Änderung der Geldmenge ändern sich die nominalen Preise, die Preisrelationen und die Werte bleiben gleich. Gedanklich lässt sich im klassischen System eine Zweiteilung der Wirtschaft in einen realen und einen monetären Bereich vornehmen (**klassische Dichotomie**). Alle bisher auf dem Güter-, Kapital- und Arbeitsmarkt betrachteten Größen sind als reale Größen zu verstehen. Das Preisniveau und damit die Höhe der nominalen Größen wird erst über die in Umlauf befindliche Geldmenge bestimmt.

Die Quantitätstheorie und die monetäre Inflationserklärung lassen sich auch auf Situationen beziehen, in denen die reale Produktion steigt. Inflation entsteht dann, wenn die Wachstumsrate der Geldmenge W_M größer ist als die Wachstumsrate der realen Produktion W_{Y_r}. Die Inflationsrate zeigt in diesem Fall, um wie viel die Geldmenge stärker gewachsen ist als die Gütermenge. Das Preisniveau wird also nicht durch Angebot und Nachfrage auf dem Gütermarkt bestimmt, sondern durch das Verhältnis von Geldmenge zu realer Produktion. Der Zusammenhang lässt sich allgemein auch bei Änderungen der Umlaufgeschwindigkeit des Geldes interpretieren ($W_V \neq 0$). Dann lautet die Quantitätsgleichung in Wachstumsraten:

$$W_M + W_V = W_P + W_{Y_r} \quad \text{bzw.:}$$

$$W_M = W_P + W_{Y_r} - W_V.$$

Soll die Geldversorgung so gesteuert werden, dass die Inflation einen bestimmten kritischen positiven Wert W_{Pkrit}, der sich beispielsweise aus den Schwächen der Inflationsmessung ergibt, nicht übersteigt, so darf die Geldmenge bei steigender Umlaufgeschwindigkeit des Geldes nur in entsprechend geringerem Maße erhöht werden, d.h. es gilt die Vorgabe:

$$W_M \leq W_{Pkrit} + W_{Y_r} - W_V.$$

Betrachtet sei nun noch einmal der Fall konstanter Produktion und Umlaufgeschwindigkeit. In diesem Fall lässt sich die These von der Neutralität des Geldes im Einzelnen auch in Bezug auf den Arbeits-, den Kapital- und den Gütermarkt darstellen.

Auf dem **Arbeitsmarkt** bildet sich – als Verhältnis von Lohn- und Güterpreisniveau – der Reallohn ($l_r = l/P$). Steigt nun aufgrund einer Zunahme des Geldangebots M das Preisniveau P, so sinkt ceteris paribus der Reallohn l_r. Arbeit wird zunächst (relativ) billiger und daher stärker nachgefragt. Am Arbeitsmarkt entsteht kurzzeitig ein Nachfrageüberschuss. In klassischer Vorstellung kommt es dann aber zu einem schnellen Anstieg des Nominallohns, so dass der Reallohn – und damit auch der Arbeitseinsatz und das Arbeitseinkommen – bald wieder dem ursprünglichen Niveau entsprechen. Abgesehen von einem kurzen Anpassungsprozess hat sich real auf dem Arbeitsmarkt nichts geändert; das Geld ist in Bezug auf die realen Größen des Arbeitsmarkts neutral.

Auf dem **Kapitalmarkt** ist der Realzins (= Nominalzins minus Inflationsrate) entscheidend. Eine durch Ausweitung der Geldmenge M hervorgerufene Erhöhung des Preisniveaus P (monetär verursachte Inflation) senkt bei konstantem Nominalzinssatz zwar den Realzins und damit zunächst die Ersparnis (bzw. das Kapitalangebot). Der dadurch am Kapitalmarkt entstehende Kapitalmangel bewirkt jedoch in der Folge einen Anstieg des Nominalzinsniveaus, bis das alte Realzinsniveau und damit das alte Gleichgewicht zwischen Investition und Ersparnis wiederhergestellt ist. Das Geld ist somit auch in Bezug auf den Kapitalmarkt neutral; es hat keinen Einfluss auf die Zusammensetzung der gesamtwirtschaftlichen Nachfrage aus Investitionsgüter- und Konsumgüternachfrage.

Wenn eine Geldmengenerhöhung den Arbeits- und Kapitaleinsatz unberührt lässt, hat sie (bei konstantem Einsatz der anderen Faktoren) auch keine Auswirkung auf das Güterangebot und damit – gemäß dem Sayschen Theorem – keine Auswirkung auf die Güternachfrage. Geld ist somit auch in Bezug auf die realen Größen des **Gütermarkts** neutral.

Geld beeinflusst also – in klassischer Sicht – nur das Preisniveau und die nominalen Größen der Wirtschaft. Reale Größen, relative Preise bzw. Preisstrukturen bleiben unverändert. Für die Klassiker besteht mithin gedanklich eine Trennung des realen und des monetären Bereichs der Ökonomie.

Der Quantitätszusammenhang verdeutlicht insgesamt, dass aus der Sicht der Klassiker die Geldmengensteuerung bzw. die Geldpolitik der Zentralbank von hoher Bedeutung für die

Stabilität des Preisniveaus ist, zugleich aber die Höhe der Beschäftigung nicht verändern kann.

In diesem Zusammenhang wurde die klassische Theorie inzwischen durch die so genannte **Neoquantitätstheorie** weiterentwickelt. Diese beschreibt genauer, warum bzw. wie Änderungen der Geldmenge wirken. Private Vermögensbesitzer streben demnach eine möglichst günstige Mischung von Geld, festverzinslichen Wertpapieren, Aktien, langlebigen Konsumgütern und Humankapital an. Dabei wägen sie Erträge und Risiken gegeneinander ab. Die Wahl einer Anlageform ist mit dem Verzicht auf die Erträge anderer Anlageformen verbunden. Geld liefert primär Sicherheit und Bequemlichkeit; aber keine Zinsen, Dividenden, Kursgewinne oder andere Erträge. Eine Änderung der Geldmenge stört nun die optimale Vermögensaufteilung. Nach einer Erhöhung der Geldmenge halten die Vermögensbesitzer plötzlich ihrer eigenen Auffassung zufolge „zuviel" Geld. Daraufhin erhöhen sie die Nachfrage nach anderen Gütern und Vermögensarten, so dass deren Preise bzw. Kurse steigen bzw. deren Erträge sinken. Die Welle dieser zusätzlichen Nachfrage breitet sich so lange aus, bis ein neues „Vermögensgleichgewicht" erreicht ist. Dabei steigt auch die Nachfrage nach Gütern und Dienstleistungen. Dieser Nachfrage wird – wenn freie Kapazitäten vorhanden sind – auch entsprochen. Der Prozess ist zu Ende, wenn sich das nominale Volkseinkommen prozentual genau so erhöht hat wie die Geldmenge. Inwieweit sich eher das Preisniveau oder eher die reale Produktion erhöht hat, bleibt in der Neoquantitätstheorie zunächst offen. Kurzfristig kann durch Erhöhung der Geldmenge neben dem Preisniveau auch die reale Produktion und Beschäftigung gesteigert werden. Langfristig werden aber rationale Erwartungen gebildet. Wirtschaftssubjekte werden z.B. voraussehen, dass höhere, auf Inflationsausgleich zielende Geldlohnforderungen der Arbeitnehmer eventuelle Beschäftigungs- und Wachstumseffekte einer monetär herbeigeführten Inflation wieder zunichte machen. Am Ende läuft es demnach – wie die Klassiker schon behauptet hatten – einzig auf eine Steigerung des Preisniveaus hinaus, der reale Effekt einer Geldmengensteigerung ist somit langfristig zu vernachlässigen.

2.1.6   Folgerungen und kritische Anmerkungen

Die makroökonomische Theorie untersucht das Wirtschaftsgeschehen auf dem gesamtwirtschaftlichen Güter-, Arbeits-, Kapital- und Geldmarkt. Übersicht 2.3 fasst die Annahmen und Überlegungen der (neo)klassischen Theorie zusammen.

Die (neo)klassische Theorie geht von vollständiger Konkurrenz aus bzw. unterstellt flexible Preise auf Güter- und Faktormärkten und eine unendliche hohe Anpassungsgeschwindigkeit in Bezug auf Datenänderungen. Ohne Anpassungsbarrieren und -verzögerungen hat die Marktwirtschaft eine Tendenz zu einem simultanen Gleichgewicht bei Vollbeschäftigung. Dann finden alle, die zum herrschenden Lohnsatz arbeiten wollen, auch Arbeit. Insofern sind aus klassischer Sicht keine Staatseingriffe erforderlich.

Aufgrund von Abstimmungsprozessen zwischen Güter- und Kapitalmarkt schafft sich jedes Angebot seine Nachfrage (Saysches Theorem). Die Ersparnis der privaten Haushalte, die zunächst eine Nachfragelücke beinhaltet, wird am Kapitalmarkt vollständig in Investitionen „umgewandelt", die ihrerseits eine Nachfragegröße darstellen. Durch Anpassung der relativen Preise bzw. des Zinssatzes (am Kapitalmarkt) gelingt auch eine Anpassung zwischen Nachfrage- und Angebotsstruktur.

Der Geldmarkt kommt zum Ausgleich, wenn das (nominale) Geldangebot mit der (nominalen) Geldnachfrage übereinstimmt. Geld wird (nur) zu Transaktionszwecken nachgefragt; die Geldnachfrage steigt mit steigendem Einkommen.

Eine (exogene) Erhöhung der bereitgestellten Geldmenge durch die Zentralbank führt bei konstantem Einkommen und konstanter Umlaufgeschwindigkeit nur zu einer entsprechenden Zunahme des Preisniveaus. Realwirtschaftlich ist das Geld neutral. Realwirtschaftliche und monetäre Sphäre der Wirtschaft sind getrennt.

Teilmarkt	(Verhaltens-)Annahmen zur Angebotsseite	Verhaltensannahmen zur Nachfrageseite
Gütermarkt	Produktionsfunktion: $Y = Y(A, K, B)$ Bei partieller Faktorvariation gelten vom Anfang an abnehmende Grenzerträge (degressiv steigende Funktion) bei gegebenem Stand der Technik	Absolute Präferenz für Gegenwartskonsum. Wegen $S = S(i)$ mit $dS/di > 0$ gilt: $C = C(i)$ mit $dC/di < 0$ ferner: $I = I(i)$ mit $dI/di < 0$
Kapitalmarkt	$S = S(i)$ mit $dS/di > 0$	$I = I(i)$ mit $dI/di < 0$
Arbeitsmarkt	Nutzenmaximierende Haushalte ziehen Nutzen aus Konsum und Freizeit daher $A_A = A(l_r)$ mit $dA/dlr > 0$	Gewinnmaximierende Unternehmen vergleichen E' und K' des Arbeitseinsatzes, daher $A_N = A(lr)$ mit $dA/dl_r < 0$
Geldmarkt	M (exogen durch die Zentralbank bestimmt und kontrollierbar)	Es gibt nur das Transaktionsmotiv für die Kassenhaltung: $L_T = k*Y$ mit $dL_T/dY = k > 0$ $k = 1/V$ Kassenhaltungskoeffizient (Kehrwert der Umlaufgeschwindigkeit des Geldes), kurzfristig konstant

Übersicht 2.3: Klassisches System

Die klassische Theorie basiert insgesamt auf der grundsätzlichen Annahme, dass die marktwirtschaftliche Steuerung gut funktioniert. Flexible Preise, Zinsen und Löhne sichern jeweils einen (theoretisch unendlich) schnellen Ausgleich von Angebot und Nachfrage auf Güter-, Kapital- und Arbeitsmärkten. Gibt es keine Anpassungsblockaden und -verzögerungen, so kommt es im „privaten Sektor" zu stabilen Gleichgewichten. Gleichgewichtszustände werden als optimal betrachtet, weil die Pläne der Anbieter und Nachfrager zueinander passen, also realisierbar sind, und zugleich ein Höchstmaß an vorteilhaften Tauschvorgängen zustande kommt. Aus diesen Überlegungen heraus wird dem Staat im klassischen System nur eine klar eingegrenzte Rolle im Wirtschaftsprozess zugeschrieben.

Der Staat hat im klassischen System die wichtige Funktion, für stabile Rahmenbedingungen zu sorgen und die Rahmenbedingungen dabei so zu gestalten, dass die Steuerung über Märkte nicht beeinträchtigt, sondern begünstigt wird. So sollte z.B. eine stabile Rechtsordnung, eine verlässliche Eigentumsordnung, eine klare Geldordnung, sowie Vertrags- und Gewerbe-freiheit sichergestellt sein. Darüber hinaus ist der Staat dafür verantwortlich, dass Anpas-sungsprozesse auf Märkten unter Wettbewerbsbedingungen ablaufen. Gelingt dies, so ergibt sich die Höhe der Produktion entsprechend dem Stand der Technik sowie dem jeweiligen Einsatz der Faktoren Arbeit, Kapital und Bodeneinsatz in den jeweiligen Marktgleichgewich-ten. Der Staat kann weder kurz- noch langfristig ein höheres Produktionsniveau herbeifüh-ren. Vielmehr besteht die Gefahr, dass zu starke regulierende Eingriffe in die Marktentwick-lungen zu Ungleichgewichten führen und marktbestimmte Anpassungsprozesse stören.

Versucht der Staat den Wirtschaftsprozess durch kurzfristige Eingriffe zu beeinflussen, so schadet er eher, als positive Wirkungen zu erzielen. So wird z.B. staatliche Güternachfrage c.p., d.h. bei gegebenem Stand der Technik und Arbeits- und Kapitaleinsatz, d.h. bei kurz-fristig gegebenem Güterangebot nur private Nachfrage verdrängen. Drängt der Staat mit Erfolg auf die Ausdehnung des Geldangebots, so wird statt der realen Produktion nur das Preisniveau zunehmen. Steigert der Staat schließlich die Intensität der Regulierung, so schafft er Anpassungsblockaden auf Märkten, die dazu beitragen, dass Ungleichgewichte nicht mehr sofort beseitigt werden. Erfolgen staatliche Interventionen zudem nicht gleitend, sondern unstetig, so sind sie geeignet, Instabilitäten und Schwankungen in den Wirtschafts-prozess zu tragen. Aus klassischer Sicht sollte sich der Staat mithin bei kurzfristigen Eingrif-fen in den Wirtschaftsprozess zurückhalten und sich darauf beschränken, die Funktionsfä-higkeit der Märkte langfristig zu sichern.

Diese Folgerungen sind auf Basis der oben angesprochenen Annahmen hergeleitet. Gelten diese Annahmen nicht, so kommt man teilweise zu anderen Schlussfolgerungen.

Beispielsweise kann auf nicht wettbewerblichen Märkten oder aufgrund von staatlichen Interventionen eine mangelnde Flexibilität der Güterpreise, der Löhne und der Zinsen die beschriebenen Anpassungsprozesse verhindern oder verzögern. Anpassungsblockaden – z.B. wenn Arbeit aufgrund von Qualifikationsunterschieden sektoral und regional nicht vollstän-dig mobil ist – können die Anpassung zu neuen Gleichgewichten stören, so dass es staatliche Aufgabe sein könnte, Anpassungsprozesse in Gang zu setzen oder zu beschleunigen.

Ferner ist denkbar, dass die Arbeitsangebotsfunktion nicht den dargestellten Verlauf auf-weist. Bei sehr niedrigen Reallohnsätzen, die es nicht ermöglichen mit dem gleichgewichti-gen Arbeitseinsatz ein ausreichendes Einkommen für das Existenzminimum zu sichern, könnten die Haushalte möglicherweise aus der Not heraus mehr statt weniger Arbeit anbie-ten. In Abb. 2.5 biegt sich die Arbeitsangebotsfunktion in diesem Fall (z.B. unterhalb vom Lohnsatz l_r') wieder von der Ordinate weg. In diesem Extremfall existiert nicht mehr zwin-gend ein eindeutiges Marktgleichgewicht. Unter Umständen führen die marktbestimmten Anpassungsprozesse nicht zu einem neuen Gleichgewicht. Dann ist sogar die Diskussion von Mindestlöhnen nachvollziehbar. Aus theoretischer Sicht wäre allerdings darauf zu achten, dass diese Löhne immer unter dem Gleichgewichtslohn liegen, damit sich ein markträumen-der Lohn ohne unfreiwillige Arbeitslosigkeit bilden kann.

Weiter ist denkbar, dass die absolute Präferenz zum Gegenwartskonsum bei negativen Zu-kunftserwartungen gestört werden kann. In diesem Fall kann trotz niedriger Zinsen mehr gespart werden, so dass auch die Zinssteuerung am Kapitalmarkt keinen Ausgleich zwischen

Kapitalangebot und -nachfrage herbeiführen kann. In diesem Fall würde das Saysche Theorem fraglich.

Darüber hinaus sind Investitionen nicht immer nur Sachinvestitionen, die sicherstellen, dass die ersparnisbedingte Nachfragelücke durch eine Nachfrage nach Investitionsgütern so ausgeglichen wird, dass die Kapazitäten (unverzögert) ausgelastet sind. Lösen die Ersparnisse (zumindest kurzfristig) nur Finanzinvestitionen aus, kann das Gleichgewicht am Gütermarkt gestört werden.

Schließlich ist die These von der Neutralität des Geldes fragwürdig. Im folgenden Kapitel wird demgegenüber gezeigt, unter welchen Umständen Geld nicht neutral ist und inwiefern daraufhin Geldpolitik zur wirtschaftspolitischen Steuerung einsetzbar ist.

Im Übrigen können außenwirtschaftliche Beziehungen kurzfristig die Gleichgewichte auf den inländischen Märkten stören. Werden beispielsweise weniger Güter exportiert als importiert, kann die gesamtwirtschaftliche Güternachfrage im Inland geringer sein als das Güterangebot. Werden Ersparnisse auf ausländischen Kapitalmärkten angelegt, finanzieren sie keine Sachinvestitionen im Inland. In diesen Fällen kommt es darauf an, die außenwirtschaftlichen Rahmenbedingungen so zu gestalten, dass die außenwirtschaftlichen Transaktionen die Gleichgewichte auf den inländischen Märkten nicht stören (außenwirtschaftliche Absicherung).

Wird somit die vollständige Flexibilität des Preissystems, die Neutralität des Geldes und/oder die Stabilität des privaten Sektors insgesamt bezweifelt, so ist die Rolle des Staates im Wirtschaftsprozess neu zu überdenken. Eine entsprechende Analyse erfolgt im nachfolgenden Kapitel.

2.1.7   Aufgaben

1. Auf welchen Grundannahmen basiert die (neo-)klassische Theorie? Welche Schlussfolgerungen für staatliche Eingriffe in das Wirtschaftsgeschehen lassen sich aus diesen Grundannahmen ableiten?
2. Welches Theorem beschreibt im klassischen System (gesamtwirtschaftlich) den Zusammenhang zwischen Güterangebot und Güternachfrage? Erläutern Sie dieses Theorem!
3. Erläutern Sie den Unterschied zwischen Preisniveau und Preisstruktur!
4. Erläutern Sie den Zinsmechanismus am Kapitalmarkt.
5. Warum hat aus Sicht der Klassiker die Geldversorgung der Wirtschaft keine Wirkung auf reale Größen?
6. Erläutern Sie die Quantitätstheorie des Geldes bzw. die monetäre Inflationserklärung.
7. Wovon hängt im klassischen System die Höhe der Beschäftigung ab?
8. Bitte kommentieren Sie folgende These: „Aus Sicht der Klassiker ist Arbeitslosigkeit undenkbar".
9. Erläutern Sie, inwiefern die Märkte einer Volkswirtschaft im klassischen System interdependent sind.

2.2   Kurzfristige Analyse: keynesianische Theorie

In diesem Kapitel

- lernen Sie die Annahmen der keynesianischen Theorie zum privaten Konsum und zu den privaten Investitionen kennen. Demnach nimmt die gesamtwirtschaftliche Konsumnachfrage mit steigendem Einkommen nur unterproportional zu. Die Investitionen sind nicht allein vom Zins abhängig, sondern schwanken in Abhängigkeit von den Absatzerwartungen der Unternehmen.
- verstehen Sie, dass sich aus diesen Annahmen eine mit steigendem Einkommen zunehmende Nachfragelücke ergeben kann. Die Staatsausgaben für Güter und Dienste können daher zur Auslastung der Produktionskapazitäten beitragen.
- lernen Sie die Grenzen der Aussagefähigkeit des keynesianischen Modells kennen: Die genannten Wirkungen treten nur kurzfristig in einer Ausgangssituation mit Unterbeschäftigung auf.
- verstehen Sie die Bedingungen eines güterwirtschaftlichen Gleichgewichts (IS-Kurve). Es gibt eine Vielzahl von Zins-Einkommens-Kombinationen, bei denen die Gleichgewichtsbedingung erfüllt ist. Die Lage und der Verlauf der IS-Kurve hängen auch von der Zinselastizität der Investitionsnachfrage ab.
- lernen Sie die keynesianische Geldmarktanalyse kennen. Die Geldnachfrage setzt sich aus der einkommensabhängigen Nachfrage nach Transaktionskasse L_T und aus der zinsabhängigen Nachfrage nach Spekulationskasse L_S zusammen.
- werden die Bedingungen für ein Geldmarktgleichgewicht (LM-Kurve) erläutert: dabei handelt es sich um Zins-Einkommens-Kombinationen, bei denen das exogen vorgegebene Geldangebot und die geplante Geldnachfrage übereinstimmen. Unter bestimmten Voraussetzungen kann eine Ausweitung der Geldmenge (expansive Geldpolitik) das Gleichgewichtseinkommen erhöhen.
- lernen Sie, unter welchen Voraussetzungen expansive Fiskalpolitik unwirksam ist, weil sie nur private Investitionen „verdrängt" (Crowding-out).
- verstehen Sie, dass Arbeitslosigkeit verschiedene Ursachen haben kann, die unterschiedliche Maßnahmen erfordern. Nur konjunkturelle Arbeitslosigkeit lässt sich reduzieren, wenn die gesamtwirtschaftliche Nachfrage steigt.
- erfahren Sie, dass Inflation nicht nur monetär erklärt werden kann sondern auch durch Kostendruckhypothesen (Lohndruck, Gewinndruck, administrierte Preise).
- lernen Sie eine Erklärung für Stagflation, das gleichzeitige Auftreten von Inflation und Arbeitslosigkeit, kennen.

2.2.1 Grundannahmen

Ausgangspunkt der keynesianischen Theorie war die Beobachtung der Massenarbeitslosigkeit während der Weltwirtschaftskrise 1930, die mit der klassischen Theorie nicht zu erklären war. Dementsprechend waren die auf der klassischen Theorie aufbauenden wirtschaftspolitischen Handlungsempfehlungen in dieser Krise auch nicht ursachengerecht. Insbesondere das Vertrauen auf marktbestimmte Anpassungskräfte, die den Wirtschaftsprozess nach Störungen zu einem neuen Gleichgewicht bei Vollbeschäftigung führen, schien – zumindest kurzfristig – nicht gerechtfertigt.

Das **keynesianische Modell** geht von einer **Unterbeschäftigungssituation** und von einem (kurzfristig) **stabilen Preisniveau** aus und stellt die **kurzfristige** oder konjunkturelle Stabilisierung in den Mittelpunkt der Betrachtung.

Zur Erklärung der anhaltenden Arbeitslosigkeit untersucht Keynes, wie die Klassiker, die Vorgänge auf dem Güter-, Geld- und Arbeitsmarkt. Im Folgenden werden die Verhaltensannahmen für die einzelnen Teilmärkte erläutert.

2.2.2 Gütermarktanalyse

Am Gütermarkt sieht Keynes die Ursache für die anhaltende Unterbeschäftigung in einer zu geringen gesamtwirtschaftlichen Nachfrage. Gemäß dem erläuterten Kreislaufmodell setzt sich die gesamtwirtschaftliche Nachfrage aus vier **Nachfragekomponenten** zusammen, die jeweils aus dem Verhalten der Wirtschaftssubjekte erklärt werden. Diese Komponenten sind

- der private Konsum,
- die privaten Investitionen,
- die Staatsausgaben und
- der Außenbeitrag.

Im einfachen keynesianischen Modell werden der Außenbeitrag und die staatliche Nachfrage als autonome, modellexogen bestimmte Größen betrachtet. Daher wird im Folgenden dargestellt, wie Keynes die Höhe des privaten Konsums und der privaten Investitionen erklärt und herleitet, dass ein gesamtwirtschaftliches Gleichgewicht bei Unterbeschäftigung möglich ist.

2.2.2.1 Privater Konsum

Nach der keynesianischen Theorie ist der private Konsum C einkommensabhängig. Dies gilt nicht nur für ein einzelnes Wirtschaftssubjekt sondern auch für die privaten Konsumausgaben in einer Volkswirtschaft insgesamt. Nach dem so genannten fundamentalpsychologischen Gesetz (**absolute Einkommenshypothese**) nimmt mit steigendem Einkommen in einer Volkswirtschaft auch der private Konsum zu, allerdings mit steigendem Einkommen nur unterproportional. Da dies zum Teil auf Sättigungseffekten beruhen kann, spricht man auch von der **Sättigungshypothese**. Demzufolge sinkt mit steigendem Einkommen Y die durchschnittliche Konsumquote. Ein solcher Zusammenhang lässt sich auf unterschiedliche Weise formal beschreiben. Die einfachste Form einer Konsumfunktion, die der keynesianischen Theorie genügt, ist die einer linearen Funktion mit positivem Absolutglied C_{aut} und konstanter Steigung mit einem Wert < 1. C_{aut} ist der autonome Konsum, d.h. der Teil der Konsumausgaben, der unabhängig vom Einkommen getätigt wird („Basiskonsum").

Die marginale Konsumquote c (auch Grenzhang zum Konsum genannt) gibt an, wie sich die privaten Konsumausgaben erhöhen, wenn das Einkommen um eine Einheit steigt. Da immer nur ein Teil des zusätzlichen Einkommens konsumiert wird, ist c kleiner als 1. Da sich der private Konsum und die private Ersparnis zum Einkommen ergänzen müssen, leitet sich aus der keynesianischen Konsumfunktion unmittelbar eine Erklärung des Sparverhaltens ab. Es gilt:

$$C = C_{aut} + c \cdot Y \qquad \text{mit } dC/dY = c$$
$$Y = C + S$$
$$Y = C_{aut} + c \cdot Y + S \qquad\qquad\qquad \text{bzw. – aufgelöst nach S:}$$
$$S = -C_{aut} + (1 - c) \cdot Y$$

Die Steigung $s = (1 - c)$ der Sparfunktion wird als marginale Sparquote bezeichnet. s gibt den Anteil einer marginalen Erhöhung des Einkommens an, der für zusätzliche Ersparnis verwendet wird. Die marginale Konsumquote c und die marginale Sparquote s ergänzen sich zu 1. Graphisch lässt sich dieser Zusammenhang im so genannten keynesianischen Kreuz darstellen.

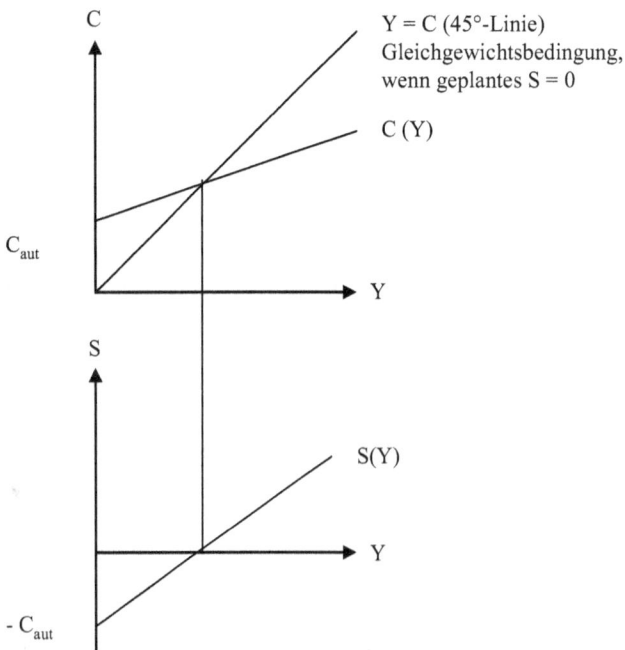

Abb. 2.9: Konsum- und Sparfunktion

Dabei ist die Doppelbedeutung des Einkommens Y zu beachten. Das Einkommen wird von den privaten Haushalten für Konsum- und Sparzwecke verwendet. Gleichzeitig entspricht es gemäß Kreislaufzusammenhang dem Wert aller angebotenen Güter. In einer Volkswirtschaft ohne Staat und ohne außenwirtschaftliche Beziehungen entspricht der Wert der Produktion der Summe aller entstandenen Einkommen. In diesem Fall lässt sich die 45°-Linie als Gleichgewichtsbedingung verstehen: Da sich auf dieser Linie die Achsenabschnitte von Ordinate und Abszisse entsprechen, entspricht in jedem Punkt der 45°-Linie das gesamtwirtschaftliche Angebot Y dem privaten Konsum. Nur im Schnittpunkt der Konsumfunktion mit der 45°-Linie stimmen gesamtwirtschaftlich Angebot und Nachfrage überein. Im Schnittpunkt ist die Ersparnis gleich Null. Eine **Nachfragelücke** liegt vor, wenn das Einkommen das Gleichgewichtseinkommen übersteigt. Die Konsumfunktion verläuft hier unterhalb der 45°-Linie. Liegt sie unterhalb des Gleichgewichtseinkommens liegt ein Nachfrageüberschuss vor.

Die der Konsumfunktion zugrunde liegende Sättigungshypothese ist auf der gesamtwirtschaftlichen Ebene umstritten und empirisch nicht eindeutig zu belegen. Es lässt sich z.B. empirisch zeigen, dass die durchschnittliche Konsumquote langfristig weitgehend konstant ist. Dies wird teilweise durch alternative Einkommenshypothesen erklärt, in denen zur Erfassung von Beharrungstendenzen im Konsumverhalten beispielsweise auch das Einkommen der Vorperiode als Erklärungsgröße verwendet wird.

2.2.2.2 Private Investitionen

Wie die Klassiker geht auch Keynes davon aus, dass die Unternehmen ihre Gewinne maximieren wollen. Als Alternative stehen ihnen die Möglichkeit einer relativ risikolosen Geldanlage am Kapitalmarkt zu einem festen Zinssatz oder eine Sachinvestition offen. Die Unternehmen werden sich nur dann für eine Sachinvestition entscheiden, wenn die **erwartete Rendite der Sachinvestition** die Rendite der Kapitalmarktanlage soweit übersteigt, dass sie für das höhere Risiko entschädigt werden. Nach diesem Kalkül werden in der Reihe der nach erwarteter Rendite geordneten Sachinvestitionen jeweils diejenigen realisiert, die die obige Regel erfüllen. Dies sind c.p. umso mehr, je geringer der Marktzins ist. Die auf den Zins bezogene Investitionsfunktion weist demnach eine negative Steigung auf (Vgl. Abb. 2.10).

$$I = I(i) \text{ mit } dI/di < 0$$

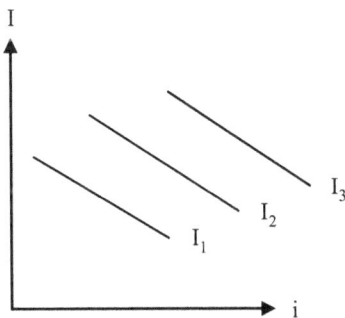

Abb. 2.10: Auswirkungen von Zukunftserwartungen auf die Investitionstätigkeit

Verbessern sich die Absatzerwartungen – z.B. weil Prognosen ein steigendes Wachstum voraussagen, nimmt bei gegebenem Zins die Investitionstätigkeit zu (I_2); bei verschlechterten Absatzerwartungen geht die Investitionsbereitschaft zurück (I_3). Wellen von Optimismus oder Pessimismus verschieben daher die Investitionsfunktion (vgl. Abb. 2.10). Nach Keynes sind die Investitionen nicht nur vom Zins sondern auch von den **Absatzerwartungen der Investoren** abhängig. Damit spielt auch die Risikoneigung der Investoren und ihre Unsicherheit in Hinblick auf die in Zukunft zu erwartende gesamtwirtschaftliche Entwicklung eine große Rolle.

Neben der Lage der Investitionsfunktion ist auch die Stärke der Reaktion der Investoren auf Zinsänderungen von Bedeutung. Die Zinselastizität der Investitionen – die relative Änderung der Investitionen (abhängige Variable) bezogen auf die relative Zinsänderung (unabhängige Variable) – hat normalerweise ein negatives Vorzeichen und dürfte von Investitionsobjekt zu Investitionsobjekt unterschiedlich hoch sein.

Gütermarktgleichgewicht und Multiplikatoren im einfachen Modell

Zur Vereinfachung wird das keynesianische Gütermarktmodell zunächst unter der Annahme dargestellt, dass die Investitionen modellexogen bestimmt sind ($I = I_{aut}$). Die Auswirkungen von Veränderungen der Zinsen und der Zukunftserwartungen auf die Investitionstätigkeit lassen sich im Rahmen des vereinfachten Modells komparativ-statisch untersuchen, indem die Modellergebnisse bei unterschiedlich hohen Investitionen verglichen werden.

Berücksichtigt man die Kreislaufbeziehung $Y = C + I$ und die keynesianische Erklärung des Konsumverhaltens, ergibt sich für eine geschlossene Volkswirtschaft ohne ökonomische Aktivitäten des Staates folgendes Modell:

$Y = C(Y) + I_{aut}$ bzw. – nach Einsetzen der keynesianischen Konsumfunktion

$Y = C_{aut} + c \cdot Y + I_{aut}$

Die rechte Seite der Gleichung stellt die Summe der Nachfragekomponenten dar, die nach der Verwendungsrechnung dem Einkommen entsprechen. Die linke Seite verdeutlicht die gesamtwirtschaftliche Produktion bzw. das gesamtwirtschaftliche Güterangebot. Ein Gleichgewicht liegt vor, wenn diese Gleichungsbeziehung erfüllt ist. Das Gleichgewichtseinkommen Y^* lässt sich demnach bestimmen, indem man die Gleichung nach Y auflöst. Es gilt:

$Y - c \cdot Y = C_{aut} + I_{aut}$

$(1 - c) \cdot Y = C_{aut} + I_{aut}$ oder

$Y^* = \{1/(1 - c)\} \cdot (C_{aut} + I_{aut})$

Steigen – z.B. aufgrund verbesserter Zukunftserwartungen oder aufgrund von Zinssenkungen – die privaten Investitionen, so steigt das Gleichgewichtseinkommen. Der Zuwachs übersteigt die Investitionsänderung. Da die marginale Konsumneigung kleiner als 1 ist, liegt der Faktor $1/(1 - c)$ immer über 1. Dieser Faktor wird als Multiplikator, in diesem Fall als **Investitionsmultiplikator** bezeichnet. Generell gibt ein Multiplikator an, wie sich die autonome Änderung einer exogenen Größe (hier der Investitionen) auf eine abhängige Größe (hier das

Gleichgewichtseinkommen) auswirkt. Je größer die marginale Konsumneigung c der privaten Haushalte, umso größer ist der Investitionsmultiplikator.

Darüber hinaus verdeutlicht der beschriebene Zusammenhang, dass die Höhe des Gleichgewichtseinkommens von der (Konsum- und Investitions-)Nachfrage bestimmt wird. Das (neo-)klassische Gütermarktgleichgewicht hingegen hängt von angebotsseitigen Determinanten (z.B. vom Arbeitseinsatz und der Produktionsfunktion) ab.

Der durch eine Investitionserhöhung ausgelöste Anpassungsprozess lässt sich folgendermaßen beschreiben: Steigt die Investitionsnachfrage, steigt bei einer Unterauslastung der Produktionskapazitäten in der Ausgangssituation die gesamtwirtschaftliche Produktion und damit das Einkommen zunächst in der Höhe der Investitionsänderung (**Primärwirkung**). Aufgrund der Einkommenssteigerung erhöht sich aber auch der private Konsum, was erneut eine höhere Produktion und weitere Einkommenssteigerungen und nachfolgend wieder Konsumzuwächse zur Folge hat (**Sekundärwirkungen** oder **einkommensinduzierte Wirkungen**). Dabei nehmen die Einkommenserhöhungen von Anpassungsschritt zur Anpassungsschritt ab, weil immer ein Teil des Einkommensanstiegs gespart wird. Die Ersparnisse werden nicht (sofort) nachfragewirksam, insofern tragen sie nicht unmittelbar zur Erhöhung des Gleichgewichtseinkommens bei. Im Gütermarktmodell wirken sie daher als „**Sickerverluste**". Die Bedeutung der Ersparnisse für den Geld- und Kapitalmarkt, die im Rahmen des (neo-)klassischen Modells betont werden, bleibt an zunächst dieser Stelle unberücksichtigt (vgl. aber Darstellung des keynesianischen Geldmarktmodells). Der beschriebene Anpassungsprozess kommt zum Stillstand, wenn das neue Gleichgewichtseinkommen erreicht wird. Im Verlauf des Prozesses wirken also die ursprüngliche Investitionsänderung (Primäreffekt) und die einkommensinduzierten Folgewirkungen (Sekundäreffekte) zusammen. Dies lässt sich in einer Sequenztabelle darstellen (vgl. Übersicht 2.4), die jeden Anpassungsschritt in einer eigenen Zeile erfasst.

Zeitraum	ΔI_{aut}	ΔC	ΔY	I_{aut}	C	Y
0				400	800	1200
1	100		100	500	800	1300
2		50	50	500	850	1350
3		25	25	500	875	1375
4		13	13	500	888	1388
5		6	6	500	894	1394
6		3	3	500	897	1397
7		2	2	500	898	1398
8		1	1	500	899	1399
... ∞		0	0	500	900	1400
Annahmen: Primärimpuls: Erhöhung der autonomen Investitionen um 100 Geldeinheiten (von 400 in der Ausgangssituation auf 500) Konsumfunktion: C = 200 + 0,5 · Y						

Übersicht 2.4: Sequenztabelle für die Auswirkungen einer autonomen dauerhaften Investitionserhöhung

Der Multiplikator hat im Beispiel den Wert 2, das Gleichgewichtseinkommen erhöht sich um $2 \cdot 100 = 200$. Da die Investitionen den höheren Wert von 500 beibehalten, wird das höhere Einkommen dauerhaft erreicht.

Der Impuls lässt sich graphisch durch eine Verschiebung der gesamtwirtschaftlichen Nachfragefunktion nach oben (N_2) verdeutlichen (vgl. Abb.2.11). Ausgehend vom Gleichgewichtseinkommen Y^*_1 – dem Schnittpunkt der 45°-Linie mit der Nachfragefunktion N_1 – erhöht sich die autonome Investition. Durch den Anstieg der Produktion steigt auch das Einkommen, so dass jetzt – entsprechend der neuen Gesamtnachfrage N_2 – die (einkommensabhängige) Konsumnachfrage weiter steigt. Der Prozess setzt sich fort, bis im Schnittpunkt der Nachfragefunktion N_2 mit der 45°-Linie erreicht ist.

Das neue Gleichgewichtseinkommen wird am Ende des Anpassungsprozesses **dauerhaft** erreicht. Jede Zeile der Sequenztabelle entspricht einem Paar von zwei „Anpassungspfeilen" in Abb.2.11.

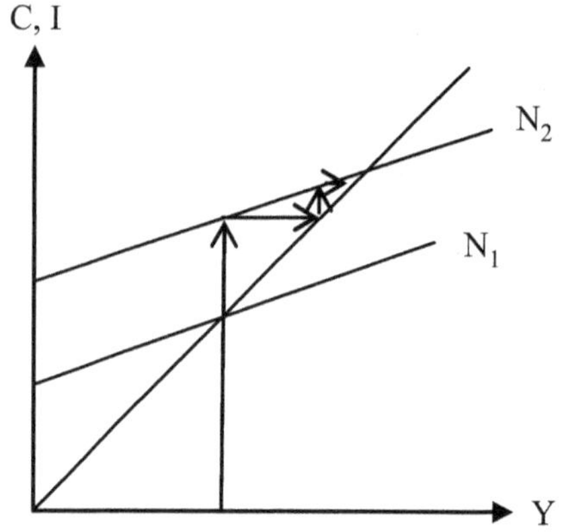

Abb. 2.11: Multiplikatorprozess nach einer autonomen Investitionsänderung

Werden die Investitionen nach der ersten Periode wieder auf den Ausgangswert reduziert, ergibt sich ebenfalls ein expansiver Anpassungsprozess, der allerdings nur zu einer vorübergehenden Erhöhung des Gleichgewichtseinkommens führt. Die Einkommenserhöhungen, die im Verlauf des Anpassungsprozess auftreten, addieren sich zur Einkommensänderung, die sich mit dem Multiplikator errechnet. Da die Investitionen auf das alte Niveau zurückgeführt werden, ergibt sich am Ende des Anpassungsprozesses wieder dasselbe Gleichgewichtseinkommen wie vor der Investitionserhöhung. Graphisch bedeutet dies, dass die gesamtwirtschaftliche Nachfragekurve sich nur kurzfristig, aber nicht dauerhaft nach oben verschiebt.

Zeitraum	ΔI_{aut}	ΔC	ΔY	I_{aut}	C	Y
0				400	800	1200
1	100		100	500	800	1300
2	−100	50	−50	400	850	1250
3		−25	−25	400	825	1225
4		−13	−13	400	813	1213
5		−6	−6	400	806	1206
6		−3	−3	400	803	1203
7		−2	−2	400	802	1202
8		−1	−1	400	801	1201
9		0	0	400	800	1200
...		0	0	400	800	1200
Unendlich		0	0	400	800	1200
Annahmen: Primärimpuls: Erhöhung der autonomen Investitionen um 100 Geldeinheiten (von 400 in der Ausgangssituation auf 500 nur in Periode 1. Konsumfunktion: $C = 200 + 0,5 \cdot Y$						

Übersicht 2.5: Wirkungen einer nicht dauerhaften Investitionserhöhung (Zahlenbeispiel)

2.2.2.3 Ökonomische Aktivitäten des Staates

Die Höhe der Staatsausgaben wird im politischen Entscheidungsprozess festgelegt, so dass sie modellexogen sind. Auch sie können allerdings die gesamtwirtschaftliche Nachfrage und damit die Kapazitätsauslastung erhöhen. Die Auswirkung veränderter Staatsausgaben ASt wird ebenfalls komparativ-statisch untersucht. Dabei wird zunächst die Annahme aufrechterhalten, dass es keinen Außenhandel gibt. Für eine geschlossene Volkswirtschaft mit ökonomischer Aktivität des Staates in Form von exogen festgelegten Staatsausgaben ASt_{aut} gilt:

$$Y = C(Y) + I_{aut} + ASt_{aut} \, .$$

Nach Einsetzen der keynesianischen Konsumfunktion ergibt sich

$$Y = C_{aut} + c \cdot Y + I_{aut} + ASt_{aut}$$

Auflösen nach Y führt zu

$$Y \cdot (1 - c) = C_{aut} + I_{aut} + ASt_{aut}$$

Für das Gleichgewichtseinkommen Y* gilt dann

$$Y^* = \{1/(1 - c)\} \cdot \{C_{aut} + I_{aut} + ASt_{aut}\}$$

Ändern sich die Staatsausgaben, ergibt sich ein neues Gleichgewichtseinkommen. Der **Staatsausgabenmultiplikator** $(1/(1 - c))$ entspricht rechnerisch dem Investitionsmultiplikator und gibt an, wie stark sich das Gleichgewichtseinkommen ändert, wenn die Höhe der Staatsausgaben variiert. Eine Erhöhung der Staatsausgaben schafft Einkommen in den Branchen, die die vom Staat nachgefragten Güter produzieren. Dieser Primäreffekt hat Folgewirkungen, weil die Konsumausgaben der privaten Haushalte einkommensabhängig sind, also steigen, wenn das verfügbare Einkommen steigt. Steigende Konsumausgaben erhöhen wiederum die Nachfrage in den Konsumgüterbranchen, so dass weitere Einkommenssteigerungen die Folge sind, die ihrerseits wiederum steigende Einkommen auslösen. Der Prozess setzt sich solange fort, bis die Sickerverluste (Ersparnisse) dem ursprünglichen Impuls (Staatsausgabenerhöhung) entsprechen.

Allerdings berücksichtigt diese Analyse nicht, dass eine Erhöhung der Staatsausgaben finanziert werden muss. Entweder erhöht der Staat seine Einnahmen im gleichen Maße wie seine Ausgaben oder er baut vorhandene Haushaltsüberschüsse ab bzw. erhöht sein Defizit, um die Ausgabenerhöhung zu finanzieren.

Der Ökonom Haavelmo hat die Auswirkungen einer Erhöhung der Staatsausgaben auf das Gleichgewichtseinkommen unter der Bedingung untersucht, dass der Staat seine Steuern im selben Umfang erhöht wie seine Ausgaben. Er unterstellt, dass die Steuern T einkommensunabhängig von jedem Haushalt in gleicher Höhe einbehalten werden. Dadurch sinkt das verfügbare Einkommen der privaten Haushalte $Y_{verf} = Y - T$. In diesem Fall gilt:

$$Y = C_{aut} + c \cdot (Y - T) + I_{aut} + ASt_{aut} \text{ mit}$$

$$Y = C_{aut} + I_{aut} + ASt_{aut} + c \cdot Y - c \cdot T$$

$$Y - c \cdot Y = C_{aut} + I_{aut} + ASt_{aut} - c \cdot T$$

$$Y \cdot (1 - c) = C_{aut} + I_{aut} + ASt_{aut} - c \cdot T$$

$$Y^* = \{1/(1 - c)\} \cdot (C_{aut} + I_{aut} + ASt_{aut} - c \cdot T)$$

Demnach ergeben sich die folgenden Multiplikatoren:

$$\Delta Y = \{1/(1 - c)\} \cdot \Delta ASt \qquad \text{Staatsausgabenmultiplikator } 1/(1 - c) > 1$$

$$\Delta Y = \{-1/(1 - c)\} \cdot \Delta T \qquad \text{Steuermultiplikator } -c/(1 - c) < -1$$

Da $c < 1$ ist, ist der Steuermultiplikator ist (absolut) kleiner als der Staatsausgabenmultiplikator. Bei einem „parallelen" Anstieg von Steuern und Staatsausgaben ergibt sich für das Einkommen:

$$\Delta Y = 1/(1 - c) \cdot ASt + \{- c/(1 - c)\} \cdot T$$

Wenn ΔA_{St} und ΔT einander entsprechen, ändert sich das Gleichgewichtseinkommen genau in Höhe der Staatsausgaben, denn

$$\Delta Y = 1/(1 - c) \cdot \Delta ASt - c/(1 - c) \cdot \Delta ASt$$

$$\Delta Y = (1/(1 - c) - c/(1 - c)) \cdot \Delta ASt$$

$$\Delta Y = ((1 - c)/(1 - c)) \cdot \Delta ASt$$

$$\Delta Y = \Delta ASt = \Delta T$$

Das Gleichgewichtseinkommen steigt demnach selbst dann, wenn zur Finanzierung der Ausgabenerhöhung die einkommensunabhängigen Steuern in gleicher Höhe ansteigen. Dabei entspricht der Zuwachs des Gleichgewichtseinkommens genau der Erhöhung von Steuern und Staatsausgaben. Dieser Zusammenhang wird als **Haavelmo-Theorem** bezeichnet. Dieses eigentlich überraschende Ergebnis ist darauf zurückzuführen, dass die Staatsausgaben direkt nachfragewirksam sind während die Steuern nur mittelbar über die Veränderung des verfügbaren Einkommens der privaten Haushalte wirken. Der expansiven Wirkung der Staatsausgabenerhöhung steht zwar die kontraktive Wirkung der Steuererhöhung gegenüber. Die Haushalte senken entsprechend ihrer marginalen Konsumneigung sowohl ihre Konsumausgaben ($\Delta C = c \cdot \Delta Y verf$) als auch ihre Ersparnis ($\Delta S = (1 - c) \cdot \Delta Y verf$). Da sich die Reduktion der privaten Ersparnis in diesem einfachen Modell nicht negativ niederschlägt, bleibt aber per Saldo als expansiver Effekt auf das Gleichgewichtseinkommen der direkte Impuls der Staatsausgabenerhöhung übrig.

Das Ergebnis kommt allerdings nur zustande, wenn die Steuern einkommensunabhängig erhoben werden und wenn sich die marginale Konsumneigung bei Änderungen des verfügbaren Einkommens konstant ist. Unterstellt man stattdessen, dass die Steuer einkommensabhängig mit konstantem Steuersatz t erhoben wird, gilt:

$T = t \cdot Y$

$Y = C_{aut} + c \cdot (Y - t \cdot Y) + I_{aut} + ASt_{aut}$

$Y = C_{aut} + I_{aut} + ASt_{aut} + c \cdot Y - c \cdot t \cdot Y))$

$Y - c \cdot Y + c \cdot t \cdot Y = C_{aut} + I_{aut} + ASt_{aut}$

$Y \cdot (1 - c + c \cdot t) = C_{aut} + I_{aut} + ASt_{aut}$

$Y^* = \{1/(1 - c + c \cdot t)\} \cdot (C_{aut} + I_{aut} + ASt_{aut})$

Es gilt: $(1/(1 - c + ct) < 1/(1 - c)$

Bei einkommensabhängigen Steuern ist der Multiplikator demnach geringer als bei einkommensunabhängigen Steuern. Mit steigendem Einkommen steigt in diesem Fall nämlich die Steuerlast, so dass die Erhöhung des verfügbaren Einkommens teilweise wieder kompensiert wird.

Die Wirkung der Ausgabenerhöhung ist darüber hinaus davon abhängig, wie die Staatsausgaben verwendet werden. Gibt der Staat das Geld nicht für Güter und Dienste sondern für Transferzahlungen an die privaten Haushalte aus, entfällt die direkte Nachfragewirkung. Die Ausgabenänderung bewirkt dann, dass sich das verfügbare Einkommen der privaten Haushalte ändert. In diesem Fall gilt – unter der Annahme konstanter Steuern und konstanter Ausgaben des Staates für Güter und Dienste:

$Y = C_{aut} + c \cdot (Y + Tr) + I_{aut} + ASt_{aut}$

$Y = C_{aut} + c \cdot Y + c \cdot Tr + I_{aut} + ASt_{aut}$

$Y - c \cdot Y = C_{aut} + c \cdot Tr + I_{aut} + ASt_{aut}$

$Y \cdot (1 - c) = C_{aut} + c \cdot Tr + I_{aut} + ASt_{aut}$

$Y = 1/(1 - c) \cdot (C_{aut} + c \cdot Tr + I_{aut} + ASt_{aut})$

$Y^* = \{ 1/(1 - c)\} \cdot \{C_{aut} + I_{aut} + ASt_{aut}\} + \{ c/(1 - c)\} \cdot Tr$

Der Transfermultiplikator entspricht also – bis auf das Vorzeichen – dem Steuermultiplikator. Er ist demnach kleiner als der Staatsausgabenmultiplikator. Transferzahlungen wirken – wie einkommensunabhängige Steuern – nur indirekt auf das Gleichgewichtseinkommen, weil sie nur über das verfügbare Einkommen und damit nur gemäß der marginalen Konsumneigung wirken.

Übersicht 2.6: Exkurs: Modifikationen der Annahmen des Haavelmo-Theorems

Die expansiven Wirkungen einer Erhöhung der Staatsausgaben sind im übrigen c.p. umso größer,

- je höher die Konsumquote der privaten Haushalte ist,
- je kleiner die Konsumquote der Besteuerten ist,
- je weniger die Investitionen durch die Besteuerung verringert werden und
- je stärker die Investitionen als Folge der staatlichen Ausgaben erhöht werden.

Die Wirkungen einer steuerfinanzierten Ausweitung der Staatsausgaben sind allerdings nur **unter bestimmten Einschränkungen** hergeleitet, die teilweise unrealistisch sind. Daraus ergeben sich folgende Einwände:

- Die Haavelmo-Betrachtung setzt voraus, dass die Steuern vollkommen einkommensunabhängig sind (z.B. eine Kopfsteuer: jeder zahlt den gleichen absoluten Steuerbetrag). Eine solche Steuer gibt es im deutschen Steuersystem nicht.
- Mit steigender Steuerlast dürften sich die marginalen Spar- und Konsumquoten der Haushalte – und damit der Multiplikatorwert – ändern.
- Wie alle Multiplikatorbetrachtungen gelten auch die im Haavelmo-Theorem hergeleiteten Wirkungen nur für eine Ausgangssituation mit Unterbeschäftigung. Zusätzliche Nachfrage kann also ohne Preissteigerungen durch eine Ausweitung der Produktion befriedigt werden.
- Die Analyse ist eine reine Gütermarktbetrachtung. Es ist aber nicht auszuschließen, dass Veränderungen der Höhe des Staatshaushaltes sich auf die Zinshöhe am Geldmarkt auswirken.
- Wenn aufgrund der Steuererhöhungen die Ersparnis sinkt, kann dies negative Auswirkungen am Kapitalmarkt haben, so dass – je nach Ausgangssituation – c.p. die Zinsen steigen und die Investitionen sinken.
- Die Betrachtung beschränkt sich auf die kurzfristige Auslastung der Kapazitäten. Langfristige Wirkungen einer höheren Steuerbelastung, wie beispielsweise eine Lähmung der privaten Investitionsbereitschaft oder sogar die Abwanderung von Investoren ins Ausland bleiben unbeachtet.
- Positive Arbeitsmarktwirkungen gehen von einem solchen Anpassungsprozess nur dann aus, wenn tatsächlich neue Beschäftigte eingestellt werden können. Dies setzt z.B. voraus, dass tatsächlich Arbeitslose mit den erforderlichen Qualifikationen verfügbar sind. Solche strukturellen (langfristigen) Änderungen werden im Rahmen der einfachen Multiplikatorberechnungen vernachlässigt.
- Darüber hinaus werden Unternehmen bei einer verbesserten Kapazitätsauslastung erst dann neue Arbeitsplätze besetzen, wenn die Verbesserung der Auslastung so groß ist, dass sie nicht durch intensitätsmäßige Anpassung aufgefangen werden kann und wenn die verbesserte Absatzsituation als dauerhaft eingeschätzt wird. So gesehen scheint es wahrscheinlich, dass durch solche expansiven Impulse eher der Abbau von Arbeitsplätzen vermieden wird als dass neue geschaffen werden.

Die restriktiven Annahmen schränken die Bedeutung des Haavelmo-Theorems stark ein. Eine Staatsausgabenerhöhung wirkt auf die Auslastung der Kapazitäten; der Effekt hängt aber von der Ausgangssituation, von den Reaktionen der privaten Haushalte und auch von den begleitenden Geldmarktwirkungen ab.

2.2.2.4 Offene Volkswirtschaft: Exportmultiplikator und einkommensabhängige Importe

In einer offenen Volkswirtschaft kann auch die Auslandsnachfrage zur Auslastung der inländischen Produktionskapazitäten beitragen. Importe wirken im Inland nachfragesenkend, weil die Ausgaben der privaten Haushalte oder der Unternehmen für Importgüter nicht zur Auslastung der inländischen Produktionskapazitäten beitragen. Für eine offene Volkswirtschaft ohne Staat ergibt sich folgende Bedingung für ein Gütermarktgleichgewicht:

$$Y = C(Y) + I_{aut} + ASt_{aut} + (Ex - Im)$$

Nach Einsetzen der keynesianischen Konsumfunktion ergibt sich

$$Y = C_{aut} + c \cdot Y + I_{aut} + ASt_{aut} + (Ex - Im)$$

Durch Auflösen nach Y erhält man:

$$Y^* = \{1/(1 - c)\} \cdot \{ C_{aut} + I_{aut} + ASt_{aut}\} + \{1/(1 - c)\} \cdot (Ex - Im)$$

$$Y^* = \{1/(1 - c)\} \cdot \{C_{aut} + I_{aut} + ASt_{aut}\} + \{1/(1 - c)\} \cdot Ex - \{1/(1 - c)\} \cdot Im$$

Die Multiplikatoren ermitteln sich wie folgt:

$$Y = 1/(1 - c) \cdot Ex \text{ (\textbf{Exportmultiplikator})}$$

$$Y = -1/(1 - c) \cdot Im \text{ (\textbf{Importmultiplikator})}$$

Allerdings kann man davon ausgehen, dass die Importe nicht von der Höhe des inländischen Einkommens unabhängig sind. Bei steigendem Einkommen werden vermutlich nicht nur heimische sondern auch ausländische Güter stärker nachgefragt. Unterstellt man, dass die Importe vom inländischen Einkommen abhängen, lässt sich folgende Importfunktion aufstellen:

$$Im = Im_{aut} + m \cdot Y$$

Dabei ist m die marginale Importneigung, für die ein Wert zwischen 0 und 1 anzunehmen ist. Für das Gütermarktgleichgewicht ergibt sich dann:

$$Y = C_{aut} + c \cdot Y + I_{aut} + ASt + Ex_{aut} - (Im_{aut} + m \cdot Y)$$

$$Y - c \cdot Y = C_{aut} + I_{aut} + ASt + Ex_{aut} - Im_{aut} - m \cdot Y$$

$$Y - c \cdot Y + m \cdot Y = C_{aut} + I_{aut} + ASt + Ex_{aut} - Im_{aut}$$

$$Y \cdot (1 - c+m) = C_{aut} + I_{aut} + ASt + Ex_{aut} - Im_{aut}$$

$$Y^* = \{1/(1 - c+m)\} \cdot \{C_{aut} + I_{aut} + ASt + Ex_{aut} - Im_{aut}\}$$

Der Importmultiplikator im Fall einkommensabhängiger Importe $1/(1 - c + m)$ ist kleiner als der bei autonomen Importen $1/(1 - c)$. Ein Teil des zusätzlichen Einkommens wird nicht für im Inland produzierte Güter ausgegeben, die Auslastung der Produktionskapazitäten im Inland erhöht sich also bei einer autonomen Nachfrageerhöhung nicht so stark wie im Fall autonomer Importe.

In der folgenden Übersicht 2.7 sind die Multiplikatoren noch einmal zusammengefasst. Zu erinnern ist an dieser Stelle allerdings an die bei der Herleitung getroffenen einschränkenden Annahmen. Insbesondere handelt es sich um eine reine Gütermarktbetrachtung bei Unterbeschäftigung und konstantem Preisniveau.

Impuls	Formel
einfacher Investitions-/Staatsausgabenmultiplikator	$1/(1 - c)$
Steuermultiplikator bei Kopfsteuer	$-c/(1 - c)$
Transferzahlungsmultiplikator	$c/(1 - c)$
Exportmultiplikator	$1/(1 - c)$
Investitions- und Staatsausgabenmultiplikator bei einkommensabhängiger Steuer	$1/(1 - c + c \cdot t)$
Transfermultiplikator bei einkommensabhängiger Steuer	$c/(1 - c + c \cdot t)$
Importmultiplikator bei einkommensunabhängigen Importen	$-c/(1 - c)$
Importmultiplikator bei einkommensabhängigen Importen	$1/(1 - c + m)$

Übersicht 2.7: Multiplikatoren im keynesianischen Gütermarktmodell

2.2.2.5   Gütermarktgleichgewicht bei zinsabhängigen Investitionen

Im Folgenden wird das güterwirtschaftliche Gleichgewicht unter der Annahme hergeleitet, dass Investitionen vom Zins abhängen. Änderungen der Erwartungen lassen sich im Rahmen dieses Modells durch Veränderungen der Zinselastizität der Investitionsnachfrage berücksichtigen, die sich grafisch in einer Veränderung der Zinsfunktion ausdrücken. Die Zinselastizität der Investitionsnachfrage ergibt sich als Relation zwischen einer relativen Investitionsänderung und der relativen Zinsänderung, die die Investitionsänderung verursacht. Die von Keynes betonte Rolle der Erwartungen ließe sich auch anders berücksichtigen. Die Unternehmen könnten vermuten, dass ein steigendes Volkseinkommen ein guter Indikator für verbesserte Absatzchancen in der Zukunft ist. Dann wären die Investitionen auch vom Einkommen abhängig. Eine kombinierte Investitionshypothese wäre also

$$I = I(i, Y) \text{ mit } dI/di < 0 \text{ und } dI/dY > 0, \text{ also z.B. } I = I(aut) + a \cdot Y - b \cdot i$$

Diese Zusammenhänge werden im Folgenden aber nicht näher betrachtet. Zur Vereinfachung wird zunächst eine geschlossene Volkswirtschaft ohne ökonomische Aktivitäten des Staates unterstellt. Für eine solche Wirtschaft gilt die ex post-Identität $I = S$. Ein Gütermarktgleichgewicht liegt vor, wenn diese Beziehung auch für ex ante Größen, also für geplante Größen erfüllt ist. Dann entsprechen sich auch geplante Güternachfrage und geplantes Güterangebot. Die Planungen der Wirtschaftssubjekte lassen sich im Rahmen der keynesianischen Verhaltensannahmen erfassen. Im Gleichgewicht muss im einfachsten Fall einer Wirtschaft ohne Staat und Ausland also gelten:

$I(i) = S(Y)$

Diese Bedingung ist für verschiedene Zins-Einkommens-Kombinationen erfüllbar. Die grafische Darstellung aller Zins-Einkommens-Kombinationen, bei denen ein Gütermarktgleichgewicht vorliegt, heißt IS-Kurve. Die IS-Kurve stellt dar, wie hoch c.p. bei gegebenem Einkommen der Zins sein muss, damit ein güterwirtschaftliches Gleichgewicht vorliegen kann oder wie hoch bei gegebenem Zins das Einkommen sein muss, damit die geplante Ersparnis der geplanten Investition entspricht.

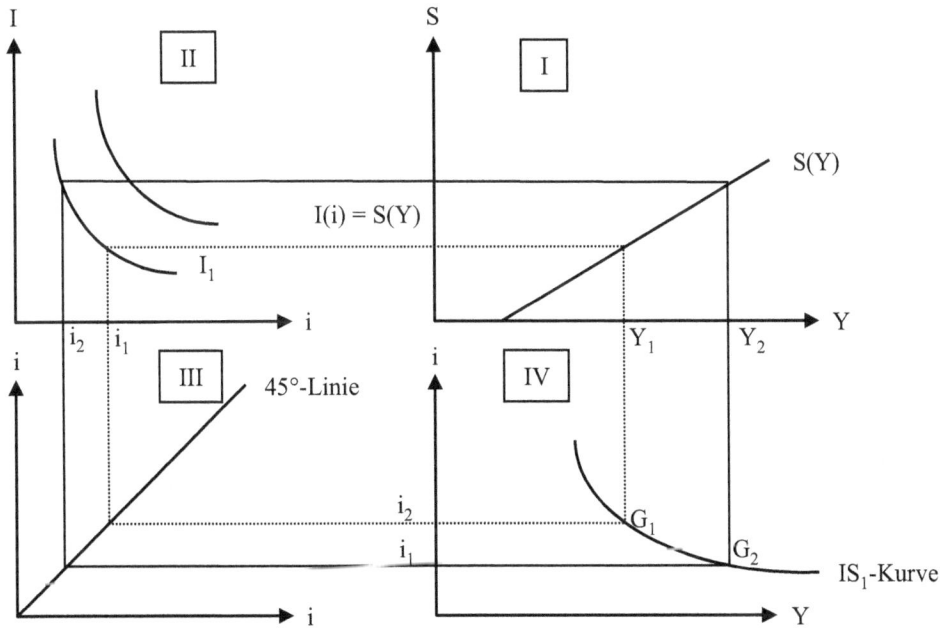

Abb. 2.12: Herleitung des güterwirtschaftlichen Gleichgewichts (IS-Kurve)

Im 4-Quadranten-Schema in Abb.2.12 sind oben links die Investitionsfunktion $I(i)$ und oben rechts die Sparfunktion $S(Y)$ dargestellt, die sich aus den keynesianischen Annahmen ergeben. Im Gleichgewicht müssen geplante Investition und geplante Ersparnis übereinstimmen. Diese Bedingung ist sowohl bei der Kombination (i_1, Y_1) als auch bei der Kombination (i_2, Y_2) erfüllt. Überträgt man den jeweiligen Einkommenswert senkrecht nach unten in den

Quadranten unten rechts und – mit Hilfe der 45°-Linie im Quadranten unten links – die zugehörige Zinshöhe ebenfalls in den 4.Quadranten, so resultieren verschiedene Zins-Einkommens-Kombinationen, bei denen $I(i) = S(Y)$ gilt, der Gütermarkt also im Gleichgewicht ist. Die IS-Kurve verläuft fallend, d.h. im güterwirtschaftlichen Gleichgewicht sind hohe Zinsen mit niedrigem Einkommen kombiniert und umgekehrt.

Der genaue Verlauf der IS-Kurve hängt vom Investitions- und Sparverhalten der privaten Haushalte ab. Die marginale Konsumneigung und die Zinselastizität der Investitionen bestimmen somit das güterwirtschaftliche Gleichgewicht. Verändert sich die Erwartungshaltung der Investoren, weil z.B. günstige Wachstumsprognosen oder die Ankündigung einer steuerlichen Entlastung die Investitionsbereitschaft erhöhen, steigen bei gegebenem Zins die Investitionen. Grafisch schlägt sich das in einer Rechtsverschiebung der Investitionskurve von I_1 nach I_2 nieder. Als Folge ergibt sich eine Rechtsverschiebung der IS-Kurve von IS_1 nach IS_2, so dass sich im neuen güterwirtschaftlichen Gleichgewicht bei gegebenem Zins ein höheres Gleichgewichtseinkommen ergibt.

In einer offenen Volkswirtschaft mit Staat ändert sich die Gleichgewichtsbedingung in

$$I(i) + (Ex - Im) + B_{ST} = S(Y)$$

Die von den privaten Haushalten geplante Ersparnis muss in diesem Fall ausreichen, um die Investitionen, den Außenbeitrag und den Budgetsaldo des Staates zu finanzieren. Die Einführung der zusätzlichen exogenen Nachfragekomponenten Staatsausgaben A_{St} und Außenbeitrag $(Ex - Im)$ wirkt wie eine Rechtsverschiebung der Investitionskurve, bewirkt folglich auch eine Rechtsverschiebung der IS-Kurve. Erhöht der Staat seine Ausgaben oder steigt der Außenbeitrag, führt dies im güterwirtschaftlichen Gleichgewicht dazu, dass c.p. bei gegebenem Zins ein höheres Gleichgewichtseinkommen resultiert. Aus diesem Ergebnis wird die Handlungsempfehlung abgeleitet, dass eine kurzfristige Unterauslastung der Produktionskapazitäten, die auf eine zu niedrige gesamtwirtschaftliche Nachfrage zurückzuführen ist, durch eine (notfalls kreditfinanzierte) Anhebung der Staatsausgaben bekämpft werden kann und soll. Dieses Ergebnis gilt aber nur unter einschränkenden Bedingungen.

Das keynesianische Modell untersucht nur kurzfristige Wirkungen bei Unterbeschäftigung und setzt konstante Preise voraus. Aufgrund der Sättigungshypothese in Hinblick auf den privaten Konsum und wegen der Erwartungsabhängigkeit der privaten Investitionen kann die gesamtwirtschaftliche Nachfrage hinter dem gesamtwirtschaftlichen Angebot zurückbleiben. In diesem Fall verursacht „zu geringe" gesamtwirtschaftliche Nachfrage eine Unterauslastung der vorhandenen Produktionsmöglichkeiten und damit Arbeitslosigkeit. Folgerichtig wird angenommen, dass die so verursachte Unterbeschäftigung durch die Belebung der gesamtwirtschaftlichen Nachfrage durch den Staat behoben werden kann.

Alle bisherigen Überlegungen bezogen sich lediglich auf den Gütermarkt. Nachfragebelebende Maßnahmen des Staates wirken jedoch auch auf den monetären Sektor einer Volkswirtschaft. Daher werden im Folgenden die keynesianischen Verhaltensannahmen zur Geldnachfrage und das geldwirtschaftliche Gleichgewicht erläutert.

2.2.3 Geldmarktanalyse

Um den Einfluss monetärer Größen auf die Gesamtwirtschaft zu untersuchen, wird im Folgenden der Geldmarkt betrachtet. Ein Geldmarktgleichgewicht liegt vor, wenn die geplante Geldnachfrage dem Geldangebot entspricht.

2.2.3.1 Geldangebot und Geldnachfrage

Da die Zentralbank das Geldangebot bestimmt, wird im Folgenden unterstellt, dass das Geldangebot M exogen gegeben ist bzw. reibungsfrei durch die Zentralbank gesteuert werden kann. Unsicherheiten der Entwicklung des Geldangebots, die sich z.B. daraus ergeben, dass die Zentralbank den Prozess der sekundären Geldschöpfung zwar nach oben, aber nicht nach unten begrenzen kann (vgl. Kapitel 1.3.3), werden im Folgenden vernachlässigt. Inwieweit die Vernachlässigung der von Banken vollzogenen sekundären Geldschöpfung die Ergebnisse der Analyse beeinflusst, bleibt hier offen.

Die Theorie der Geldnachfrage soll erklären, warum und in welcher Höhe die privaten Wirtschaftssubjekte den Wunsch haben, Geld jederzeit verfügbar zu halten –also Kassenhaltung zu betreiben. Wie die Klassiker unterstellt Keynes zunächst, dass die Geldhaltung Transaktionszwecken dient. Geldhaltung dient dazu jederzeit Güterkäufe bzw. Einkommenszahlungen tätigen bzw. um den Zeitpunkt zwischen Geldeinnahme und Geldausgabe überbrücken zu können. Die Höhe der Geldhaltung zu Transaktionszwecken hängt von den Zahlungsgewohnheiten in der Volkswirtschaft und von der Einkommenshöhe ab. Steigt das Einkommen, steigen auch die Güterkäufe, so dass normalerweise auch die Geldhaltung steigen muss. Im einfachsten Fall ist die Nachfrage nach Transaktionskasse L_T proportional zum Einkommen (vgl. Abb.2.13). Steigt die Kassenhaltungsdauer, so ist ebenfalls mehr Geld erforderlich, um die gewünschten Zahlungen leisten zu können. Eine einfache Geldnachfragefunktion, die diese Überlegungen berücksichtigt, lautet

$$L_T = k \cdot Y \text{ mit } dL_T / dY > 0$$

mit k: Kassenhaltungskoeffizient

Der Kassenhaltungskoeffizient k entspricht dem Kehrwert der Umlaufgeschwindigkeit des Geldes V und ist kurzfristig konstant, weil die Zahlungsgewohnheiten in einer Volkswirtschaft sich nur langsam ändern.

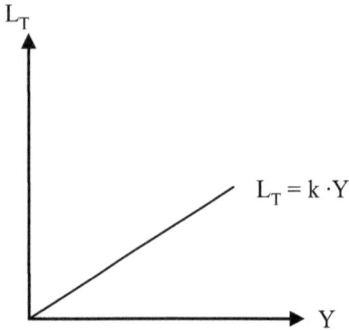

Abb. 2.13: Nachfrage nach Transaktionskasse

Zusätzlich zum klassischen Transaktionsmotiv unterstellt Keynes jedoch, dass Wirtschaftsubjekte unter Umständen Geld als liquides Mittel halten wollen – also trotz des Zinsverlustes auf eine alternative Geldanlage verzichten. Eine solche Liquiditätspräferenz kann rational sein. Zum einen können die Wirtschaftssubjekte dann Chancen, die sich aus Preisschwankungen ergeben, „als Schnäppchenjäger" ohne Zeitverlust ausnutzen. Zum anderen können sie z.B. darauf spekulieren, dass sie zu einem späteren Zeitpunkt günstigere Bedingungen der Geldanlage nutzen und so Einnahmen aus der Geldhaltung erzielen können. Keynes verdeutlicht seine Überlegungen für den Fall, dass die Wirtschaftssubjekte nur zwischen 2 Formen der Geldanlage wählen. Einerseits können sie – bei stabilen Preisen – kurzfristig ihr Geld zins- aber auch risikolos festhalten – also Opportunitätskosten in Form von entgangenen Zinseinnahmen in Kauf nehmen, um kein Risiko einzugehen. Andererseits können die Wirtschaftssubjekte festverzinsliche Wertpapiere (für die eine unendlich lange Laufzeit unterstellt wird) kaufen. Diese Wertpapiere ermöglichen Zinserträge, bergen aber auch ein Verlustrisiko in sich, wenn es zu Kursverlusten kommt. Zwischen dem Effektivzins i_{eff}, der sich ergibt, wenn man den Nominalzins auf den Kurs des Wertpapiers bezieht, und dem Kurs besteht eine inverse Beziehung.

$i_{eff} = i/Kurs$

Je niedriger der Kurs, umso höher ist der effektive Zins.

Keynes unterstellt, dass jedes Wirtschaftssubjekt eine bestimmte Vorstellung davon hat, wie hoch normalerweise Kurs und Effektivzins eines Wertpapiers sind. Liegt der tatsächliche Zins i über dem normalerweise erwarteten Zins, werden viele Wirtschaftssubjekte Zinssenkungen und dementsprechend Kurssteigerungen erwarten. In dieser Situation scheint es rational, das Geld in Wertpapieren anzulegen. Der hohe Zins bedeutet bei einem Verzicht auf die Geldanlage hohe Opportunitätskosten – also einen hohen Preis für die Liquidität. Darüber hinaus werden Kurssteigerungen erwartet. Daran wollen viele Wirtschaftssubjekte teilhaben, indem sie ihr Geld noch zum niedrigen Kurs anlegen, um die Wertpapiere später zu einem höheren Kurs wieder zu veräußern. Ist hingegen der Marktzins niedriger als der normalerweise erwartete Zins, sind die Opportunitätskosten eines Verzichts auf Geldanlage gering. Darüber hinaus werden Kurssenkungen und Zinserhöhungen erwartet, so dass es rational erscheint, zunächst auf eine Geldanlage zu verzichten. Diese Überlegungen führen dazu, dass es neben der Geldnachfrage zu Transaktionszwecken eine Geldnachfrage zu Spekulationszwecken gibt, die zinsabhängig ist. Es gilt:

$$L_S = L_S(i) \text{ mit } dL_S / di < 0$$

Je höher der Zins, umso geringer ist die Geldhaltung zu Spekulationszwecken. Nach Keynes gibt es einen Mindestzins, bei dem alle ihr Geld in der Spekulationskasse halten – es also nicht anlegen, weil alle Zinssteigerungen bzw. Kurssenkungen erwarten und/oder weil der generelle Vorteil der Liquidität, nämlich flexibel auf schwankenden Bedarf an Transaktionskasse reagieren zu können, höher bewertet wird als der entgangene (niedrige) Zins. Da hier somit ein Verzicht auf die Geldanlage rational ist, kann der Zins nicht unter den Mindestzins sinken. Solange das Geld in der Spekulationskasse gehalten wird, kann es nicht nachfragewirksam werden. Es wird weder für Güterkäufe verwendet noch steht es am Kapitalmarkt zur Verfügung, um kreditfinanzierte Investitionen zu ermöglichen.

Steigt der Zins über diesen Mindestzins, so wächst die Bereitschaft der Wirtschaftssubjekte Geld anzulegen – die Spekulationskasse ist zinselastisch. Sie wird so lange reduziert, bis sie bei einem Höchstzins vollständig geleert ist. Dieser Zins ist so hoch, dass kein Wirtschaftssubjekt mehr bereit ist, Geld spekulativ zu halten, vielmehr alle ihr Geld anlegen, weil die Opportunitätskosten der Liquidität hoch sind und viele Kurssteigerungen erwarten, an denen sie partizipieren wollen. Die Nachfrage nach Spekulationskasse ist in Abb.2.14 dargestellt.

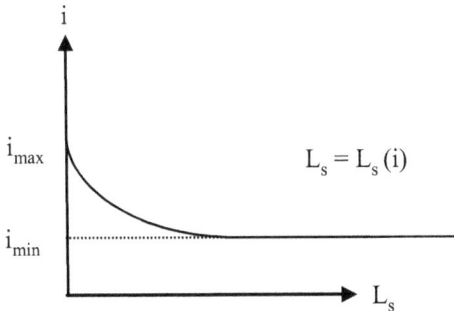

Abb. 2.14. Nachfrage nach Spekulationskasse

Gemäß Keynes setzt sich daher die gesamte Geldnachfrage aus L_T und L_S zusammen. Es gilt:

$$L = L_T(Y) + L_S(i) \text{ oder } L = L(Y, i)$$

Gegen die genannten Annahmen zur Geldnachfrage gibt es einige Einwände:

- Zunächst scheint es unrealistisch, dass die Wirtschaftssubjekte nur zwischen 2 Anlageformen wählen können.

- Darüber hinaus wird nicht näher erklärt, wovon der erwartete Zins und der erwartete Kurs abhängen. Es bleibt offen, auf welche Zeiträume sich die Erwartungsbildung bezieht. Es ist daher nach der Meinung vieler Autoren fraglich, dass viele Wirtschaftssubjekte über lange Zeiträume auf die Geldanlage verzichten und so dem Wirtschaftskreislauf dauerhaft Liquidität entziehen. Grundsätzlich ist Geldhaltung wegen einer Liquiditätspräferenz bzw. zu Spekulationszwecken jedoch denkbar.

2.2.3.2   Geldmarktgleichgewicht

Ein Geldmarktgleichgewicht liegt vor, wenn das (exogen vorgegebene) Geldangebot und die (geplante) Geldnachfrage übereinstimmen:

$$M = L(Y, i)$$

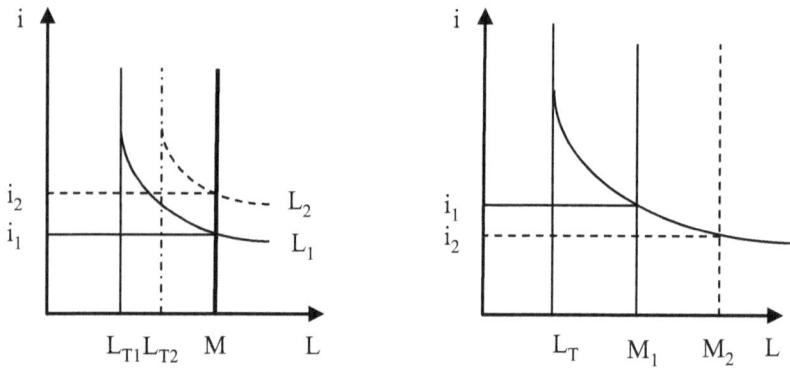

Abb. 2.15: Geldnachfrage und Geldangebot bei exogen bedingten Änderungen

Der Ausgleich zwischen dem Geldangebot und der Geldnachfrage erfolgt bei gegebenem Einkommen über den Zinssatz. Es gibt einen Gleichgewichtszins, der den Geldmarkt zum Ausgleich bringt. Einkommensänderungen verschieben bei gegebenem Zins das Geldmarktgleichgewicht. Bei gegebener Geldmenge M hängt (im keynesianischen Normalfall) das Geldmarktgleichgewicht von der Höhe des (realen) Volkseinkommens und des Zinssatzes ab; die Größen sind positiv korreliert, d. h. je höher das Gleichgewichtseinkommen, um so höher ist der Gleichgewichtszins.

Dies lässt sich anhand des linken Diagramms in Abb.2.15 veranschaulichen. Bei einem gegebenem Einkommen (und damit gegebenem Bedarf nach Transaktionskasse L_T) ergibt sich das Geldmarktgleichgewicht bei gegebenem Geldangebot M und gegebener Nachfrage nach Spekulationskasse beim Zins i(o). Steigt das Einkommen und damit die Geldnachfrage nach Transaktionskasse, verschiebt sich die Geldnachfragefunktion nach rechts. Es ergibt sich c.p. ein neues Geldmarktgleichgewicht bei einem höheren Zins i(1).

Steigt das Geldangebot auf M', liegt das neue Gleichgewicht c.p. bei einem niedrigeren Zins (vgl. Abb.2.15, rechtes Diagramm).

Die Zins-Einkommens-Kombinationen, bei denen der Geldmarkt sich im Gleichgewicht befindet, lässt sich auch in einem Vierquadrantenschema verdeutlichen (vgl. Abb.2.16). Ausgangspunkte sind die Nachfrage nach Spekulationskasse L_S (Quadrant oben links) und die Nachfrage nach Transaktionskasse L_T (Quadrant unten rechts). Wenn bei gegebenem Geldangebot M ein Geldmarktgleichgewicht vorliegen soll, muss die Summe der beiden Kassenbestände L_T und L_S immer dem Geldmarktangebot M entsprechen. Dies wird im Quadranten unten links durch die Linie M dargestellt. Ist L_S leer, entspricht M im Gleichgewicht L_T, ist L_T leer, gilt $M = L_S$, die beiden Achsenabschnitte müssen also gleich sein, so dass die Linie eine Steigung von –1 haben muss. Sie kann als Gleichgewichtsbedingung verstanden werden. Bei gegebenem Einkommen Y (und damit gegebener Nachfrage nach Transaktionskasse L_T) kann aus dieser Gleichgewichtslinie abgelesen werden, wie hoch im Gleichgewicht L_S und damit der Zins sein müssen, damit die Bedingung $M = L(i,Y)$ erfüllt ist. Überträgt man alle Konstellationen von i und Y, bei denen ein Gleichgewicht vorliegt, in den Quadranten oben rechts, stellt die Verbindungslinie dieser Zins-Einkommens-Kombinationen unterschiedliche Geldmarktgleichgewichte dar. Diese Kurve wird als LM-Kurve bezeichnet und zeigt, wie hoch bei einem gegebenen Zins das Einkommen sein muss, damit ein Gleichgewicht am Geldmarkt vorliegt. Dieser Zusammenhang zwischen Zins und Einkommen im geldwirtschaftlichen Gleichgewicht beinhaltet ein wesentliches Ergebnis der keynesianischen Theorie, denn dies widerspricht der klassischen Annahme von der Neutralität des Geldes. Eine Ausweitung des Geldangebots erhöht das Gleichgewichtseinkommen. Das höhere Einkommen geht mit höherer Produktion einher und ist – bei konstanter Arbeitsproduktivität – mit steigender Beschäftigung verbunden. Dies zeigt sich in der Abb. 2.16 an der Verschiebung der LM-Kurve nach rechts (LS_2), die entsteht, wenn das Geldangebot von M auf M_2 steigt. Der Anpassungsprozess lässt sich folgendermaßen beschreiben. Wird die höhere Geldmenge am Kapitalmarkt angelegt, steigt c.p. das Kapitalangebot und der Zins sinkt. Am Gütermarkt wird damit eine höhere Investition ausgelöst, da die Investitionen zinsabhängig sind. Da nach den Annahmen der keynesianischen Theorie freie Kapazitäten vorliegen, kann bei steigender Nachfrage mehr produziert werden und das Einkommen steigt. Zinsänderungen, die am Geldmarkt ausgelöst werden, werden demnach auf den Gütermarkt übertragen.

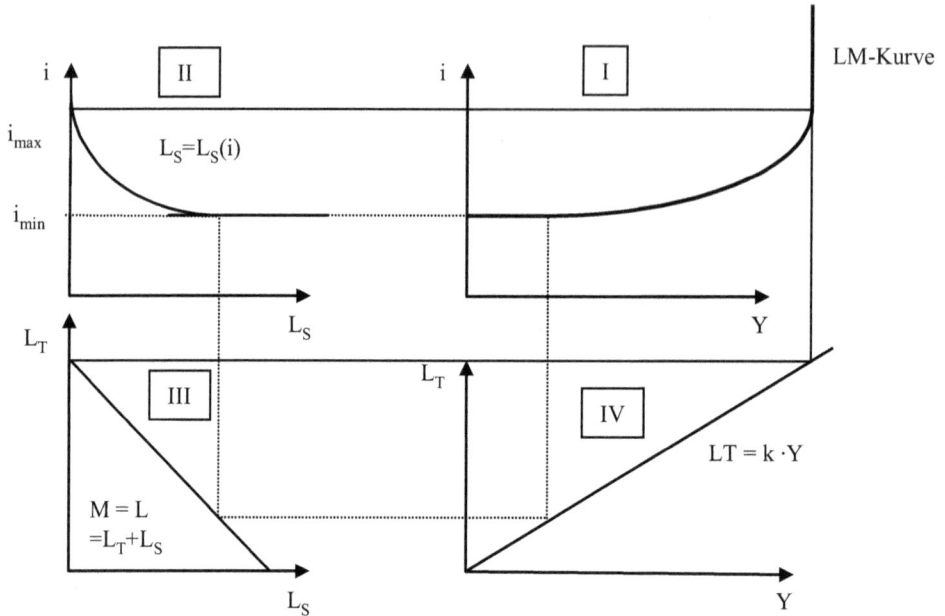

Abb. 2.16: Herleitung des geldwirtschaftlichen Gleichgewichts (LM-Kurve)

Die LM-Kurve hat drei Bereiche, die sich aus den Annahmen zur Höhe der Spekulationskasse bei unterschiedlichen Zinshöhen ergeben. Bei sehr hohem Zins ($i > i_{max}$), wenn die Spekulationskasse leer ist, sind unterschiedliche Zinshöhen in Gleichgewicht mit dem gleichen Einkommen (senkrechter Teil der LM-Kurve) verbunden. Dieser Bereich wird als klassischer Bereich der LM-Kurve bezeichnet, weil die Annahme, dass die Spekulationskasse leer ist, im Ergebnis der klassischen Annahme entspricht, das Geld nur zu Transaktionszwecken gehalten wird. Der elastische Bereich der LM-Kurve wird als keynesianischer Normalbereich ($i_{min} < i < i_{max}$) bezeichnet. Hier reagieren die Wirtschaftssubjekte auf Zinsänderungen mit Änderungen der Höhe der Spekulationskasse. Die Steigung der LM-Kurve hängt in diesem Bereich von der Zinselastizität der spekulativen Geldnachfrage ab. Diese Elastizität ist definiert als Quotient der relativen Änderung der Spekulationskassenhaltung zur relativen Zinsänderung. Beim Zins i (min) sind unterschiedliche Gleichgewichtseinkommen denkbar, weil die Spekulationskasse bei diesem niedrigen Zinssatz beliebig erweitert wird (waagerechter Teil der LM-Kurve). Dieser Bereich wird als Bereich der keynesianischen Liquiditätsfalle bezeichnet. Diese Unterscheidung der drei Bereiche der LM-Kurve ist wichtig für die Beurteilung der Wirkungen von geld- und fiskalpolitischen Maßnahmen in einer Unterbeschäftigungssituation. Dies wird im folgenden Abschnitt anhand der Kombination von Güter- und Geldmarktgleichgewicht verdeutlicht.

2.2.3.3   Kombination von geld- und güterwirtschaftlichem Gleichgewicht

Während nach der klassischen Lehre real- und geldwirtschaftliche Vorgänge unverbunden nebeneinander stattfinden, zeigt Keynes in seiner Kombination des güter- und geldwirtschaftlichen Gleichgewichts Wechselwirkungen zwischen dem Gütermarkt und dem Geldmarkt auf, die daraus resultieren, dass der Zins in beiden Teilmärkten wichtiger Bestimmungsfaktor der Verhaltensannahmen ist.

Es gibt eine Vielzahl von Zins-Einkommens-Kombinationen, bei denen ein Gütermarktgleichgewicht vorliegt, weil die geplante Ersparnis der geplanten Investition entspricht (IS-Kurve) bzw. viele Zins-Einkommens-Kombinationen, bei denen das Geldangebot der Zentralbank der geplanten Geldnachfrage der Wirtschaftssubjekte entspricht (LM-Kurve). Nur bei einer Zins-Einkommens-Kombination sind jedoch beide Bedingungen gleichzeitig erfüllt, so dass ein kombiniertes Güter- und Geldwirtschaftliches Gleichgewicht vorliegt. Dies wird im so genannten IS-LM-Diagramm veranschaulicht. (vgl. Abb.2.17).

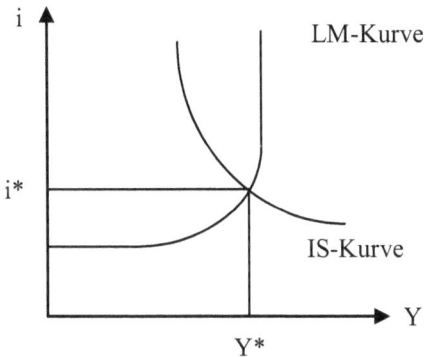

Abb. 2.17: Kombination von güter- und geldwirtschaftlichem Gleichgewicht (IS-LM-Diagramm)

Steigt die gesamtwirtschaftliche Nachfrage, z.B. durch einen Anstieg der Investitionstätigkeit aufgrund von verbesserten Ertragserwartungen der Investoren, so entsteht zunächst ein Multiplikatorprozess, der zu einem höheren Gleichgewichtseinkommen am Gütermarkt führt. Da aber die Nachfrage nach Transaktionskasse ebenfalls einkommensabhängig ist, stellen sich auch am Geldmarkt Anpassungsprozesse ein, die zu Zinsänderungen führen. Wenn bei gegebenem Geldangebot die Transaktionskasse steigt, muss freilich die Spekulationskasse sinken, um wieder ein Gleichgewicht auf dem Geldmarkt zu erreichen. Die Wirtschaftssubjekte sind dazu aber nur bei sinkenden Kursen bzw. steigenden Effektivzinsen bereit. Wenn aber die Zinsen steigen, werden c.p. die Investitionen sinken. Im Normalfall führen Einkommenserhöhungen auf dem Geldmarkt demnach zu Zinserhöhungen, die – bei zinsabhängigen Investitionen – den Einkommensanstieg auf dem Gütermarkt zumindest teilweise wieder abbauen.

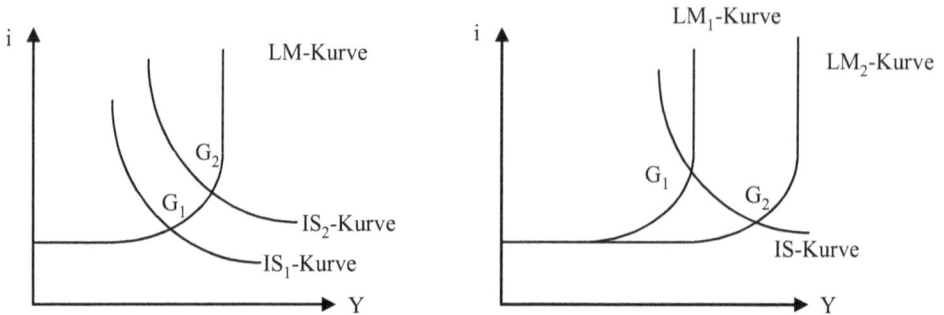

Abb. 2.18: Verschiebung der IS-Kurve bei autonomer Nachfrageerhöhung bzw. Verschiebung der LM-Kurve bei Ausweitung der Geldmenge.

Ebenso wie eine Erhöhung der Investitionen wirkt eine Erhöhung der Staatsnachfrage, die ohne eine gleichzeitige Steuererhöhung vorgenommen wird (expansive Fiskalpolitik), bzw. eine isoliert vorgenommene Steuersenkung. Im linken Diagramm der Abb. 2.18 wird deutlich, dass eine Rechtsverschiebung der IS-Kurve aufgrund einer autonomen Erhöhung einer Nachfragekomponente (z.B. I_{aut} oder ASt_{aut}) zu einem neuen güter- und geldwirtschaftlichen Gleichgewicht bei höherem Gleichgewichtseinkommen und höherem Zins führt.

Umgekehrt wirken monetäre Impulse, die z.B. die in Umlauf befindliche Geldmenge M (Rechtsverschiebung der LM-Kurve im rechten Diagramm der Abb.2.18) erhöhen (expansive Geldpolitik). Die größere Geldmenge ist in einem neuen Gleichgewicht mit einer Zinssenkung und einer Einkommenserhöhung verbunden, denn nur dann werden Spekulations- und Transaktionskasse in der Summe ausgeweitet. Bewirkt z.B. die Geldmengenausweitung eine Zinssenkung, resultiert normalerweise eine Investitionserhöhung, die dann zu einem steigenden Gleichgewichtseinkommen führt, so dass auch die Nachfrage nach Transaktionskasse steigt. Eine Ausweitung des Geldangebots bewirkt demnach im Normalfall c.p. eine Zinssenkung und einen Einkommensanstieg.

Die Wirkungen expansiver Geld- und Fiskalpolitik hängen allerdings davon ab, in welcher Ausgangssituation diese Maßnahmen ergriffen werden. Liegt das Ausgangsgleichgewicht im klassischen Bereich der LM-Kurve, kann eine Erhöhung der Staatsausgaben keine Erhöhung des Gleichgewichtseinkommens und damit keine Verbesserung der Beschäftigungssituation bewirken. Eine Erhöhung der Staatsausgaben führt dann lediglich zu Zinserhöhungen. Im klassischen Bereich der LM-Kurve ist das Zinsniveau so hoch, dass die Wirtschaftssubjekte ihr überschüssiges Geld vollständig am Kapitalmarkt angelegt haben. Die Spekulationskasse ist leer, steigende Kreditnachfrage des Staates zur Finanzierung der höheren Staatsausgaben führt somit „ungebremst" zu Engpässen am Kapitalmarkt und damit zu Zinserhöhungen. Steigende Zinsen bewirken aber rückläufige private Investitionen mit negativen Multiplikatorwirkungen. Die einkommenserhöhenden Impulse der steigenden Staatstätigkeit werden im klassischen Bereich der LM-Kurve vollständig durch rückläufige private Investitionen kompensiert. Die staatlichen Ausgaben verdrängen private Aktivitäten und bewirken einen Anstieg der Staatsquote ohne positive Beschäftigungswirkungen. Diese Wirkungskette, die bei hohem Zinsniveau und angespannter Liquiditätssituation wahrscheinlich ist, wird als Crowding-Out-Effekt bezeichnet und stellt die Wirksamkeit staatlicher Fiskalpolitik in Frage, wenn die Wirtschaftslage durch Liquiditätsengpässe gekennzeichnet ist. Die Analyse ist allerdings stark vereinfacht. Z.B. können Zinssteigerungen vermieden werden, wenn die Liquiditätsversorgung über internationale Kapitalmärkte möglich ist.

Liegt die Ausgangssituation im Bereich der keynesianischen Liquiditätsfalle, ist also das Zinsniveau niedrig, verläuft der Anpassungsprozess anders. Eine (kreditfinanzierte) Ausweitung der Staatsausgaben trifft am Kapitalmarkt auf hohe Liquiditätsreserven, weil das Zinsniveau niedrig und damit der Spekulationskassenbestand sehr hoch ist. Reduzierungen der Bestände an liquiden Mitteln sind jederzeit möglich, ohne dass der Zins steigt. Es geht lediglich der Bestand an Spekulationskasse zurück. In diesem Fall werden die expansiven Wirkungen der Staatsausgabenerhöhung nicht von rückläufigen privaten Investitionen begleitet, so dass der Multiplikatoreffekt in vollem Umfang zum tragen kommt. Das Gleichgewichtseinkommen steigt ohne Zinserhöhungen. In diesem Fall ist die expansive Fiskalpolitik am wirksamsten.

Als wirtschaftspolitische Folgerung ergibt sich, dass die keynesianisch angelegte Fiskalpolitik nur dann uneingeschränkt wirksam sein kann, wenn keine Zinserhöhungen auftreten. Dies ist allerdings nur in Rezessionsphasen bei niedrigem Zinsniveau wahrscheinlich. Andernfalls ergibt sich ein wesentlicher Einwand gegen eine keynesianisch ausgerichtete Fiskalpolitik daraus, dass die Ausweitung der Staatsausgaben lediglich private Investitionen ersetzt (Crowding-out). Langfristig geht von einer falsch praktizierten Fiskalpolitik die Gefahr steigender Staatsausgaben, begleitet von einem Zinsniveauanstieg ohne positive Beschäftigungswirkungen aus. Dies ist ein wesentlicher Einwand klassischer Ökonomen gegen die keynesianische Fiskalpolitik.

Andere Probleme ergeben sich bei einer expansiven Geldpolitik (Ausweitung der Geldmenge). Im Bereich der keynesianischen Liquiditätsfalle, also bei niedrigem Zinsniveau in der Ausgangssituation, ist die Geldnachfrage stark zinselastisch. Die Bereitschaft der Wirtschaftssubjekte, die Kassenhaltung wegen Liquiditätspräferenz bzw. zu Spekulationszwecken auszudehnen ist so groß, dass die zusätzliche Geldmenge ohne Zinssenkung gehortet wird. Der angestrebte monetäre Impuls – die Zinssenkung, die die Investitionstätigkeit beleben soll – bleibt aus, so dass keine Erhöhung des Gleichgewichtseinkommens herbeigeführt werden kann. Die Verschiebung der LM-Kurve nach LM_2 ist im Bereich der Liquiditätsfalle „unwirksam", d.h. das Gleichgewichtseinkommen ändert sich nicht (vgl. Abb. 2.18, rechtes Diagramm). Die erwünschte Beschäftigungswirkung tritt demnach nicht ein. Geldpolitische Impulse können aber das Gleichgewichtseinkommen c.p. erhöhen, wenn in der Ausgangssituation bei hohem Zinsniveau keine (klassischer Bereich der LM-Kurve) oder nur wenig (keynesianischer Normalbereich der LM-Kurve) Geldhaltung zu Spekulationszwecken gewünscht wird.

Die dargestellten Wirkungsketten der Geld- und Fiskalpolitik beruhen auf der Annahme, dass die Impulse über Einkommens- und Zinsänderungen zwischen dem Güter- und Geldmarkt übertragen werden. Wichtiger Übertragungsmechanismus sind dabei Reaktionen der Investitionen auf Zinsänderungen. Denkbar ist aber auch der Fall, dass die Investitionen wenig zinselastisch reagieren – wenn z.B. trotz Zinssenkungen die Investitionen nicht erweitert werden, weil ungünstige Absatzerwartungen dominieren (Investitionsfalle). In diesem

Fall verläuft die IS-Kurve sehr steil, so dass Zinsänderungen am Kapitalmarkt kaum real-wirtschaftliche Auswirkungen auslöst. Eine Geldmengenausweitung induziert kaum Investitions- und Einkommenserhöhungen.

Die Wirkungen expansiver Fiskal- und Geldpolitik hängen also sehr stark von der jeweiligen Ausgangssituation und von den zu erwartenden Reaktionen der privaten Wirtschaftssubjekte ab. Das Ausmaß der Geldhaltung in Form von Spekulationskasse und die Investitionsbereitschaft der privaten Investoren bestimmen die Wirkungen expansiver Impulse. Diese Überlegungen deuten darauf hin, dass expansive Fiskalpolitik in der Rezession zu Einkommens- und Beschäftigungserhöhungen führen kann. In Hochzinsphasen ist hingegen zu erwarten, dass expansive Fiskalpolitik lediglich crowding-out verursacht. Expansive Geldpolitik hingegen kann in der Rezession, wenn ungünstige Absatzerwartungen dominieren und die Bereitschaft zur Geldhortung hoch ist unwirksam bleiben. Häufig wird daher eine Kombination von expansiver Fiskal- und Geldpolitik (policy-mix) empfohlen, um Verdrängungseffekte zu vermeiden.

Beim Einsatz geld- und fiskalpolitischer Instrumente muss allerdings beachtet werden, dass das zugrunde liegende keynesianische Modell immer nur kurzfristige Unterbeschäftigungssituationen bei stabilem Preisniveau untersucht. Ausgangspunkt der Betrachtung ist also eine Rezession, in der Arbeitslosigkeit durch eine zu geringe gesamtwirtschaftliche Nachfrage verursacht wird. Langfristige Auswirkungen, wie die Probleme steigender Staatsverschuldung oder strukturelle Wirkungen steigender Staatsausgaben oder Inflationswirkungen anhaltender Geldmengenexpansion bleiben unberücksichtigt. Soll z.B. berücksichtigt werden, welche längerfristigen Wirkungen auf das Preisniveau auftreten können, muss das Modell erweitert werden. Zunächst aber ist für die Analyse des gesamtwirtschaftlichen Gleichgewichts der Arbeitsmarkt zu betrachten.

2.2.4   Arbeitsmarkt

Die keynesianische Analyse zielt auf die Erklärung von Unterbeschäftigungssituationen ab. Neben dem kombinierten güter- und geldwirtschaftlichen Gleichgewicht muss also der Arbeitsmarkt in die Betrachtung einbezogen werden. Ähnlich wie die klassischen Ökonomen unterstellt Keynes, dass Arbeitsangebot und Arbeitsnachfrage vom Reallohnsatz abhängen. Allerdings nimmt er wichtige Modifikationen dieser Verhaltensannahmen vor.

Bezogen auf die Nachfrage nach Arbeitskräften unterstellt Keynes, dass die Unternehmen zwar mit sinkendem Reallohnsatz ihre Arbeitsnachfrage erhöhen, aber nur bis zu einem maximalen Arbeitseinsatz A_{max}. Die Unternehmen erwarten bestimmte Absatzmöglichkeiten, die von der Höhe der gesamtwirtschaftlichen Nachfrage abhängen. Selbst wenn der Reallohnsatz weiter sinkt, wird die Nachfrage nach Arbeitskräften nicht mehr über A_{max} hinaus ausgeweitet, denn die Unternehmen gehen bei gegebener gesamtwirtschaftlicher Nachfrage davon aus, nicht mehr als die bereits realisierte Produktionsmenge absetzen zu können. Dies führt dazu, dass die Arbeitsnachfrage von einem bestimmten Lohnsatz an lohnunabhängig und konstant ist (vgl. Abb.2.19). Engpassfaktor für die Arbeitsnachfrage ist dann die gesamtwirtschaftliche (Güter-)Nachfrage.

Beim Arbeitsangebot unterstellt Keynes, dass es einen Mindestlohnsatz gibt, der aufgrund von institutionellen Regelungen (heutzutage z.B. Tariflohnvereinbarung oder die Existenz von Lohnersatzzahlungen wie Zahlungen zur sozialen Sicherung bei Arbeitslosigkeit bzw. Arbeitsunfähigkeit wie etwa Hartz IV-Zahlungen) nicht unterschritten wird. Die Arbeitnehmer sind daraufhin nicht bereit, zu einem geringeren Lohnsatz zu arbeiten. Dies bewirkt, dass die Löhne ab einer gewissen Grenze (z.B. $l_r(min)$) nach unten starr sind.

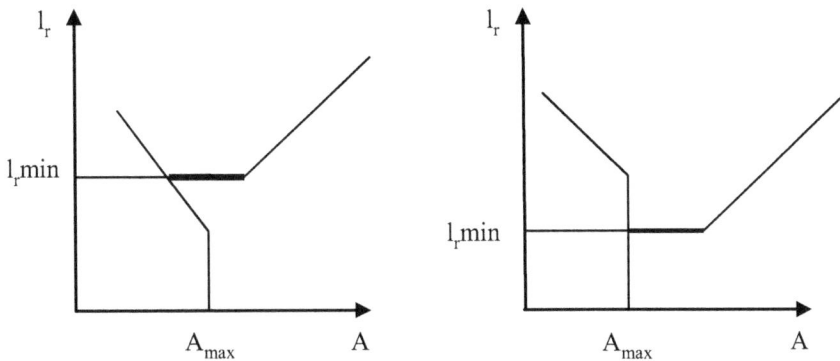

Abb. 2.19: Arbeitsangebot und Arbeitsnachfrage im keynesianischen Modell

Die Arbeitsmarktsituation ist demnach im Rahmen der keynesianischen Analyse durch abschnittweise atypische Angebots- und Nachfragefunktionen gekennzeichnet. Dies hat zur Folge, dass Ungleichgewichte nicht immer Anpassungsprozesse zu einem stabilen Gleichgewicht bei Vollbeschäftigung auslösen. Je nach Lohnniveau ist es bei diesen Annahmen möglich, dass es unfreiwillige Arbeitslosigkeit gibt, weil Arbeitskräfte, die zu einem bestimmten Lohnsatz ihre Arbeitskraft anbieten wollen, keine Beschäftigung finden. Dies tritt z.B. dann ein, wenn die nach unten starren Löhne verhindern, dass sich ein „markträumender" Lohnsatz bildet (vgl. linkes Diagramm in Abb.2.19), oder wenn die gesamtwirtschaftliche Nachfrage zu gering ist, wenn also der „Schnittpunkt" zwischen Arbeitsangebot und Arbeitsnachfrage im senkrechten Bereich der Arbeitsnachfragefunktion liegen (vgl. rechtes Diagramm in Abb.2.19). Unfreiwillige Arbeitslosigkeit kann sich also ergeben, weil a) die Löhne nicht sinken können und weil b) das Arbeitsangebot die nachfrageseitig bedingte Arbeitsnachfrage übersteigt. Die Unternehmen wollen nicht mehr Arbeitskräfte in den Produktionsprozess integrieren, weil sie bei den gegebenen Produktionsmöglichkeiten mit größerem Arbeitseinsatz eine Produktionsmenge herstellen würden, die sie nicht für absetzbar halten.

Aufgrund dieser – allerdings umstrittenen – Überlegungen zum Arbeitsmarkt ist nach der keynesianischen Analyse ein Gleichgewicht auf dem Güter- und Geldmarkt durchaus mit einem Ungleichgewicht auf dem Arbeitsmarkt vereinbar. Dann liegt ein **Unterbeschäftigungsgleichgewicht** vor. Die Arbeitslosigkeit bleibt bestehen, solange die Mindestlöhne zu hoch sind und die gesamtwirtschaftliche Nachfrage zu gering ist.

Allerdings ist es auch denkbar, dass – bei ausreichend großer Nachfrage – gleichzeitig mit dem güter- und geldwirtschaftlichen Gleichgewicht Vollbeschäftigung vorliegt. Das stabile Gleichgewicht auf dem Güter-, Geld- und Arbeitsmarkt ist im Rahmen der keynesianischen Theorie jedoch nicht der allgemeine Fall, zu dem marktbedingte Anpassungsprozesse nach exogenen Störungen immer wieder hinführen, sondern eine Ausnahmesituation. Die Situation eines stabilen Gleichgewichts bei Unter- und Vollbeschäftigung ist in Abb.2.20 dargestellt. Bei dem dargestellten güter- und geldwirtschaftlichen Gleichgewicht entsteht das Gleichgewichtseinkommen Yo, welches über die 45°-Linie im Quadranten oben links auf die gesamtwirtschaftliche Produktionsfunktion übertragen wird. Bei gegebenem Stand der Technik (d.h. bei gegebener Produktionsfunktion bzw. bei gegebener Arbeitsproduktivität) ist mit der Höhe des Einkommens und der Produktion zugleich der zugehörige Arbeitseinsatz Ao bestimmt. Von der Höhe des Arbeitseinsatzes beim Gleichgewichtseinkommen hängt die maximale Arbeitsnachfrage der Unternehmen, also der vertikal verlaufende Teil der Arbeitsnachfragefunktion ab. Im dargestellten Fall ist die Arbeitsnachfrage Ao kleiner als das Arbeitsangebot beim Mindestlohnsatz $l_r(min)$. Es liegt also unfreiwillige Arbeitslosigkeit in Höhe der Differenz $A(l_r(min))$ – Ao vor. Vollbeschäftigung ist demnach nur möglich, wenn die gesamtwirtschaftliche Nachfrage im geld- und güterwirtschaftlichen Gleichgewicht groß genug ist, um ein Arbeitsmarktgleichgewicht herbeizuführen. Dieser Fall geht letztlich auf die keynesianischen Verhaltensannahmen zurück: aufgrund der Sättigungshypothese kommt es in einer „reifen" Wirtschaft bei erwartungsabhängigen Investitionen tendenziell zu einer Nachfragelücke am Gütermarkt. Bei niedrigem Zinsniveau und hoher Spekulationskasse wird ein Teil der Geldmenge gehortet, so dass keine weiteren Zinssenkungen entstehen, die die (in dieser Situation ohnehin wenig zinselastischen) Investitionen beleben könnten. Es entstehen Gleichgewichte am Güter- und Geldmarkt mit so geringer gesamtwirtschaftlicher Nachfrage, dass kein Anpassungsprozess zum Arbeitsmarktgleichgewicht entsteht. Aus dem Wirtschaftsprozess heraus ergeben sich keine Anpassungsprozesse zur Vollbeschäftigung.

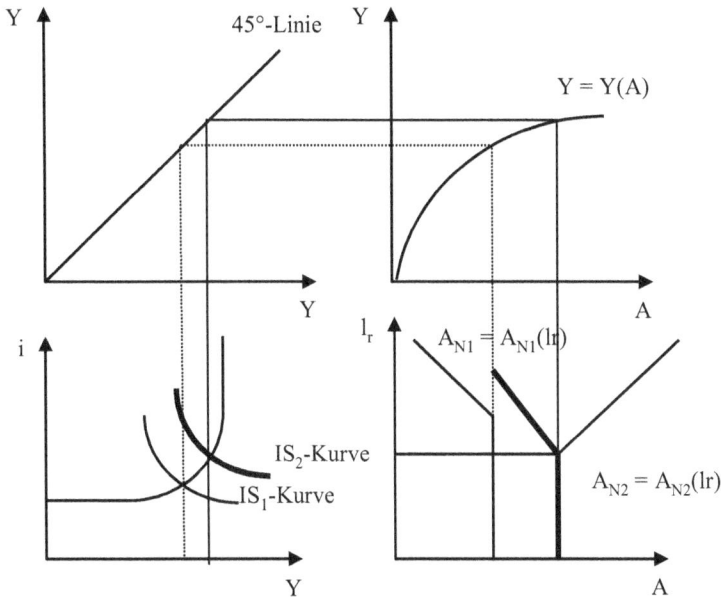

Abb. 2.20: Kombination des Güter-, Geld- und Arbeitsmarktgleichgewichts

2.2.5   Einbeziehung des Preisniveaus

Da die keynesianische Analyse kurzfristig zur Erklärung von Arbeitsmarktproblemen entwickelt wurde, blieb in den bisherigen Darstellungen das Preisniveau unberücksichtigt. Alle bisherigen Überlegungen beruhen auf der Annahme eines stabilen Preisniveaus. Die bisher betrachteten Nachfragegrößen wurden also als reale Größen betrachtet. Im Folgenden wird eine erweiterte Analyse mit variablem Preisniveau erläutert, obwohl diese Überlegungen die ursprünglichen Annahmen des Modells verlassen. Ausgangspunkt sind die keynesianischen Verhaltensannahmen zum Güter-, Geld- und Arbeitsmarkt. Nun wird untersucht, wie das gesamtwirtschaftliche Angebot und die gesamtwirtschaftliche Nachfrage vom Preisniveau abhängen.

Änderungen des Preisniveaus dürften Änderungen am Arbeits- und Geldmarkt auslösen. C.p. löst ein Anstieg des Preisniveaus Reallohnsenkungen aus. Bei sinkendem Reallohn steigt aber die Nachfrage nach Arbeitskräften durch die Unternehmen. Sofern der Produktionsfaktor Arbeit noch nicht ausgelastet ist, kann die Produktion bei sinkendem Reallohn ausgeweitet werden, denn die Unternehmen sind bereit, mehr Arbeitskräfte im Produktionsprozess einzusetzen. Im Prinzip besteht damit ein positiver Zusammenhang zwischen Produktion und Preisniveau. Allerdings hat die gesamtwirtschaftliche Angebotsfunktion $Y_A(A)$ einen senkrechten, einen elastischen und einen waagerechten Teil.

Der senkrechte Ast der gesamtwirtschaftlichen Angebotsfunktion spiegelt die Kapazitätsgrenze der Volkswirtschaft wider; auch bei steigendem Preisniveau ist die Kapazitätsgrenze durch den Bestand an Produktionsfaktoren und den Stand der Technik vorgegeben. Eine Ausweitung der Produktion ist kurzfristig nicht möglich.

Der waagerechte Teil der gesamtwirtschaftlichen Angebotsfunktion zeigt, dass die Produktionsmenge bis zu einem bestimmten Punkt vollkommen elastisch reagiert: Unabhängig von der Höhe des Reallohns und damit unabhängig von der Höhe des Preisniveaus weiten die Unternehmen ihr Angebot aus – vorausgesetzt die gesamtwirtschaftliche Nachfrage steigt. Im elastischen Teil der Angebotsfunktion lösen Schwankungen des Preisniveaus eine veränderte Arbeitsnachfrage der Unternehmen und damit Änderungen des gesamtwirtschaftlichen Angebots aus (vgl. Abb.2.21).

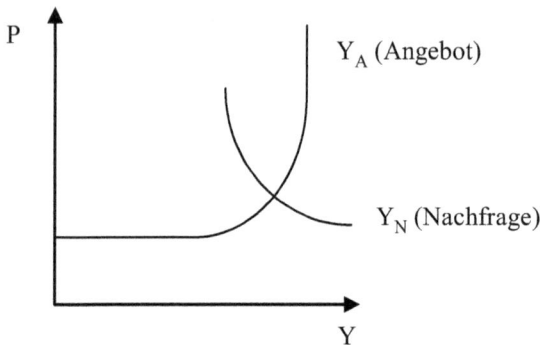

Abb. 2.21: Gesamtwirtschaftliche Angebots- und Nachfragefunktion

Änderungen des Preisniveaus wirken sich darüber hinaus auf das Geldmarktgleichgewicht aus: Steigt das Preisniveau, sinkt die Kaufkraft der Transaktionskasse, d.h. bei gegebenem Realeinkommen steigt die Transaktionskasse, um im selben Umfang wie zuvor Güterkäufe tätigen zu können. Der steigende Bedarf nach Transaktionskasse kann bei gegebenem Geldangebot nur befriedigt werden, wenn die Wirtschaftssubjekte Wertpapiere verkaufen bzw. den Bestand der Spekulationskasse verringern. Dies führt zu sinkenden Kursen und steigenden Effektivzinsen. Zinssteigerungen bewirken auf dem Gütermarkt eine sinkende Investitionsnachfrage und damit ein sinkendes Einkommen. Zu einem steigenden Preisniveau gehört demnach ein sinkendes Einkommen. Diese Wirkungskette heißt Keynes-Effekt. Er besagt, dass bei steigendem Preisniveau ein Anpassungsmechanismus in Gang kommt, durch den das Inlandsprodukt und damit die Kapazitätsauslastung zurückgehen. Diese Wirkungen sind umso stärker je höher die Zinselastizität der Geld- und Investitionsnachfrage ist.

Nach Keynes wirkt eine Erhöhung des Preisniveaus bei zinselastischer Nachfrage wie eine Senkung der realen Geldmenge M/P, d.h. der elastische Teil der LM-Kurve verschiebt sich nach links; bei gegebener IS-Kurve bedeutet das, dass ein neues Geld- und güterwirtschaftliches Gleichgewicht entsteht, bei dem steigende Zinsen mit niedrigerem Produktionsniveau, d.h. niedrigerer Kapazitätsauslastung verbunden sind.

Aus dieser Überlegung lässt sich eine gesamtwirtschaftliche Nachfragefunktion Y_N ableiten, bei der bei steigendem Preisniveau eine sinkende reale Nachfrage und Produktion auftritt. Die gesamtwirtschaftliche Nachfragefunktion stellt eine Beziehung zwischen der gesamtwirtschaftlichen Güternachfrage und dem gesamtwirtschaftlichem Preisniveau dar. Sie gilt unter der Annahme eines gegebenen Geldangebots M. Je höher das Preisniveau, umso geringer ist das Niveau der Realkasse M/P, desto geringer ist daher auch die Nachfrage nach Waren und Diensten. In einer einfachen Form lässt sich diese Beziehung auch aus der bereits dargestellten Quantitätsgleichung des Geldes herleiten:

$M \cdot V = P \cdot Y_r$ oder $M/P = (1/V) \cdot Y_r$ oder $M/P = k \cdot Y_r$. Daraus ergibt sich

$Y_r = (M \cdot V)/P$

Somit gilt eine reziproke Beziehung zwischen dem Preisniveau und der gesamtwirtschaftlichen Nachfrage, dem Inlandsprodukt. Wenn das Preisniveau steigt, sinkt die gesamtwirtschaftliche Nachfrage und umgekehrt (vgl. auch Abb. 2.21).

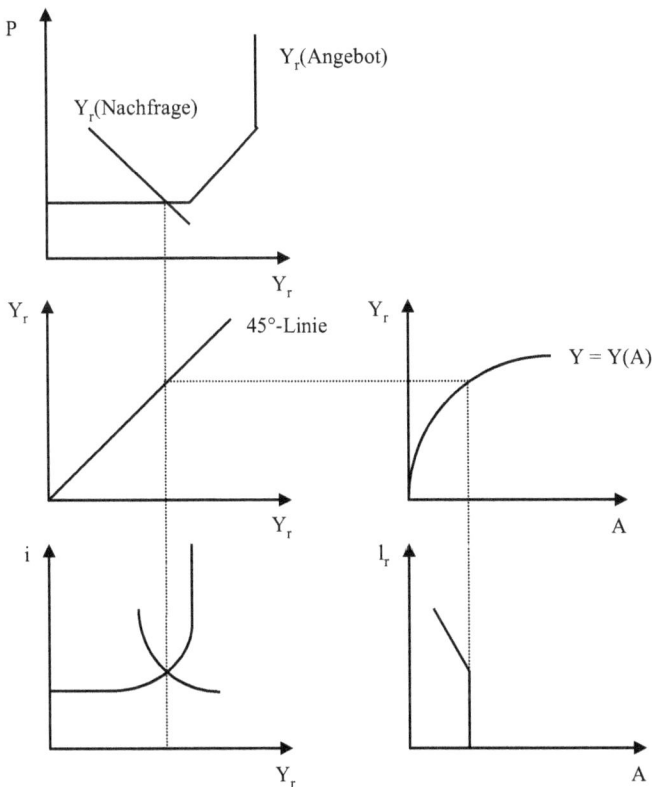

Abb. 2.22: Keynesianisches Modell mit gesamtwirtschaftlicher Angebots- und Nachfragefunktion

Verschiebungen der Gesamtnachfragekurve können sich ergeben, wenn die Geldmenge M sich ändert. Sinkt das Geldangebot, verschiebt sich die gesamtwirtschaftliche Nachfragekurve in Richtung Ursprung. Darüber hinaus wirken sich Veränderungen der Umlaufgeschwindigkeit des Geldes V auf die Lage der Gesamtnachfragefunktion aus.

Verbindet man die Funktionen des gesamtwirtschaftlichen Angebots und der gesamtwirtschaftlichen Nachfrage mit der Darstellung des Güter-, Geld- und Arbeitsmarktgleichgewichts (vgl. Abb. 2.22), so lässt sich das gleichgewichtige Preisniveau bestimmen. Die Darstellung geht allerdings von konstanten Verhaltensweisen der Wirtschaftssubjekte – also von gegebenen Konsum-, Investitions- und Geldnachfragefunktionen aus. Ändern sich beispielsweise die Zukunftserwartungen der Investoren, ändern sich die dargestellten Gleichgewichte. Darüber hinaus beruhen die Überlegungen auf einer gegebenen Produktionsfunktion. Steigt beispielsweise die Arbeitsproduktivität, kann das güter- und geldwirtschaftliche Gleichgewicht mit geringerem Arbeitseinsatz realisiert werden. Es ergäbe sich eine Verschiebung der Arbeitsnachfragefunktion und eine höhere Arbeitslosigkeit.

In dieser Betrachtung zeigt sich, dass Veränderungen des Preisniveaus über die Geldmarktreaktionen Anpassungsprozesse auslösen können, die zu einer Veränderung des Produktionsniveaus im geld- und güterwirtschaftlichen Gleichgewicht führen können. Die Änderungen werden über Zinsänderungen zwischen den Teilmärkten übertragen. Diese Überlegungen stehen im Widerspruch zur klassischen Theorie der Neutralität des Geldes.

In Übersicht 2.8 sind die wesentlichen Elemente der klassischen und der keynesianischen Theorie gegenübergestellt.

Kriterium	(Neo-)Klassik	Keynesianismus
Fristigkeit	langfristige Gleichgewichtsanalyse	kurzfristige Stabilitätsanalyse
Wirkungsmechanismen auf den Teilmärkten		
Gütermarkt	Saysches Theorem (Angebot bestimmt die Höhe der Nachfrage)	effektive Nachfrage bestimmt die Höhe des Angebots
Geldmarkt	Geldnachfrage nur zu Transaktionszwecken; zinsunabhängig klassische Dichotomie Neutralität des Geldes	auch zinsabhängige Geldnachfrage (Spekulationsmotiv) Wechselwirkungen zwischen Geld- und Güternachfrage sind über Zinswirkungen möglich
Arbeitsmarkt	keine unfreiwillige Arbeitslosigkeit bei flexiblen Löhnen; Unterbeschäftigung nur vorübergehend bei Marktunvollkommenheiten	stabile Unterbeschäftigung bei zu geringer gesamtwirtschaftlicher Nachfrage möglich
Kapitalmarkt	Zinsmechanismus bewirkt automatisch einen Ausgleich zwischen Investitionen und Ersparnissen	
Staatliche Maßnahmen	der private Sektor ist stabil, staatliche Maßnahmen verdrängen private Aktivitäten	Staatliche Nachfrage kann stabile Unterbeschäftigungssituationen überwinden

Übersicht 2.8: Merkmale der klassischen und keynesianischen Betrachtung

2.2.6   Folgerungen und kritische Anmerkungen

Das skizzierte keynesianische Modell geht von einer Unterbeschäftigungssituation mit (zunächst) stabilem Preisniveau aus und kann daher nicht generell zur Erklärung von Arbeitslosigkeit herangezogen werden. Strukturelle, also langfristige, über die konjunkturelle Rezession hinaus bestehende Arbeitslosigkeit kann mit dem keynesianischen Ansatz nicht erklärt werden. Lediglich auf konjunkturbedingte Arbeitslosigkeit treffen die Annahmen des Modells zu.

Normalerweise treten nach den keynesianischen Annahmen Arbeitslosigkeit und Inflation nicht gleichzeitig auf. Inflation wird primär als nachfrageseitig verursacht gesehen, d.h. sie geht darauf zurück, dass die gesamtwirtschaftliche Nachfrage das gesamtwirtschaftliche Angebot übersteigt, ohne dass – bei ausgelasteten Kapazitäten – kurzfristig die Produktion ausgeweitet werden kann. Dies ist aber in der Rezession, bei geringer gesamtwirtschaftlicher Nachfrage und freien Produktionskapazitäten, nicht der Fall. Steigende Nachfrage bewirkt dann, dass die Unternehmen mehr produzieren. Kurzfristig ist das ohne Preisniveausteigerungen möglich. Umgekehrt bewirkt im Boom – bei hoher gesamtwirtschaftlicher Nachfrage und Vollauslastung der Kapazitäten – die hohe Nachfrage inflationäre Tendenzen, aber die Arbeitslosigkeit ist gering. In der Boomphase kann demzufolge einer Überbeschäftigung mit gleichzeitig steigendem Preisniveau bei geringer Arbeitslosigkeit durch eine Senkung der gesamtwirtschaftlichen Nachfrage begegnet werden.

Nach der keynesianischen Theorie tritt eine gesamtwirtschaftliche Nachfragelücke auf,

- wenn die private Konsumnachfrage unterproportional wächst,
- wenn Investitionen nicht stark zinselastisch sind sondern eher erwartungsbedingt schwanken und die Erwartungen ungünstig sind und
- wenn die Annahme der spekulationsbedingten Kassenhaltung zutrifft.

Hinsichtlich der Frage, ob Investitionen die konsumbedingte Nachfragelücke füllen können, sind demnach die Reaktionen der Akteure auf Zinsänderungen – d.h. die Zinselastizität der Investitionsnachfrage und die Zinselastizität der Geldnachfrage – von entscheidender Bedeutung für die Höhe des gesamtwirtschaftlichen Einkommens. In der Realität können ungünstige Konstellationen auftreten – z.B. wenn bei zunehmender Sättigung die Investoren in Bezug auf rentable Investitionsprojekte immer weniger positive Erwartungen bilden, woraufhin die von Keynes vorgeschlagenen Maßnahmen erfolglos bleiben.

Wesentliche Einwände gegen die keynesianische Analyse ergeben sich aus der Vernachlässigung angebotsseitiger Aspekte und der langfristigen Wirkungen der vorgeschlagenen Maßnahmen.

- Eine Erhöhung des Gleichgewichtseinkommens erhöht nur dann die Beschäftigung, wenn die Arbeitsproduktivität konstant ist. Geht der Einsatz nachfragebelebender Maßnahmen mit steigender Arbeitsproduktivität einher, können die erwünschten Arbeitsmarktwirkungen ausbleiben, denn dann lassen sich Produktion und Einkommen ohne Beschäftigungsanstieg steigern.

- Vernachlässigt wird im Rahmen der keynesianischen Analyse auch, dass Investitionen nicht nur Nachfragekomponente sind, sondern auch Beitrag zur Erhöhung der gesamtwirtschaftlichen Produktionskapazitäten. Ein Investitionsboom kann daher zwar kurzfristig aus einer Krise helfen, langfristig aber die Gefahr einer Unterauslastung der Kapazitäten erhöhen.
- Darüber hinaus löst die Erhöhung der Staatsausgaben langfristige Wirkungen aus, die völlig unberücksichtigt bleiben. Eine Erhöhung der Staatsausgaben kann langfristig zu einer steigenden Staatsverschuldung mit entsprechenden Kapitalmarktwirkungen (Zinsniveauanstieg) führen.
- Darüber hinaus löst eine expansive Geldpolitik möglicherweise auch inflationäre Tendenzen aus, wenn die Geldmenge stärker ausgeweitet wird als die reale Produktion (monetäre Inflationserklärung).

Diese Folgewirkungen werden im Rahmen des vereinfachten Modells durch die Beschränkung auf die kurzfristige Betrachtung ausgeschlossen. Diese Einwände werden im Abschnitt zur Stabilisierungspolitik ausführlicher diskutiert.

Annahmen: kurzfristige Betrachtung bei konstanten Preisen und Unterbeschäftigung

Gütermarkt

Konsumfunktion: $C = C(Y)$ oder $C = C_{aut} + c \cdot Y$ mit $0 < c < 1$

(absolute Einkommenshypothese: Wenn das Einkommen steigt, steigt die Konsumnachfrage zwar, aber nur unterproportional.)

Sparfunktion: $S = S(Y)$ mit $S = -C(aut) + (1 - c) \cdot Y$ mit $(1 - c) < 1$,

Investitionsfunktion: $I = I(i)$ mit $dI/di < 0$ und der

Dabei wird unterstellt, dass die Investitionsfunktion im Zeitablauf nicht stabil, sondern erwartungsabhängig ist.

Gleichgewichtsbedingung: $I(i) = S(Y)$ bzw. $I(i) + (Ex - Im) + B_{ST} = S(Y)$

IS–Kurve: $IS = IS(i, Y)$ mit negativer Steigung

Geldmarkt

$L = L_T(Y) + L_S(i)$

$M = Mo$ (gegeben)

Gleichgewichtsbedingung: $L(i,Y) = Mo$

LM–Kurve mit drei Abschnitten

güter- und geldwirtschaftliches Gleichgewicht:

$I(i) = S(Y)$ und $M = L_S(i) + L_T(Y)$ sind gleichzeitig erfüllt.

Dies gilt nur für eine Zins-Einkommens-Kombination.

Arbeitsmarkt

$A_A = A(l_r)$ mit $l_r \geq$ Mindestlohn und

$A_N = A(l_r)$ solange

$A < A(max)$ mit $A(max) = f(Y_N)$

Einkommen und Preisniveau:

$Y_A = Y_A(P)$ mit drei Abschnitten,

$Y_N = Y_N(P)$ mit $dY_N / dP < 0$

Übersicht 2.9: Zusammenfassung der wichtigsten Modellgleichungen des keynesianischen Modells

2.2.7 Erklärung und Beseitigung von Arbeitslosigkeit und Inflation

Im Rahmen der dargestellten Modelle werden wirtschaftspolitische Probleme – wie Arbeitslosigkeit und Inflation – unter unterschiedlichen, zum Teil sogar gegensätzlichen Annahmen erklärt, die in der Realität normalerweise nicht vollständig erfüllt sind. Daher können wirtschaftspolitische Probleme wie Arbeitslosigkeit und Inflation nicht immer mit Hilfe ein und desselben Modells erklärt werden. Häufig überlagern sich auch verschiedene Formen von Arbeitslosigkeit, so dass einzelne wirtschaftspolitische Maßnahmen nur einen Teil der Arbeitslosigkeit ursachengerecht mildern können.

Will man geeignete wirtschaftspolitische Maßnahmen aufzeigen, ist es wichtig, die gesamtwirtschaftlichen Rahmenbedingungen wie etwa die Kapazitätsauslastung möglichst umfassend zu beschreiben, um situationsgerechte Erklärungen zu entwickeln. Dies soll im Folgenden anhand der verschiedenen Erklärungsansätze für Arbeitslosigkeit und Inflation dargestellt werden.

2.2.7.1 Arbeitslosigkeit

Anhaltende Arbeitslosigkeit auf hohem Niveau, wie sie in der Bundesrepublik seit Mitte der siebziger Jahre besteht, lässt sich weder mit dem angebotsseitigen noch mit dem nachfrageseitigen Erklärungsansatz eindeutig erklären. Verschiedene Formen von Arbeitslosigkeit überlagern sich (vgl. Abschnitt 1.1.4.), so dass mehrere Ursachen zusammenwirken.

Eine zeitlich befristete Form von Arbeitslosigkeit ist die **friktionelle oder Sucharbeitslosigkeit**, die beim Berufseintritt oder beim Stellenwechsel beobachtet wird. Die Bereitschaft zum Stellenwechsel kann sogar als Zeichen für hohe Flexibilität des Arbeitsmarktes angesehen werden. Insofern stellt friktionelle Arbeitslosigkeit eine normale und vorübergehende Begleiterscheinung des Wirtschaftslebens dar und ist solange kein Problem, wie die schnelle (Wieder-)Eingliederung in den Arbeitsmarkt gelingt. Dazu kann eine bessere Informationspolitik der Stellenvermittlungen und größere Mobilität der Arbeitslosen beitragen.

Auch **saisonale Arbeitslosigkeit** in Branchen, die z.B. wetterabhängig sind oder im Jahresverlauf mehr oder weniger regelmäßigen Angebots- und Nachfrageschwankungen unterliegen (Bauwirtschaft, Landwirtschaft oder Tourismuswirtschaft) ist in gewissem Ausmaß unvermeidbar. Sie stellt nur dann ein gravierendes Problem dar, wenn sie z.B. in einzelnen Regionen gehäuft und immer wieder auftritt. Als geeignete Gegenmaßnahmen werden z.B. zeitlich befristete Unterstützungen der Arbeitnehmer oder Unternehmen diskutiert (Kurzarbeitsregelungen). Konzentrieren sich saisonabhängige Branchen in bestimmten Regionen, kann darüber hinaus versucht werden, durch eine differenziertere Branchenstruktur der regionalen Wirtschaft der regelmäßig wiederkehrenden Arbeitslosigkeit entgegenzuwirken.

Die keynesianische Analyse erklärt speziell konjunkturelle Rezessionsphasen, die durch hohe Arbeitslosigkeit und Preisniveaustabilität gekennzeichnet sind. **Konjunkturbedingte Arbeitslosigkeit** wird durch die zu geringe gesamtwirtschaftliche Nachfrage erklärt. Nach der keynesianischen Theorie ist es denkbar, dass angesichts ungünstiger Absatzerwartungen ein güter- und geldwirtschaftliches Gleichgewicht mit Arbeitslosigkeit einhergeht. Die Absatzerwartungen und damit die Beschäftigung können sich dann verbessern, wenn es gelingt, die gesamtwirtschaftliche Nachfrage zu beleben. Beispielsweise können die Staatsausgaben erhöht oder belebende Impulse in Hinblick auf die private Konsum- oder Investitionsnachfrage ergriffen werden.

Alle Formen von Arbeitslosigkeit, die über den konjunkturellen Aufschwung hinaus bestehen, können nicht ausschließlich auf eine konjunkturbedingte Nachfragschwäche zurückgeführt werden, denn sie bleiben trotz steigender Nachfrage im Aufschwung oder Boom bestehen. Ihre Bekämpfung mit nachfrageseitigen Maßnahmen verspricht keinen Erfolg, löst unter Umständen sogar andere wirtschaftspolitische Zielverletzungen (Inflation, Staatsverschuldung) aus. Langfristige, die konjunkturelle Rezession überdauernde Arbeitslosigkeit wird als

strukturelle Arbeitslosigkeit bezeichnet. Sie kann sich auf einzelne Branchen beziehen oder ein gesamtwirtschaftliches Phänomen sein. Steigende Arbeitslosigkeit in einzelnen Branchen lässt sich als **strukturelle Arbeitslosigkeit im engeren Sinne** bezeichnen. Sie entsteht, wenn die Angebots- oder Nachfragebedingungen in einzelnen Branchen sich grundlegend ändern, ohne dass die betroffenen Unternehmen bzw. Beschäftigten hinreichend schnell darauf reagieren. Änderungen der Nachfragesituation (z.B. moderne Konkurrenzprodukte) oder der Angebotsbedingungen (neue Konkurrenten aus dem Ausland, Kostensteigerungen bei wichtigen Rohstoffen) können die Absatzsituation einer Branche grundlegend verschlechtern. Als sich beispielsweise die digitale Fotografie gegenüber der traditionellen Form des Fotografierens durchsetzte, ging die Nachfrage nach Kleinbildfilmen deutlich zurück. Produzenten von Kleinbildfilmen mussten ihre Produktprogramme darauf einstellen.

Erfolg versprechende Gegenmaßnahmen erhöhen beispielsweise die Anpassungsflexibilität der betroffenen Unternehmen bzw. Branchen, indem z.B. Forschung und Entwicklung in den betroffenen Unternehmen oder die Erschließung neuer Absatzmärkte unterstützt werden. Häufig werden in solchen Situationen Subventionen gezahlt, um den Unternehmen die Anpassung an veränderte Konkurrenz-, Angebots- und Nachfragebedingungen zu erleichtern. (vgl. Abschnitt 3.3).

Strukturelle Arbeitslosigkeit im weiteren Sinne, die branchenübergreifend und langfristig besteht, lässt sich überwiegend angebotsseitig erklären. Sie kann z.B. auf Lohnerhöhungen in Verbindung mit einem starken Anstieg der Arbeitsproduktivität bei gleichzeitiger Wachstumsschwäche der Wirtschaft beruhen. Sie könnte auch die Folge von Anpassungsbarrieren, die die Flexibilität der Preise und Faktoren beeinträchtigen, sein, so dass Anpassungsprozesse zu einem Gleichgewicht bei Vollbeschäftigung entweder zu langsam verlaufen oder ganz ausbleiben (vgl. hierzu Abschnitt 2.1). Als Gegenmaßnahmen werden wachstumspolitische Instrumente oder eine zurückhaltende Lohnpolitik vorgeschlagen. Hier wird die wichtige Rolle der Lohnabschlüsse erkennbar. Einerseits sind hohe Lohnkosten ein Kostenfaktor. Langfristig gibt die Relation zwischen Lohn- und Kapitalkosten einen Anreiz, arbeitssparenden technischen Fortschritt zu realisieren, also die Arbeitsproduktivität zu erhöhen und damit Arbeitsplätze abzubauen. Diesem Argument, das eher der klassischen Sicht zuzuordnen ist, steht die eher keynesianische Sicht gegenüber: Die Entwicklung des Privaten Konsums – und damit auch die Absatzerwartungen der Unternehmer – hängen von der Lohn- und Einkommensentwicklung ab. Lohnabschlüsse, die die gesamtwirtschaftliche Nachfrageentwicklung verstetigen ohne den Lohnkostendruck zu verschärfen, kommt daher eine entscheidende Bedeutung für die Arbeitsmarktentwicklung zu.

In Übersicht 2.10 sind die wesentlichen Formen von Arbeitslosigkeit und wichtige Erklärungsansätze zusammengefasst. Die wirtschaftspolitischen Maßnahmen zur Milderung der Arbeitslosigkeit werden im Abschnitt Stabilisierungspolitik erläutert.

1.Friktionelle Arbeitslosigkeit:

Sucharbeitslosigkeit (wenn kürzer als 3 Monate) bei der Suche nach einer ersten Anstellung (nach Ende der Ausbildung) bzw. bei Stellenwechsel)

Vorübergehende Arbeitslosigkeit, die in Übergangsphasen nicht vollständig vermieden werden kann

Maßnahmen zur Milderung: Transparenz des Arbeitsmarkts/Qualität der Arbeitsvermittlung erhöhen (bessere Information über offene Stellen), aber: Reduzierung der Arbeitslosigkeit allenfalls punktuell möglich

2. Saisonale Arbeitslosigkeit:

durch Produktions-/Nachfrageschwankungen bedingt, vorübergehend, da jahreszeitlich (z.B. Urlaubssaison im Tourismus) bedingt

Maßnahmen zur Milderung: punktuelle Senkung durch zeitlich befristete Maßnahmen wie Schlechtwettergeld in der Baubranche

3. konjunkturelle Arbeitslosigkeit

Rückgang der gesamtwirtschaftlichen Nachfrage nach Waren und Diensten (privater Konsum, private Investitionen, Staatsausgaben Außenbeitrag) in Rezessionsphasen als Folge eines vorübergehenden Konjunktureinbruchs (gesamtwirtschaftliche Nachfrageschwäche)

Maßnahmen zur Milderung: zeitlich befristete Konjunkturprogramme (z.B. expansive Fiskalpolitik)

4. strukturelle Arbeitslosigkeit im engeren Sinn als teilwirtschaftliches Phänomen,

Ungleichgewicht zwischen Arbeitsangebot und Arbeitsnachfrage auf einzelnen Teilarbeitsmärkten (Branchen, Regionen, Berufsgruppen) als Folge des strukturellen Wandels; Arbeitslose können mangels entsprechender Ausbildung offene Stellen nicht besetzen (sektorale, regionale, persönliche Diskrepanzen)

Maßnahmen zur Milderung: Stärkung der Wettbewerbsfähigkeit einzelner Branchen; Förderung von Industrieansiedlungen in strukturschwachen Regionen; Erhöhung der Mobilität der Arbeitskräfte; Weiterbildung)

5. strukturelle Arbeitslosigkeit im weiteren Sinn als gesamtwirtschaftliches Problem, Arbeitslosigkeit in allen Branchen/Regionen/Berufsgruppen durch zu geringes Wirtschaftswachstum, schneller Steigerung der Arbeitsproduktivität durch technischen Fortschritt, häufig dadurch verursacht, dass die Arbeitskosten im Vergleich zu den Kapitalkosten sehr hoch sind, so dass ein ständiger Anreiz zur arbeitssparendem technischen Fortschritt besteht (Hochlohnarbeitslosigkeit) oder demographische Arbeitslosigkeit (geburtenstarke Jahrgänge/Zuwanderung)

Maßnahmen zur Milderung: Stärkung der Nachfrage oder Stärkung der privaten Investitionen, um durch mehr Wachstum mehr Arbeitsplätze zu schaffen; Flexibilisierung von Arbeitszeitregelungen, zurückhaltende Lohnpolitik

---

Übersicht 2.10: Anhaltspunkte für Ursachen von Arbeitslosigkeit

2.2.7.2   Inflation

Zur Erklärung der Inflation lässt sich zum einen die bereits erläuterte monetäre Inflationserklärung (Abschnitt 2.1) heranziehen. Darüber hinaus gibt es weitere Erklärungsansätze, die nicht bei der Geldversorgung der Wirtschaft ansetzen sondern von angebots- oder nachfrageseitigen Ursachen ausgehen. Nachfrageseitig wird eine Inflation darauf zurückgeführt, dass die gesamtwirtschaftliche Nachfrage das gesamtwirtschaftliche Angebot übersteigt. Dieser Nachfrageüberschuss kann auf einzelne Nachfragekomponenten zurückgehen. Denkbar ist z.B.,

- dass die Staatsausgaben steigen,
- dass die private Konsumnachfrage durch verändertes Konsumentenverhalten oder durch die demografische Entwicklung ansteigt
- dass technische Neuerungen oder Änderungen im Investitionsklima zu investiven Ausgabeschüben führen können
- dass der Außenbeitrag (Ex – Im) ansteigt. Dieser Fall wird auch als importierte Inflation bezeichnet.

Dabei muss allerdings unterstellt werden, dass in ausreichendem Umfang Liquidität zur Verfügung steht. Steigende gesamtwirtschaftliche Nachfrage wird am Markt nur wirksam, wenn ausreichende Liquidität vorhanden ist, d.h. wenn entweder die Geldmenge oder die Umlaufsgeschwindigkeit des Geldes steigen.

In bestimmten Phasen lassen sich inflationäre Tendenzen auch angebotsseitig, d.h. durch **anhaltenden Kostendruck** erklären. Entscheidend ist, dass es sich um **gesamtwirtschaftlich wirkende** Kostensteigerungen, die sich in allen Wirtschaftsbereichen gleichermaßen bemerkbar machen handelt (z.B. Anstieg der Rohölpreise). Darüber hinaus muss es sich um **anhaltenden** Kostendruck handeln. Denkbar sind insbesondere drei Formen der Angebotsdruckinflation:

Steigen die Preise für wichtige Produktionsfaktoren über einen längeren Zeitraum, so dass alle Produzenten gleichermaßen belastet werden, werden alle Unternehmen diese Kostensteigerungen an den verschiedenen Gütermärkten an die Nachfrager weitergeben, wenn nicht diesen Preiserhöhungen ausreichende Produktivitätszuwächse gegenüberstehen.

Besondere Bedeutung kommt in diesem Zusammenhang der Entwicklung der Lohnkosten zu. Nach der **Lohndruckthese** setzen überzogene Lohnforderungen im Rahmen von Tarifverhandlungen eine so genannte „Lohn-Preis-Spirale" in Gang: Können die Arbeitnehmer in wichtigen Branchen hohe Lohnabschlüsse durchsetzen, besteht die Gefahr, dass diese Abschlüsse in anderen Branchen übernommen werden. Die auf breiter Front steigenden Löhne lösen tendenziell Preisniveausteigerungen aus, die ihrerseits wieder die (reallohnorientierten) Lohnforderungen in der nächsten Tarifrunde in die Höhe treiben. Gleichzeitig setzt sich die Erwartung durch, dass die Inflationsrate weiter steigen wird und die Lohnforderungen erhöhen sich weiter, weil reale Lohnerhöhungen angestrebt werden. Dieser „Teufelskreis" setzt sich fort, bis Produktivitätssteigerungen oder niedrigere Lohnabschlüsse durchgesetzt werden können. Eine ursachenadäquate Gegenmaßnahme wären in diesem Fall moderate Lohnabschlüsse.

Neben den Löhnen können **steigende Importpreise** für wichtige Rohstoffe, die sich in vielen Branchen auswirken, inflationäre Prozesse verursachen (zweite Variante einer importierten Inflation). Wie sich solche Preiserhöhungen auswirken, hängt natürlich auch vom Wechselkurssystem ab. Denkbar ist auch, dass Wechselkursschwankungen selbst zur Ursache inflationärer Tendenzen im Inland werden (vgl. dazu auch Abschnitt 4.1).

Eine weitere Ursache für Kostendruck kann ein **Gewinndruck** auf einer Vielzahl von Märkten sein. Findet auf den meisten Märkten keine wettbewerbliche Kontrolle der Preissetzung durch die Unternehmen statt, können Unternehmen Preiserhöhungen durchsetzen, ohne befürchten zu müssen, dass die Nachfrager zur Konkurrenz abwandern könnten. Anhaltende inflationäre Tendenzen wären solange zu beobachten, wie die Marktmacht der Anbieter sich erhöhen würde. Gewinndruckinflation erfordert also wettbewerbspolitische Maßnahmen.

Neben den genannten Kostenelementen können auch **staatlich administrierte Preise** inflationäre Tendenzen verursachen. Steuern oder Gebühren, die der Staat einheitlich für alle Unternehmen fixiert, belasten alle Unternehmen gleichermaßen, so dass Preiserhöhungen „auf breiter Front" eingeleitet werden können. Allerdings muss es auch hier um anhaltende Kostensteigerungen gehen, wenn sie zur Erklärung einer Inflation herangezogen werden sollen.

Selbstverständlich können die genannten Kostenfaktoren auch gleichzeitig anhaltenden Steigerungen unterliegen, so dass im konkreten Fall die Ursachen nicht isolierbar sind. In diesem Fall besteht die Gefahr der wechselseitigen Beeinflussung der genannten Inflationsursachen. Vielfach wird allerdings darauf hingewiesen, dass sich Inflation nur durchsetzen kann, wenn ausreichend Liquidität vorhanden ist. Nach der Quantitätsgleichung des Geldes muss ein steigendes Preisniveau bei gegebener realer Produktion von einem Anstieg der Geldmenge oder einer Erhöhung der Umlaufgeschwindigkeit des Geldes begleitet werden, andernfalls können sich Preisniveausteigerungen nicht durchsetzen. So gesehen kann eine Erhöhung der Geldmenge als notwendige Bedingung für Inflation angesehen werden. Bleibt trotz inflationärer Tendenzen die Geldmenge knapp, können Liquiditätsengpässe dazu führen, dass die Beschäftigung bzw. die Kapazitätsauslastung gebremst wird.

In Übersicht 2.11 sind die wesentlichen Erklärungsansätze zusammengefasst. Die genannten Maßnahmen zur Behebung inflationärer Tendenzen werden im Abschnitt Stabilisierungspolitik erläutert.

1.Nachfrageseitig verursachte Inflation

Überhang der gesamtwirtschaftlichen Nachfrage über die gesamtwirtschaftlichen Produktionskapazitäten durch autonome Erhöhung einer/mehrerer Nachfragekomponenten

Maßnahmen: nachfragedämpfende Maßnahmen, z.B. durch Senkung der Staatsausgaben, Konjunkturzuschläge zur Einkommens-/Körperschaftssteuer (Fiskalpolitik), Politik des knappen Geldes zur Dämpfung kreditfinanzierter Ausgaben (Geldpolitik), Aufwertung zur Senkung des Außenbeitrags

2. Angebotsseitig verursachte Inflation

Lohnerhöhungen oberhalb von Produktivitätserhöhungen (Lohn-Preis-Spirale), Gewinnerhöhungen auf überwiegend oligopolistisch oder monopolistisch strukturierten Märkten

Maßnahmen: produktivitätsorientierte Lohnpolitik, freiwillige Verhaltensabstimmung („Konzertierte Aktionen"), Intensivierung des Wettbewerbs

3.Geldmengeninflation

Geldmenge wächst schneller als die gesamtwirtschaftliche Produktionskapazität

Maßnahmen: Kontrolle der Geldmengenentwicklung: Orientierung des Geldmengenwachstums an der Entwicklung des Produktionspotentials

---

Übersicht 2.11: Anhaltspunkte für Ursachen von Inflationen

2.2.7.3   Phillips-Kurve

Die bisher dargestellten Theorien zur Erklärung von Arbeitslosigkeit und Inflation gehen davon aus, dass diese Zielverletzungen nicht gleichzeitig vorliegen. Insbesondere der keynesianische Ansatz zur Erklärung von konjunktureller Arbeitslosigkeit ist nicht mit einer gleichzeitigen Inflation vereinbar. In einer unterbeschäftigten Wirtschaft ist nämlich eine nachfrageseitig verursachte Inflation schwer vorstellbar. Allerdings konnte beobachtet werden, dass Maßnahmen zur Bekämpfung der Arbeitslosigkeit unter bestimmten Bedingungen die Preisniveaustabilität gefährden können. Maßnahmen zur Inflationsbekämpfung wirkten sich hingegen häufig nachteilig auf das Beschäftigungsniveau aus. Diese Beobachtungen führten zu genaueren empirischen Untersuchungen.

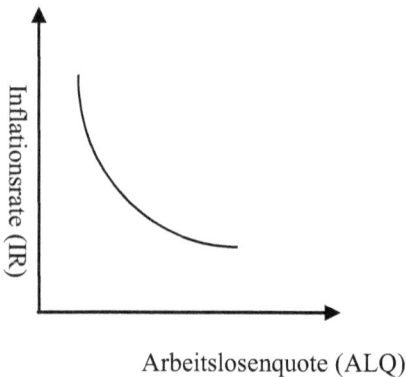

Abb. 2.23: Phillips-Kurve (Zusammenhang zwischen Inflationsrate und Arbeitslosenquote)

Dabei zeigte sich, dass in einer Reihe von Ländern hohe Inflationsraten mit niedriger Arbeitslosigkeit einhergehen und umgekehrt. Dieser Zusammenhang wird als **Phillips-Kurve** bezeichnet (vgl. Abb. 2.23). Aus dieser Beobachtung ergibt sich die Vorstellung, dass wirtschaftspolitische Maßnahmen entweder das Beschäftigungsniveau erhöhen, dann aber eine Zunahme der Inflationsrate in Kauf nehmen oder auf Kosten des Beschäftigungsniveaus zur Preisniveaustabilisierung beitragen, dass also ein so genannter „trade-off" zwischen Inflation und Arbeitslosigkeit besteht.

Nach dieser Vorstellung ist Preisniveaustabilität mit einem bestimmten Niveau der Arbeitslosigkeit verbunden. Sinkt die Arbeitslosigkeit unter dieses Niveau, steigt die Inflationsrate. Langfristig ist eine geringfügige Inflation mit der so genannten natürlichen Arbeitslosigkeit vereinbar. Als „natürliche Arbeitslosenquote,, ALQ_n wird das Niveau der friktionellen Arbeitslosigkeit angesehen. Solange dieses Niveau nicht unterschritten wird, pendelt sich die Inflation auf einem erwarteten niedrigen Niveau ein. Die natürliche Arbeitslosenquote kann so gesehen langfristig nicht unterschritten werden, ohne die Preisniveaustabilität zu gefährden.

Zweifel an der Gültigkeit der Phillips-Kurve entstanden, als zunehmend hohe Inflationsraten und hohe Arbeitslosigkeit gleichzeitig auftraten (**Stagflation**). Diese Beobachtung wurde damit erklärt, dass die Phillips-Kurve im Zeitablauf nicht konstant ist, sondern sich in Abhängigkeit von der **erwarteten Inflationsrate** nach oben verschiebt.

Dies lässt sich anhand der folgenden Überlegung verdeutlichen: Steigt bei einem natürlichen Niveau der Arbeitslosigkeit (Punkt A in Abb.2.24) die gesamtwirtschaftliche Nachfrage z.B. durch anhaltende Fiskalpolitik oder durch exogene Änderungen an, ergeben sich höhere Inflationsraten, die die erwartete Inflationsrate übersteigen. Dies bewirkt zunächst Reallohnsenkungen, die die Arbeitsnachfrage der Unternehmen ausweiten. Die Arbeitslosenquote geht noch weiter zurück (Punkt B). Als Folge steigt jedoch das Nominallohnniveau, weil die Arbeitnehmer für die gestiegene Inflationsrate kompensiert werden wollen. Die Beschäftigung sinkt wieder bis zur natürlichen Arbeitslosenquote, die Inflationsrate und die Inflationserwartungen sind allerdings gestiegen (Punkt C). Die veränderten Erwartungen führen zu einer neuen kurzfristigen Phillips-Kurve, die oberhalb der alten liegt, d.h. zu jedem Niveau der Arbeitslosigkeit gehört jetzt eine höhere Inflationsrate.

Verschiebungen der kurzfristigen Phillips-Kurven hängen somit von der erwarteten Inflationsrate ab. Langfristig kann die natürliche Arbeitslosenquote nicht unterschritten werden. Es wird unterstellt, dass sich Arbeitgeber und Arbeitnehmer – ohne exogene Schocks zu erwarten – auf eine Wirtschaftsentwicklung einstellen, die eine moderate Inflation einschließt. In diesem Fall gibt es weder steigende noch fallende Inflationsraten. Nachfrage- oder angebotsseitige Schocks ändern allerdings die Inflationsrate immer wieder, so dass eine Bewegung der kurzfristigen Phillips-Kurve stattfindet. Es ergibt sich eine Bewegung entlang einer kurzfristigen Phillips-Kurve (von B nach A). Bei Erhöhungen der Inflationsrate ändern sich langfristig auch die erwartenden Inflationsraten – die langfristige Inflationsrate steigt, d.h. die kurzfristige Phillips-Kurve verlagert sich nach oben (vgl. Abb. 2.24).

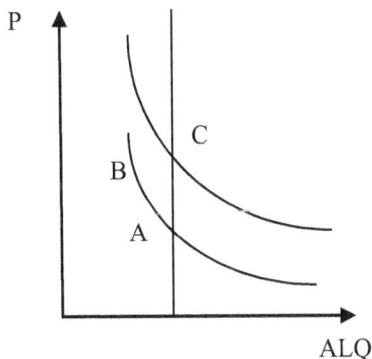

Abb. 2.24: Kurz- und langfristige Phillips-Kurven

Eine gegenteilige Entwicklung lässt sich durch Sparpolitik einer Regierung einleiten: Wenn die gesamtwirtschaftliche Nachfrage sinkt, steigt zwar die Arbeitslosigkeit, aber die erwartete Inflationsrate sinkt. Wenn die natürliche Arbeitslosigkeit wieder erreicht wird, ist die erwartete Inflationsrate niedriger.

Langfristig bedeuten diese Überlegungen, dass in einer Volkswirtschaft immer die natürliche Arbeitslosigkeit weitgehend unvermeidlich ist. Niedrigere Arbeitslosigkeit kann allenfalls kurzfristig erreicht werden, weil sich dann schnell die Lohn-Preis-Spirale in Gang setzt. Dabei besteht die Gefahr sich aufschaukelnder Inflationserwartungen. Inflation kann demnach dadurch erklärt werden, dass die Erwartungen der Privaten Wirtschaftssubjekte die künftige Lohn- und Preisentwicklung mitbestimmt.

Die dargestellte Theorie der Phillips-Kurve lässt allerdings die Frage offen, wie hoch die natürliche Arbeitslosenquote ist. Ist dieses Niveau überschritten, kann expansive Politik inflationsneutral sein – vor allem dann, wenn nicht nur am Arbeitsmarkt sondern auch in den Unternehmen freie Kapazitäten vorhanden sind. Dies entspräche der keynesianischen Annahme einer Unterbeschäftigungssituation.

2.2.8   Aufgaben

1. Erläutern Sie, wie Keynes seine Annahme begründet, dass die gesamtwirtschaftliche Güternachfrage hinter dem gesamtwirtschaftlichen Güterangebot zurückbleiben kann.
2. Eine Volkswirtschaft lässt sich durch folgende Angaben beschreiben: Konsumfunktion $C = 200 + 0,6 \cdot Y$, Nettoinvestition $I = 300$, Staatsausgaben $A(ST) = 100$ und Außenbeitrag $(Ex – Im) = 0$. Bestimmen Sie das Gleichgewichtseinkommen und diskutieren Sie, ob die Wirtschaft sich im Gleichgewicht befindet, wenn die Unternehmen ein Angebot von 1200 Geldeinheiten planen.
3. In einer offenen Volkswirtschaft ohne Staat gelten die folgenden Zusammenhänge (Angaben in Geldeinheiten GE). $C = 100 + 0,9 \cdot Y$, $I(N) = 200$, $Ex = 200$ und $Im = 150$. Ermitteln Sie das gleichgewichtige Volkseinkommen und den Exportmultiplikator. Unterstellen Sie, die Importe seien einkommensabhängig in der Form $Im = 100 + 0,1 \cdot Y$. Ermitteln Sie das Gleichgewichtseinkommen und erläutern Sie ökonomisch, warum der Wert des Exportmultiplikators nun geringer ist.
4. Eine geschlossene Volkswirtschaft sei durch folgende Angaben gekennzeichnet: $C = 200 + 0,8 \cdot Y_{verf}$, $T = 600$, $Tr = 100$, $ASt = 500$, $I_N = 400$. Bestimmen Sie zunächst das Gleichgewichtseinkommen. Unterstellen Sie, dass der Staat sowohl seine Ausgaben als auch seine Steuern um 300 GE senkt. Welche Wirkung auf das Gleichgewichtseinkommen ergibt sich aus dieser Maßnahme?
5. Eine geschlossene Volkswirtschaft ohne ökonomische Aktivitäten des Staates sei durch die Konsumfunktion $C = 100 + 0,75 \cdot Y$ und durch erwartungsabhängige Investitionen $I = 400 + 0,1 \cdot Y$ charakterisiert. Beschreiben Sie, wie sich der Anpassungsprozess durch die erwartungsabhängigen Investitionen verändert und ermitteln Sie das Gleichgewichtseinkommen.
6. Was verstehen Sie unter einem güterwirtschaftlichen Gleichgewicht? Welche Bedingung muss erfüllt sein?

7. Erläutern Sie, inwiefern Änderungen der Absatzerwartungen der Investoren die Zinselastizität der Investitionsnachfrage verändern würde. Wie wirkt sich eine Verschlechterung der Absatzerwartungen in der Rezession auf das güterwirtschaftliche Gleichgewicht aus?

8. Durch welche Änderungen der Verhaltensannahmen kann eine Rechtsverschiebung der IS-Kurve erreicht werden?

9. Welche besonderen Annahmen zur Arbeitsangebots- und Arbeitsnachfragefunktion bewirken, dass nach den keynesianischen Überlegungen eine Unterbeschäftigungssituation stabil sein kann.

10. Welche Maßnahmen können eine Erhöhung der Beschäftigung herbeiführen, wenn eine „stabile" Unterbeschäftigung vorliegt. Welche Voraussetzungen müssen erfüllt sein, damit diese Maßnahmen die Beschäftigung erhöhen?

11. Auf welchen Grundannahmen basiert die keynesianische Theorie? Welche Schlussfolgerungen für staatliche Maßnahmen zur Beeinflussung des Wirtschaftsprozesses lassen sich daraus herleiten?

12. Welche Verhaltensannahmen in Bezug auf den privaten Konsum und die privaten Investitionen erklären das von Keynes unterstellte gesamtwirtschaftliche Nachfragedefizit. Welche Bedeutung hat die Nachfrage nach Spekulationskasse für die Höhe der gesamtwirtschaftlichen Nachfrage?

13. Welche Annahme rechtfertigt im keynesianischen System die Vernachlässigung des Unterschieds zwischen realen und nominalen Größen?

14. Wovon hängt nach der keynesianischen Theorie die Höhe der Beschäftigung ab?

15. Erläutern Sie, welche Wechselwirkungen im keynesianischen System zwischen dem Güter- und Geldmarkt bzw. zwischen dem Güter- und Arbeitsmarkt bestehen.

16. Bitte kommentieren Sie die folgende These: Das gesamtwirtschaftliche Gleichgewicht bei Vollbeschäftigung ist (nur) ein Spezialfall der keynesianischen Modellanalyse.

17. Kennzeichnen Sie die Bereiche der LM-Kurve in Hinblick auf die zugrunde liegenden Verhaltensannahmen zur Geldnachfrage.

18. Stellen Sie grafisch dar, in welcher Ausgangssituation für ein gleichzeitiges geld- und güterwirtschaftliches Gleichgewicht eine Staatsausgabenerhöhung zur Erhöhung des Gleichgewichtseinkommens sinnvoll sein könnte. Erläutern Sie die besonderen Merkmale der von ihnen gewählten Ausgangssituation in Hinblick auf die Geldmarktsituation und auf mögliche Zinswirkungen einer Staatsausgabenerhöhung.

19. Erläutern Sie, welche Voraussetzungen erfüllt sein müssen, damit eine Erhöhung des Einkommens im geld- und güterwirtschaftlichen Gleichgewicht auch eine Beschäftigungserhöhung mit sich bringt. Denken Sie dabei an die Voraussetzungen der keynesianischen Analyse!

20. Erläutern Sie, welche Konsequenzen für die Situation der öffentlichen Haushalte sich normalerweise ergeben, wenn im konjunkturellen Abschwung die Staatsausgaben erhöht werden sollen.

21. Was verstehen Sie unter Crowding-Out? Welche Situation am Geld- und Kapitalmarkt ist damit verbunden?

22. Was verstehen Sie unter der Phillips-Kurve? Erläutern Sie den Unterschied zwischen der kurzfristigen und der langfristigen Phillips-Kurve.

23. Erläutern Sie, inwiefern der Trade-off zwischen Inflation und Arbeitslosigkeit als Politikversagen gedeutet werden kann.

24. In einer Volkswirtschaft mit Unterbeschäftigung liege die Wachstumsrate der Geldmenge über der der tatsächlichen Produktion, die Staatsverschuldung sei hoch. Bei niedriger Wachstumsrate der realen Produktion sind Arbeitslosigkeit und Inflationsrate hoch. Diskutieren Sie, welche der Ihnen bekannten Erklärungsansätze für Arbeitslosigkeit und Inflation in der geschilderten Situation zutreffen könnten. Welche Bedeutung könnte dabei der hohen Staatsverschuldung zukommen?

25. In einer Diskussion über die Ursachen der Inflation vertritt A die Meinung, dass Inflation nur durch eine zu starke Geldmengenausweitung verursacht werde. B vertritt die These, auch nicht-monetäre Erklärungsansätze seien geeignet zur Inflationserklärung. Begründen Sie diese Standpunkte.

3 Handlungsfelder der Wirtschaftspolitik

3.1 Theorie der Wirtschaftspolitik

In diesem Kapitel

- lernen sie Wirtschaftspolitik zu deuten als Bestrebungen, Handlungen und Maßnahmen, mit denen staatliche oder nicht-staatliche Akteure Einfluss auf den Ablauf des Wirtschaftsgeschehens nehmen. Die Theorie der Wirtschaftspolitik reflektiert, (a) welche Ziele wirtschaftspolitische Maßnahmen verfolgen und (b) welche Instrumente eingesetzt werden können, um diese Ziele zu erreichen. Sie untersucht außerdem (c) die Motive der handelnden Akteure.
- erhalten sie einen Überblick über Teilbereiche der Wirtschaftspolitik und über die Wechselwirkungen zwischen diesen Bereichen. Sie unterscheiden zwischen Ordnungs- und Prozesspolitik.
- erfahren Sie, dass wirtschaftspolitische Eingriffe in der Marktwirtschaft gerechtfertigt sind, wenn Marktversagen vorliegt. Selbst dann ist aber zu prüfen, ob das staatliche Handeln zur Zielerreichung beiträgt oder ob Politikversagen droht.
- verstehen Sie, dass rationale Wirtschaftspolitik ein umfassendes und in sich widerspruchsfreies Zielsystem verwirklichen will und lernen die Phasen rationaler wirtschaftspolitischer Entscheidungsprozesse kennen.
- wird deutlich, dass in der Gesellschaft häufig Gruppeninteressen geltend gemacht werden, die in Widerspruch zu gesellschaftlichen Interessen stehen können. Soweit sich Gruppeninteressen im politischen Entscheidungsprozess durchsetzen können, stößt rationale Wirtschaftspolitik an Grenzen.
- verstehen Sie, dass die ökonomische Theorie der Politik erklärt, wie wirtschaftspolitische Entscheidungen zustande kommen. Die wissenschaftliche Politikberatung gibt Hinweise auf empfehlenswerte Maßnahmen.

3.1.1   Gegenstand und Akteure der Wirtschaftspolitik

Der Wirtschaftsprozess kann in vielfältiger Weise politisch beeinflusst werden. Im weitesten Sinne umfasst **Wirtschaftspolitik** alle Bestrebungen, Handlungen und Maßnahmen, mit denen staatliche oder nicht-staatliche Akteure das Wirtschaftsgeschehen in der Volkswirtschaft oder einzelnen Regionen, Sektoren oder Gruppen (z.B. Handwerk, Mittelstand, Existenzgründer) beeinflussen.

Im Bereich der **Ordnungspolitik** geht es dabei um die Gestaltung der „Spielregeln" bzw. Rahmenbedingungen des Wirtschaftens. Dazu gehören unter anderem die rechtliche und institutionelle Ordnung der Eigentumsverhältnisse, des Wettbewerbs, des Geldwesens, der Währung und der Besteuerung, aber auch Regeln für die außenwirtschaftlichen Beziehungen, den Arbeitsmarkt und den Sozialbereich. Die Gestaltung der Rahmenbedingungen umfasst auch die Verteilung der Informations-, Entscheidungs-, Kontroll- und Sanktionsbefugnisse (**Kompetenzverteilung**), dabei insbesondere auch die Abgrenzung der staatlichen Kompetenzen gegenüber privaten Akteuren.

Prozesspolitische Maßnahmen beinhalten Eingriffe in den Wirtschaftsablauf und werden innerhalb des Ordnungsrahmens vorgenommen. Sie verändern die Planungsgrößen für private Wirtschaftssubjekte, in manchen Fällen tritt der Staat auch selbst als Anbieter oder Nachfrager auf verschiedenen Märkten auf. Prozesspolitik liegt z.B. vor, wenn die Zentralbank im Rahmen ihrer Kompetenzen die Leitzinsen verändert oder wenn der Staat die laufenden Einnahmen und Ausgaben gestaltet (**Fiskalpolitik**), etwa mit dem Ziel, die Entwicklung von Wachstum, Beschäftigung und Preisniveau zu verstetigen (**Stabilisierungspolitik**). Oft können sowohl ordnungs- als auch prozesspolitische Instrumente zur Zielereichung eingesetzt werden. Die Ziele werden nach kurz- und langfristigen Zielen unterschieden und es bestehen Wechselwirkungen zwischen den Zielen und Handlungsfeldern der Wirtschaftspolitik. Beispielsweise kann die Finanzpolitik kurzfristig zur Stabilisierung der Wirtschaftsentwicklung eingesetzt werden – insofern bestehen Wechselwirkungen zwischen Geld- und Finanzpolitik, langfristig können beide Politikbereiche direkt oder indirekt zum Wachstum beitragen. In vielen Fällen können aber auch Konflikte auftreten, die im Folgenden z.T. erörtert werden.

Wesentliche Bereiche der Wirtschaftspolitik sind die **Wachstumspolitik**, die Beeinflussung der Wirtschaftsstruktur nach Region, Branche und Unternehmensgröße (**Strukturpolitik**) bzw. nach Einkommens- und Vermögensverteilung (**Verteilungspolitik**) und die Gestaltung der außenwirtschaftlichen Beziehungen (**Außenwirtschaftspolitik**) – vgl. Übersicht 3.1.

Bereich der Wirtschaftspolitik	Ordnungspolitische Vorgabe (Beispiel)	Prozesspolitischer Eingriff (Beispiel)
Wachstumspolitik	Leistungsfördernde Eigentumsordnung	Technologieförderung
Strukturpolitik	Öffnung regulierter Märkte	Spezifische Subventionen
Verteilungspolitik	Eigentumsordnung	Sozialtransfers
Stabilisierungspolitik	Regelungen zur Geldordnung, Tarifautonomie	Leitzinsänderung, Konjunkturprogramm
Außenwirtschaftspolitik	EG-Binnenmarkt, Europäische Währungsunion, Freihandel	Spezifische Importzölle bzw. Importquoten

Übersicht 3.1: Bereiche und Ebenen der Wirtschaftspolitik

Wirtschaftpolitik wird in der Realität von einer Vielzahl von Interessen und Akteuren mit unterschiedlichen, nicht immer widerspruchfreien Zielen beeinflusst. Im „politischen Kräftefeld" wollen verschiedene Akteure die wirtschaftspolitischen Entscheidungen jeweils in spezielle Richtungen beeinflussen.

Im Prinzip betreiben alle Akteure, die Einfluss auf das Wirtschaftsgeschehen nehmen, Wirtschaftpolitik. Von zentraler Bedeutung ist das Agieren der hoheitlichen **Entscheidungsträger der (nationalen) staatlichen Wirtschaftspolitik**. Dazu gehören vor allem

- die Parlamente der Gebietskörperschaften (in Deutschland: Bund, Länder und Gemeinden), welche Gesetze und Verordnungen beschließen können,
- als Exekutive die Bundes- und Landesregierung(en) sowie die kommunalen Verwaltungen (Umsetzung der Gesetze und Verordnungen) sowie
- die Gerichte (Bundesverfassungsgericht, Bundesgerichtshof, Arbeitsgerichte usw.).

Weitere öffentliche Entscheidungsinstitutionen sind (im Regelfall weisungsgebundene) Behörden – in Deutschland z.B. das Bundeskartellamt und die Bundesanstalt für Arbeit. Diese Behörden üben ihre Aufgaben innerhalb ihres gesetzlichen Auftrags im Rahmen ihrer Kompetenzen aus und unterliegen einer Kontrolle durch die zuständigen Minister. In Deutschland sind auch die Industrie- und Handelskammern und die Handwerkskammern mit hoheitlichen Aufgaben betraut, z.B. im Rahmen der Berufsausbildung. Die Erfüllung dieser Aufgaben wird durch Zwangsmitgliedschaft und Zwangsbeiträge der jeweils zugehörigen Gewerbetreibenden bzw. Handwerker gesichert.

Von hoher Bedeutung sind auch die im Rahmen der **Tarifautonomie** von den autonom agierenden Tarifparteien – Gewerkschaften und Unternehmensverbänden – getroffenen Entscheidungen. Auch andere **Wirtschaftsverbände** haben Einfluss. Bei vielen Gesetzgebungsvorhaben werden inhaltlich betroffene Verbände „gehört" oder in anderer Weise an der Entscheidung beteiligt. Dabei sind vor allem die Spitzenverbände von Bedeutung, z.B. der Bundesverband der deutschen Industrie.

Einfluss auf wirtschaftspolitische Entscheidungen haben auch **wissenschaftliche Beratungsinstitutionen**. Diese vertreten kein Gruppeninteresse, sondern beraten die staatlichen wirtschaftspolitischen Entscheidungsträger aus „neutraler" Perspektive. Sie interpretieren bzw. operationalisieren wirtschaftspolitische Ziele, zeigen Zielkonflikte auf und beschreiben Handlungsspielräume und Mittel, mit denen bestimmte Ziele erreicht werden können. Zu diesen Institutionen gehört in Deutschland z.B. der auf gesetzlicher Grundlage agierende Sachverständigenrat zur Begutachtung der gesamtwirtschaftlichen Entwicklung (SVR). Dem gesetzlichen Auftrag zufolge soll er „Fehlentwicklungen und Möglichkeiten zu deren Vermeidung oder deren Beseitigung aufzeigen". Er sollte dabei auch versuchen abzuschätzen, welche an sich wünschenswerten Maßnahmen machbar sind, d.h. sich im politischen Prozess durchsetzen lassen, und welche am Widerstand von Interessengruppen scheitern könnten. Dies führt zu einer – auf Erfahrungswissen basierenden – **Kunstlehre von der Wirtschaftspolitik**.

Nationale Wirtschaftspolitik ist schließlich eingebettet in grenzüberschreitende Regelungen und Entscheidungsprozesse. Wichtige **Träger supranationaler Wirtschaftspolitik** sind die

Organe der Europäischen Union (EU), d.h. der Ministerrat, die Kommission, das Parlament, die Zentralbank und der Europäische Gerichtshof. Wichtige Institutionen der globalen Wirtschaftspolitik sind die Welthandelsorganisation (WTO), welche die Verträge zum freien Handel überwacht und fortentwickelt, und der Internationale Währungsfonds (IWF), der Ländern mit Zahlungsbilanzproblemen wirtschaftspolitische Beratung und gegebenenfalls finanzielle Hilfe gewährt.

3.1.2   Begründung der Wirtschaftspolitik in der Marktwirtschaft

In die Theorie der Wirtschaftspolitik und in die wissenschaftliche Politikberatung fließen **Wertungen** ein. Die meisten Ökonomen gehen von einer **Überlegenheit marktlicher Koordination** aus. Die Abstimmung dezentraler Planungen der Wirtschaftssubjekte über Märkte und Preise innerhalb eines staatlich abgesicherten rechtlich-institutionellen Rahmens führt dieser Auffassung nach im Regelfall zu besseren Ergebnissen als staatliche Eingriffe. Ein rechtlich-institutioneller Rahmen ist „geeignet", wenn er die Freiheit der Wirtschaftssubjekte, flexibel auf Marktsignale reagieren zu können, sicherstellt bzw. nicht beeinträchtigt, wenn z.B. die Gewerbe- und Vertragsfreiheit garantiert und ein funktionierendes Geld- und Finanzsystem gesichert sind.

In der Marktwirtschaft bedürfen – diesem normativen Grundverständnis zufolge – wirtschaftspolitische Maßnahmen, die über grundlegende Rahmensetzungen hinausgehen, einer gesonderten Rechtfertigung. Sie können nur gerechtfertigt werden, wenn die Ergebnisse der Marktsteuerung in bestimmten Bereichen offensichtlich unbefriedigend sind, insofern also **Marktversagen** vorliegt. Koordinationsmängel beruhen allerdings nicht zwangsläufig auf Schwächen des Marktes, sondern können auch auf den gewählten Regulierungsrahmen zurückgehen. Ein „Anfangsverdacht" in Richtung Marktversagen liegt jedoch vor

- bei Wettbewerbsbeschränkungen. Im Vergleich zu einem Zustand mit funktionierendem Wettbewerb werden dann vermutlich weniger Güter zu höheren Preisen bzw. geringerer Qualität angeboten,
- bei Existenz externer Effekte. Auf Märkten werden z.B. „zu viele" Güter angeboten, von denen negative externe Effekte ausgehen und „zu wenige" Güter, von denen positive externe Effekte ausgehen. Reine Marktsteuerung führt vermutlich auch zu einer Unterversorgung mit öffentlichen Gütern,
- bei Gütern, deren marktliche Bereitstellung der Staat aus nicht-ökonomischen Gründen für unzureichend hält. So wird häufig im Bereich der sozialen Sicherung argumentiert. Die Alterssicherung beispielsweise wurde in Form der gesetzlichen Rentenversicherung staatlich organisiert.

In einer marktwirtschaftlichen Ordnung ist zunächst regelmäßig zu fragen, inwieweit staatliche Aktivitäten erforderlich sind. Erst wenn das bejaht wird, ist (gegebenenfalls) die Art der staatlichen Maßnahmen zu diskutieren. Dabei ist zu bedenken, dass nicht nur Marktversagen bestehen kann, auch staatliche Fehlleistungen sind denkbar (**Politikversagen**). Die Nachteile von Markt- und Politikversagen sind daher gegeneinander abzuwägen.

3.1.3 Phasen rationaler wirtschaftspolitischer Entscheidungsfindung

Die Theorie der Wirtschaftspolitik zielt darauf, auf Basis theoretisch abgeleiteter Ursache-Wirkungs-Zusammenhänge Handlungsmöglichkeiten zur Erreichung gewünschter Ziele aufzuzeigen. Die **wissenschaftliche Politikberatung** soll – auf Basis theoretischer Ergebnisse – wirtschaftspolitische Entscheidungsträger beratend unterstützen. Dazu gehört ein bestimmtes methodisches Vorgehen.

Zunächst ist zu fragen, wie eine dem „Wohl des Ganzen" verpflichtete Wirtschaftspolitik ausgestaltet sein sollte. Eine **rationale Wirtschaftspolitik** ist planmäßig auf die Verwirklichung eines umfassenden, wohldurchdachten, in sich ausgewogenen und widerspruchsfreien Zielsystems gerichtet (vgl. Giersch 1961), in dem neben kurzfristigen auch langfristige Ziele eine Rolle spielen. Es handelt sich also nicht um eine Politik „auf Kosten künftiger Generationen". Eine rationale Wirtschaftspolitik will ferner optimale Ziel-Mittelkombinationen bestimmen und durchsetzen, strebt also in Bezug auf die gegebenen Ziele den höchsten Erfolgsgrad an, der unter gegebenen Umständen möglich ist. Rationale Wirtschaftspolitik weicht systematisch von einer Politik ab, welche primär einzelnen Interessen verpflichtet ist.

Rationale wirtschaftspolitische Entscheidungen fallen nicht „von heute auf morgen". Ein ziel- bzw. erfolgsorientierter Entscheidungsprozess lässt sich vielmehr als Abfolge der folgenden Stufen beschreiben:

- Entwicklung eines Zielsystems,
- Diagnose und Prognose der wirtschaftlichen Entwicklung, gegebenenfalls Feststellen eines wirtschaftspolitischen Handlungsbedarfs,
- Formulierung, Beurteilung, Durchführung und Kontrolle wirtschaftspolitischer Maßnahmen(-bündel) bzw. Programme,
- Ggfs. Korrektur der zuvor getroffenen Festlegungen.

Diese in Übersicht 3.2 nach Art eines Controlling-Kreislaufes verknüpften Stufen bzw. Phasen werden im Folgenden dargestellt. Rationale Wirtschaftspolitik erfordert zunächst die Einigung auf ein **Zielsystem**. Zielsysteme werden meist aus allgemein akzeptierten Oberzielen wie Freiheit, Gerechtigkeit, Sicherheit, Fortschritt, Wohlstand hergeleitet, wobei die konkretere Interpretation dieser Ziele im Rahmen eines gesellschaftlichen Prozesses erfolgt. Beispielsweise wurde bei der Verabschiedung des StWG das bereits vorgestellte „magische Viereck" als Ziel der Wirtschaftspolitik definiert. Im Grundgesetz ist ferner das Sozialstaatsprinzip verankert. Im Einzelnen ist allerdings zu fragen, wer nach welchen Verfahren konkrete Zielformulierungen festlegt, welche Konflikte zu anderen Zielen (z.B. Wachstum, Beschäftigung) auftreten und welche Ziele bei Zielkonflikten vorrangig verfolgt werden sollen.

```
┌─────────────────────────────────────────────────────────────┐
│  I.    Wirtschaftspolitische Konzeption = Zielsystem          │
│  •     Zielfestlegung im Einigungsprozess (normativ)          │
└─────────────────────────────────────────────────────────────┘
```

```
┌──────────────────────────────────┐   ┌──────────────────────────────────────┐
│ V. Wirkungskontrolle             │   │ II. Diagnose und Prognose            │
│ •Erfolgsmessung: Zielrealisierung?│   │ •Ist-Zustand (Informationsbeschaffung│
│ •Ursache-Wirkungsbeziehung?      │   │  und Ursachenanalyse)                │
│ •Nebenwirkungen?                 │   │ •Status-Quo-Prognose                 │
│ •Programmkorrektur?              │   │ •Wirkungsprognosen                   │
│                                  │   │ •Feststellung: Handlungsbedarf?      │
└──────────────────────────────────┘   └──────────────────────────────────────┘
```

```
┌──────────────────────────────────┐   ┌──────────────────────────────────────┐
│ IV. Durchführung von Maßnahmen   │   │ III. Handlungsprogramm               │
│ •Realisierungsmöglichkeiten      │   │ •Programmplanung                     │
│ •Koordination der verschiedenen  │   │ •Entscheidung über Mitteleinsatz     │
│  Träger                          │   │ (Dosierung & Timing)                 │
└──────────────────────────────────┘   └──────────────────────────────────────┘
```

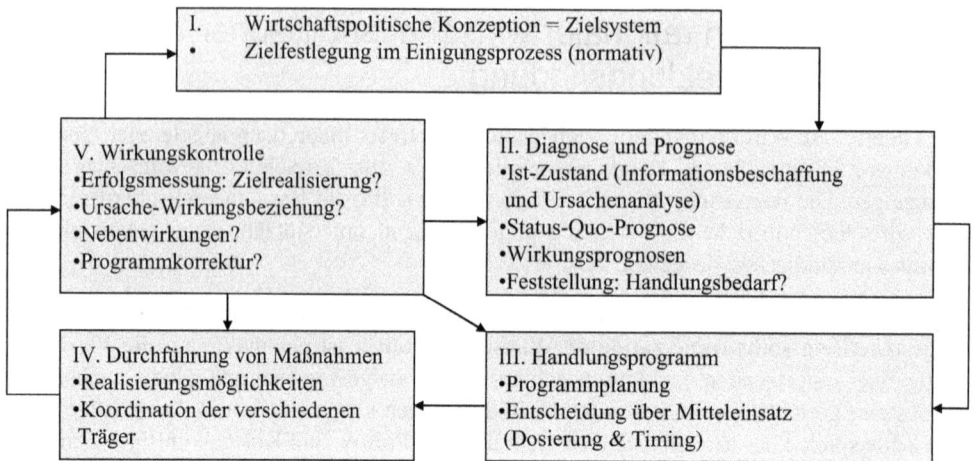

Übersicht 3.2: Prozess der Gestaltung einer rationalen (konsistenten) Wirtschaftspolitik

Zunächst ist die tatsächliche Wirtschaftsentwicklung daraufhin zu beurteilen, inwieweit die festgelegten Ziele realisiert sind (**Diagnose**). In einer **Status-Quo-Prognose** ist – auf Basis früher beobachteter Ursache-Wirkungs-Zusammenhänge – zu untersuchen, welche künftige Entwicklung *ohne* wirtschaftspolitische Eingriffe zu erwarten ist. Danach ist der **wirtschaftspolitische Handlungsbedarf** zu beurteilen. Nicht immer deuten Zielverfehlungen auf einen wirtschaftspolitischen Handlungsbedarf. Manche Probleme erledigen sich im Zeitablauf von selbst. Saisonbedingte Arbeitslosigkeit geht z.B. mit Beendigung der ungünstigen Saison „automatisch" zurück. Um den Handlungsbedarf richtig abschätzen zu können, ist somit die Lageanalyse durch eine – auf theoretischen Erkenntnissen basierende – **Ursachenanalyse** zu ergänzen, die klärt, warum es zur Zielverfehlung gekommen ist und inwieweit wirtschaftspolitische Eingriffe nötig bzw. Erfolg versprechend sind. Ausmaß und Ursachen der Zielverfehlung geben Hinweise in Bezug auf den wirtschaftspolitischen Handlungsbedarf. In Deutschland analysiert unter anderem der erwähnte Sachverständigenrat die Wirtschaftsentwicklung. Solche Analysen werden allerdings durch Probleme der Datenbeschaffung und –interpretation erschwert. Fehlende, veraltete oder schwer interpretierbare Daten sowie Theoriedefizite bei der Ursachenanalyse können außerdem zu möglichen Fehleinschätzungen führen.

Bei Zielkonflikten stellt sich die Frage, welche Ziele vorrangig realisiert werden sollen. Oft wird Handlungsbedarf primär bei dem am stärksten verfehlten Ziel gesehen. In diesem Fall muss die Wirtschaftspolitik allerdings das Ausmaß der Zielverfehlung eindeutig feststellen können. Dafür muss z.B. klar sein, welche Preissteigerung gerade noch mit Preisstabilität vereinbar ist und welche Arbeitslosigkeit mit einem hohem Beschäftigungsstand. Ein Nachteil dieses Vorgehens ist auch, dass die Wirtschaftspolitik bei wechselnden Zielverfehlungen unstetig wird.

Lässt sich ein wirtschaftspolitischer Handlungsbedarf erkennen, ist zu klären, welche **Instrumente** zur Zielerreichung eingesetzt werden sollten. Instrumente sind daraufhin zu prüfen, ob sie **zielkonform** sind, d.h. zur Zielerreichung beitragen können. Instrumente mit unsicheren Erfolgsaussichten sollten nicht zum Einsatz kommen. In Bezug auf die Inflationsbekämpfung erscheint z.B. ein verordneter Preis- und Lohnstop, der die Inflation „zurückstaut" aber nicht wirklich bekämpft, nicht als zielführend. Wichtig ist auch die Frage, in welcher **Zeitspanne** mit einer Wirkung zu rechnen ist. Schafft z.B. der Staat neue Stellen in der Verwaltung, so stellt sich ein Arbeitsmarkteffekt schneller ein als etwa bei der finanziellen Förderung von Ausbildung und Umschulung. Darüber hinaus müssen wirtschaftspolitische Instrumente ursachengerecht sein, d.h. sie müssen geeignet sein, die Ursachen der Fehlentwicklung zu beseitigen. Dies setzt allerdings theoretisches Wissen über die Ursachen wirtschaftspolitischer Probleme wie Arbeitslosigkeit und Inflation voraus.

In einer marktwirtschaftlichen Ordnung sind primär Instrumente einzusetzen, durch welche die marktliche Steuerung möglichst wenig beeinträchtigt wird (**Ordnungs- bzw. Marktkonformität**). Maßnahmen, die „nur" neue Rahmendaten für marktbestimmte Prozesse setzen, sind Instrumenten vorzuziehen, welche die marktliche Steuerung beeinträchtigen. Im Rahmen der Bekämpfung der Arbeitslosigkeit verbessert z.B. die Förderung von Ausbildung und Umschulung die marktliche Steuerung auf dem Arbeitsmarkt.

In jedem Fall sind auch mögliche **Nebenwirkungen** auf andere Ziele zu prüfen und gewünschte gegen unerwünschte Folgen abzuwägen. Steuersenkungen für Unternehmen reduzieren z.B. die Staatseinnahmen und erschweren die Finanzierung von öffentlichen Leistungen, etwa im Bereich der Infrastruktur. Staatliche Genehmigungs- und Überwachungsprozeduren erfüllen häufig Schutzfunktionen, beispielsweise für die Umwelt, belasten aber auch Unternehmen durch komplizierte Verwaltungsverfahren. Maßnahmen zur sozialen Sicherung tragen zur Existenzsicherung und zum sozialen Frieden bei, haben aber möglicherweise negative Wirkungen, wenn die Leistungsanreize sinken. So kann eine zu hohe Arbeitslosenunterstützung den Anreiz, (höhere) Erwerbseinkünfte anzustreben senken. Dies kann die künftige Wirtschaftsentwicklung und somit langfristig die Beschäftigung beeinträchtigen.

Bei gleichzeitigem Einsatz mehrerer Instrumente ist auch deren **Zusammenwirken** zu prüfen. So entfallen z.B. emissionsmindernde Wirkungen einer Öko-Steuer, wenn gleichzeitig eingeführte Grenzwerte die Senkung von Emissionen ohnehin vorschreiben.

Die korrekte Analyse aller Wirkungen, Neben- und Folgewirkungen (**Wirkungsanalyse**) ist meist schwierig. Häufig werden in der wirtschaftspolitischen Beratung nur die kurzfristige und leicht quantifizierbaren Wirkungen der erwogenen Maßnahmen abgeschätzt, nicht aber „weiche" (z.B. psychologische) Effekte. Steuersenkungen haben z.B. neben den gut abschätzbaren Einnahmeausfällen für die öffentlichen Haushalte auch positive – aber schwer quantifizierbare – Effekte auf das Investitions- und Konsumverhalten. Wirkungsanalysen basieren zudem auf Vergangenheitserfahrungen, die sich nicht immer auf aktuelle und künftige Problemsituationen übertragen lassen.

Häufig ist oft auch unklar, in welcher **Dosierung** Instrumente einzusetzen sind. Überdosierung kann zu unerwünschten Reaktionen führen. Wird z.B. die Mehrwertsteuer erhöht, kann die Schattenwirtschaft zunehmen. Bei einer Unterdosierung wird dagegen der erwünschte Effekt nicht erreicht. Die Tabaksteuer führt z.B. oft nicht zu einer spürbaren Reduktion des Tabakkonsums. Fehldosierungen drohen auch bei Daten- oder Informationsänderungen. Bei neuen Erkenntnissen zu Umweltproblemen kann sich z.B. ein Öko-Steuertarif nachträglich als falsch erweisen.

Erst wenn geeignete und hinreichende Informationen und Wirkungsanalysen vorliegen, können wirtschaftspolitische Instrumente und Maßnahmen sinnvoll zusammengestellt werden. Danach sollte der Einsatz der Instrumente – quantitativ, in zeitlicher Dimension und in Bezug auf die Zusammenarbeit verschiedener Träger der Wirtschaftspolitik – geplant werden (**Programmformulierung**). Die Programmformulierung erfordert allerdings Zeit. In dieser Phase treffen häufig unterschiedliche Interessen der verschiedenen Akteure der Wirtschaftspolitik aufeinander und erschweren zielführende wirtschaftspolitische Strategien Diese Mechanismen der wirtschaftspolitischen Willensbildung können eine problemgerechten Maßnahmenplanung beeinträchtigen.

In der letzten Phase können **Umsetzungs- bzw. Vollzugsprobleme** auftreten. Zum einen erschweren praktisch-technische **Verwaltungs- und Bürokratieprobleme** die Realisierung wirtschaftspolitischer Programme. Häufig fehlen Verwaltungskapazitäten. Änderungen des Steuerrechts werden z.B. nur langsam umgesetzt, wenn das Personal in den Finanzämtern knapp bzw. noch nicht entsprechend geschult ist. Bei manchen Gesetzen verzögert sich auch die Formulierung erforderlicher Durchführungsverordnungen. Solche Probleme sind gravierender, je komplexer die betreffenden Verfahrensabläufe sind. Generell gilt: wenn wirtschaftspolitische Entscheidungsprozesse viel Zeit erfordern, kann sich der Vollzug wirtschaftspolitischer Maßnahmen, d.h. die Umsetzung von Entscheidungen verzögern. Aufgrund dieser Verzögerungen (**time lags**) kann der günstigste Zeitpunkt für die Umsetzung wirtschaftspolitischer Maßnahmen verpasst werden.

Dazu ein Beispiel: Ein exogener Schock (z.B. ein deutlicher Anstieg des Rohölpreises) schlägt sich erst mit gewisser Verzögerung in den Preis-, Handels- und Beschäftigungsstatistiken nieder (**Erkennungsverzögerung**). Danach dauert es eine Weile, bis gegebenenfalls ein politischer Handlungsbedarf diagnostiziert wird (**Diagnoselag**). Auch die Planung konjunkturstützender Maßnahmen und die politische Entscheidung über diese Maßnahmen (z.B. im Bundestag bzw. Bundesrat) erfordern Zeit (**Planungs- und Entscheidungslag**). Ist ein Konjunkturprogramm beschlossen, muss es – zumeist durch nachgeordnete Behörden – umgesetzt werden. Hier entsteht ein **Umsetzungslag**, z.B. bei der Ausschreibung zusätzlicher öffentlicher Aufträge. Schließlich dauert es eine Weile, bis die Wirkung des Konjunkturprogramms einsetzt, bis z.B. die öffentlichen Aufträge beschäftigungswirksam werden.

Bei wirtschaftspolitischen Fördermaßnahmen wird eine reibungsfreie Umsetzung ferner oft durch unerwünschte **Ankündigungseffekte** bzw. Mitnahmeeffekte erschwert. Werden z.B. Maßnahmen zur Investitionsförderung angekündigt, so werden unter Umständen Investitionen zunächst solange zurückgestellt, bis die Fördergelder tatsächlich fließen. Denkbar ist auch, dass förderungswürdige Aktivitäten auch ohne Förderung durchgeführt worden wären. Dann wird die Förderung „mitgenommen", ohne zusätzliche Forschungen zu initiieren.

Eine rationale Wirtschaftspolitik muss daher den Erfolg wirtschaftspolitischer Maßnahmen überprüfen, auch wenn es meist schwierig ist, eingetretene Wirkungen eindeutig dem Instrumenteneinsatz zuzuordnen. Ein Effekt muss nicht durch eine bestimmte Maßnahme ausgelöst worden sein, nur weil er anschließend eingetreten ist. Oft ist unklar, inwieweit ein Ergebnis wegen, trotz oder unabhängig von den durchgeführten Maßnahmen zustande kam.

Insofern ist die **Erfolgsmessung** schwierig: Zum einen lassen sich die entsprechenden Indikatoren nicht immer richtig deuten (vgl. z.B. Kap. 1.1 für Probleme in Bezug auf die Indikatoren „Arbeitslosenzahl bzw. -quote"). Zum anderen ist die **Erfolgsdefinition** gestaltbar. Ob etwa ein Rückgang der Arbeitslosigkeit um 0,5 Mio. als Erfolg zu werten ist, hängt von der Ausgangslage und auch von der gewählten Zielformulierung ab. Das Ziel kann sich z.B. auf unterschiedliche Zeiträume, auf Veränderungen oder auf zu unterschreitende Niveaus der Arbeitslosigkeit beziehen. Nur bei hinreichend klarer Zielformulierung kann eine sinnvolle **Abweichungsanalyse** durchgeführt, d.h. die Abweichung zwischen Ist- und Soll-Zustand überprüft werden.

Wichtig ist auch, wer für die **Kontrolle der Wirtschaftspolitik zuständig** ist. Häufig verfügen nur die Entscheidungsträger und die jeweils Betroffenen über die relevanten Informationen. Externe Kontrollen durch Wähler, Opposition, Rechnungshof und unabhängige Experten (Forschungsinstitute, Sachverständigenrat usw.) sind zwar neutraler, erfolgen dann aber auf einer schmaleren Informationsbasis. Sie sollten daher um eine gründliche Eigenkontrolle durch die Träger der Wirtschaftspolitik ergänzt werden.

Die Kontrolle ist einerseits der Abschluss wirtschaftspolitischer Entscheidungsprozesse, andererseits aber auch Ausgangspunkt neuer Entscheidungen. Wurden z.B. die angestrebten Ziele nicht erreicht, ist eine erneute Lage- und Ursachenanalyse vorzunehmen. Gegebenenfalls sind neue bzw. andere Handlungsprogramme zu entwickeln und umzusetzen. Es ist auch zu prüfen, ob die angestrebten Ziele zu ehrgeizig formuliert waren und revidiert werden sollten. Systematische Erfolgskontrollen erweitern dabei auch den Fundus der wirtschaftspolitischen Erfahrung. Mit der Zeit wächst die Erkenntnis, welche Maßnahmen der Wirtschaftspolitik eher zu einem Erfolg führen und welche weniger.

Diese Darstellung wirtschaftspolitischer Entscheidungsprozesse vermittelt den Eindruck, dass staatliche Wirtschaftspolitik an systematische Grenzen stoßen kann. Dies betrifft

- die korrekte Diagnose des Ist-Zustandes und die Prognose der künftigen Wirtschaftsentwicklung,
- die richtige Ursachenanalyse sowie die richtige Analyse der Haupt-, Neben- und Folgewirkungen des Einsatzes wirtschaftspolitischer Instrumente, und
- den richtig gestalteten und dosierten Instrumenteneinsatz,
- Widerstände im politischen Prozess, welche erforderliche Maßnahmen verhindern können oder zu nicht sachgerechten Kompromissen führen können.

Ein zentrales Problem der Wirtschaftspolitik besteht außerdem darin, dass die beteiligten Akteure im Regelfall nicht nur das allgemeine Interesse, sondern (primär) das eigene (Gruppen-)Interesse im Blick haben. Zwischen dem Wohl des Ganzen und dem Wohl der Interessengruppen können aber systematische Unterschiede bestehen. Gut organisierte Interessen setzen sich häufig zu Lasten der Allgemeinheit durch. Dies erschwert wirtschaftspolitische Entscheidungsprozesse.

Daraus ergibt sich die Gefahr, dass auch eine rationale Wirtschaftspolitik, die eigentlich Defizite der Marktsteuerung mindern soll, ihrerseits zur Ursache neuer Probleme wird. Dem beobachteten **Marktversagen** steht dann ein **Politikversagen** gegenüber. Bei der Entscheidung, ob bzw. inwieweit wirtschaftspolitische Eingriffe erfolgen sollten, ist somit zwischen dem akzeptablen Niveau von Marktversagen und Politikversagen abzuwägen.

3.1.4   Ökonomische Theorie der Politik

Die **ökonomische Theorie der (Wirtschafts-)Politik** verzichtet auf die Betrachtung von im Sinne des Gemeinwohls rationalen Entscheidungsprozessen. Sie will vielmehr erklären, wie wirtschaftspolitische Entscheidungen tatsächlich zustande kommen und mit welchen Motiven und Zielen die beteiligten Akteure handeln. Bei der Analyse wird unterstellt, dass auch in Gruppen wie z.B. Parteien, Arbeitgeberverbänden, Gewerkschaften oder Verbraucherverbänden einzelne Individuen handeln und dabei durchaus auch ihre eigenen Interessen verfolgen (**methodologischer Individualismus**). Dann ist zu untersuchen, wie Ziele formuliert, Entscheidungen getroffen und Kontrollen ausgeübt werden, wenn nicht das Wohl der ganzen Gruppe sondern individuelle Interessen im Vordergrund stehen. Diese Analyse lässt sich auf unterschiedliche Bereiche und Interessengruppen anwenden. Dazu nun einige Beispiele.

- **Bürokraten** bevorzugen – der polit-ökonomischen Analyse zufolge – Maßnahmen, die ihre eigene Bedeutung (Aufstiegschancen, Einkommen, Einfluss, Budget) erhöhen. Sie werden auf eine intensivere Regulierung und eine Ausdehnung des öffentlichen Sektors drängen, welche über das sachlich Gebotene hinausgeht. Vorgegebene Verwaltungsaufgaben werden nicht immer mit minimalem Mitteleinsatz realisiert. Stattdessen wird ein großes Budget angestrebt und ggfs. vollständig ausgeschöpft, auch wenn die Aufgabe mit geringerem Mitteleinsatz erfüllt werden könnte.
- **Politiker** verfolgen ebenfalls primär den eigenen Vorteil, z.B. die Wiederwahl. Wahlentscheidend sind oft Maßnahmen, die großen Wählergruppen zugute kommen, kurzfristig eintreten und gut wahrnehmbar sind. Daher bestehen Anreize zu einer „spektakulären Politik des Einzelfalls", wobei die Gefahr besteht, dass erst langfristig erkennbare und deshalb kaum wahlentscheidende Nebenwirkungen unberücksichtigt bleiben. Dadurch erhöht sich zum einen die Zahl von Ausnahmeregelungen zugunsten gut organisierter Sonderinteressen. Zum anderen hat die Regierung z.B. einen Anreiz, kurz vor Wahlen eine expansive (die Beschäftigung steigernde) Politik zu betreiben, deren Inflations- und Verschuldungseffekte erst nach der (Wieder-)wahl bemerkt werden. Erst dann erfolgt eine Wirtschaftspolitik, die auch längerfristige Aspekte berücksichtigt (z.B. eine kontraktive Politik der Haushaltskonsolidierung). Die Theorie prognostiziert somit einen **politischen Konjunkturzyklus,** der den Rhythmus politischer Wahlen widerspiegelt.
- **Wähler** verzichten häufig darauf, sich vor Wahlen über die Wahlprogramme und deren Wirkungen zu informieren, weil die Kosten der Informationssammlung höher sind, als die Chance, durch die eigene Wahlentscheidung das Wahlergebnis zu beeinflussen. Es ist also individuell gesehen rational, mit begrenzter Information oder sogar gar nicht zur Wahl zu gehen. Wähler entscheiden also auf der Basis rational begrenzter Information.

Da **Interessengruppen** von großer Bedeutung für polit-ökonomische Entscheidungen sind, wird im Folgenden dargestellt, unter welchen Bedinungen sich Interessengruppen bilden und wie sie wirken. Nach der von Olson (1965 und 1982) entwickelten **Logik des kollektiven Handelns** bilden sich viele gesellschaftliche Gruppen, deren Mitglieder ein gemeinsames Interesse haben. Für Anbieter besteht ein gemeinsames Interesse regelmäßig darin, den Zutritt weiterer Anbieter zu erschweren. In diesem Sinne profitieren z.B. Handwerker vom Schutz durch die Handwerksordnung. Andere Gruppen streben an, das Produktionsergebnis zum Vorteil ihrer Mitglieder umzuverteilen, z.B. durch Subventionen oder spezielle Regulierungen (so fordern Spediteure einen Ausgleich für gestiegene Kraftstoffpreise). Solche Forderungen sind aus Sicht der Gruppenmitglieder rational, obwohl ihre volkswirtschaftlichen Folgen oft bedenklich sind.

Die **Bildung von Interessengruppen** erfolgt dabei – Olson zufolge – nach bestimmten, zum Teil vorhersehbaren Mustern. Sie erfolgt zunächst langsam, denn „Kümmern" um das Gruppeninteresse ist ein „öffentliches" Gut. Jedes Gruppenmitglied neigt dazu zu warten, bis sich jemand für die gemeinsame Sache einsetzt. Die anderen können dann als „Trittbrettfahrer" (d.h. ohne Eigenbeitrag) von dieser Aktivität profitieren. Kleine und homogene Gruppen organisieren sich jedoch schneller als andere. In kleinen Gruppen funktioniert die gruppeninterne Kontrolle besser, die Gefahr des Trittbrettfahrerverhaltens ist geringer. Der Anteil am gemeinsam erreichten Vorteil ist zugleich in kleinen Gruppen für das einzelne Mitglied relativ groß. Auch in Gruppen mit homogenen Interessen ist die Chance auf schnelle Einigung groß, denn die gruppeninternen Abstimmungsprozesse sind leichter als in großen Gruppen mit heterogenen Interessen. So gesehen sind z.B. die Interessen der Produzenten leichter organisierbar als die der Konsumenten, die der Ärzte leichter als die der Patienten bzw. der Krankenversicherten. Es kommt hinzu, dass Gruppenorganisationen leichter organisierbar und stabiler sind, wenn sie ihren Mitglieder individuelle Einzelleistungen (z.B. Rechtsberatung) zukommen lassen können. Diese „asymmetrische" Bildung von Interessengruppen beeinflusst die Ergebnisse der Wirtschaftspolitik. Gut organisierbare Sonderinteressen setzen sich eher durch. Einmal gegründete Organisationen hören umgekehrt oft nicht auf zu existieren, wenn ihr ursprünglicher Zweck entfällt. So übernahmen Kutschervertretungen später die Vertretung von LKW-Fahrern. Eine **Gruppenstabilisierung** ist besonders zu erwarten, wenn die Interessenvertretung „hauptamtlich" von Personen erfolgt, deren Stellung unmittelbar von der Existenz der Gruppe abhängt. Insgesamt nimmt somit die Zahl der Interessengruppen stetig zu.

Die **Zunahme von Interessengruppen beeinträchtigt** der Logik zufolge **die wirtschaftliche und gesellschaftliche Entwicklung** eines Landes und erschwert wirtschaftspolitische Entscheidungsprozesse, da Gruppeninteresse und Gesamtinteresse voneinander abweichen. Interessengruppen können die Marktanpassungen schwächen und den wettbewerbsverzerrende Maßnahmen durchsetzen (vgl. Übersicht 3.1).

1. Interessengruppen erschweren politische Entscheidungen durch Umverteilungsbemühungen. Diese Aktivitäten binden Ressourcen, die anderswo fehlen. Die Produktionsstruktur wird zudem systematisch verzerrt. Es werden zu viele Produkte erzeugt, deren Produktion im Interesse erfolgreicher Interessengruppen ist (z.B. Kohle), und zu wenig andere Produkte. Im Ergebnis sinken Effizienz und Gesamteinkommen der Gesellschaft.

2. Interessengruppen treffen Entscheidungen langsamer als Individuen bzw. einzelne Unternehmen. Sie neigen auch dazu, Preise und Löhne zu fixieren, um dadurch bestimmte wirtschaftliche Positionen zu verteidigen. In Volkswirtschaften, in denen die Zahl der Interessengruppen ansteigt, ist daher mit rückläufiger Flexibilität von Preisen und Löhnen zu rechnen. In konjunkturellen Abschwüngen wäre demnach weniger mit sinkenden Preisen, als vielmehr mit rückläufiger Produktion bzw. Beschäftigung zu rechnen.

3. Wegen der Konzentration auf die Verteidigung errungener selektiver Vorteile verringern Interessengruppen auch die Fähigkeit der Gesellschaft zur Anpassung an den Strukturwandel oder zur Adoption neuer Technologien (dynamische Ineffizienz). Gewerkschaften tendieren z.B. dazu, die Übernahme arbeitssparender Technologien zu bremsen.

4. Die Zunahme von Interessengruppen erhöht zudem die Komplexität der Regulierungen und die Bedeutung des regulierenden Staates. Die Bedeutung von Ausnahmen und „Schlupflöchern" in allgemeinen Regelungen nimmt zu. Die Richtung der „sozialen Evolution" ändert sich. Juristen oder Steuerberater profitieren z.B. von komplexen Steuergesetzen und wehren sich gegen eine – insgesamt eigentlich gebotene – Vereinfachung von Regulierungen.

5. Vorherrschend werden Ziele verfolgt, für die sich Interessenvertreter finden. Langfristige Ziele und Ziele, die nicht einer klar definierten Gruppe nützen (z.B. das Ziel einer umweltverträglichen, nachhaltigen Wirtschaftsweise), werden eher nicht verfolgt.

Übersicht 3.3: Auswirkung der Akkumulation von Interessengruppen

Insgesamt weist die ökonomische Theorie der Politik darauf hin, dass wirtschaftspolitische Entscheidungen systematisch von der (langfristigen) Verfolgung des Allgemeinwohls in Richtung auf eine (kurzfristige) Erfüllung von Partialinteressen drängen. Insofern ist es wichtig, dass die Einflussnahme von Interessenverbänden auf die wirtschaftspolitischen Entscheidungsträger öffentlich kontrolliert werden kann. Zudem sollten die Gestaltungsmöglichkeiten der Wirtschaftspolitik nicht überschätzt und wirtschaftspolitische Maßnahmen vorsichtig dosiert werden. Generell ist abzuwägen, ob wirtschaftspolitische Maßnahmen unbefriedigende Marktergebnisse korrigieren können. Im Einzelnen werden häufig folgende Empfehlungen gegeben:

- Die Wirtschaftspolitik sollte – über die Sicherung der Funktionsfähigkeit der Marktwirtschaft hinaus – nicht zu vieles im Detail regeln wollen und nicht permanent (prozesspolitisch) agieren wollen. Ordnungspolitische Maßnahmen sind weniger anfällig für time-lags und Dosierungsprobleme und werden seltener von Interessengruppen beeinflusst als prozesspolitische Maßnahmen. Darüber hinaus trägt Ordnungspolitik eher zu einer „Stetigkeit der Wirtschaftspolitik" bei.

- Angesichts von Funktionsmängeln der Marktwirtschaft kann mitunter dennoch auf prozesspolitische Eingriffe nicht verzichtet werden. Dann sollte aber das Risiko von Fehlentscheidungen durch eine „Politik der kleinen Schritte" (Karl Popper) gemindert werden. Dieser Überlegung folgend kann man bei kleinen Schritten auch nur kleine, d.h. weniger gravierende Fehler machen und die Entscheidung eventuell leichter revidieren.

- Regelungen sind – auch unter Inkaufnahme von Ungerechtigkeit im Einzelfall – so einfach und allgemein wie möglich auszugestalten. Dann werden nur wenige Ansatzpunkte geschaffen, spezifische, der Allgemeinheit zuwiderlaufende Interessen durchzusetzen.

- Maßnahmen, durch die der Einfluss von Interessengruppen reduziert wird, erhöhen mittelfristig die wirtschaftspolitische Handlungsfähigkeit. So bewirkt z.B. die europäische Integration in vielen Politikfeldern, dass nationale Interessengruppen ihre traditionellen Einflussmöglichkeiten verlieren. Die Öffnung gegenüber dem internationalen Standortwettbewerb verringert zudem die Spielräume für eine ineffiziente Politik zugunsten spezieller Interessengruppen. Manchmal drängt auch die Förderung bzw. Realisierung von technischem Fortschritt den Einfluss von Interessengruppen zurück. So schafft das Internet in vielen Bereichen globalen Wettbewerb und überwindet nationale Schutzzäune.

- Stets sind die von wirtschaftspolitischen Maßnahmen ausgehenden wirtschaftlichen Anreize zu bedenken. Bei einer Mehrwertsteuererhöhung ist beispielsweise nicht sicher, dass die Belastung von den Unternehmen auf die Nachfrager überwälzt werden kann, die preisliche Wettbewerbsfähigkeit gegenüber ausländischen Konkurrenten wird geschwächt und es wird der Anreiz zur Schattenwirtschaft erhöht. Sowohl die fiskalischen als auch die wachstumspolitischen Folgen sind unklar.

3.1.5 Aufgaben

1. Auf welchen Ebenen beschäftigt sich die Wirtschaftswissenschaft mit dem Thema Wirtschaftspolitik?
2. Warum bedürfen wirtschaftspolitische Eingriffe in einer Marktwirtschaft grundsätzlich einer Rechtfertigung?
3. Nennen und erläutern Sie (mit Hilfe eines jeweils geeigneten Beispiels) drei Argumente, die einen wirtschaftspolitischen Eingriff rechtfertigen können.
4. Was verstehen Sie unter „rationaler Wirtschaftspolitik"? Erläutern Sie, welche Phasen der Entscheidungsfindung im Rahmen einer rationalen Wirtschaftspolitik zu durchlaufen sind und deuten Sie Probleme an, die jeweils auftreten können.
5. Erläutern Sie Untersuchungsansatz und wichtige Ergebnisse der ökonomischen Theorie der Politik und der Logik des kollektiven Handelns.
6. Warum weicht die tatsächliche Wirtschaftspolitik systematisch von einer „rationalen", auf das Wohl der Allgemeinheit bezogenen Politik ab?
7. Welche Empfehlungen bzw. Schlussfolgerungen lassen sich in Bezug auf die Wirtschaftspolitik formulieren?

3.2   Finanzpolitik

In diesem Kapitel

- werden Bedeutung und Entwicklung von Kennziffern zur Beschreibung des Umfangs der Staatstätigkeit wie Staatsquote, Steuerquote und Finanzierungsquote erläutert.
- werden die Wirkungen staatlicher Ausgaben und Einnahmen skizziert.
- lernen Sie verschiedene Steuerarten und ihre Wirkungen auf die Einkommensverteilung und auf den Wirtschaftsprozess kennen. Sie erfahren, welche Grundsätze bei der Gestaltung des Steuersystems beachtet werden sollten.
- wird dargestellt, welche Wirkungen und Probleme mit Staatsverschuldung einhergehen.
- verstehen Sie die ökonomischen Grenzen der Staatsverschuldung und lernen, wie die 2009 verabschiedete Schuldenbremse im Grundgesetz ausgestaltet ist.
- lernen Sie Gestaltungsmerkmale und Finanzierungsprobleme der Sozialen Sicherung kennen.

3.2.1   Umfang und Aufgaben der Staatstätigkeit

Auch in einer gemischten Wirtschaftsordnung mit prinzipiell marktwirtschaftlicher Steuerung übernimmt der Staat neben der Ordnungs- und Wettbewerbspolitik weitere Aufgaben, die häufig mit Ausgaben und Einnahmen des Staates verbunden sind. Die Wirkungen dieser staatlichen Einnahmen und Ausgaben und die Möglichkeiten, im Zuge der Ausgaben und Einnahmen bestimmte Wirkungen zu erzielen bzw. Ziele zu erreichen, werden in der Finanzwissenschaft untersucht. Die Finanzpolitik umfasst alle Maßnahmen zur Gestaltung der öffentlichen Haushalte in Hinblick auf bestimmte Ziele. Im Einzelnen werden die Ausgaben und Einnahmen sowie die öffentliche Verschuldung betrachtet. Im weiteren Sinne umfassen die öffentlichen Haushalte auch die Sozialversicherungen (Renten-, Kranken-, gesetzliche Unfall-, Pflege- und Arbeitslosenversicherung). Im Folgenden stehen jedoch zunächst die öffentlichen Haushalte im engeren Sinn – also die Haushalte von Bund, Ländern und Gemeinden – im Blickpunkt der Betrachtung.

Der Umfang der staatlichen Tätigkeit lässt sich zum einen anhand der absoluten Ausgaben und Einnahmenhöhe beschreiben. Meist wird jedoch die Relation der Ausgaben und Einnahmen zur gesamten Produktionstätigkeit in einer Volkswirtschaft ausgewiesen. Die Relation der Gesamtausgaben des Staates zum Bruttoinlandsprodukt wird als Staatsquote bezeichnet. Spezielle Staatsquoten beziehen nur bestimmte Ausgabearten ein. So verdeutlicht z.B. der Anteil der Realausgaben (Staatsverbrauch und Bruttoinvestitionen) am Bruttoinlandsprodukt, in welchem Ausmaß der Staat auf die Güterproduktion zugreift. Der Anteil der Steuereinnahmen des Staates am Bruttoinlandsprodukt ist die Steuerquote. Die Steuerquote umfasst aber nicht die gesamte Abgabenbelastung der Bürger, da neben den Steuern auch Sozialabgaben zu zahlen sind. Die Relation der Steuern einschließlich Sozialabgaben zum Bruttoinlandsprodukt wird als Abgabenquote bezeichnet. Die Finanzierungsquote ist als Relation des Finanzierungssaldos des Staates zum Bruttoinlandsprodukt definiert. Sie hat eine besondere Bedeutung als Konvergenzkriterium für den Eintritt in die Europäische Währungsunion (vgl. dazu Abschnitt 4.3).

Die längerfristige Entwicklung dieser Quoten in der Bundesrepublik ist in Abb. 3.2 dargestellt. Nachdem die Ausgaben- und Abgabenquote in den sechziger und siebziger Jahren deutlich angestiegen war, wurde in den achtziger Jahren versucht, den Staatsanteil am Bruttoinlandsprodukt zurückzuführen. Dieser Prozess konnte nach der Wiedervereinigung Deutschlands zunächst nicht fortgesetzt werden, wurde aber wegen der Forderung nach einer Haushaltskonsolidierung im Zusammenhang mit der Einführung der gemeinsamen Währung in Europa wieder vorangetrieben. Am Ende der neunziger Jahre wurde die Größenordnung der Quoten in etwa auf das Niveau zu Beginn der neunziger Jahre zurückgeführt.

Es gibt keine Begründung für eine „richtige" Höhe der staatlichen Quoten. Letztlich ist die Entscheidung darüber, in welchem Umfang der Staat in den Wirtschaftsprozess eingreifen soll, eine politische Entscheidung. Anhaltspunkte für diese Entscheidung ergeben sich aber aus den kurz- und langfristigen Wirkungen staatlicher Ausgaben, Einnahmen und der Verschuldung auf den Wirtschaftsprozess. Normalerweise steigt die Staatsquote in konjunkturellen Abschwungphasen, weil sich dann die Produktion und die Ausgaben des Staates gegenläufig entwickeln.

Im Folgenden werden zunächst die Ziele und die langfristige Entwicklung der staatlichen Ausgaben und Einnahmen erläutert. In diesem Zusammenhang wird auch diskutiert, wie die Steuereinnahmen auf Bund, Länder und Gemeinden verteilt werden und wie das Steuersystem gestaltet werden soll. Im Anschluss werden die Probleme der Staatsverschuldung dargestellt. Die kurz- und mittelfristigen Wirkungen der staatlichen Haushalte auf den Konjunkturverlauf werden ausführlicher im Abschnitt Stabilisierungspolitik (vgl. Abschnitt 3.4) behandelt. Abschließend werden die Probleme im Zusammenhang mit der sozialen Sicherung erläutert.

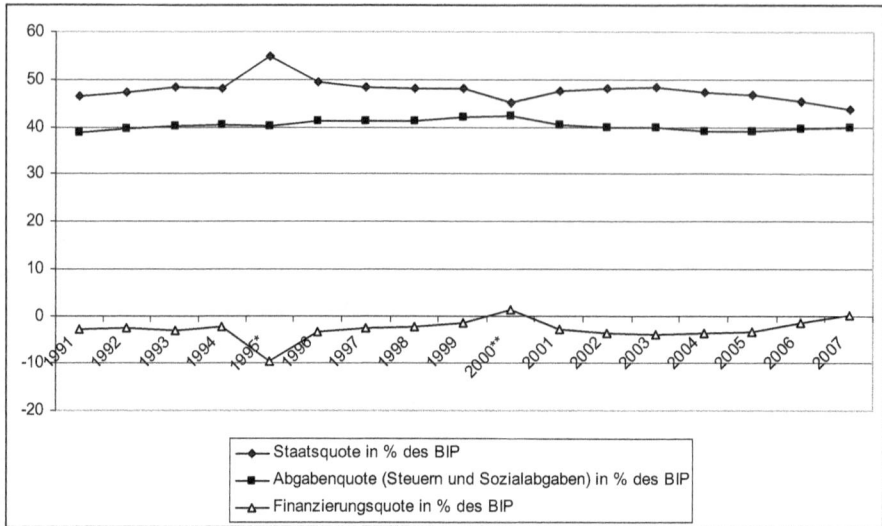

Abb. 3.1: Staats-, Abgaben- und Finanzierungsquote in der Bundesrepublik Deutschland (Datenquelle: SVR, (05/06), S.591 und SVR (07/08), S.557 sowie SVR (2008/09), S.521).

Mit den staatlichen Einnahmen und Ausgaben sollen wirtschaftspolitische Ziele erreicht werden. Das fiskalische Ziel besteht dabei darin, ausreichend hohe Einnahmen zu erzielen, um die staatlichen Aufgaben erfüllen zu können. Entscheidend ist, dass die Einnahmen sich so auf die Gebietskörperschaften (Bund, Länder und Gemeinden) verteilen, dass diese ihre jeweiligen Aufgaben erfüllen können. Grundsätzlich werden nach dem Grundgesetz die staatlichen Aufgaben von den Bundesländern wahrgenommen (Art. 30 GG), soweit das Grundgesetz keine andere Regelung trifft. Es gibt allerdings zunehmende Zentralisierungstendenzen, die durch die Verlagerung von Kompetenzen an die EU verstärkt werden.

Neben dem Angebot öffentlicher Güter bei Marktversagen oder zur Korrektur unerwünschter Marktergebnisse (Allokationsfunktion des Staates) korrigiert der Staat die Einkommensverteilung, die sich am Markt ergibt (Distributionsfunktion), und trägt durch die konjunkturgerechte Gestaltung seiner Einnahmen und Ausgaben dazu bei, dass die gesamtwirtschaftliche Nachfrage verstetigt wird (Stabilisierungsfunktion des Staates).

Ziele der staatlichen Finanzwirtschaft

fiskalisches Ziel
Einnahmeerzielung für die Aufgabenerfüllung

nicht-fiskalische Ziele
Allokation (Verhaltenslenkung)
Distribution (Umverteilung der
marktbestimmten Einkommen)
Stabilisierung (kurz-/mittelfristige
Verstetigung der gesamtwirtschaftli-
chen Nachfrage)

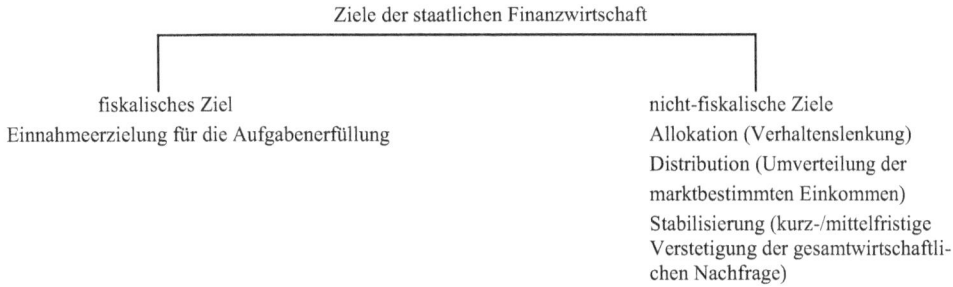

Übersicht 3.4: Ziele der staatlichen Finanzwirtschaft

Im Rahmen der Allokationsziels beeinflusst der Staat die Zusammensetzung des Güterangebots in den Fällen, in denen Marktmechanismus versagt oder zu unerwünschten Ergebnissen
führt. Im Einzelnen werden vier Fälle unterschieden:

* Angebot von spezifisch öffentlichen Gütern wegen Marktversagens
* Angebot von meritorischen Gütern aus außerökonomischen, häufig sozialpolitischen
  Überlegungen
* Beeinflussung des Güterangebots zur Korrektur externer Effekte
* Angebot von Gütern im Fall von Leitungsmonopolen.

Der Staat erstellt öffentliche Güter, deren Angebot im allgemeinen Interesse liegt, aber über
den Markt nicht oder nicht in ausreichendem Umfang zustande kommt. Bei den spezifisch
öffentlichen Gütern liegt tatsächliches Marktversagen vor. Private Anbieter sind nicht bereit
diese Güter zu erstellen, weil von ihrer Inanspruchnahme kein Konsument ausgeschlossen
werden kann – auch dann nicht, wenn er nicht bereit ist, einen Preis zu zahlen. Es ist also
nicht möglich, diese Güter gewinnbringend am Markt anzubieten. Im Gegensatz dazu liegt
bei meritorischen Gütern kein Marktversagen vor. Ein Ausschluss ist prinzipiell möglich, bei
privater Bereitstellung wäre aber das Angebot – gemessen an den gesellschaftlichen Bedürfnissen der Konsumenten zu gering (Unterversorgung). Im Zusammenhang mit dem Konsum
dieser Güter entsteht ein gesellschaftlicher Zusatznutzen (z.B. Bildungswesen), für den privaten Wirtschaftssubjekte individuell keinen Preis zahlen würden. Insofern spiegelt sich in
der Zahlungsbereitschaft der privaten Nachfrager dieser Zusatznutzen nicht wider.

Ein weiterer Grund für Eingriffe des Staates in das privat erstellte Güterangebot können
externe Effekte sein. In diesem Fall beeinflusst der Konsum oder die Produktion eines Gutes
andere Konsumenten oder Produzenten positiv oder negativ, ohne dass diese Wirkungen auf
unbeteiligte Dritte sich im Marktpreis widerspiegeln würden. Am Markt bilden sich Güterpreise und damit eine Angebots- und Nachfragestruktur, die den Ressourcenverbrauch nicht
vollständig widerspiegeln. In diesen Fällen strebt der Staat eine Korrektur des marktbestimmten Güterangebots an.

Als weiteres Argument für ein öffentliches Angebot werden so genannte Leitungsmonopole
angeführt. Die private Erstellung paralleler Leitungsnetze gilt als unwahrscheinlich, weil ein
privater Anbieter nicht die Nachfragemenge erreichen würde, die zur Auslastung der Lei-

tungskapazitäten erforderlich wäre. Andererseits wäre die parallele Bereitstellung durch verschiedene Anbieter volkswirtschaftlich gesehen eine Verschwendung. Daher wird in vielen Fällen ein staatliches Angebot befürwortet.

Auch Maßnahmen der regionalen und sektoralen Strukturpolitik verändern die Zusammensetzung des Güterangebots am Markt, auch sie gehören in den Rahmen der Allokationspolitik; ihre Wirkungen werden in Abschnitt 3.3 erörtert.

Darüber hinaus versucht der Staat Produktions- und Konsumstrukturen zu beeinflussen, wenn er z.B. bestimmte Güter steuerlich be- oder entlastet. Dies geschieht z.B. durch Lenkungssteuern wie Tabak, Alkohol- oder Energiesteuern. Die langfristige Entwicklung des Güterangebots steht im Blickpunkt, wenn versucht wird, staatliche Einnahmen und Ausgaben wachstumsfreundlich zu gestalten.

Distributive Maßnahmen des Staates verändern die Einkommensverteilung, die sich zunächst am Markt ergibt. Wird die am Markt entstandene Primärverteilung nicht als gerecht angesehen, versucht der Staat in vielen Fällen, die marktbestimmte Einkommensverteilung aus sozialen Gründen zu verändern (Sekundärverteilung). Es lassen sich 4 Bereiche staatlicher Umverteilungstätigkeit unterscheiden:

- Umverteilung im engeren Sinn: Korrektur der Markteinkommen aus sozialen Motiven, z.B. durch eine progressive Einkommensteuer oder Erbschaftssteuer sowie durch Transferzahlungen an einzelne private Haushalte, wie z.B. Kindergeld
- Maßnahmen zur Sicherung der Chancengleichheit: Angleichung der individuellen Bedingungen für die individuelle Entfaltung, Korrektur der Chancen, am Markt ein Einkommen zu erzielen (z.B. durch Bildungssysteme, Bafög)
- soziale Vorsorge: staatliche Eingriffe in Sozialversicherungssysteme mit dem Ziel der sozialen Daseinsvorsorge für Extremsituationen, die jeden unverschuldet treffen können, ohne dass eine individuelle Vorsorge möglich ist
- soziale Fürsorge: z.B. Grundsicherung im Alter und bei Erwerbsunfähigkeit für die, die aus eigener Kraft ihr Existenzminimum nicht sicherstellen können, d.h. nicht erwerbsfähig sind (SGB II)

Dabei wird in der politischen Diskussion immer wieder eine „gerechte" Gestaltung der staatlichen Maßnahmen, vor allem aber der Steuereinnahmen gefordert, wobei die Gerechtigkeitsvorstellungen verschiedener Personen bzw. Gruppen, die am Entscheidungsprozess beteiligt sind, durchaus voneinander abweichen können.

Nach Art. 109 GG müssen „Bund und Länder bei ihrer Haushaltswirtschaft den Erfordernissen des gesamtwirtschaftlichen Gleichgewichts Rechnung" tragen. Im Bereich der Stabilisierungspolitik versucht der Staat daher, die Produktionsentwicklung zu verstetigen, um Arbeitslosigkeit und Inflation zu vermeiden. Dazu dienen die kurz- und langfristige Gestaltung der Einnahmen und Ausgaben des Staates und andere Instrumente, die nicht immer haushaltswirksam sein müssen (vgl. Abschnitt 3.4).

Das Stabilitätsziel ist darüber hinaus im StWG von 1967 verankert. Der Staat soll durch seine Maßnahmen zur Bekämpfung von Arbeitslosigkeit und Inflation beitragen, das Wirtschaftswachstum fördern und zum außenwirtschaftlichen Gleichgewicht beitragen. Gleichzeitig strebt eine langfristig angelegte Finanzpolitik eine Haushaltskonsolidierung und Steuerreformen an, die Wachstumsspielräume für die Unternehmen eröffnen. Staatliche Einnahmen und Ausgaben zielen dann darauf ab, leistungsmindernde und damit wachstumshemmende Wirkungen der staatlichen Ausgaben und Einnahmen zu vermeiden.

Aus den angesprochenen öffentlichen Aufgaben resultieren Ausgaben, deren Finanzierung durch die Einnahmen der öffentlichen Hand gesichert werden muss. Dies gilt für Bund, Länder und Gemeinden. Die Ebene, die eine Aufgabe zugewiesen bekommt, muss auch ausreichende Mittel erhalten, damit sie diese Aufgaben erfüllen kann. Daher sollten sich die jeweiligen Einnahmearten parallel zum Ausgabenvolumen entwickeln. Schwanken z.B. bestimmte Ausgaben im Konjunkturverlauf, müsste die Finanzierungsquelle entsprechend elastisch sein. Dies ist allerdings nicht immer gesichert, wie sich anhand der Entwicklung der Ausgaben für Grundsicherung (im Alter und bei Erwerbsunfähigkeit) verdeutlichen lässt: Diese von den Gemeinden zu tragenden Ausgaben steigen typischerweise in der Rezession, die Einnahmen der Gemeinden gehen dann allerdings tendenziell zurück, so dass sich Finanzierungsengpässe ergeben.

3.2.2   Ausgaben des Staates

Öffentliche Ausgaben sind Zahlungen öffentlicher Kassen an private Empfänger oder andere öffentliche Einrichtungen (Bruttoausgaben). Werden die Zahlungen an andere Gebietskörperschaften nicht berücksichtigt, spricht man von den öffentlichen Nettoausgaben.

Es lassen sich verschiedene Arten öffentlicher Ausgaben unterscheiden.

- Realausgaben resultieren aus der staatlichen Inanspruchnahme von Gütern und Diensten. Dazu gehören Sach- und Personalausgaben bzw. öffentliche Konsumausgaben und öffentliche Investitionen.
- Transferausgaben sind Zahlungen an Private Wirtschaftssubjekte, die keinen Anspruch auf eine direkte Gegenleistung begründen. Dazu gehören Transferzahlungen an Private Haushalte – die Transfers im engeren Sinne – wie z.B. Wohn- und Kindergeld sowie Transferzahlungen an Unternehmen, die als Subventionen bezeichnet werden.
- Ausgaben werden auch im Zusammenhang mit dem öffentlichen Geld- und Kapitalverkehr getätigt. Hierzu gehören die Tilgung und die Verzinsung von Schulden sowie die Gewährung von Krediten.

Die wichtigste Ausgabengruppe sind die Realausgaben. In diesen Bereichen kann der Staat die Ausgaben allerdings nur im Rahmen gewisser Spielräume gestalten, wenn keine langfristigen Zahlungsverpflichtungen bestehen. Die Höhe der Personalausgaben oder die Zinsbelastung der öffentlichen Haushalte kann zumindest kurz- und mittelfristig kaum variiert werden. Diese Ausgaben stellen dauerhafte Belastungen der öffentlichen Haushalte dar; darüber hinaus ergeben sich auch aus vielen öffentlichen Investitionen Folgelasten (z.B. für den Erhalt der früher erstellten Infrastruktur), deren Höhe festgelegt ist. Diese Probleme stellen sich vor allem für die Haushalte der Länder und Gemeinden, die hohe Personalkostenanteile und Zinsbelastungen aufweisen.

In der Bundesrepublik ist seit Jahren ein mehr oder weniger kontinuierlicher Anstieg der Realausgaben zu verzeichnen. Diese Beobachtung wurde schon sehr viel früher mit mehr oder weniger zwingenden Entwicklungstendenzen erklärt, die auf wachsende Ansprüche an den Staat zurückgeführt werden. Adolph Wagner formulierte schon 1863 das „Gesetz" der wachsenden Staatsausgaben, in dem er behauptete, dass die Nachfrage nach Leistungen des Staates mit steigendem Entwicklungsstand eines Landes ansteigt. Beispielsweise nimmt die Notwendigkeit für Ausgaben für die Rechtspflege und das Polizeiwesen zu. Nach dem Brechtschen „Gesetz" nehmen die Staatsausgaben pro Einwohner mit steigender Bevölkerungsdichte zu. Begründet wird diese Aussage mit höheren Regelungserfordernissen in Verdichtungsgebieten mit vielen überörtlichen Institutionen bzw. Einrichtungen. Nach dem Popitzschen „Gesetz" wachsen in föderalen Staaten die Haushalte der übergeordneten Budgets, um einheitliche Regelungen und die Erfüllung überörtlicher Notwendigkeiten sicherstellen zu können.

Auch der Ausgabenanstieg in der Bundesrepublik Deutschland lässt sich zum Teil mit wachsenden Ansprüchen an die Staatstätigkeit erklären. Zusätzliche Staatsaufgaben ergeben sich, wenn mit steigendem Wohlstand die Anforderungen an den Staat – vor allem im Bereich der sozialen Leistungen – wachsen. Darüber hinaus erhöht der technische Fortschritt die Anforderungen an eine moderne haushalts- und unternehmensorientierte Infrastruktur (Telekommunikation, Kanalisation). Hinzu kam in den siebziger Jahren in verstärktem Maße eine antizyklische Gestaltung der öffentlichen Haushalte im Konjunkturverlauf: In der Rezession wurden die Staatsausgaben erhöht bzw. die Einnahmen gesenkt, um so die gesamtwirtschaftliche Nachfrage zu beleben. In den Aufschwung- bzw. Boomphasen wurden die Staatsausgaben jedoch nicht wieder eingeschränkt, weil dies unpopulär und politisch schwer durchsetzbar gewesen wäre. Diese asymmetrisch praktizierte antizyklische Globalsteuerung verstärkte die Tendenz zur Ausweitung der Staatsausgaben.

Die angesprochenen „Gesetze" zum langfristigen Anstieg der Staatsausgaben lassen sich auch aus der Sicht der ökonomischen Theorie der Bürokratie herleiten. Solange das Prestige und die Bedeutung einer Verwaltung sich aus der Größe ihres Etats ergibt und keine Anreize dazu bestehen, die Aufgaben der Verwaltung gemäß dem Rationalprinzip mit dem geringstmöglichen Mitteleinsatz zu erfüllen, wird die Tendenz bestehen, notfalls sogar unabhängig von der Bedeutung der Aufgaben die Budgets auszuweiten.

Die Staatsausgaben verändern das Güterangebot am Markt (Allokationsziel), und können dazu beitragen, dass diese Güter zu geringen Preisen bereitgestellt werden (Distributionsziel). Die stabilisierenden Wirkungen der Staatsausgaben im Wirtschaftsprozess wurden bereits im Rahmen der keynesianischen Analyse verdeutlicht: Die Staatsnachfrage kann über Multiplikatorprozesse zu einer höheren Auslastung der Produktionskapazitäten beitragen, wenn eine gesamtwirtschaftliche Nachfrageschwäche vorliegt. Dabei hängen die stabilisierenden Wirkungen von der Art der Staatsausgaben ab. Steigerungen der Ausgaben für Sachgüter und Dienste beleben die gesamtwirtschaftliche Nachfrage stärker als die Erhöhung von Transferzahlungen. Neben diesen kurzfristig stabilisierenden Wirkungen können von den staatlichen Ausgaben langfristig positive Wachstumswirkungen ausgehen, beispielsweise wenn öffentliche Infrastruktureinrichtungen bereitgestellt werden, die die Standortvoraussetzungen für private Unternehmen verbessern.

Staatliche Ausgaben stellen zwar eine wichtige Nachfragekomponente und tragen zur Auslastung der Kapazitäten bei; dabei können aber Probleme auftreten, die im Abschnitt 3.4
näher dargestellt werden. Unter langfristigen Aspekten wird häufig gefordert, die Staatsquote
zu senken, weil mit steigendem Staatsanteil der Einfluss des Staates auf den Wirtschaftsprozess zunimmt. Darin wird eine Einengung privater Handlungsmöglichkeiten gesehen. Insofern wird die Diskussion um die „richtige" Höhe der Staatsausgaben immer wieder neu geführt, wie die auch die Privatisierungsdiskussion zeigt.

3.2.3   Einnahmen des Staates

3.2.3.1   Einnahmearten

Typischerweise können staatliche Einrichtungen ihre Einnahmen hoheitlich erzielen. Da die
Einnahmen der öffentlichen Haushalte lediglich dazu dienen, die notwendigen Mittel zur
Finanzierung der öffentlichen Aufgaben bereitzustellen, waren die öffentlichen Haushalte
früher strikt dem Ziel des jährlichen Haushaltsausgleichs untergeordnet, d.h. die Einnahmen
sollten den laufenden Ausgabenbedarf des jeweiligen Haushaltsjahres decken. Wegen des
erheblichen Umfangs der öffentlichen Einnahmen lösen sie jedoch erhebliche Wirkungen auf
den Wirtschaftsprozess aus. Daher liegt es nahe, bei der Ausgestaltung der öffentlichen
Haushalte die genannten weitergehenden wirtschaftspolitischen Ziele zu verfolgen. Es lassen
sich verschiedene Formen staatlicher Einnahmen unterscheiden (Vgl. Übersicht 3.3)

Formen staatlicher Einnahmen			
Zwangsabgaben	Krediteinnahmen	Erwerbseinkünfte	Sonstige Einkünfte
Steuern	z.B. Emission von	Verkauf von Gütern durch	z.B. Buß-/Strafgelder
Gebühren	Wertpapieren	staatliche Unternehmen	Münzgewinn
Beiträge		Einkünfte aus Unternehmens-beteiligungen	
		Vermögensveräußerungen	

Übersicht 3.5: Formen staatlicher Einnahmen

Über 80% der staatlichen Einnahmen sind Steuern, also Zwangsabgaben an den Staat, die
keinen direkten Anspruch auf eine Gegenleistung begründen. Daneben erhebt der Staat Gebühren und Beiträge, also Zwangseinnahmen mit spezieller Gegenleistung. Gebühren werden
fällig bei Inanspruchnahme einer gebührenpflichtigen öffentlichen Einrichtung (z.B. Passge-
bühr), von der die Benutzer ausgeschlossen werden können, wenn sie die Gebühr nicht entrichten. Gebühren setzen demnach individuell zurechnender Leistungen des Staates voraus.
Beiträge werden unabhängig von der Inanspruchnahme fällig, wenn vermutet wird, dass der
Bürger einen Vorteil aus einer öffentlichen Einrichtung zieht (z.B. Anliegerbeiträge, Er-
schließungsbeiträge).

Darüber hinaus kann der Staat Einnahmen aus Unternehmensbeteiligungen (Erwerbseinkünfte) erzielen. Dabei handelt es sich um Einkünfte aus dem Verkauf von Gütern durch öffentli-

che Unternehmen, sowie um Miet- und Zinseinnahmen. Häufig versuchen die Gebietskörperschaften zudem, Einnahmen aus Vermögensveräußerungen zu erzielen. Als vorläufige Einnahme des Staates kann außerdem die staatliche Kreditaufnahme (vorläufige Einnahmen, außerordentliche Einnahmen) verstanden werden.

Eine weitere Besonderheit der öffentlichen Einnahmen besteht darin, dass sie nicht zweckgebunden erhoben werden (Non-Affectations-Prinzip). Vielmehr gilt das Prinzip der Gesamtdeckung: alle staatlichen Ausgaben werden aus der Gesamtheit aller Einnahmen finanziert.

Hoheitliche Einnahmen des Staates lassen sich nur mit Blick auf Aufgaben und Ausgaben des Staates rechtfertigen. Bei der Gestaltung der staatlichen Einnahmen – also im Wesentlichen des Steuersystems – muss im Einzelnen ein Weg gefunden werden,

- die richtige Gesamthöhe der öffentlichen Einnahmen zu bestimmen,
- eine allgemein akzeptierte Verteilung der Abgabenbelastung auf die verschiedenen Wirtschaftssubjekte (Personen bzw. Unternehmen) zu finden und
- die öffentlichen Einnahmen den einzelnen Gebietskörperschaften entsprechend ihrer Aufgabenbelastung zuzuordnen.

3.2.3.2   Steuersystem

Im Steuersystem wird geregelt, welchen Beitrag der einzelne Bürger zur Finanzierung öffentlicher Ausgaben beitragen soll. Anzustreben ist eine „gerechte Steuerverteilung" zwischen den einzelnen Wirtschaftssubjekten. Dies beinhaltet zunächst, dass die Steuer allgemein – niemand, der den Steuertatbestand erfüllt, bleibt steuerfrei – und gleich sein soll – alle Bürger, die sich in steuerlich gleicher Situation befinden, werden gleich behandelt.

Zur Konkretisierung des Begriffs der Steuergerechtigkeit gibt es zwei Ansätze. Nach dem Äquivalenzprinzip gilt die Steuerverteilung dann als gerecht, wenn jeder einzelne Bürger Steuern zahlt, die dem auf ihn entfallenden Anteil an den Staatsleistungen entspricht. Dieses Prinzip erfordert aber letztlich eine Zweckbindung der Einnahmen. Darüber hinaus setzt es zumindest grobe Kriterien dafür voraus, wem die öffentlichen Leistungen zugute kommen. Da bei öffentlichen Leistungen in vielen Fällen aber nicht feststeht, wer den Nutzen aus den Leistungen erzielt bzw. wer die Kosten verursacht, scheint das Prinzip gerade im öffentlichen Bereich häufig nicht anwendbar. Öffentliche Leistungen haben meist keinen Preis oder sollen – bei meritorischen Gütern – gerade nicht zu einem marktgemäßen Preis abgegeben werden. Genau das würde das Äquivalenzprinzip aber erfordern.

Das Leistungsfähigkeitsprinzip besagt, dass die dem Einzelnen zugemutete Steuerlast seiner individuellen Leistungsfähigkeit entsprechen soll. Mögliche Indikatoren für die Leistungsfähigkeit können Einkommen, Vermögen oder Konsum der Wirtschaftssubjekte sein. Steuern können also bei der Einkommensentstehung ansetzen (direkte Steuern) oder an der Einkommensverwendung (indirekte Steuern). Die Lohn- und Einkommensteuer ist eine direkte Steuer, d.h. sie wird bei der Einkommensentstehung erhoben. Bei der Einkommensteuer ist der Steuerschuldner der Arbeitnehmer. Er muss die Steuerlast auch tragen, weil er die Belastung nicht an andere weitergeben kann. Dies gilt, obwohl die Steuer vom Arbeitgeber abgeführt werden muss. Daneben gibt es indirekte Steuern wie z.B. die Mehrwertsteuer oder spezielle Verbrauchssteuern, die im Zusammenhang mit der Einkommensverwendung fällig werden.

Die Unterscheidung zwischen direkten und indirekten Steuern stellt auch auf die Frage ab, ob der Steuerschuldner wirtschaftlich gesehen die Last der Steuer trägt, oder ob die Steuer an andere weitergegeben (überwälzt) werden kann. Bei der Mehrwertsteuer müssen zwar die Unternehmen die Steuer an den Staat abführen; sie können aber versuchen, die Steuerbelastung ganz oder teilweise über den Preis an die Haushalte weiterzugeben. Ob dies gelingt ist von einer Reihe von Einflussgrößen abhängig, beispielsweise von der direkten Preiselastizität der Nachfrage und von der Marktsituation.

Aber selbst wenn das Einkommen oder der Konsum von Gütern ein guter Indikator der Leistungsfähigkeit ist, bleibt das Problem bestehen, zu entscheiden, wie sich unterschiedliche Leistungsfähigkeit in der Belastung niederschlagen soll. Dies lässt sich anhand der Einkommensteuer verdeutlichen: Zunächst sind Einkommensteile, die keine „Leistungsfähigkeit" darstellen, steuerfrei zu lassen. Mit dieser Überlegung lassen sich ein Grundfreibetrag (= Existenzminimum als Einkommensanteil, der kein Indikator für Leistungsfähigkeit darstellen soll) und die Abzugsmöglichkeit von außergewöhnlichen Belastungen bei der Ermittlung des zu versteuernden Einkommens rechtfertigen. Daneben muss die vertikale Differenzierung der Steuerlast festgelegt werden, d.h. es ist zu bestimmen, in welchem Ausmaß die wirtschaftliche Lage der Besteuerten sich in der Steuerpflicht niederschlagen soll. Nach den so genannten „Opfertheorien" sollen die von den einzelnen Wirtschaftssubjekten zu zahlenden Steuern von allen das gleiche Opfer verlangen: Einkommen stiftet Nutzen, der – nach dem ersten „Gossenschen Gesetz" – mit zunehmendem Einkommen sinkt. Ein gleiches Opfer für Bezieher hoher Einkommen würde demnach eine absolut höhere Steuerlast rechtfertigen. Dies ist jedoch umstritten, denn letztlich muss über die vertikale Differenzierung des Steuertarifs politisch bzw. normativ entschieden werden.

Steuerarten lassen sich anhand des Steuerobjekts, des Steuersubjekts, der Steuerschuldner und der Steuerbemessungsgrundlage unterscheiden. Als Steuerobjekt wird der Tatbestand bezeichnet, an den die Steuerpflicht anknüpft, z.B. Halten eines Kfz im Fall der Kfz-Steuer. Das Steuersubjekt ist der Steuerpflichtige, der die Steuer entrichten muss (z.B. der Halter des Fahrzeugs). Normalerweise stimmt der Steuerschuldner mit dem Steuerzahler überein, also mit demjenigen, der die Steuerzahlung durchführen muss. Bei der Lohnsteuer ist allerdings der Arbeitgeber der Steuerzahler, der Arbeitnehmer der Steuerschuldner.

Die Steuerbemessungsgrundlage B ist die in Geld- oder Mengeneinheiten ausgedrückte Größe, nach der die Steuerschuld T berechnet wird (z.B. Hubraum des KFZ in Verbindung mit umweltbezogenen Merkmalen des Fahrzeugs). Mit Hilfe des Steuertarifs lässt sich bei bekannter Ausprägung der Steuerbemessungsgrundlage die Steuerschuld ermitteln. Der Steuertarif gibt den funktionalen Zusammenhang zwischen Bemessungsgrundlage und der Steuerschuld an. Die Relation zwischen Steuerschuld und Bemessungsgrundlage lässt sich zum einen mit dem durchschnittlichen Steuersatz T/B beschreiben. Darüber hinaus spielt – vor allem in der Diskussion um die Einkommensteuer – der Grenzsteuersatz dT/dB eine große Rolle: Er gibt an, wie viel Steuern man zusätzlich entrichten muss, wenn die Bemessungsgrundlage um eine Einheit steigt.

Es lassen sich verschiedene Arten von Steuertarifen unterscheiden: Beim proportionalen Steuertarif wird die Steuer – unabhängig von der Größenordnung der Bemessungsgrundlage – mit einem konstanten Steuersatz berechnet (z.B. 19% Mehrwertsteuer) Die Steuerschuld T steigt proportional zur Bemessungsgrundlage B. Durchschnittssteuersatz T/B und Grenzsteuersatz dT/dB sind konstant und stimmen überein. Bei einem progressiven Tarif steigt mit steigender Bemessungsgrundlage die steuerliche Belastung (Steuerpflicht) stärker an, als die Bemessungsgrundlage, der Grenzsteuersatz steigt mit steigender Bemessungsgrundlage.

Bei einer Einkommensteuer mit progressivem Tarif erhöht sich der Relation zwischen der Steuerlast und dem zu versteuernden Einkommen mit steigendem Einkommen, d.h. Grenz und daher auch der Durchschnittssteuersatz nehmen mit wachsender Bemessungsgrundlage zu.

Bei direkter Progression wird bei steigendem Einkommen ein steigender Grenzsteuersatz angewendet. Bei indirekter Progression ergibt sich der steigende Durchschnittssteuersatz daraus, dass ein konstanter Steuersatz mit einem Freibetrag für niedrige Einkommen kombiniert wird (Grundfreibetrag).

Ein progressiver Einkommensteuertarif kann unterschiedlich begründet werden:

a) da „Reiche" eine niedrigere Konsumquote haben, sind sie relativ geringer durch indirekte Steuern belastet. Als Kompensation sollen sie bei den direkten Steuern überproportional belastet werden.
b) wer ein hohes Einkommen hat, ist „leistungsfähiger" als andere. Nach der Opfertheorie lässt sich der steigende Grenzsteuersatz auch damit begründen, dass mit steigendem Einkommen der Grenznutzen des Einkommens abnimmt, so dass ein gleiches Grenzopfer einen absolut höheren Steuerbetrag erfordert.

Bei einem degressiven Tarif nimmt mit wachsender Bemessungsgrundlage das Ausmaß der steuerlichen Belastung ab; der Durchschnittssteuersatz sinkt mit steigender Bemessungsgrundlage.

3.2.3.3   Steuersystem in der Bundesrepublik Deutschland

Der Tarif der Einkommensteuer ist in der Bundesrepublik im Einkommensteuergesetz geregelt. Der Tarif ist durch einen Grundfreibetrag und einen Progressionsbereich gekennzeichnet, in dem der Steuersatz ausgehend vom Eingangssteuersatz in zwei Zonen erst schnell und dann langsamer zunimmt bis er den Spitzensteuersatz erreicht hat (Vgl. Übersicht 3.4). Es wird also ein Grundfreibetrag mit steigendem Grenzsteuersatz kombiniert. Nach dem BVerfG-Urteil vom 25.9.1992 muss der Grundfreibetrag so hoch sein, dass gewährleistet ist, dass dem Steuerpflichtigen nach Erfüllung seiner Steuerpflicht mindestens ein Einkommen in Höhe der Grundsicherung bleibt. Dieses Urteil bringt zum Ausdruck, dass der Staat nur dann steuerlich auf das Einkommen seiner Bürger zugreifen kann, wenn es höher ist als dasjenige Einkommen, das benötigt wird, um eine menschenwürdige Existenz in dieser Gesellschaft zu sichern. Deshalb wird der Grundfreibetrag immer wieder erhöht und liegt 2010 bei 8.004 € für ledige Steuerzahler. Zugleich wurde der Spitzensteuersatz kontinuierlich gesenkt, aber auch die Einkommensgrenzen, auf die dieser Spitzensteuersatz angewendet wurde. Dies hat dazu geführt, dass ein größerer Anteil der Steuerzahler den Spitzensteuersatz zahlen muss.

Jahr	Grundfreibetrag	Eingangsteuersatz	Spitzensteuersatz
1975	1549 €	22%	56% 66478€
1990	2871 €	19%	53% 61377 €
2000	6902 €	22,9%	51% 58643 €
2007	7664 €	15%	42% bzw. 45% 52152 € bzw. 250001 €
2010	8004 €	14% ab 8005€	42 % bzw. 45% 52882 € bzw. 250731 €

Übersicht 3.6: Entwicklung des Einkommensteuertarifs in Deutschland
(Quelle: BMF (Hrsg.), Datensammlung zur Steuerpolitik, Ausgabe 2007, Neuauflage Juli 2008)

Bei der Beurteilung des Einkommensteuertarifs kommt es auch auf die Definition der Bemessungsgrundlage an. Bei der Einkommensteuer wird der Steuersatz auf das zu versteuernde Einkommen angewendet. Dieses Einkommen ist nicht mit dem Bruttoeinkommen identisch. Beispielsweise werden Werbungskosten oder Aufwendungen für die Fahrten zwischen Wohn- und Arbeitsort (Pendlerausgaben) abgezogen. Abzugsfähige Einkommensteile werden meist mit Rücksicht auf besondere Lebenssituationen festgelegt, die die Leistungsfähigkeit mindern. Beispielsweise sind berufsbedingte Ausgaben (Pendlerausgaben, Fachliteratur, Arbeitskleidung oder ein häusliches Arbeitszimmer) häufig erforderlich, um den Arbeitsplatz zu behalten. Insofern mindern Sie die Konsummöglichkeiten und können nicht als Indikator für Leistungsfähigkeit angesehen werden. Die Freistellung solcher Ausgabenkomponenten von der Steuerpflicht kann daher als „gerecht" angesehen werden, muss aber im Einzelnen begründet werden. Sie macht aber die Besteuerung intransparent und kompliziert, zumal die Freistellung einzelner Ausgabearten von der Steuerpflicht sofort die Forderung nach weiteren Steuerfreibeträgen nach sich zieht. In vielen Fällen machen sich Interessen- und Wählergruppen für solche Ausnahmen stark, die Einfluss auf politische Entscheidungen nehmen.

Um solchen „Begehrlichkeiten" konsequent entgegenzutreten hat der SVR in seinem Jahresgutachten 2003/04 (SVR (2003/04, Ziffer 533ff.) den Vorschlag einer synthetischen Einkommensteuer erörtert, bei der alle Einkommen nach einem einheitlichen Steuertarif besteuert werden, egal aus welcher Einkommensquelle sie stammen und wie sie verwendet werden. Beispielsweise wären demnach

- Lohneinkommen und gewerbliche Einkommen gleich zu behandeln,
- die Steuerfreiheit der Zuschläge für Nacht-, Sonntags- und Feiertagsarbeit wäre abzuschaffen, und
- ein Sparerfreibetrag wäre nicht zu rechtfertigen.

Der Vorteil einer konsequenten Entscheidung für eine solche Konzeption wäre darin zu sehen, dass Ausnahmeregelungen, die häufig von Interessengruppen durchgesetzt werden, nach einem einheitlichen Kriterium überprüft würden und damit eine größere Verlässlichkeit der Steuerpolitik erreicht werden könnte.

In Übersicht 3.7 sind die Einnahmen aus verschiedenen Steuerarten in Deutschland dargestellt. Die wichtigsten Einnahmequellen waren 2007 die Lohn- und veranlagte Einkommensteuer sowie die Mehrwertsteuer mit jeweils mehr als 30% der Steuereinnahmen (2007). Dabei ist der Anteil der Mehrwertsteuer in den letzten Jahren gestiegen, der Anteil der Lohn/Einkommensteuer deutlich zurückgegangen. Dies entspricht der Tendenz in anderen europäischen Ländern, in denen indirekte Steuern bedeutsamer sind als direkte. Die Entwicklung wurde nicht zuletzt auch in Deutschland durch Bestrebungen vorangetrieben, in Europa schrittweise die Steuersätze zu harmonisieren, auch wenn diese Bestrebungen bisher bei vielen Steuerarten lediglich zur Einigung auf Mindeststeuersätze geführt hat.

Kassenmäßige Steuereinnahmen 1991–2008 in Deutschland

	1991	1991	2008	2008
	Mio Euro	Anteil in %	Mio Euro	Anteil in %
Insgesamt	338 434	100	561 183	100
Lohnsteuer, Veranlagte Einkommensteuer	130 740	38,6	172 527	30,7
Körperschaftsteuer	16 217	4,8	21 986	3,9
Steuern vom Umsatz	91 866	27,1	178 674	31,8
Energiesteuern	24 167	7,1	40 274	7,2
Tabaksteuer	10 018	3,0	12 331	2,8
Versicherungsteuer	2 999	0,9	15 668	0,8
Erbschaftsteuer	1 347	0,4	4 255	0,8
Kraftfahrzeugsteuer	5 631	1,7	9 736	1,7
Gewerbesteuer	21 114	6,2	41 038	7,3

Übersicht 3.7: Entwicklung der Steuereinnahmen nach Steuerarten 1991–2008
(Quelle: SVR, Jahresgutachten 2009/10, Tab.21, S.372.)*

In Übersicht 3.8 sind die Merkmale wichtiger Steuerarten im Überblick dargestellt. Bei den meisten indirekten Steuern werden proportionale Tarife eingesetzt. Demgegenüber gibt es bei den meisten Einkommen-/Ertragsteuerarten keine durchgängigen Tarife.

Steuerart	Steuersubjekt	Steuerobjekt	Steuerbemessungsgrundlage	Steuertarif
Lohn-/Einkommensteuer	Einkommensempfänger, Steuerzahler ist der Arbeitgeber	Einkommensentstehung	zu versteuerndes Einkommen	kein durchgängiger Tarif, allerdings mit progressiven Teilen
Umsatzsteuer/ Mehrwertsteuer	Käufer, Steuerzahler ist der Verkäufer	Konsum von Gütern	Verkaufspreis	proportionaler Steuersatz
Mineralölsteuer	Käufer, Steuerzahler ist der Verkäufer	Mineralölverbrauch	Verkaufswert, mit gespaltenem Steuersatz je nach Benzinart	proportionaler Steuersatz
Gewerbesteuer	Gewerbetreibende	Gewerbeertrag	zu versteuernder Gewerbeertrag	kein durchgängiger Tarif
Körperschaftsteuer	Unternehmen mit eigener Rechtspersönlichkeit	Gewinne von Unternehmen	zu versteuernder Gewinn, differenziert nach einbehaltenen und nicht einbehaltenen Gewinnen	kein durchgängiger Tarif
KFZ-Steuer	Halter eines KFZ	Halten eines Fahrzeugs	Hubraum über 100 Kubikzentimeter und CO_2-Ausstoss über 120Gramm pro km	gespaltener Steuersatz je nach Fahrzeugart

Übersicht 3.8: Die wichtigsten deutschen Steuerarten im Überblick

In der Bundesrepublik besteht ein Mischsystem, bei dem die Ertragshoheit der unterschiedlichen Arten von Steuern den verschiedenen Ebenen von Gebietskörperschaften zustehen (Art. 106ff GG). Es gibt Bundessteuern, die ausschließlich dem Bund zustehen. Dabei handelt es sich im Wesentlichen um Verbrauchssteuern, soweit nicht anders geregelt (vgl. Übersicht 3.9). Das Aufkommen der Ländersteuern – z.B. Erbschaftsteuer und Verkehrssteuern, soweit sie nicht dem Bund oder Bund und Ländern gemeinsam zustehen – steht ausschließlich den Bundesländern zu. Gemeinschaftssteuern, die dem Bund und den Ländern nach festgelegten Verteilungsschlüsseln gemeinsam zustehen, sind die aufkommensstärksten Steuerarten, die Einkommensteuern, Körperschaftsteuern und Umsatzsteuern. Den Gemeinden stehen die Einnahmen aus der Grund- und Gewerbesteuer sowie aus örtlichen Verbrauch- und Aufwandssteuern zu (Gemeindesteuern). Um die unterschiedliche Ergiebigkeit der Steuereinnahmen und Aufkommensschwankungen der verschiedenen Steuerarten im Konjunktur- und Wachstumsprozess auszugleichen, gibt es darüber hinaus Regelungen, die Umverteilungen der Steuereinnahmen vorsehen. Diese Regelungen umfassen den vertikalen Finanzausgleich zwischen Bund, Ländern und Gemeinden sowie den horizontalen Finanzausgleich zwischen Gebietskörperschaften derselben Ebene. Beispielsweise erhalten die Gemeinden Umlagen aus den Einkommensteuer- und Mehrwertsteuereinnahmen, während Bund und Länder über Umlagen an den Gewerbesteuereinnahmen beteiligt werden. Die nachträgliche Korrektur der Einnahmen ist erforderlich, wenn zwischen den Gebietskörperschaften einer Ebene – also zwischen den Ländern oder den Gemeinden – unerwünschte Finanzkraftunterschiede auftreten, die es ihnen unmöglich machen, ihre Aufgaben zu erfüllen. Finanzkraftunterschiede bergen die Gefahr in sich, automatisch verstärkt zu werden, weil unterschiedliche Aufgabenerfüllung den „Wettbewerb der Regionen untereinander" – z.B. bei der Konkurrenz um die Ansiedlung von Unternehmen – verzerren kann. Art. 107 GG enthält daher Regelungen in

Hinblick auf nachträgliche Korrekturen der Steuereinnahmen. Diese durchaus auch kritisch zu sehenden Regelungen zum Finanzausgleich sollen hier nicht weiter erläutert werden.

Gemeinschaftssteuern (Bund und Länder)	ESt, KSt, MWSt, Gemeindeanteile bei ESt, MWST
Bundessteuern	Verbrauchsteuern (Mineralöl-, Tabaksteuer), Versicherungsteuer, Straßengüterverkehrssteuer, um Kapitalverkehrs-, Wechselsteuern, einmalige Vermögensabgaben, Ergänzungsabgaben zur Einkommen- und Körperschaftsteuer, Kfz-Steuern
Landessteuern	Erbschaftsteuer, Verkehrsteuern (z.B. Grunderwerbsteuer)
Gemeindesteuern	Gewerbesteuer, Grundsteuer, örtl. Verbrauchs-/Aufwandsteuern

Übersicht 3.9: Verteilung der Steuerarten auf die Gebietskörperschaften

3.2.3.4   Wirkungen, Grundsätze und Grenzen der Besteuerung

Neben der fiskalischen Zielsetzung sollen Steuern häufig auch dazu beitragen, andere wirtschaftspolitische Ziele zu erreichen. Im Bereich der Verbrauchssteuern (z.B. Besteuerung von Mineralöl, Tabakwaren oder Alkoholhaltigen Getränken) wird häufig angestrebt, Verhaltensweisen der privaten Wirtschaftssubjekte zu verändern (Lenkungssteuern). Verbrauchssteuern wirken wie eine Kostensteigerung, erhöhen daher die Verkaufspreise und können – preiselastische Nachfrage vorausgesetzt – die Nachfrage nach den entsprechenden Gütern einschränken.

Soll beispielsweise eine Alkoholsteuer erhoben werden, um den Alkoholkonsum zu verringern, muss diese Steuer so ausgestaltet werden, dass die gewünschten Lenkungswirkungen eintreten. In vielen Fällen besteht allerdings ein Widerspruch zwischen dem Lenkungsziel und dem fiskalischen Ziel: Wenn das Steuerziel erreicht wird – also der Verbrauch alkoholischer Getränke wegen der steuerlich bedingten Preiserhöhung zurückgeht, kann der Mengeneffekt das fiskalische Ziel der Einnahmeerhöhung beeinträchtigen. Insofern muss entschieden werden, welches Ziel Vorrang haben soll. Darüber hinaus müssen die Lenkungswirkungen der Steuer bei unterschiedlicher Ausgestaltung bekannt und vorhersehbar sein.

Daneben beeinflusst das Steuersystem die Verteilung und wirkt auf die gesamtwirtschaftliche Nachfrage, auf Wachstum und Beschäftigung sowie auf die Wirtschaftsstruktur. Diese Wirkungen müssen bei der Ausgestaltung des Steuersystems beachtet werden, auch um die Akzeptanz der Besteuerung zu sichern.

In diesem Zusammenhang lassen sich Grundsätze der Besteuerung formulieren, die Kriterien für ein akzeptables Steuersystem beinhalten. Nach den fiskalisch-budgetären Grundsätzen soll das Steueraufkommen ausreichend sein. Darüber hinaus ist es erforderlich, dass – bei Aufgaben- oder Bedarfsänderungen – die Steuereinnahmen entsprechend gesteigert werden können, damit die Aufgaben der Gebietskörperschaften erfüllt werden können.

Den wirtschaftspolitischen Grundsätzen zufolge soll die Besteuerung entweder automatisch oder durch entsprechende Entscheidungen im Einzelfall an stabilitätspolitische Erfordernisse angepasst werden können. Sie soll außerdem langfristig nicht wachstumshemmend wirken und den Wettbewerb der Besteuerten untereinander nicht verzerren (Steuerneutralität). Beispielsweise wird der Wettbewerb zwischen konkurrierenden Unternehmen verzerrt, wenn die Besteuerung von der Rechtsform der Unternehmen abhängt. Insofern wäre es wünschenswert, wenn die Einkommens- und Unternehmensbesteuerung weitgehend angeglichen werden könnte.

Darüber hinaus sollten Steuern widerspruchsfrei, transparent (verständlich und eindeutig) und stetig erhoben werden. Dies würde dazu beitragen, dass sowohl für den Staat als auch für die Steuerzahler die Besteuerung praktikabel ist, also wirtschaftliche erhoben wird, damit den Steuerpflichtigen keine allzu hohen (Informations-)kosten auferlegt werden (steuertechnische Grundsätze).

Nach den ethisch-sozialpolitischen Grundsätzen sollen Steuern allgemein, gleichmäßig und verhältnismäßig erhoben werden, d.h. alle Personen mit gleicher Leistungsfähigkeit sollen gleich und entsprechend ihrer „Leistungsfähigkeit" besteuert werden. Ein Steuersystem löst umso weniger Widerstand der Betroffenen aus, je transparenter es ist. Außerdem sollte es widerspruchsfrei und systemkonform sein.

Grenzen der Besteuerung ergeben sich aus den Reaktionen der besteuerten Wirtschaftssubjekte. Grundsätzlich ist davon auszugehen, dass Haushalte und Unternehmen versuchen, die Steuerzahlung zu vermeiden. Neben dem Ausweichen in die Schattenwirtschaft ist z.B. bei der Besteuerung von Zinseinnahmen die Steuerflucht denkbar. Dabei legen Wirtschaftssubjekte ihr Geld im Ausland an, um der Besteuerung im Inland auszuweichen. Neben diesen illegalen Formen der Steuerhinterziehung (falsche Steuererklärung, Schwarzarbeit) gibt es weitere Möglichkeiten Steuerzahlungen zu umgehen, indem versucht wird, den Tatbestand, an den die Steuerpflicht anknüpft, zu vermeiden (Steuervermeidung). Beispielsweise können Unternehmen ihre Steuerbelastung senken, indem sie ihre Rechtsform ändern oder ihr Unternehmen ins Ausland verlagern, wenn dort unternehmensfreundlichere steuerliche Regelungen gelten.

Eine andere Form, der Besteuerung auszuweichen, besteht in dem Versuch, die Steuern zu überwälzen. Bei der Steuerüberwälzung versucht der Steuerpflichtige, die Steuerlast an andere Wirtschaftssubjekte weiterzugeben. Bei den indirekten Steuern kann dies gelingen, wenn der Verkäufer die Belastung durch indirekte Steuern an den Käufer verlagern kann. Ob dies durchsetzbar ist, hängt unter anderem von der Marktform und von der Preiselastizität der Nachfrage nach dem besteuerten Gut ab. Bei direkten Steuern ist eine Überwälzung ebenfalls denkbar, wenn z.B. Arbeitnehmer bei steigender Einkommensteuerlast in Tarifverhandlungen Nettolohnerhöhungen durchsetzen können.

Häufig wird die Gefahr der Steuervermeidung im Zusammenhang mit der Einkommensteuer diskutiert. Demnach versuchen die Wirtschaftssubjekte einer hohen Einkommensbesteuerung zu entgehen, indem sie weniger arbeiten. Die Leistungsbereitschaft sinkt. Dabei stehen – vor allem bei internationalen Vergleichen – häufig die Spitzensteuersätze im Blickpunkt, von denen eine gewisse Signalwirkung ausgeht, obwohl die tatsächliche Steuerlast natürlich auch von der Definition der Steuerbemessungsgrundlage abhängt.

Der Zusammenhang zwischen Steuersatz und Steueraufkommen lässt sich anhand der Laffer-Kurve darstellen (vgl. Abb. 3.2). Dabei wird unterstellt, dass die Leistungsbereitschaft und damit auch die Steuereinnahmen des Staates zurückgehen, wenn ein bestimmter Steuersatz überschritten wird. Senkungen der Steuersätze können in diesem Fall höhere absolute Steuereinnahmen auslösen. Allerdings besteht das Problem darin, dass der Steuersatz, der ein maximales Steueraufkommen ermöglicht, nicht bekannt ist; insbesondere kann normalerweise nicht festgestellt werden, ob der Steuersatz, bei dem eine weitere Erhöhung zu einer Senkung des Steueraufkommens führen würde bereits erreicht oder überschritten ist.

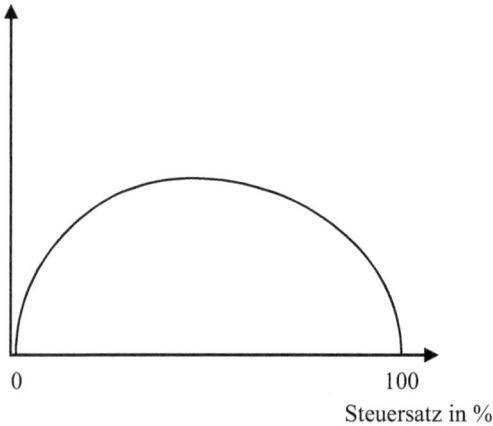

0   100
                     Steuersatz in %

Abb. 3.2: Laffer-Kurve

Die Laffer-Kurve stellt einen möglichen Zusammenhang zwischen der Höhe der Steuereinnahmen, die vom Ausmaß des Steuerwiderstands abhängen, und dem Steuersatz dar. Sie soll verdeutlichen, dass die Steuereinnahmen möglicherweise mit steigendem Steuersatz zunächst steigen und dann ein Maximum erreichen. Setzt man den Steuersatz weiter hinauf, hat die hohe Besteuerung leistungsmindernde Wirkungen. Trotz des höheren Steuersatzes gehen die Steuereinnahmen irgendwann absolut gesehen zurück. Im Extremfall vermeiden die Wirtschaftssubjekte vollständig, das Merkmal zu erfüllen, an dem die Steuerpflicht anknüpft. Überschreitet z.B. die Abgabenhöhe einen bestimmten Einkommensanteil, wird kein offizielles Beschäftigungsverhältnis eingegangen. Allerdings wird diese „Vermeidungsstrategie" nicht nur durch die Einkommensbesteuerung sondern auch durch die hohen Sozialabgaben ausgelöst. Der behauptete Zusammenhang konnte aber bisher empirisch nicht belegt werden. Letztlich ergibt sich aus dieser Diskussion die Forderung, dass die Besteuerung so ausgestaltet sein sollte, dass sie – schlagwortartig formuliert – die Investitions- und Leistungsbereitschaft nicht wesentlich beeinträchtigt.

3.2.4   Staatsverschuldung

Staatsverschuldung entsteht, wenn Staatsausgaben durch Kredite finanziert werden. Zu unterscheiden sind die Gesamtverschuldung des Staates, die sich über Jahre hinweg „aufbauen" kann und das Defizit im aktuellen Haushaltsjahr. Kurzfristige Haushaltsdefizite können sich z.B. ergeben, wenn die Zeitpunkte von Einnahmen und Ausgaben auseinander fallen, also eine kurzfristige Überbrückung erforderlich ist. In diesem Fall werden Kassenverstärkungs-kredite aufgenommen, die nicht zu einem dauerhaften Anstieg der Verschuldung des Staates führen. Diese Kredite dienen lediglich kurzfristig zur Sicherung der Zahlungsfähigkeit der Gebietskörperschaften.

Im Rahmen der stabilitätspolitischen Konzeption der antizyklischen Globalsteuerung (vgl. dazu Abschnitt 3.4) wird die gesamtwirtschaftliche Nachfrage durch höhere öffentliche Aus-gaben belebt, die während der Rezessionsphasen über Kredite finanziert werden. Diese Form der Staatsverschuldung – das so genannte deficit-spending – soll zeitlich befristet sein. In Rezessionsphasen dient die staatliche Verschuldung der konjunkturellen Belebung. In Boomphasen, wenn eine Erhöhung der gesamtwirtschaftlichen Nachfrage durch den Staat zur Auslastung der vorhandenen Produktionskapazitäten nicht erforderlich ist, soll das in der Rezession entstandenen Haushaltsdefizit wieder abgebaut werden. Diese Form der Verschul-dung führt zwar zu einer Abweichung vom Prinzip des jährlichen Haushaltsausgleichs, lässt aber streng genommen keinen dauerhaften Anstieg der Staatsverschuldung zu, sofern die Regel des Haushaltsausgleichs über den Konjunkturzyklus hinweg beachtet wird.

Eine Verschuldung, die langfristig über den Konjunkturzyklus hinweg andauert, wird als strukturell bezeichnet. Langfristig anhaltende Finanzierungslücken in den öffentlichen Haus-halten entstehen, wenn die Staatsausgaben die Einnahmen dauerhaft übersteigen. In vielen Fällen handelt es sich um dauerhafte Diskrepanzen, die entstehen, wenn der Staat zusätzliche Ausgaben übernimmt ohne an anderer Stelle seine Ausgaben zu kürzen bzw. die Einnahmen zu erhöhen. Strukturelle Verschuldung ist vor allem dann schwer zu beseitigen, wenn ein großer Teil der Ausgaben aus langfristig eingegangenen Zahlungsverpflichtungen (Zinszah-lungen, Personalausgaben) resultiert. Aber auch bei anderen Ausgabearten lösen Senkungen – ebenso wie Einnahmeerhöhungen –meist in erheblichem Maße politische Widerstände aus und sind daher schwer durchzusetzen.

Der Umfang der zulässigen Staatsverschuldung ist im Grundgesetz geregelt. Ursprünglich war nach Art. 115 GG eine Kreditaufnahme des Bundes in der Höhe zulässig, wie im Haus-haltsplan Investitionen veranschlagt waren. Bei investiven Ausgaben lässt sich eine Kreditfi-nanzierung begründen: Zum einen kann bei einer kreditfinanzierten Investition die Finanzie-rungslast über einen längeren Zeitraum verteilt werden, der möglicherweise dem Nutzungs-zeitraum weitgehend entspricht. Gerade staatliche Investitionen (Straßen, Verwaltungsge-bäude, Bildungseinrichtungen) werden teilweise über sehr lange Zeiträume genutzt, so dass viele Bürger in den Genuss dieser Einrichtungen kommen. Es scheint nach dem Äquivalenz-prinzip gerechtfertigt, auch die Finanzierungslast auf die potentiellen Nutznießer der staatli-chen Leistungen zu verteilen. Dies gilt insbesondere bei sehr langen Nutzungsdauern, weil dann eine intergenerative Umverteilung (Nutzung in der Zukunft – Finanzierung nur in der Gegenwart) vermieden wird. Konsumtive Ausgaben des Staates sollten dagegen nicht kredit-finanziert werden, weil diese Leistungen des Staates den künftigen Zahlern nicht mehr zur Verfügung stehen. Zum anderen kann Kreditfinanzierung gerechtfertigt sein, wenn eine öffentliche Investition betriebswirtschaftlich rentabel ist, d.h. wenn Zinsen und Rückzahlung der kreditfinanzierten Ausgaben aus investitionsbedingten Rückflüssen erfolgen könnten. Dieses Kriterium ist aber bei vielen öffentlichen Investitionen gerade nicht erfüllt, weil öffentliche Investitionen in vielen Fällen nicht zu Rückflüssen führen. Sie gelten als Vorleistung für private Investitionen, die zwar einen Beitrag zum gesamtwirtschaftlichen Wachstum leisten, aber die Einnahmen des Staates nicht in zurechenbarer Form erhöhen.

Diese Überlegungen gehen auch in die Definition des strukturellen Defizits mit ein: Als strukturelles Defizit wird der Teil der öffentlichen Verschuldung verstanden, der sich ergibt, wenn man von der Gesamtverschuldung die konjunkturell bedingte und die investitionsbedingte Verschuldung abzieht. Demnach wäre auch in einer konjunkturellen Normalsituation, in der staatliche Verschuldung nicht mit der Notwendigkeit eines defizit-spendings begründet werden kann, eine investitionsbedingte Verschuldung akzeptabel.

Eine Ausnahmeklausel zum Art. 115 GG besagte allerdings, dass bei einer Bedrohung des gesamtwirtschaftlichen Gleichgewichts weitergehende Verschuldungsmöglichkeiten bestanden.

Die ursprüngliche Regelung des Art. 115 GG war problematisch, weil sie nur die aktuelle Verschuldung begrenzte. Werden Jahr für Jahr hohe Investitionen getätigt, ist jedes Jahr ein Finanzierungsdefizit zulässig und der Schuldenstand steigt jedes Jahr weiter an. Zudem bereitete die Unterscheidung zwischen investiven und konsumtiven Ausgaben des Staates Schwierigkeiten. Trotz der Regelungen des Art. 115 ist daher der Schuldenstand von Bund, Ländern und Gemeinden erheblich gestiegen.

Daher forderte das Bundesverfassungsgericht den Gesetzgeber im Juli 2007 auf, die Staatsverschuldung wirksam zu begrenzen. Im Jahr 2009 wurde der Artikel 115 des Grundgesetzes geändert. Nach der neuen Regelung (Schuldenbremse), die nach einer Übergangzeit gelten soll, sind die Ausgaben des Bundes und der Länder (ab 2020) grundsätzlich ohne Kreditaufnahme durch Einnahmen zu decken, d.h. dass das Haushaltsdefizit des Bundes 0,35% des BIP nicht überschreiten darf. Als Ausnahmen gelten aber weiterhin Notlagen wie Naturkatastrophen und konjunkturelle Krisen, in denen eine höhere Verschuldung zulässig ist, wenn ein verbindlicher Tilgungsplan aufgestellt wird. Nach wie vor sieht auch das StWG vor, dass Bund und Länder in Rezessionen kreditfinanzierte Ausgaben tätigen können (vgl. Abschnitt 3.4).

Art 115 Grundgesetz, in der Fassung vom 14.6.2009

(1) Die Aufnahme von Krediten sowie die Übernahme von Bürgschaften, Garantien oder sonstigen Gewährleistungen, die zu Ausgaben in künftigen Rechnungsjahren führen können, bedürfen einer der Höhe nach bestimmten oder bestimmbaren Ermächtigung durch Bundesgesetz.

(2) Einnahmen und Ausgaben sind grundsätzlich ohne Einnahmen aus Krediten auszugleichen. Diesem Grundsatz ist entsprochen, wenn die Einnahmen aus Krediten 0,35 vom Hundert im Verhältnis zum nominalen Bruttoinlandsprodukt nicht überschreiten. Zusätzlich sind bei einer von der Normallage abweichenden konjunkturellen Entwicklung die Auswirkungen auf den Haushalt im Auf und Abschwung symmetrisch zu berücksichtigen. Abweichungen der tatsächlichen Kreditaufnahme von der nach den Sätzen 1 bis 3 zulässigen Kreditobergrenze werden auf einem Kontrollkonto erfasst; Belastungen, die den Schwellenwert von 1,5 vom Hundert im Verhältnis zum nominalen Bruttoinlandsprodukt überschreiten, sind konjunkturgerecht zurückzuführen. Näheres, insbesondere die Bereinigung der Einnahmen und Ausgaben um finanzielle Transaktionen und das Verfahren zur Berechnung der Obergrenze der jährlichen Nettokreditaufnahme unter Berücksichtigung der konjunkturellen Entwicklung auf der Grundlage eines Konjunkturbereinigungsverfahrens sowie die Kontrolle und den Ausgleich von Abweichungen der tatsächlichen Kreditaufnahme von der Regelgrenze, regelt ein Bundesgesetz. Im Falle von Naturkatastrophen oder außergewöhnlichen Notsituationen, die sich der Kontrolle des Staates entziehen und die staatliche Finanzlage erheblich beeinträchtigen, können diese Kreditobergrenzen auf Grund eines Beschlusses der Mehrheit der Mitglieder des Bundestages überschritten werden. Der Beschluss ist mit einem Tilgungsplan zu verbinden. Die Rückführung der nach Satz 6 aufgenommenen Kredite hat binnen eines angemessenen Zeitraumes zu erfolgen.

Diese Neuregelung ist allerdings umstritten. Die Schuldenbremse engt die Möglichkeiten von Bund und Ländern ein, durch ihre Ausgabengestaltung zur makroökonomischen Stabilisierung beizutragen. Zudem ist zu befürchten, dass vor allem öffentlichen Investitionen gekürzt werden müssen. Dies könnte negative Wachstumseffekte mit sich bringen. Eine Gruppe von Ökonomen schlägt daher ein Konzept zur „zukunftsfähigen Finanzpolitik" vor, die auf eine verbindliche Finanzplanung zur mittelfristigen Senkung der Schuldenstandsquote setzt. In der Entwicklung der öffentlichen Verschuldung in Deutschland lassen sich im Wesentlichen vier Phasen unterscheiden. Während in der Wiederaufbauphase in den fünfziger und Anfang der sechziger Jahre nur eine geringe Verschuldung bestand, setzte 1973/74 ein deutlicher Anstieg der Verschuldung ein. In der dritten Phase (etwa 1982–1989) dominierte der Versuch, den Anstieg der Verschuldung zu begrenzen bzw. die Verschuldung sogar allmählich zu verringern. In den neunziger Jahren war allerdings erneut ein abrupter Anstieg der Verschuldung zu beobachten, der zu einem erheblichen Teil auf die mit der Wiedervereinigung verbundenen ökonomischen Probleme zurückzuführen ist. Ende 2007 betrug der Schuldenstand der öffentlichen Haushalte 1.553,1 Mrd. €. Dies entspricht rund 18.800 €/Einwohner.

In den dargestellten Phasen kommen unterschiedliche Ursachen einer steigenden Staatsverschuldung zum Ausdruck:

- Generell ist es schwierig, Steuererhöhungen bzw. Ausgabenkürzungen durchzusetzen. Dies gilt vor allem in föderalen Staaten, in denen in kurzen zeitlichen Abständen Wahlen in den verschiedenen Gebietskörperschaften stattfinden. Unpopuläre Maßnahmen reduzieren die Wiederwahlchancen der Politiker, die daher immer wieder die erforderlichen Entscheidungen zur Begrenzung der Staatsverschuldung hinauszögern.
- Außerdem ist der Handlungsspielraum für Ausgabenkürzungen gering, weil viele Ausgaben auf gesetzlichen Grundlagen beruhen und kurzfristig kaum gestaltbar sind. Neben den Personalausgaben und dem Schuldendienst (Zins und Tilgung) gilt das auch für eine Reihe von Ausgaben im Sozialbereich, die weitgehend gesetzlich geregelt sind. Diese langfristige Festlegung ist vor allem dann problematisch, wenn es sich nicht um investive Ausgaben handelt.
- Zum Anstieg der staatlichen Verschuldung trägt auch bei, wenn die Ansprüche an den Staat immer mehr wachsen. Dazu gehört unter anderem auch die Vorstellung, der Staat müsse langfristig durch eine Vielzahl von Fördermaßnahmen Wachstumsimpulse (Innovations- und Forschungsförderung, Existenzgründungshilfen, Investitionsförderung etc) geben und durch Subventionen den Strukturwandel beeinflussen (vgl. dazu auch Kapitel 3.3).

Es gibt allerdings ökonomische Grenzen der Verschuldung. Eine steigende Verschuldung bedeutet, dass ein wachsender Teil der staatlichen Einnahmen für den Schuldendienst (Zins und Tilgung der Kredite) verwendet werden muss. Dies führt dazu, dass die öffentlichen Haushalte in immer stärkerem Umfang festgelegt sind und keine Finanzierungsspielräume für neue staatliche Aufgabenbereiche mehr lassen. Die Möglichkeit investive Ausgaben zu tätigen oder staatliche Ausgaben konjunkturgerecht zu gestalten nimmt mit wachsender Verschuldung ab, so dass die Handlungsfähigkeit des Staates eingeschränkt wird. Während in Deutschland 1980 knapp 11% der Ausgaben von Bund, Ländern und Gemeinden für Zinsen und Schuldendienst verausgabt werden mussten, waren es 2006 bereits 35,2% (vgl. Dietz, Otto, Indikatoren zur Beurteilung der Leistungsfähigkeit öffentlicher Haushalte, in: Wirtschaft und Statistik, 10/2008, S.862).

Darüber hinaus können mit wachsender Staatsverschuldung Crowding-Out-Effekte zunehmen (vgl. dazu Abschnitt 2.2). Es besteht die Gefahr, dass die staatliche Kreditnachfrage die Zinsen am Kapitalmarkt erhöht, so dass private Kreditnachfrager verdrängt werden. In dem Maße, in dem kreditfinanzierte private Investitionen unterbleiben, treten Wachstumseinbußen auf, die durch die kreditfinanzierten staatlichen Ausgaben nur ausgeglichen werden könnten, wenn der Staat investive Ausgaben finanziert, die ähnliche hohe Wachstumsbeiträge leisten wie private Investitionen. Es ist allerdings umstritten, in welchen Ausgangssituationen und in welchem Umfang der Crowding-Out-Effekt bei international freiem Kapitalverkehr auftritt.

Ein Ziel weiterer Reformen der Finanzpolitik ist es daher, die Staatsausgaben so umzustrukturieren, dass die Neuverschuldung begrenzt und der Schuldenabbau forciert wird. Generell ist das nur möglich durch Ausgabenkürzungen und /oder höhere Einnahmen (Steuererhöhungen). Als Wege zur Ausgabenkürzung werden verschiedene Maßnahmen diskutiert, die im Einzelnen allerdings umstritten und schwer durchsetzbar sind. Unter anderem soll geprüft werden, ob nicht in einigen Bereichen staatliche Leistungsangebote durch effizientere private Angebote ersetzt werden können (Privatisierungen) bzw. öffentliche Leistungen nicht durch private Vorleistungen verbilligt werden können. Diskutiert werden auch Möglichkeiten des Subventionsabbaus (vgl. Abschnitt 3.3). Darüber hinaus könnte eine qualitative Konsolidierung der öffentlichen Haushalte, d.h. eine Senkung der konsumtiven Staatsausgaben zugunsten öffentlicher Investitionen hilfreich sein. Darüber hinaus wird immer wieder ein Abbau von Transferzahlungen zur Reduzierung der Staatsausgaben gefordert.

Zum anderen wird angestrebt, die Rahmenbedingungen für Wachstum und Beschäftigung zu verbessern, weil höheres Wachstum quasi automatisch höhere Steuereinnahmen ermöglicht, da die Erträge aus den meisten Steuerarten stark wachstumsabhängig sind. Eine solche Wachstumsbelebung wird unter anderem auch von einer Vereinfachung des Steuersystems erwartet. Beispielsweise könnte bei der Einkommensteuer eine Senkung des Spitzensteuersatzes bei gleichzeitiger Ausweitung der Bemessungsgrundlage möglich und leistungsstimulierend sein. Die Bemessungsgrundlage würde verbreitert, wenn Ausnahmetatbestände (Pendlerpauschale, Werbungskosten usw.) abgeschafft würden. Gleichzeitig wäre die Berechnung der individuellen Steuerlast einfacher und die Besteuerung möglicherweise auch gleichmäßiger. Trotzdem könnte dies im Einzelfall eine Verletzung des Prinzips der Leistungsfähigkeit darstellen, wenn nämlich zu Recht Einkommensteile von der Besteuerung ausgenommen werden. Bei allen Überlegungen zu weiteren Steuerreformen ist jedoch zu beachten, dass im Zuge des Europäischen Einigungsprozesses bei einer Reihe von Steuern europäische Harmonisierungsbestrebungen bestehen.

3.2.5   Soziale Sicherung

3.2.5.1   Merkmale der gesetzlichen Sozialversicherungen

Zu den staatlichen Aufgaben gehört die existentielle Sicherung bei Problemlagen für die einzelne Wirtschaftssubjekte nicht selbst vorsorgen können. Diese Aufgabe ergibt sich nicht nur aus dem Grundrecht auf Menschenwürde (Art. 1 GG) sondern auch aus dem Sozialstaatsgebot des Art. 19 GG und aus der entsprechenden Regelung im deutschen Einigungsvertrag von 1991. Keine dieser Regelungen enthält allerdings eine Aussage darüber, wie diese Absicherung erreicht werden und welchen Umfang sie haben soll. Soziale Sicherungssysteme können staatliche Einnahmen und Ausgaben direkt und indirekt berühren. Die soziale Absicherung in Notlagen kann generell auf verschiedene Weise erreicht werden.

Bei der Eigenvorsorge durch Sparen oder durch beitragsfinanzierte private Versicherungen muss jedes Wirtschaftssubjekt bzw. jeder Haushalt selbst ein ausreichend hohes Einkommen haben, um diese Vorsorge zu finanzieren. Nach dem Subsidiaritätsprinzip ist das zumutbar, solange das eigene Einkommen dazu ausreicht. Erst wenn die private Vorsorge nicht finanzierbar ist – also bei Risiken, die im Schadensfall zu hohe Aufwendungen erfordern würden – oder für Bezieher unterer und mittlerer Einkommen werden kollektive Sicherungssysteme benötigt. Dabei kann es sich um Sozialversicherungen handeln oder um steuerfinanzierte Transferzahlungen. In Deutschland gibt es fünf verschiedene Sozialversicherungssysteme, die als Pflichtversicherungen ausgestaltet sind. Dazu gehören die

- Arbeitslosenversicherung (ALV)
- gesetzliche Krankenversicherung (GKV)
- gesetzliche Pflegeversicherung
- gesetzliche Unfallversicherung
- gesetzliche Rentenversicherung (GRV)

Alle sozialversicherungspflichtig Beschäftigten – abhängig Beschäftigte mit einer regelmäßigen Arbeitszeit, die die Hälfte der tariflichen Arbeitszeit überschreitet – sind in den gesetzlichen Sicherungssystemen Pflichtmitglied; sie zahlen einkommensabhängige Beiträge, die überwiegend paritätisch von Arbeitnehmer und Arbeitgeber zu zahlen sind. Insgesamt addieren sich die Arbeitgeber- und Arbeitnehmerbeiträge zur Sozialversicherung auf etwa 40% des Bruttolohns. Die Mitgliedschaft in der Sozialversicherung begründet einen Anspruch auf Leistungen, der auch mit Umverteilungselementen einhergehen kann. Defizite der Sozialversicherungen werden weitgehend aus dem Bundeshaushalt finanziert. Die Ausgestaltung einzelner Versicherungszweige wird im Folgenden nur grob skizziert.

- In der Gesetzlichen Krankenversicherung (GKV) sind die Beiträge einkommensabhängig, die Leistungen im Krankheitsfall aber beitragsunabhängig. Daher finanzieren die Gesunden die Leistungen für erkrankte Versicherte, wobei Bezieher höherer Einkommen (bis zur Beitragsbemessungsgrenze) höhere Beiträge zahlen. Geht man davon aus, dass überwiegend ältere Menschen erkranken, handelt es sich zugleich um eine Umverteilung zwischen Jüngeren und Älteren. Darüber hinaus können Versicherte ihren nichtberufstätigen Partner und Kinder beitragsfrei mitversichern, so dass eine Umverteilung von Singles zu Familien stattfindet. Die GKV finanziert überwiegend Gesundheitsleistungen, also Sachleistungen (ambulante und stationäre ärztliche Behandlungen, Medikamente usw.) und nur in Ausnahmefällen Geldleistungen. Außerdem werden in vielen Bereichen (Praxisgebühr, Zahnersatz, Zuzahlungen zu Medikamenten) private Zuzahlungen der Versicherten verlangt.

* In der gesetzlichen Rentenversicherung (GRV) werden beitragsabhängige Leistungen gezahlt, die nach dem Umlageverfahren aus den Einnahmen der Erwerbstätigen finanziert werden (Generationenvertrag). Es werden also keine (individuellen) Kapitalrücklagen aufgebaut. Die Rentenhöhe hängt unter anderem von der Höhe und Dauer der Beitragszahlungen ab. Allerdings gibt es auch Umverteilungselemente wie die Mindestrente (bei geringen Beitragszahlungen) oder die Anerkennung von Kindererziehungs- und Pflegezeiten. Die gesetzliche Rentenversicherung wird zunehmend um betriebliche und private Formen der Alterssicherung (meist nach dem Kapitaldeckungsverfahren, d.h. auf der Basis finanzieller Rücklagen) ergänzt.

* Auch in der Arbeitslosenversicherung (ALV) sind die Beiträge und die Leistungen einkommensabhängig; außerdem sind die Leistungen in Abhängigkeit von der Beitragsdauer befristet. Nach dem Auslaufen der Bezugsdauer werden Leistungen nur dann gezahlt, wenn Bedürftigkeit vorliegt, d.h. dass anhaltend Arbeitslose erst ihr Vermögen einsetzen müssen, um ihren Lebensunterhalt zu bestreiten, ehe sie weitere Unterstützungszahlungen erhalten können.

* Die gesetzliche Pflegeversicherung wurde 1996 eingeführt, weil viele pflegebedürftige Menschen, die in Pflegeheimen lebten, auf Sozialhilfe (Hilfe in besonderen Lebenslagen) angewiesen waren. Da die Sozialhilfe von den Gemeinden zu finanzieren war, führte dies zu einer erheblichen Belastung der Gemeinden. Diese Belastung sollte durch die Pflegeversicherung reduziert werden. Zudem wird auch die ambulante Pflege finanziell unterstützt. Die Leistungen sind in diesem Fall vom Bedarf, d.h. von der medizinischen Einstufung in Pflegestufen abhängig.

Neben den gesetzlichen Sozialversicherungen gibt es Sondersysteme für bestimmte Berufsgruppen (Beamte, Landwirte, Bergleute) sowie private Versicherungen, vor allem für Selbständige und Bezieher von Einkommen über der Versicherungspflichtgrenze, auf die hier nicht näher eingegangen wird.

3.2.5.2   Wirkungen der Sozialen Sicherungssysteme

Die Sozialversicherungssysteme ermöglichen einen sozialen Ausgleich für diejenigen, die vorübergehend oder dauerhaft kein Arbeitseinkommen erzielen können. Dieses Risiko wird vor allen für ältere Menschen, für Kranke und Arbeitslose verringert. Die sozialen Sicherungssysteme haben also interpersonelle Verteilungswirkungen; darüber hinaus wird über das Umlageverfahren bzw. den Generationenvertrag auch eine intertemporale Umverteilung erreicht. Die einzelwirtschaftlichen Wirkungen für private Haushalte – wirtschaftliche Existenzsicherung in Problemlagen, Verbesserung des Gesundheitszustands und der Lebenserwartung sowie soziale Integration – tragen zum sozialen Frieden bei und stellen insofern auch einen Standortfaktor für Unternehmen dar. Aus Sicht der Unternehmen wird die Leistungsfähigkeit des Arbeitskräftepotentials verbessert bzw. gesichert und die Streikbereitschaft verringert.

Allerdings verteuern die hohen Lohnnebenkosten den Produktionsfaktor Arbeit. Bei Produktionsprozessen mit Substitutionsmöglichkeiten zwischen Arbeit und Kapital entsteht ein Anreiz, den relativ teuren Produktionsfaktor Arbeit durch den relativ preiswerteren Faktor Kapital zu ersetzen; darüber hinaus werden Unternehmen veranlasst im Zeitablauf arbeitssparenden technischen Fortschritt zu realisieren – vor allem bei Tätigkeiten mit geringer Qualifikation, die leicht durch ersetzbar sind. Langfristig tragen die Lohnnebenkosten demnach dazu bei, dass Maßnahmen zur Erhöhung der Arbeitsproduktivität realisiert werden, es besteht die Gefahr technologiebedingter Arbeitslosigkeit. Mit den einzelwirtschaftlichen Wirkungen gehen daher gesamtwirtschaftliche Arbeitsmarkteffekte einher. Darüber hinaus wird der Wettbewerb zwischen arbeits- und kapitalintensiven Unternehmen verzerrt, denn kapitalintensive Unternehmen tragen weniger zur Finanzierung der sozialen Sicherung bei. Die hohen Lohnnebenkosten stellen außerdem einen Standortnachteil im internationalen Wettbewerb dar. Diese wirtschaftsstrukturellen Wirkungen verändern auch die Preisstruktur und die Nachfragestruktur und damit die Faktorallokation zugunsten von kapitalintensiv produzierten Gütern. Darüber hinaus verändert die Versicherungsfinanzierung die Höhe und Zusammensetzung der Nachfrage nach Gesundheitsleistungen. Da die privaten Wirtschaftssubjekte eigene Vorsorgemaßnahmen zumindest teilweise durch die Sozialversicherung ersetzen können, verändern sich auch die Höhe und die Struktur der privaten Vermögensanlagen. Dies hat gesamtwirtschaftliche Auswirkungen auf Ersparnis und Kapitalbildung, aber auch auf die Höhe der Konsumnachfrage. Vor allem die Arbeitslosenversicherung trägt dazu bei, dass die Konsumnachfrage kurzfristig verstetigt wird. Langfristig dürfte die soziale Sicherung die Konsumbereitschaft erhöhen und damit zu Wachstum und Beschäftigung beitragen.

3.2.5.3   Probleme der Sozialen Sicherungssysteme

Diese überwiegend positiven Wirkungen gehen aber mit einer Reihe von Problemen einher. Die weitgehend paritätische Finanzierung durch Arbeitgeber- und Arbeitnehmeranteile, die an den Bruttolöhnen ansetzt, belastet die arbeitsintensiven überproportional und verteuert den Produktionsfaktor Arbeit erheblich. Unternehmen und Beschäftigte haben einen Anreiz, in Beschäftigungsformen auszuweichen, die nicht sozialversicherungspflichtig sind, wie z.B. geringfügige Beschäftigung. Darüber hinaus entsteht ein Anreiz zur Schwarzarbeit.

Zugleich ist die Einnahmeseite der Sozialversicherungen stark wachstumsabhängig; im Konjunktur- und Wachstumsprozess schwanken die Einnahmen mit den Bruttolöhnen. Bei der Arbeitslosenversicherung treten dann zwangsläufig Defizite auf, denn in Rezessionsphasen steigen die Ausgaben für Arbeitslose, so dass regelmäßig Haushaltsdefizite entstehen, wenn nicht zuvor Rücklagen gebildet wurden. Auch in der Krankenversicherung entstehen bei stagnierenden oder rückläufigen Einnahmen in Rezessionsphasen Defizite, weil sich der Ausgabenbedarf unabhängig von der Einnahmeseite entwickelt. Hauptursachen der steigenden Ausgaben der GKV sind der medizinisch-technische Fortschritt sowie der demografische Wandel.

Darüber hinausgehen von allen Sicherungssystemen Anreize zu Verhaltensänderungen aus, die dazu führen können, dass die Sicherungssysteme zu stark beansprucht werden. Diese Fehlsteuerungen können in erheblichem Umfang zur Kostensteigerung beitragen.

- In der GKV besteht die Gefahr, dass die Nachfrage nach Gesundheitsleistungen steigt. Die Versicherten zahlen einen einkommensabhängigen Beitrag, es scheint also individuell rational zu sein, bei gegebenem Beitrag möglichst viele Leistungen – im Extremfall die Sättigungsmenge – nachzufragen. Die hohe (individuelle) Nachfrage ist gesellschaftlich nachteilig, weil sie zu steigenden Beiträgen führt, wenn alle Versicherten sich so verhalten, wird nicht wahrgenommen bzw. in Kauf genommen, weil jeder einzelne glaubt, diese Entwicklung nicht beeinflussen zu können.

- In der ALV wird vermutet, dass die Bereitschaft – vor allem gering bezahlte – Arbeit anzunehmen sinkt, wenn die finanzielle Absicherung bei Arbeitslosigkeit zu hoch ist. Um die Eigenverantwortung der Wirtschaftssubjekte zu stärken fordern Vertreter dieser Position eine Verkürzung der Bezugsdauer und eine Senkung der Höhe der Absicherung. Allerdings wird damit die Absicherung des Risikos und die Umverteilungswirkung reduziert, so dass Konflikte zwischen den verschiedenen Interessengruppen entstehen, die letztlich politisch entschieden werden müssen.

Eine Überbeanspruchung der Sozialversicherung kann auch vorliegen, wenn so genannte versicherungsfremde Leistungen erbracht werden. Beispielsweise stellt die kostenlose Mitversicherung von Familienangehörigen in der GKV eine Umverteilung zugunsten von Familien dar, die streng genommen keine Aufgabe der GKV ist und auch nicht paritätisch finanziert werden muss. Ähnlich könnte man im Zusammenhang mit Umschulungs- und Weiterbildungsmaßnahmen argumentieren. Es stellt sich die Frage, ob die Qualifikation der Beschäftigten für neue berufliche Anforderungen eine gesellschaftlich zu finanzierende Aufgabe ist, denn Qualifizierungsmaßnahmen lösen erhebliche Nutzen für die Arbeitgeber und für die Teilnehmer an den Weiterbildungsmaßnahmen aus, die möglicherweise über ihren paritätischen Finanzierungsbeitrag hinausgehen.

Das Hauptproblem der Sozialen Sicherungssysteme besteht darin, langfristig eine ausreichende Finanzierung zu sichern. Im Zuge des demografischen Wandels nehmen vor allem in der Rentenversicherung, wahrscheinlich auch in der Pflege- und Krankenversicherung die Ausgaben zu, während gleichzeitig die Zahl der sozialversicherungspflichtig Beschäftigten zurückgehen wird. Wegen der wettbewerbsverzerrenden Wirkung der Arbeitgeberbeiträge im Vergleich zu kapitalintensiven bzw. ausländischen Unternehmen scheint es kaum möglich, diese Kostenerhöhungen im Rahmen der bestehenden Finanzierungsstrukturen aufzufangen. Generell können die Ausgaben stattdessen aus Steuermitteln oder aus privaten Mitteln finanziert werden. Dies lässt sich am Beispiel der GKV und der GRV aufzeigen.

- Vor allem die Fehlanreize der Versicherungsfinanzierung waren Anlass dafür, in der GKV Leistungskürzungen und Selbstbeteiligungen (Praxisgebühr, Zuzahlungen bei Medikamenten und Zahnersatz) einzuführen. Damit soll der Anreiz zu unnötiger Nachfrage reduziert und die Bereitschaft zur Prävention gestärkt werden. Gleichzeitig nehmen aber die Absicherung im Krankheitsfall und die Umverteilung zugunsten der Kranken ab; ergänzende Korrekturen z.B. in Form von Obergrenzen für die Zuzahlungen zugunsten sozial Schwacher machen das System aufwendiger und intransparenter, ohne dass bisher die Kostensteigerungen wirksam begrenzt wurden. Daher werden Reformansätze (Kopfpauschale, Bürgerversicherung) diskutiert, die die Finanzierungsstrukturen grundlegend ändern würden. Wesentliche Kriterien zur Bewertung solcher Ansätze sind die nachhaltige Finanzierbarkeit bei geringeren gesamtwirtschaftlichen Wachstumsraten und im demografischen Wandel, die Eignung Fehlanreize abzubauen und negative Beschäftigungswirkungen zu verringern sowie die Sicherung des notwendigen und gewünschten Ausmaßes an Umverteilung.

- In der GRV stellt sich vor allem die Frage, ob eine Rentenversicherung nach dem Umlageverfahren auf der Basis des Generationenvertrags dauerhaft tragfähig sein kann. Bei steigender Lebenserwartung bzw. längerer Bezugsdauer der Renten und gleichzeitig rückläufiger Geburtenrate, also rückläufiger Bevölkerungsanteil der Menschen im erwerbsfähigen Alter steigt die Altenlast erheblich, ohne dass die Jungenlast entsprechend stark abnimmt. Bisherige Reformen stellen auf eine Stärkung der privaten Altersvorsorge nach dem Kapitaldeckungsverfahren ab. Dies setzt allerdings voraus, dass die privaten Haushalte mehrheitlich individuelle Vorsorgemaßnahmen finanzieren können, obwohl sie nach dem Umlageverfahren aus ihren Beiträgen zur Rentenversicherung auch die Renten der heutigen Rentner finanzieren müssen. Darüber hinaus werden auch in der GRV Leistungskürzungen diskutiert, beispielsweise in Form eines höheren Renteneintrittsalters, um so der längeren Rentenbezugsdauer bei höherer Lebenserwartung Rechnung zu tragen. Für Menschen, die aufgrund von gesundheitlichen Einschränkungen nicht länger im Erwerbsleben stehen können, kommt dies einer Rentensenkung gleich. Zudem wird eine stärkere Differenzierung der Leistungen nach der Zahl der Kinder bzw. nach der Beitragshöhe/Beitragsdauer diskutiert.

Diese Überlegungen zeigen, dass eine demografiefeste, nachhaltige Finanzierung der sozialen Sicherungssysteme in Zukunft umso schwieriger wird, je geringer die Wachstumsraten sind. Selbst wenn die Sozialversicherungen – wie es in einigen Ländern der Fall ist – stärker aus Steuern finanziert werden, müssen die Beiträge zunächst erwirtschaftet werden. Steuerfinanzierung kann zwar die überproportionale Belastung des Produktionsfaktors Arbeit reduzieren, hat aber ebenfalls Verteilungswirkungen. Insofern kommt kein Staat um die Frage herum, in welchem Umfang Mittel für die Soziale Sicherung bereitgestellt werden können und – das ist eine normative Entscheidung – sollen. Zu beachten ist dabei die Frage, wie die soziale Sicherung Leistungsanreize und Eigenverantwortlichkeit der privaten Wirtschaftssubjekte beeinflusst, die wesentliche Steuerungselemente einer marktwirtschaftlichen Ordnung sind, auch wenn die marktbestimmte Einkommensverteilung korrigiert werden soll. Insofern wird die Frage, welche Risiken kollektiv abgesichert werden sollen und wie weit diese Absicherung ausgebaut werden kann, immer wieder neu zu erörtern sein.

3.2.6 Aufgaben

1. Diskutieren Sie die wichtigsten Ziele der Besteuerung. Besteht zwischen diesen Zielen eine Zielharmonie?
2. Was verstehen Sie unter der Staatsquote, der Abgabenquote und der Steuerquote? Welche Argumente sprechen gegen eine zu hohe Abgabenquote, selbst wenn mit den Einnahmen eine gute Infrastruktur und eine gute soziale Sicherung finanziert werden können?
3. Welche Merkmale sollte ein nach den Grundsätzen der Besteuerung gestaltetes Steuersystem haben?

4. Was verstehen Sie unter einem proportionalen, was unter einem progressiven Steuertarif? Diskutieren Sie die Argumente für und gegen einen progressiven Einkommensteuertarif.
5. Diskutieren Sie die Probleme einer hohen Staatsverschuldung. Warum ließ früher das Grundgesetz eine Finanzierung von staatlichen Investitionen durch Verschuldung zu?

3.3   Wachstums- und Strukturpolitik

Lernziele

In diesem Kapitel

* erfahren Sie, dass Wachstumspolitik auf die Gestaltung der Angebotsbedingungen der Volkswirtschaft zielt. Sie dient dazu, langfristig die Produktionsmöglichkeiten zu verbessern bzw. die Kapazitäten zu vergrößern.
* verstehen Sie, dass sich Wachstumspolitik in einer Marktwirtschaft rechtfertigen lässt, wenn die Wachstumskräfte aufgrund von Marktversagen zu gering sind, um ein stabiles Wachstum bzw. ein Wachstum zu erzeugen, welches hoch genug ist, um die Beschäftigung zu sichern.
* erfahren Sie, wie Wachstumspolitik qualitativ und quantitativ bei den Faktoren Arbeit, Kapital, technisches Wissen und Infrastrukturausstattung ansetzen kann und inwiefern auch die Neuausrichtung anderer Politikfelder, z.B. durch Marktöffnung und Deregulierung, wachstumsfördernd wirken kann.
* lernen Sie, dass der deutsche Standort relativ teuer und stark durch Regulierungen, aber auch durch gut ausgebaute Infrastruktur und sozialen Frieden geprägt ist. Der Standortwettbewerb kann zu besserer Wirtschaftspolitik, allerdings auch zu Konflikten mit nationalen Umwelt- und Sozialzielen sowie mit dem Ziel der Konsolidierung der öffentlichen Haushalte führen.
* wird Ihnen deutlich, wie Wachstum und Strukturwandel zusammen gehören, und dass der Strukturwandel unter anderem eine sektorale, eine regionale und eine unternehmensgrößenbezogene Dimension hat.
* verstehen Sie, dass die Ziele der Strukturpolitik vielfältig, z.T. sogar widersprüchlich sind. Die Eingriffe können auf Erleichterung bzw. Förderung des Strukturwandels und Strukturentwicklung oder auf eine Verlangsamung bzw. soziale Abfederung des Strukturwandels gerichtet sein. Sie können auf nationaler oder europäischer Ebene erfolgen. Instrumente der aktiven Strukturpolitik können Maßnahmen zur Erhöhung der Anpassungsflexibilität und der Mobilität sein, z.B. Infrastrukturförderung.
* lernen Sie Strukturpolitik differenziert zu beurteilen. Risiken sind besonders mit spezifischen (d.h. auf einzelne Unternehmen oder Branchen bezogenen) Eingriffen verbunden. Subventionen blockieren notwendige Marktentwicklungen am wenigsten, wenn sie zeitlich befristet und im Zeitablauf degressiv ausgestaltet sind.

3.3.1   Wachstumspolitik

3.3.1.1   Einführung und Begründung der Wachstumspolitik

Das Wirtschaftswachstum – gemessen als Zunahme der gesamtwirtschaftlichen Produktion bzw. des realen Inlandsprodukts gegenüber dem Vorjahr in % – war in Deutschland lange Zeit so hoch, dass es nicht als eigenständiges wirtschaftspolitisches Problem angesehen wurde. Erst seit der Rezession Mitte der 60er Jahre, als (wieder) nennenswerte Arbeitslosigkeit auftrat, bekam das Wachstum eine stärkere wirtschaftspolitische Bedeutung. Durch das Stabilitäts- und Wachstumsgesetz von 1967 (StWG) wurde ein „angemessenes und stetiges" Wachstum zum wirtschaftspolitischen Ziel.

Das **Wachstumsziel** ist in sich selbst begründet bzw. begründbar. Wachstum erhöht die Güterversorgung und die Bedürfnisbefriedigung, sichert insofern Wohlstand, ökonomische Freiheit und individuelle Handlungsspielräume. Ferner erleichtert Wachstum die Realisierung anderer wirtschaftspolitischer Ziele – z.B. Beschäftigung, soziale Sicherung und Bewältigung des Strukturwandels – indem es die staatlichen Steuereinnahmen mehrt. Dies wiederum erleichtert die staatliche Bereitstellung von öffentlichen Gütern und Infrastruktur und mindert auch die Probleme der Staatsverschuldung.

Kritiker halten das Wachstumsziel für verfehlt, weil es dabei zu wenig um die Entfaltung menschlicher Fähigkeiten gehe und weil es mit Umweltproblemen einhergehe. Diese (oft in reichen Ländern vorgebrachte) Wachstumskritik übersieht jedoch, dass für die meisten Menschen die Freiheit von materieller Not (weiterhin) ein zentrales und absolut legitimes Ziel ist. Wachstum und Umweltschutz sind zudem durchaus vereinbar, denn auch die Investitionen in Umweltschutz sind in wachsenden Unternehmen leichter zu realisieren; zugleich eröffnet Umweltschutztechnologie Absatzmöglichkeiten.

Wachstum ergibt sich aus den Produktions- und Investitionsentscheidungen von Unternehmen. Es handelt sich daher um einen marktgesteuerten Prozess, in den der Staat eigentlich nur eingreifen sollte, wenn am Markt keine zufriedenstellenden Ergebnisse zustande kommen. Vor der Diskussion wachstumspolitischer Optionen ist somit nach der **Rechtfertigung von Wachstumspolitik in der Marktwirtschaft** zu fragen. Es gibt Hinweise darauf, dass eine staatliche Beeinflussung des Wachstums in bestimmten Bereichen sinnvoll bzw. erforderlich ist. Übersicht 3.10 fasst mögliche Begründungen und Ziele einer staatlichen Wachstumspolitik zusammen. Wachstumspolitische Maßnahmen des Staates lassen sich rechtfertigen, wenn es wachstumsbezogene Probleme gibt (linke Spalte) und Begründungen (mittlere Spalte) dafür sprechen, dass das Wachstum – ohne politischen Eingriff – auch in absehbarer Zukunft unbefriedigend bleiben dürfte. In der rechten Spalte ist daraus abgeleitete operationale Ziel der Wachstumspolitik genannt.

Problem	Begründung	Ziel
Marktendogene Wachstumskräfte sind zu gering, um ein Wachstum zu generieren, das zur Sicherung der Beschäftigung reicht. Da nämlich die Beschäftigten aufgrund von Produktivitätssteigerungen jedes Jahr mehr Güter herstellen können, sichert das Wachstum erst dann die Beschäftigung, wenn es die Rate des Produktivitätsfortschritts übersteigt.	Wichtige Wachstumsfaktoren haben die Eigenschaft öffentlicher Güter. In den Bereichen Infrastruktur, Forschung und Entwicklung hat der Markt zu wenig Anreize für zukunftsgerichtete Investitionen, da sich die Erträge entsprechender Investitionen kaum privatisieren lassen. Auch hohe Zinsen (welche eine geringere Bewertung künftiger Erträge beinhalten) behindern zukunftsweisende Investitionen.	Die Wachstumspolitik soll dazu beitragen, den mittelfristigen Wachstumstrend mindestens auf die Höhe des durchschnittlichen Anstiegs der Arbeitsproduktivität anzuheben.
Das bestehende Wachstum in einem betrachteten Land ist mittelfristig niedriger als in vergleichbaren Volkswirtschaften	Aufgrund von Politikversagen hat sich im Laufe längerer Zeiträume – mehr als in anderen Ländern – ein Bestand wachstumsfeindlicher Regulierungen gebildet.	Die Rahmenbedingungen sind wachstumsfreundlicher auszugestalten, z.B. durch Beseitigung wachs-tumshemmender rechtlicher bzw. steuerlicher Restriktionen.
Das Wachstum verläuft unstetig. Ein stabiles Wachstum würde dagegen die Kalkulierbarkeit von Investitionen und damit die Neigung zu investieren fördern.	Ein Grund für unstetiges Wachstum sind schwankende Erwartungen der Investoren und exogene „Schocks" wie z.B. starke Schwankungen der Rohstoffpreise.	Schwankungen der Wachstumsrate sind zu mildern, negative Wachstumsraten sind zu verhindern.

Übersicht 3.10: Begründungen und Ziele staatlicher Wachstumspolitik

Insgesamt lässt somit staatliche Wachstumspolitik rechtfertigen. Nachfolgend werden Ansatzpunkte für eine Beeinflussung des Wachstums untersucht und Empfehlungen für wachstumspolitische Maßnahmen gegeben.

Bei staatlicher Wachstumspolitik sind allerdings mögliche wirtschaftspolitische Zielkonflikte zu berücksichtigen. **Wachstum** ist **nicht immer mit anderen wirtschaftspolitischen Zielen vereinbar**:

▪ Wachstum kann die **Preisstabilität** gefährden, wenn die Nachfrage schneller wächst als das Angebot (nachfrageseitige Inflationserklärung).

▪ Wachstum geht häufig mit technischem Fortschritt einher, der die Arbeitsproduktivität erhöht. Daraufhin kann trotz steigender Produktion die Beschäftigung stagnieren oder sinken. Insofern kann das Wachstumsziel im Konflikt zum Beschäftigungsziel stehen.

▪ Zwar harmoniert das Wachstum, sofern die Wachstumsrate die Rate des Fortschritts der Arbeitsproduktivität übersteigt, generell mit dem Ziel der **Beschäftigungssicherung**. Häufig geht Wachstum aber mit Strukturwandel einher, so dass es von einem schnellen Wechsel beruflicher Anforderungen begleitet wird. Dann passen angebotene und nachgefragte Qualifikationen nicht immer zusammen, so dass in einigen Regionen und Sektoren vorübergehend Arbeitslosigkeit auftreten kann.

▪ Wachstum beeinflusst auch die **außenwirtschaftlichen Beziehungen**. So nehmen z.B. die Importe einer wachsenden Wirtschaft zu, was c.p. die Leistungsbilanz passiviert. Andererseits kann ein von Innovationen getragenes Wachstum die internationale Wettbewerbsfähigkeit und damit die Exportbilanz verbessern und Kapitalimporte (z.B. Direktinvestitionen) anregen, die weiteres Wachstum ermöglichen.

- Wachstum kann ferner die **Ungleichheit der Verteilung** erhöhen. Die Erfolgreichen treiben das Wachstum durch neue Ideen, Produkte und Verfahren voran und verbessern dabei ihre Einkommensposition. Ungleichheit kann aber die soziale und politische Stabilität einer Gesellschaft beeinträchtigen, was wiederum wachstumshemmend wirken kann. Ein zu starker Ausgleich von Ungleichheit kann jedoch in der Tendenz wachstumsdrosselnd wirken, weil Leistungsanreize verloren gehen.
- Wachstum ist schließlich oft umwelt- und ressourcenverbrauchend. Der **Konflikt zwischen Wachstum und Umweltschutz** lässt sich jedoch durch **qualitatives** (d.h. umweltschonendes, im Idealfall nachhaltiges) **Wachstum** lösen. Bei der Erneuerung des Kapitalstocks werden z.B. alte, oft umweltbelastende Maschinen durch neue umweltschonende Anlagen ersetzt. Bei hohem Wachstum verfügt zudem der Staat über mehr finanzielle Mittel zur Finanzierung von Umweltschutzinvestitionen.

Wachstumspolitik bezieht sich auf die Angebotsseite der Volkswirtschaft. Die Fähigkeit, längerfristig ein höheres Güterangebot bereitzustellen, soll gesteigert bzw. das volkswirtschaftliche Produktionspotential vergrößert werden. Erfolgreiche Wachstumspolitik wirkt kapazitätserweiternd, verschiebt also die gesamtwirtschaftliche Angebotskurve nach außen.

Demgegenüber ist Konjunktur- bzw. Stabilisierungspolitik (vgl. Abschnitt 3.4) darauf gerichtet, kurz- bis mittelfristig die Auslastung eines gegebenen Produktionspotentials zu verbessern bzw. zu verstetigen. Diese Politik zielt eher auf Beeinflussung der Nachfrage. Eine Nachfragebelebung lässt sich bei Unterauslastung gut begründen. Bei überwiegend ausgelasteten Kapazitäten bewirkt dagegen eine Förderung der gesamtwirtschaftlichen Nachfrage zumeist kaum noch einen Produktionszuwachs. Der Spielraum einer nachfrageorientierten Stabilisierungspolitik ist also durch die gegebenen volkswirtschaftlichen Kapazitäten begrenzt, während Wachstumspolitik dazu beiträgt, diese Spielräume auszuweiten und neue Gleichgewichte auf höherem Niveau des Volkseinkommens bzw. der volkswirtschaftlichen Produktion zu ermöglichen. Diese Überlegung spricht für eine Kombination von (nun darzustellender) Wachstumspolitik und (später erläuterter) Stabilisierungspolitik zur Beeinflussung der gesamtwirtschaftlichen Entwicklung.

3.3.1.2   Ansatzpunkte für Wachstumspolitik

Ansatzpunkte für Wachstumspolitik ergeben sich aus den angebotsseitigen **Determinanten des Wachstums**, also aus den Einsatzmengen und -qualitäten der Produktionsfaktoren Arbeit, Kapital, technisches Wissen und Boden bzw. natürliche Ressourcen. Ein **quantitativer Mehreinsatz der Faktoren** ermöglicht **extensives Wachstum**, eine **intensivere Nutzung der Faktoren** ermöglicht **intensives Wachstum**.

Das durch Mehreinsatz von Arbeit und Kapital erzielbare extensive Wachstum stößt an Grenzen, wenn die Grenzerträge des Faktoreinsatzes abnehmen. Durch Innovationen und technisches Wissen lässt sich aber die Ergiebigkeit der Faktoren Arbeit, Kapital, Boden und natürliche Ressourcen weiter steigern. Somit sind Innovationen bzw. technischer Fortschritt für das Wachstum besonders wichtig. Dauerhaftes Wachstum erfordert ständig neues Wissen darüber, wie die Faktoren Arbeit, Kapital, Boden und natürliche Ressourcen besser bzw. intensiver nutzbar gemacht werden können. Zusätzlich kann die – meist öffentlich bereitgestellte – Ressource „Infrastruktur" zum Wachstum beitragen. Auch die rechtlichen bzw. steuerlichen Rahmenbedingungen verbessern die Produktionsmöglichkeiten. Die Attraktivität steigt, wenn staatliche Regulierungen weniger wachstumshemmend werden. Entscheidend ist, dass diese Faktoren zusammenwirken. Fehlt ein Faktor vollständig, so ist eine nennenswerte gesamtwirtschaftliche Produktion nur schwer vorstellbar.

Von Bedeutung ist in diesem Zusammenhang auch die Flexibilität der Wirtschaft, also die Anpassungsfähigkeit im sektoralen und regionalen Strukturwandel. Wachstumspolitische Ansatzpunkte im Sinne einer **faktorbezogenen Wachstumspolitik** sind nachfolgend zunächst in Übersicht 3.11 zusammengestellt, danach werden Handlungsfelder der Wachstumspolitik näher dargestellt.

Ansatzpunkt	Maßnahmebereiche für Wachstumspolitik
Arbeit	Beeinflussung des Arbeitsvolumens (quantitativ)
(Humankapital)	Bildung/Qualifizierung, Mobilität (qualitativ)
Sachkapital und Infrastruktur	Investitionsförderung (quantitativ und qualitativ)
Technischer Fortschritt (Innovationskapital)	Innovations- und Technologiepolitik (eher qualitativ)
nicht erneuerbare natürliche Ressourcen	Entwicklung neuer Technologien zur Schonung der Umwelt
Rahmenbedingungen	Deregulierung/Liberalisierung

Übersicht 3.11: Ansatzpunkte der Wachstumspolitik

Förderung des Produktionsfaktors Arbeit

Die **quantitative Erhöhung des Arbeitseinsatzes** ist in Industrieländern oft nur in Grenzen möglich. In Deutschland ist – wie in vielen anderen europäischen Ländern auch – die Zahl der Erwerbstätigen rückläufig. Eine Anwerbung von ausländischen Arbeitskräften ist politisch oft schwer durchsetzbar. Das Arbeitsvolumen lässt sich allerdings durch eine Verbesserung der Rahmenbedingungen für Teilzeitarbeit und für weibliche Erwerbsbeteiligung sowie über neue Lebensarbeitszeitregelungen (z.B. in Bezug auf Ausbildungsdauer und Renteneintrittsalter) noch steigern.

Wachstumsförderung erfordert daher auch Maßnahmen zur **qualitativen Verbesserung des Faktors Arbeit**. Dazu gehört die Förderung von Aus- und Weiterbildung bzw. von Qualifizierung und Umschulung von Arbeitskräften. Der Staat muss z.B. – ggf. unter Mithilfe privater Bildungsträger oder Unternehmen – gute Ausbildungsstätten, Schulen, Hochschulen usw. bereitstellen. Daneben geht es auch um eine Steigerung der beruflichen Flexibilität bzw. Mobilität. Fallen nämlich die Anforderungen an Arbeitssuchende und deren Fähigkeiten auseinander, so werden vorhandene Wachstumspotentiale nur genutzt bzw. strukturelle Arbeitslosigkeit reduziert, wenn Arbeitskräfte in der Lage sind, sich an den Wandel der beruflichen Anforderungen anzupassen. Ein Instrument ist hier z.B. die Berufsberatung, ein anderes die Gewährung von Umzugsbeihilfen bei beruflich bedingten Umzügen.

Die Qualität von Arbeitskräften bemisst sich freilich nicht nur an ihren Fähigkeiten, sondern auch an der inneren Einstellung zur Arbeit, an Motivation und „Pioniergeist". In Europa war lange Zeit die calvinistische Ethik (welche Reichtum als göttlichen Gnadenerweis interpretiert, den Konsum des erworbenen Reichtums aber zugleich verbietet) eine Triebfeder des Wachstums. Auch Zuwanderung wirkt häufig wachstumsfördernd, denn Zuwanderer sind oft besonders flexibel und motiviert. Möglicherweise tragen mittelfristig auch Maßnahmen, die zur Verjüngung alternder Gesellschaften führen, zur Wachstumsbelebung bei. Daher kommt mittelfristig auch der Familienpolitik eine wachstumspolitische Bedeutung zu.

Förderung des Produktionsfaktors Kapital

Wachstumspolitische Maßnahmen können auch darauf abzielen, den volkswirtschaftlichen Kapitalstock zu vergrößern oder qualitativ zu verbessern. Dazu sind Investitionen erforderlich. Investitionen lassen sich vor allem durch Verbesserung der allgemeinen Investitionsbedingungen fördern, z.B. in Bezug auf Gewinnerwartungen (Investitionsklima) sowie Finanzierungsmöglichkeiten (Risikokapital, Zinsen). Auch spezielle Maßnahmen wirken umso besser, je positiver das Investitionsklima ist. Prinzipiell geeignet erscheinen in diesem Zusammenhang Instrumente in den nachfolgend genannten Bereichen:

- **Bereitstellung von Kapital zur Finanzierung von Sachinvestitionen.** Ein funktionierendes Bankensystem, das vor allem auch kleinen und mittleren Unternehmen und Existenzgründern den Zugang zu finanziellen Ressourcen eröffnet ist wesentlich für die Anpassungsfähigkeit der Unternehmen im Wachstumsprozess.
- **Förderung der Mobilität des Kapitals**. Durch geeignete Instrumente (z.B. steuerliche Freistellung von Veräußerungsgewinnen bei dem Verkauf von Beteiligungen) kann die Mobilität des Kapitals erhöht und (somit) Investitionstätigkeit und Strukturwandel erleichtert werden.
- **Sparförderung** (z.B. Bausparen). Dahinter steht die Hoffnung, dass die Ersparnisse in investive Verwendungen fließen und damit zum Wachstum beitragen. Dieser Effekt ist allerdings unklar. Zwar kann die Zunahme der Ersparnisse zu einer Zinssenkung und beitragen und damit investitionsanregend wirken. Die Ersparnisse können aber auch ins Ausland fließen. Direkter ist die Wirkung, wenn ein Teil der Löhne einer investiven Verwendung zugeführt wird (Investivlohn).
- **Direkte Förderung oder steuerliche Begünstigung von Investitionen**, damit das (Spar)kapital nicht ins Ausland oder in eine nicht-investive Verwendung fließt. Die Steuerbegünstigung soll die Gewinne und somit die Liquiditätsspielräume für neue Investitionen erhöhen. Im Unterschied zu direkten Investitionszuschüssen wirken steuerliche Maßnahmen aber im Regelfall nur bei positiven Gewinnen.
- **Verbesserung des Investitionsklimas (Gewinnerwartungen)**. Hier spielen neben ökonomischen auch psychologische Faktoren eine Rolle. Alle Maßnahmen zur Verbesserung der Standortbedingungen (z.B. in Bezug auf Genehmigungsverfahren, Infrastruktur oder Besteuerung) sind prinzipiell geeignet, das Investitionsklima zu verbessern.

Förderung des Wissens: Innovations- und Technologiepolitik

Vermutlich ist für künftiges Wachstum neben der Quantität besonders auch die **Qualität des verfügbaren Sachkapitals** von Bedeutung, dabei vor allem die Qualität des im Kapital „verkörperten" Wissens. Es geht demzufolge wachstumspolitisch auch um die Förderung des technischen Wissens.

Technologiepolitik und Investitionsförderung hängen eng zusammen: neue Ideen erfordern oft neue Anlagen. Man spricht vom kapitalgebundenen technischen Fortschritt. **Innovationen** erneuern den **Kapitalbestands** und erweitern die gesamtwirtschaftliche Kapazität. Ist der Einsatz neuer Technologien (z.B. Internet) mit steigenden Grenzerträgen verbunden, so kann eine Technologie- und Innovationsförderung besonders wachstumsfördernd wirken. Technologiepolitische Ansatzpunkte lassen sich in allen **Innovationsphasen** finden, d.h. bei der **Erfindung,** der Umsetzung bzw. **Neuerung** und bei der **Verbreitung** von Neuerungen.

Voraussetzung für rege Erfindertätigkeit ist zum einen die Sicherung einer guten (Schul-)Ausbildung, zum anderen eine breite **Förderung der Grundlagenforschung**. Die Förderung kann bei den Forschungseinrichtungen (in Deutschland z.B. Hochschulen oder Max-Planck-Institute) oder bei den Forschern ansetzen (z.B. durch Stipendien). Ferner kann die Forschungsorganisation verbessert werden. Die Erfindertätigkeit kann auch durch die Verbesserung des **Patentschutzes** gesteigert werden. Erhält der Erfinder ein zeitlich befristetes Verwertungsmonopol für seine Erfindung, so verbessern sich seine Gewinnaussichten und die Erfindungsbereitschaft steigt. Maßnahmen können z.B. sein:

* Verlängerung der Patentlaufzeiten
* Reduktion der Patentgebühren
* Vereinfachung des Patentanmeldeverfahrens (z.B. verringerte Anforderungen an den verlangten Neuheitsgrad)
* Verbesserung von Serviceleistungen wie Patentinformationsdienste.

Die Technologiepolitik kann zweitens die ökonomische Nutzung der Erfindungen in Form neuer Verfahren und/oder Produkte (**Neuerungen/Innovationen**) fördern. Wiederum können die Forscher selbst oder entsprechende Forschungseinrichtungen (in Deutschland z.B. die Fraunhofer-Institute) bezuschusst werden. Auch Maßnahmen im Bereich der Ausbildung (z.B. im Ingenieurbereich) können die Bedingungen für angewandte Forschung verbessern. Neben technischem Wissen können organisatorische Verbesserungen den Innovationsprozess erleichtern. Auch diesbezüglich kann angewandte Forschung unterstützt werden.

Schließlich kann die Technologiepolitik bei der **Verbreitung (Diffusion) von Neuerungen** ansetzen. Durch geeignete Informations-, Dokumentations- und Beratungssysteme lässt sich die Verbreitung von technologischem Wissen erhöhen. Ein Instrument ist daher die Förderung von Einrichtungen, die den **Technologietransfer** unterstützen, Liquiditätshilfen organisieren, oder beim Aufbau von Datenbanken und Netzen informeller Kontakte helfen. Die Bereitschaft, Neues zu imitieren, lässt sich ferner durch Förderung geeigneter Aus-, Weiterbildungs- und Umschulungsmaßnahmen steigern. Auch beim Patentschutz sind Verbesserungen denkbar. Eine Verkürzung von Patentlaufzeiten erleichtert die Nachahmung von Neuerungen. Sie verschlechtert allerdings die Bedingungen für Innovatoren. Die Verbreitung neuer Ideen kann eher durch verbesserte Regelungen zur **Lizenzvergabe** gesteigert werden.

Spezifische Innovations- und Investitionsförderung

Neben den beschriebenen allgemeinen Maßnahmen gibt es in der Praxis vielfältige Ansätze zu einer spezifischen Förderung von Investitionen bzw. Technologien, die für zukunfts- bzw.

wachstumsträchtig gehalten werden, häufig in Form direkter Projektförderung. Unterstützt werden oft kapitalintensive, langfristige, risikoreiche und innovative Investitionen, Technologien bzw. Forschungsbereiche. Dies wird damit begründet, dass die Realisierung solcher Projekte ohne Förderung oft wenig wahrscheinlich ist. Die Förderung betrifft z.B.

- Projekte, die als wachstumsträchtig gelten, deren Risiko private Unternehmen aber nicht allein tragen wollen oder können, weil Gewinne auf absehbare Zeit nicht zu erwarten sind. In diesem Fall kann Marktversagen in der Form vorliegen, dass der Marktmechanismus langfristig erzielbare Vorteile unterbewertet.
- Schlüsseltechnologien, die in einer Vielzahl von Branchen einsetzbar sind und daher von großer Tragweite für das Wachstum sein können. In diesem Fall tritt Marktversagen aufgrund von externen Effekten in Form von Verwertungschancen auf, die nicht demjenigen zufallen müssen, der die Forschung finanziert.
- Investitionen, die im allgemeinen Interesse liegen. Als Beispiel kann die Erforschung alternativer Energiequellen dienen, weil eine sichere, preiswerte und umweltfreundliche Energieversorgung in Zukunft ein wichtiger Standortfaktor sein wird.

Das Beispiel zeigt allerdings, dass der Ansatz der spezifischen Projektförderung problematisch sein kann. Die **Auswahl geeigneter Projekte** ist schwierig. Der Staat kann Zukunftschancen und Risiken spezieller Technologien und Investitionen im Regelfall nicht besser einschätzen als der Markt. Somit besteht die Gefahr der Fehllenkung von Ressourcen. Politische Lobbyarbeit einzelner Interessengruppen findet hier besonders viele Ansatzpunkte. Hinzu kommt der technologische **Lemminge-Effekt**: Häufig werden die Förderaktivitäten in eine bestimmte Richtung „kanalisiert", andere aussichtsreiche Entwicklungswege werden nicht (mehr) weiterverfolgt. Das Zurückfahren von Alternativforschungen kann jedoch per Saldo innovationshemmend wirken. Wie überall, wo Investitionszuschüsse gezahlt werden, können zudem bei spezifischer, projektbezogener Förderung **Mitnahmeeffekte** nicht sicher vermieden werden. Häufig wären die Projekte auch ohne Förderung durchgeführt worden.

Aus ordnungspolitischer Sicht wird daher gefordert, dass staatliche Innovations- bzw. Technologieförderung wenig spezifisch sein sollte. Primär gilt es, Innovationshemmnisse zu beseitigen, z.B. indem die Ausstattung mit Humankapital verbessert wird. Will der Staat die Forschungs- und Entwicklungsanstrengungen fördern, dann sollte eine Förderung bevorzugt werden, welche nicht an einzelnen Projekten, sondern z.B. generell am Personaleinsatz in Forschung und Entwicklung ansetzt. In diesem Sinne geeignet wären z.B. Zuschüsse zu den Personalkosten des in F&E-Abteilungen beschäftigten Personals, unabhängig davon, in welchen technologischen Bereichen die Forschung bzw. Entwicklung stattfindet.

In der Realität ist gleichwohl die selektive bzw. spezifische Form der Förderung einzelner Projekte, Branchen und Technologien weit verbreitet (z.B. Förderung des Transrapid). Diese Diskrepanz lässt sich mit Hilfe von Erkenntnissen der ökonomischen Theorie der Politik (vgl. Kap. 3.1) erklären.

These: spezielle Interessengruppen stabilisieren die spezifische Einzelfallförderung gegen die nicht organisierten Interessen der Allgemeinheit in Bezug auf effiziente Forschungsförderung. **Wiederwahlorientierte Politiker** können Forschung allgemein oder spezifisch fördern. Allerdings lässt sich die gezielte Förderung bestimmter Technologien oder konkreter

Projekte politisch besser vermarkten als allgemeine Forschungsförderung. Potenzielle **Emp-fänger** (z.B. Unternehmen bestimmter High-Tech-Branchen) wollen keine allgemeine Tech-nologieförderung, die allen Branchen zugute kommt, sondern spezifische Forschungssubven-tionen. Zudem haben sie als kleine Interessengruppen bei der Organisation spezieller politi-scher Unterstützung vermutlich Vorteile. **Mitarbeiter der Forschungsbürokratie** schließ-lich sind an selektiver Forschungsförderung interessiert, weil dann ihr Expertenwissen stär-ker gefragt ist als bei allgemeiner Forschungsförderung. Besonders die direkte Projektförde-rung kann das Prestige und eventuell das Einkommen der Bürokraten steigern, da die Bear-beitung der Anträge und die Kontrolle der Durchführung einzelner Projekte besonders ar-beitsaufwendig sind und diese Aufgaben – angesichts der Komplexität technologischer Ent-wicklungen – nur von Experten erfüllt werden können, die durch ihren Wissensvorsprung gleichzeitig Gestaltungsspielräume haben. Nutzenmaximierende Bürokraten erstreben somit die Beibehaltung bzw. Ausweitung des direkten Förderinstrumentariums.

Infrastrukturförderung

Infrastruktureinrichtungen erhöhen die Produktivität privater Investitionen, sie verbessern die Standortqualität und sind insofern **Voraussetzung für Produktion und Wachstum.** Der Infrastrukturbegriff kann weit ausgelegt werden. Oft werden drei Bereiche unterschieden:

- die **materiellen Infrastruktur** umfasst als Teil des volkswirtschaftlichen Kapitalstocks z.B. Verkehrswege, Kommunikationsnetze sowie Einrichtungen der Energie- und Was-serversorgung, der Entsorgung und der Forschung,
- die **personale Infrastruktur** beinhaltet Arbeitskräfte, mittelbar auch das Gesundheits-und Bildungssystem,
- die **institutionelle Infrastruktur** besteht aus Normen, Einrichtungen und Verfahren (z.B. Rechts- und Eigentumsordnung, Verwaltung, Berufsordnungen).

Ein guter Produktionsstandort braucht z.B. gute Verkehrswege, eine gesicherte Stromversor-gung, eine funktionierende Verwaltung, moderne Kommunikationsmedien, Bildungseinrich-tungen und qualifizierte Arbeitskräfte (harte Standortfaktoren), aber auch ein attraktives Wohnumfeld sowie Freizeit- und Gesundheitseinrichtungen, d.h. weiche Standortfaktoren.

Investitionen in die Infrastruktur können im Prinzip auch durch Private erfolgen. Allerdings haben Infrastruktureinrichtungen z.T. Eigenschaften öffentlicher Güter. Der Ausschluss von der Nutzung von Infrastrukturgütern ist häufig teuer, die Investitionen sind oft hoch und/oder kurzfristig nicht rentabel. Ohne staatliche Initiative käme es daher vermutlich zu einem zu geringen (und nicht flächendeckenden) Infrastrukturangebot.

Angesichts zunehmender internationaler Verflechtung und steigender Mobilität des Kapitals wird besonders für das Wachstum in einer offenen Volkswirtschaft die **Standortqualität** immer wichtiger. Dabei ist die heutige und künftig zu erwartende Qualität des Standorts im Vergleich mit Auslandsstandorten zu sehen.

Im **Wettbewerb der Produktionsstandorte** (**Standortwettbewerb**) konkurrieren Städte, Regionen sowie Rechts-, Steuer- und Sozialsysteme miteinander. Investoren vergleichen die

Attraktivität verschiedener Standorte – unter anderem in Bezug auf öffentliche Leistungen und Zwangsabgaben. Standorte, an denen die öffentlichen Leistungen gut sind im Vergleich zu dem, was dafür an Steuern und Abgaben fällig wird, sind attraktiv für das international mobile Kapital. Dieser Wettbewerb wirkt als Triebkraft beim Ansiedeln und Gründen neuer Unternehmen und beeinflusst auch den öffentlichen Bereich, der (bessere) Rahmenbedingungen zu entwickeln hat. Der Standortwettbewerb setzt daraufhin einen – möglicherweise vorteilhaften – Wettbewerb der Regulierungssysteme in Gang. Jedes Land wird bestrebt sein, die Rahmenbedingungen für den Zustrom von Kapital möglichst günstig zu gestalten. So erhöht sich für die Politik der Anreiz, nach (kosten)effizienten Regelungssystemen zu suchen. Dies kann allerdings zu Zielkonflikten mit anderen Politikzielen führen, z.B. im Bereich der Umwelt- und Sozialpolitik.

Von den in der Standortdebatte häufig genannten Faktoren betreffen einige eher die Kostenseite, andere eher die Leistungsseite bzw. die Ausstattungsmerkmale eines Standortes. Kosten- und leistungsseitige Faktoren hängen zusammen. So kostet der Aufbau einer guten Infrastruktur Geld und macht einen Standort teuer. Eine hohe Sicherheit der Energieversorgung ist mit höheren Energiepreisen zu bezahlen, eine gute Umweltqualität mit höheren Kosten für den Umweltschutz, eine hohe Qualifikation der Facharbeiter mit höheren Löhnen, eine gute Verkehrs-, Forschungs- und Bildungsinfrastruktur mit höheren Steuern und Abgaben usw.

Es gibt Hinweise dafür, dass der Standort Deutschland im internationalen Vergleich insgesamt relativ teuer ist, dass aber die infrastrukturelle Ausstattung, die soziale Stabilität und technologische Leistungsfähigkeit des Standortes gut ist. Eine eindeutige Beurteilung der Qualität des Standorts Deutschland ist somit schwer. Die **Bilanz der grenzüberschreitenden Direktinvestitionen,** die zeigt, für welche Standorte sich internationale Investoren – nach Würdigung verschiedener Vor- und Nachteile – „per Saldo" entscheiden, weist für Deutschland zwar einen negativen Saldo aus: ins Ausland fließende Investitionen sind meist deutlich höher als die aus dem Ausland zufließenden Investitionen. Dagegen konnten in der Vergangenheit besonders die USA in großem Umfang Investitionskapital anlocken. Die Statistik der Direktinvestitionen ist freilich mit Vorsicht zu interpretieren. Viele Direktinvestitionen sind „handelsbegleitend". Die Investitionen deutscher Firmen in ausländische Vertriebsnetze deuten eher auf eine Stärke der deutschen Exportindustrie als auf eine Schwäche des deutschen Standortes hin.

Die deutsche Position im internationalen Standortwettbewerb ist überdies nicht für immer „festgeschrieben". Sie lässt sich vielmehr – auch durch gute Wachstumspolitik – politisch gestalten. Der Standortwettbewerb ist in seiner Wirkung allerdings durchaus ambivalent. Einerseits könnte der erwähnte Wettbewerb der Regulierungssysteme bewirken, dass Ineffizienzen der nationalen Regulierungssysteme abgebaut werden. Andererseits verengt der Standortwettbewerb nationale politische Handlungsspielräume, wenn der Standort durch niedrige Steuern und Regulierungsstandards, gleichzeitig aber auch durch gute (öffentlich finanzierte bzw. kostengünstig bereitgestellte) Infrastruktur attraktiv gemacht soll. Dieser Zielkonflikt geht zu Lasten der Haushaltskonsolidierung.

Wachstumsfreundliche Ausgestaltung von Rahmenbedingungen

Mit Blick auf Verbesserungspotentiale im Bereich der staatlichen Tätigkeit lassen sich in vielen Politikfeldern Ansatzpunkte für eine wachstumsfreundliche Ausgestaltung der Rahmenbedingungen finden. Dazu einige Beispiele:

- Gute **Wettbewerbspolitik** kann das Wachstum fördern. Wachstum ist besonders dort möglich, wo die Einstellung zum Wettbewerb positiv ist („spirit of competition"), wo die Gewinnchancen gut sind, zugleich aber der Konkurrenzdruck hoch ist. Der Abbau von Marktbarrieren bzw. die Verhinderung von Wettbewerbsbeschränkungen fördert den (dynamischen) Wettbewerb und – über den Anreiz zu mehr Innovationen und Investitionen – zugleich das Wachstum.
- Die **steuerlichen Rahmenbedingungen** lassen sich wachstumsfreundlich gestalten, vor allem durch steuerliche Entlastungen und Vereinfachung der Besteuerung bzw. insgesamt durch breitere aber niedrige Besteuerung. Allerdings dienen Steuereinnahmen dazu, öffentliche Güter wie z.B. Infrastruktur bereitzustellen. Entscheidend dürfte daher langfristig nicht nur eine niedrige Steuerbelastung sein, sondern ein gutes „Preis-Leistungs-Verhältnis" zwischen Steuerbelastung einerseits und öffentlich finanzierten Vorleistungen für private Investitionen andererseits.
- Auch durch Abbau von hemmenden Regulierungen bzw. **Deregulierung** können Wachstumsbarrieren beseitigt werden. Dazu ein Beispiel: umweltpolitische Genehmigungsverfahren bei bestimmten Anlagen der chemischen Industrie benachteiligten früher deutsche Standorte gegenüber ausländischen Standorten. Genehmigungsverfahren dauerten in Deutschland länger als anderswo; also konnte hier erst später Gewinn erzielt werden. Durch eine Verfahrensverbesserung konnte inzwischen aber dieser Nachteil reduziert werden, ohne Abstriche beim Umweltschutz zu machen: Die beteiligten Behörden müssen nun gleichzeitig (gemeinsam) anstatt bisher nacheinander über ihre Teilgenehmigungen entscheiden.

Weitere Veränderungen der Rahmenbedingungen, von denen positive Wachstumswirkung erwartet wurden, bezogen sich in Deutschland in den letzten Jahren auf das Arbeits- und Sozialrecht (z.B. in Bezug auf Arbeitslosen- und Sozialhilfe), die Regelung der geringfügigen Beschäftigung, Regelung der Betriebsübergabe, Regelung der Selbständigkeit im Handwerk und der Vorschriften zur Meisterprüfung und – generell – auf die Gestaltung von Steuern und Abgaben. Die erhofften Wirkungen können aber nicht immer überprüft werden.

Eine Verbesserung der Rahmenbedingungen ist oft auch durch eine **Politik für mittelständische und für junge Unternehmen** möglich. Junge und mittelständische Unternehmen sind nicht nur innovativ, sie schaffen auch die meisten neuen Arbeitsplätze. Es gibt zahllose Maßnahmen zur Mittelstandsförderung. Unter anderem gilt es, die Bereitstellung von Kapital zu verbessern.

Auch die **Stabilisierungspolitik** (vgl. Kap. 3.4) kann in den Dienst der Wachstumspolitik gestellt werden. Die Vermeidung von Inflation und Rezessionen stabilisiert die Gewinnerwartungen und damit Investitionen und letztlich das Wachstum. Eine stetige und berechenbare Wirtschaftspolitik reduziert Risiken und Unsicherheiten für Investoren und mindert Anpassungsverluste. Stabilisierung und Wachstum sind aber nicht immer vereinbar. Konjunkturkrisen, in denen die Gewinne aus bekannten Produktionsverfahren sinken, sind unter Umständen förderlich zur Durchsetzung von Innovationen, die ihrerseits mittelfristig das Wachstum fördern. Krisen werden daher zuweilen auch als wachstumsfördernde Reinigungskrisen bezeichnet.

Schließlich kann Wachstumspolitik außenpolitisch flankiert werden. **Außenwirtschaftliche Öffnung** vergrößert für eine Volkswirtschaft die generellen Vorteile der internationalen Arbeitsteilung (vgl. Kap. 4.1). Auch die gezielte Förderung ausländischer Direktinvestitionen im Inland kann wachstumsfördernd sein, lösen sie doch außer einem Realkapitalzufluss auch einen wachstumsfördernden know-how-Transfer aus. Umstritten ist, inwieweit die gezielte Förderung von Exporten zu mehr Wachstum führt.

3.3.2   Strukturpolitik

3.3.2.1   Rechtfertigung der Strukturpolitik

In einer wachsenden Wirtschaft verschiebt sich die relative Bedeutung einzelner Wirtschaftsbereiche und Regionen. Dieser an der Verschiebung von Beschäftigungs- oder Wertschöpfungsanteilen ablesbare Vorgang wird als **Strukturwandel** bezeichnet. Wachstum und Strukturwandel gehören zusammen. Wachstum begünstigt Wandel; erfolgreicher Wandel fördert Wachstum. Der Strukturwandel ist daher ein marktbestimmter Prozess, der positiv zu werten ist. Er stellt aber erhöhte Anforderungen an die Mobilität und Flexibilität der Wirtschaftssubjekte. Es gibt unterschiedliche Dimensionen der Wirtschaftsstruktur bzw. des Strukturwandels, z.B.:

- die Verteilung von Produktion und Faktoreinsatz auf verschiedene Wirtschaftszweige (**sektorale Struktur;** Branchenverteilung)
- die Verteilung von Produktion und Faktoreinsatz auf verschiedene Wirtschaftsräume (**regionale Struktur**)
- die Unternehmens- bzw. Betriebsgrößenstruktur
- die Struktur der (beruflichen) Qualifikation der Beschäftigten

Nachfolgend werden die **Determinanten des sektoralen und des regionalen Strukturwandels** betrachtet. Durch Einwirken auf diese Determinanten kann der Strukturwandel zielgerichtet beeinflusst werden.

Der **sektorale Strukturwandel** kann nachfrage- und angebotsbedingt sein. **Nachfrageseitig** wird die Struktur der Güternachfrage und damit die sektorale Wirtschaftsstruktur durch das **verfügbare Einkommen** und durch die Preise bzw. **Preisrelationen** beeinflusst. Einkommenssteigerungen begünstigen z.B. die Anbieter von superioren Gütern, Verschiebungen der Preisrelationen begünstigen im Regelfall Anbieter von Gütern, die relativ billiger geworden sind. Strukturrelevante Verschiebungen von Bedürfnisstrukturen können auch bei **demografischen Veränderungen** auftreten. In alternden Gesellschaften werden z.B. weniger Spielzeugartikel nachgefragt, die Nachfrage nach Medizin, Transport- und Gesundheitsdienstleistungen steigt. Schließlich wird die Branchenentwicklung auch durch **Sättigungseffekte** und **Produktinnovationen** bestimmt.

Angebotsseitig wird die sektorale Wirtschaftsstruktur vor allem durch **technischen Wandel** beeinflusst. Dieser kann neue Industrien (z.B. IT-Branche) begünstigen und traditionelle Branchen (z.B. Anbieter von Karteikarten) zurückdrängen. Oft ändert sich die Art der Arbeitsteilung (Einkauf im Internet anstatt beim ortsgebundenen Einzelhandel). Auch die **Änderung von Faktorpreisen** beeinflusst die Angebotsstruktur. Lohnerhöhungen belasten arbeitsintensiv produzierende und begünstigen kapitalintensiv produzierende Branchen.

Binnenwirtschaftliche Strukturverschiebungen werden ferner von weltwirtschaftlichen Entwicklungen überlagert. So können **weltweite Handelsliberalisierungen** und **Änderungen der Wechselkurse oder der Export- und/oder Importpreise** unterschiedlich auf außenhandelsorientierte und eher binnenwirtschaftlich ausgerichtete Branchen einwirken.

Angesichts dieser komplexen Verursachungszusammenhänge wird versucht, gewisse Regelmäßigkeiten des Strukturwandels festzustellen. Die bekannteste Hypothese ist die **Drei-Sektoren-Hypothese** (vgl. Übersicht 3.12).

Gemäß der Drei-Sektoren-Hypothese ist die ökonomische Entwicklung im Zeitablauf durch Verschiebungen vom primären Sektor (Land- und Forstwirtschaft, Fischerei) über den sekundären Sektor (Industrie, Handwerk, Bauwirtschaft) zum tertiären (Dienstleistungs-)Sektor der Volkswirtschaft gekennzeichnet (**Tertiarisierung**). Agrargesellschaften wandeln sich demnach zunächst zu Industriegesellschaften und schließlich zu dienstleistungsgeprägten Gesellschaften Sekundärer und tertiärer Sektor hängen allerdings häufig zusammen. Dienstleistungen von freien Ingenieuren richten sich z.B. häufig an die Industrie.

In den westlichen Industrieländern ist insgesamt ein Tertiarisierungsprozess erkennbar. Die empirische Überprüfung der Drei-Sektoren-Hypothese ist gleichwohl schwierig. Statistisch erzeugt bereits die Verselbständigung ehemaliger Serviceabteilungen von Industriebetrieben einen Tertiarisierungseffekt. Diese Abteilungen wurden nämlich vor der Verselbständigung (als Teil eines Industrieunternehmens) dem industriellen Sektor zugerechnet und werden nach der Verselbständigung – bei gleicher Tätigkeit – als Dienstleistungsbetriebe erfasst.

Es gibt nachfrage- und angebotsseitige Ansätze zur Erklärung der Drei-Sektoren-Hypothese:

- Nachfrageseitig: nach Deckung der primären Bedürfnisse wendet sich die Nachfrage höherwertigen Bedürfnissen zu, die zunächst durch industriell gefertigte Güter befriedigt werden, später aber zunehmend auf Dienstleistungen gerichtet sind (z.B. Freizeit, Urlaub). Anders ausgedrückt: Die Einkommenselastizität dieser (superioren) Dienstleistungen ist > 1.
- Angebotsseitig ermöglicht technischer Fortschritt eine höhere Arbeitsproduktivität zunächst im primären, dann auch im sekundären Sektor, was dort jeweils den Beschäftigungsanteil schmälert. Dadurch steigt umgekehrt der Beschäftigungsanteil im tertiären Sektor, in dem lange nur geringe Möglichkeiten zur Steigerung der Arbeitsproduktivität gesehen wurden. Ob das langfristig gilt ist allerdings inzwischen umstritten. Beispielsweise ist im Bankensektor – unter anderem aufgrund neuer Informations- und Kommunikationstechnologien – in erheblichem Umfang Personal abgebaut worden.

Übersicht 3.12: Drei-Sektoren-Hypothese

Der **räumliche Wandel** wird zum einen vom sektoralen Strukturwandel beeinflusst. Regionen mit vielen Unternehmen in stagnierenden Wirtschaftsbereichen (**sunset-industries**, wie z.B. Kohle, Stahl, Textil, Bekleidung) verzeichnen Entwicklungsnachteile im Vergleich zu Regionen mit zahlreichen Unternehmen in zukunftsträchtigen Sektoren (**sunrise-industries**, z.B. Biotechnologie, IT-Sektor). Die regionale Wirtschaftskraft, die Beschäftigungsdichte und die Löhne und Gehälter entwickeln sich dann unterschiedlich.

Der regionale Wandel wird aber auch von der räumlichen Lage, der Verkehrsanbindung, dem Verdichtungsgrad, der regionalen Wirtschaftspolitik und der regionalen Infrastruktur – generell also von der Standortsituation – beeinflusst. Die in Baden-Württemberg besonders gute Forschungsinfrastruktur schlägt sich z.B. nicht nur in einer hohen Zahl von Patenten, sondern auch in einem überdurchschnittlichen Anteil an leistungsfähigen Industrieunternehmen nieder, deren Exportquote zudem den bundesdeutschen und den westdeutschen Vergleichswert deutlich übersteigt. Regionale Unterschiede können zu interregionaler Wanderung von Arbeit und Kapital führen.

Strukturwandel ist – wie erwähnt – eine Begleiterscheinung der wirtschaftlichen Entwicklung. Häufig werden allerdings unbefriedigende Ergebnisse bzw. Wirkungen des Wandels als Anlass bzw. **Rechtfertigung für staatliche Eingriffe in den Strukturwandel** herangezogen. Oft genannte Argumente sind z.B.:

- Strukturwandel ist mit Anpassungskosten und sozialen Härten verbunden (Arbeitslosigkeit, Wohnsitzwechsel u.ä.).
- Bei angebotsseitigen Hemmnissen für den Strukturwandel (z.B. bei natürlichen Monopolen, bei systematischer Störung von Markteintritt bzw. -austritt oder bei Unteilbarkeiten in der Produktion) kann der Staat die Anpassungen an neue Strukturen erleichtern.
- Bei externen Effekten läuft der Strukturwandel eventuell „in die falsche Richtung". Hier kann der Staat eingreifen, um den Strukturwandel in andere Richtungen zu lenken (z.B. durch Förderung umweltschonender Branchen bzw. Technologien).
- die Wirtschaftsentwicklung verläuft regional „unausgewogen". Die – im Prozess des Strukturwandels nahezu zwangsläufigen – regionalen Unterschiede widersprechen z.B. dem im Grundgesetz angesprochenen Ideal der Einheitlichkeit der Lebensverhältnisse.

Staatliche Eingriffe in den Strukturwandel lassen sich also prinzipiell rechtfertigen. Strukturpolitik ist freilich nicht ohne Risiko. *Spezifische* Eingriffe in die vom Markt gefundene Allokation der Produktionsfaktoren unterliegen – wie schon angesprochen – dem Risiko des Steuerungsversagens und haben häufig unerwünschte Nebenwirkungen. Sie lassen sich öfter als generelle Eingriffe durch Partialinteressen in bestimmte Richtungen verzerren. Bei strukturpolitischen Eingriffen sind daher Vor- und Nachteile besonders sorgfältig gegeneinander abzuwägen. Erschwert wird diese Abwägung freilich dadurch, dass Informationen über mögliche Nebenwirkungen häufig nur ungenau vorliegen.

3.3.2.2   Ziele, Ansätze und Träger der Strukturpolitik

Die Strukturpolitik ist durch ein Nebeneinander verschiedener, teilweise widersprüchlicher Ziele und Ansätze geprägt.

Zum einen will die Strukturpolitik dazu beitragen, dass knappe Produktionsfaktoren reibungsarm in Regionen und Sektoren gelenkt werden, in denen sie hohe Produktionsbeiträge erwirtschaften. Damit ist die Strukturpolitik zugleich Wachstumspolitik (Ausschöpfung existierender Ressourcen), vor allem dann, wenn sie zur Überwindung von Verdichtungsengpässen beiträgt. Dieses **Wachstumsziel** kann durch eine **aktive**, d.h. den Strukturwandel aktiv vorantreibende **Strukturpolitik** auf zwei Wegen verfolgt werden:

- **Erleichterung der Strukturanpassung.** Die Strukturpolitik versucht hier, sektorale bzw. regionale Anpassungen über eine Verbesserung der Anpassungsfähigkeit zu erleichtern. Dazu gehören Maßnahmen zur Verbesserung der Innovationsbereitschaft, die Förderung von Technologien, welche Strukturwandel erleichtern (z.B. Internet), die Förderung des Forschungs- und Technologietransfers, die Arbeitskräftequalifikation und generell die Förderung der Mobilität der Faktoren (z.B. durch gezielte Informationen über neue Berufschancen). Auch Maßnahmen zur Erleichterung des Kapazitätsabbaus in alten Sektoren (z.B. durch Stilllegungsprämien) erleichtern die Strukturanpassung. Betroffenen Regionen und Sektoren soll insgesamt „Hilfe zum Wandel" gewährt werden. Nicht die alten Strukturen, sondern der Ausstieg aus alten Strukturen und der Umstieg auf neue Strukturen werden gefördert (z.B. Umstrukturierungshilfen für ehemalige Bergbauregionen).
- Im Rahmen der **Strukturentwicklung** geht es um die gezielte Förderung „zukunftsträchtiger" Sektoren bzw. Produktionen. Die Kritik an diesem Ansatz wurde bereits beschrieben: es bleibt unklar, woher der Staat weiß, welche Sektoren zukunftsträchtig sind. Im Zweifel müssen sich zukunftsträchtige Branchen am Markt durchsetzen.

Zum anderen will Strukturpolitik die negativen Begleiterscheinungen des Strukturwandels mildern (**passive bzw. reaktive Strukturpolitik**). Bei Branchenkrisen zielt dieser Ansatz auf die Verzögerung bzw. zeitliche Streckung des Strukturwandels und auf den vorläufigen Erhalt bisheriger Arbeitsplätze. Auch dieser Ansatz zielt nicht darauf ab, Branchen zu erhalten, die auf Dauer nicht wettbewerbsfähig sind (**Strukturerhaltung**). Vielmehr soll ein abrupter Verlust einer großen Zahl von Arbeitsplätzen vermieden werden, um Zeit für die Umstrukturierung der Unternehmen in Richtung auf neue Produkte oder neue Absatzmärkte und für die Schaffung neuer Arbeitsplätze zu gewinnen und um einen Abwärtssog zu verhindern. Übersicht 3.12 zeigt die Richtungen der Strukturpolitik im Überblick.

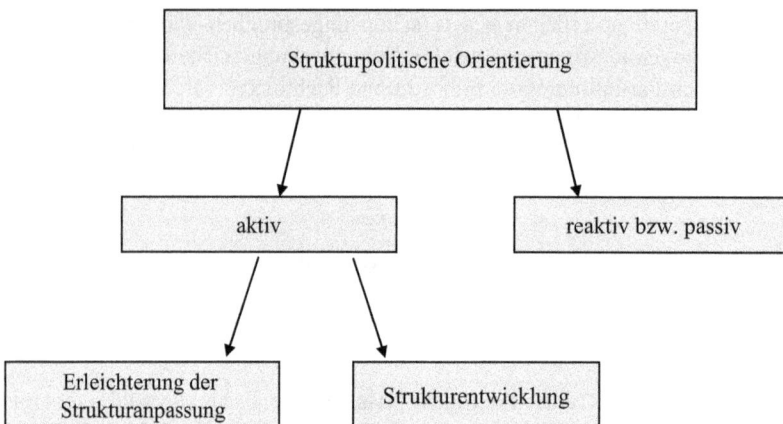

Übersicht 3.13: Richtungen der Strukturpolitik

Der konservierende Ansatz der passiven Strukturpolitik ist problematisch, weil immer die Gefahr besteht, dass notwendige Umstrukturierungen nicht nur verzögert, sondern im Sinne bestimmter Partialinteressen dauerhaft blockiert werden. In den geförderten Branchen und Regionen drohen Überproduktion und Dauersubventionen für Unternehmen, die nicht in der Lage sind ihre Wettbewerbsfähigkeit wieder herzustellen. Nicht wettbewerbsfähige Branchen und Regionen können im Regelfall nur mit finanziellen Mitteln gestützt werden, die zuvor leistungsfähigeren Branchen und Regionen entzogen wurden. Staatliche Maßnahmen zur strukturellen Stabilisierung können zudem die Bereitschaft zur Wiederherstellung der Wettbewerbsfähigkeit in den Unternehmen hemmen (Subventionsmentalität) so dass ein späteres Wachstum erschwert werden kann. Die reaktive Strukturpolitik hat allerdings – trotz ihrer Nachteile – in der politischen Realität ein großes Gewicht. Dieser Befund lässt sich mit der Interessenlage der strukturpolitischen Akteure erklären (vgl. Übersicht 3.14).

These: Spezielle Interessengruppen, wiederwahlorientierte Politiker und nutzenmaximierende Bürokraten stabilisieren die suboptimale reaktive Ausrichtung der Strukturpolitik.

Politiker können die Strukturpolitik aktiv oder reaktiv ausrichten. Reaktive Maßnahmen (z.B. zur Rettung gefährdeter Großunternehmen) lassen sich aber oft politisch besser vermarkten als breit gestreute Maßnahmen zum Umstieg auf neue Strukturen.

Denn oft haben die **Vertreter altindustrieller Sektoren und großer Unternehmen** mit vielen Beschäftigten ein politisch hohes Gewicht. Sie können im Zweifel mehr Wählerstimmen mobilisieren als die Repräsentanten junger Sektoren. Das müssen Politiker, die auf ihre Wiederwahl achten, berücksichtigen. Im Ergebnis werden Großunternehmen und traditionelle, regional stark konzentrierte Industrien strukturpolitisch begünstigt.

Mitarbeiter der Bürokratie sind mit den bisherigen Instrumenten der reaktiven Strukturpolitik gut vertraut. Eigennutzorientierte Bürokraten streben folglich eher nach Beibehaltung als nach Umgestaltung eingeführter strukturpolitischer Förderinstrumente.

Übersicht 3.14: Ökonomische Theorie der Strukturpolitik

Die regionale Strukturpolitik trägt schließlich dazu bei, die Lebensbedingungen in den verschiedenen Teilregionen anzugleichen (**regionales Ausgleichsziel**). Dabei geht es meist darum, Regionen in peripheren Lagen oder von Branchenproblemen stark betroffenen Regionen zu helfen.

Die genannten Ziele der Strukturpolitik (Wachstumsförderung, Belebung oder Verzögerung des Strukturwandels und regionaler Ausgleich) sind nicht immer harmonisch. Steht das Wachstumsziels im Vordergrund werden z.B. regionale und branchenspezifische Ungleichheiten in Kauf genommen. Im Übrigen hängt die Zielbeziehung sehr stark von den eingesetzten **Instrumenten** ab.

Strukturpolitische Eingriffe setzen zumeist bei Unternehmen an. Oft werden aber auch Institutionen bzw. Infrastrukturen (Forschungs-, Technologietransfer- und Bildungsinfrastruktur, Verkehrswege, Verwaltung, Gesundheitsinfrastruktur usw.) gefördert. Wichtige Instrumente mit strukturpolitischer Wirkung sind z.B.:

- **Subventionen.** Durch Subventionen können Unternehmen generell oder spezifisch, d.h. gezielt in Richtung auf einzelne Regionen, Branchen oder Aktivitäten gefördert werden. Eine generelle Förderung liegt vor, wenn unterschiedliche Investitionen und Projekte – unabhängig von Branchen oder Regionen – gefördert werden. Eine spezifische Förderung kann z.B. im Agrarbereich, für regionalen oder betrieblichen Umweltschutz oder für kleine und mittlere Unternehmen bzw. Existenzgründer gewährt werden. Darüber hinaus können Subventionen als direkte Zuschüsse, zinsgünstige Darlehen, Bürgschaften (z.B. bei Banken) gewährt werden oder andere Formen der Risikoübernahme beinhalten. Günstige Konditionen bei Geschäften mit dem Staat (z.B. beim Erwerb von Grundstücken oder bei staatlichen Beteiligungen an Unternehmen) oder Steuervergünstigungen bedeuten Einnahmeausfälle für den Staat. Steuerliche Spezialregelungen ermöglichen eine differenzierte Förderung einzelner Branchen, Regionen bzw. Aktivitäten (z.B. gezielte Ermäßigung der Mehrwertsteuer für Hotelübernachtungen, Freistellung energieintensiver Branchen von der Ökosteuer). Dadurch wird aber das Steuerrecht kompliziert.
- **Zölle und andere Handelshemmnisse** (vgl. dazu Kap. 4.2). Durch gezielte Ausnahmeregelungen im Außenhandel können inländische Unternehmen in speziellen Sektoren gegenüber ausländischen Konkurrenten begünstigt werden. Handelspolitik kann somit ein Ersatz für (Steuer-)Subventionen sein.
- **Andere spezielle Regulierungen.** Strukturpolitisch genutzt werden können auch Preisregulierungen (Mindest-, Höchst-, Richt-, Festpreise) sowie Regulierungen, die sich auf die Menge bzw. Qualität von Gütern beziehen (z.B. Maßnahmen zur Produktstandardisierung, Qualitätskontrolle, Zertifizierungssysteme usw.). Ferner lassen sich die Marktzutrittsbedingungen bzw. die Kapazitäten in einzelnen Branchen bzw. Berufen gezielt beeinflussen (z.B. durch Markt- bzw. Berufsordnungen oder wettbewerbspolitische Ausnahmeregelungen).
- **Infrastrukturinvestitionen.** Öffentliche Infrastrukturinvestitionen verbessern die regionalen Standortvoraussetzungen und schaffen damit die Voraussetzungen für regionale und auch für sektorale Entwicklung. Sie gelten zugleich als wachstumsfördernde Maßnahmen (vgl. Abschnitt 3.3.1.).

Grundsätzlich sollten die Wirtschaftsstrukturen nur durch marktkonforme, diskriminierungsfreie, zeitlich begrenzte bzw. degressiv gestaltete und im Zweifel eher unspezifische Instrumente beeinflusst werden. Passive Strukturpolitik (z.B. die sozialverträgliche Abfederung des Strukturwandels) ist demgegenüber gegen marktbestimmte Anpassungsprozesse gerichtet und somit eher marktinkonform. Strukturpolitische Eingriffe sind – vor diesem Hintergrund – stets kritisch zu prüfen.

Träger der Strukturpolitik sind primär die Gebietskörperschaften. Im Rahmen der Gemeinschaftsaufgabe „Verbesserung der regionalen Wirtschaftsstruktur" arbeiten Bund und Länder zusammen. Als strukturpolitische Einfluss- und Informationsträger agieren unter anderem Kammern und Verbände. Zunehmend übernimmt die EU (z.B. im Rahmen der Regional-, Agrar-, Energie- und Verkehrspolitik) strukturpolitische Kompetenzen (vgl. Übersicht 3.15). Die Arbeitsteilung zwischen europäischer und nationaler Strukturpolitik folgt dabei im Prinzip dem Subsidiaritätsprinzip, wonach die übergeordnete politische Ebene nur solche Aufgaben erledigen soll, deren Lösung auf der untergeordneten Ebene nicht gelingt.

Unklar ist aber, inwieweit der regionale Ausgleich auf deutscher oder eher auf europäischer Ebene anzustreben ist. Für deutsche Verhältnisse rückständige Regionen stehen im europäischen Vergleich oft gut da, die deutsche regionale Strukturpolitik wird daher oft aus Brüssel gebremst. Die europäische Regionalpolitik tritt nicht nur ergänzend neben die deutsche Regionalpolitik, sondern ersetzt diese teilweise, zumal nationale Subventionen der Beihilfenkontrolle der EU unterliegen. Der Erfolg der regionalen Strukturpolitik der EU ist unklar. Das regionale Wohlstandsgefälle in Europa ist nach wie vor hoch.

Die **regionale Strukturpolitik** der EU soll dazu beitragen, den wirtschaftlichen und sozialen Zusammenhalt in Europa zu stärken, indem regionale Entwicklungsunterschiede, welche die Stabilität der EU beeinträchtigen könnten, im Zeitablauf verringert werden. Dazu wird Geld aus verschiedenen **Strukturfonds** bereitgestellt. Die Mittel dienen vorrangig der Erleichterung der Umstrukturierung in besonders benachteiligten Regionen. In der Planungsperiode zwischen 2007 und 2013 gibt es folgende Regional- und Entwicklungsziele:

Konvergenz: dieses Ziel beinhaltet im Wesentlichen die Förderung von Regionen mit Entwicklungsrückstand (BIP je Einwohner < 75% des EU-Durchschnitts). Auf dieses Ziel sollen 81,5% der insgesamt vorgesehenen Fördermittel entfallen.

Regionale Wettbewerbsfähigkeit und Beschäftigung: hier sollen andere Regionen (z.B. Regionen mit hoher Arbeitslosigkeit) sowie in allen Regionen die Anpassung von Arbeitskräften an den Strukturwandel gefördert werden. Hierfür sind rund 16 % der insgesamt geplanten Fördermittel vorgesehen.

Europäische territoriale Zusammenarbeit: hier geht es um die Förderung der grenzübergreifenden, transnationalen und interregionalen Zusammenarbeit in der EU. (2,5% der insgesamt geplanten Fördermittel)

Förderungswürdig sind primär Infrastrukturprojekte (z.B. Straßen und Häfen, Kanalisation), ferner Qualifizierungsmaßnahmen. Die EU beteiligt sich an den Gesamtkosten. Um sicher zu gehen, dass nur Projekte gefördert werden, die auch wirklich im regionalen Interesse liegen, verlangt sie aber, dass parallel auch nationale Fördermittel in die betreffenden Projekte fließen (Kofinanzierung, Additionalität der EU-Förderung).

Übersicht 3.15: Regionale Strukturpolitik in der EU

3.3.3   Aufgaben

1. Diskutieren Sie Vor- und Nachteile des Wirtschaftswachstums!
2. Lassen sich staatliche Eingriffe zur Förderung bzw. Gestaltung des Wachstums (Wachstumspolitik) rechtfertigen? Wenn ja: wie?
3. Was ist „angemessenes" Wachstum?
4. Nennen und erläutern Sie fünf Ansatzpunkte der Wachstumspolitik!
5. Inwiefern ist eine Reform der Einkommensteuer, die im Ergebnis zu einer Nettoentlastung der Besteuerten führt, Bestandteil einer Wachstumspolitik?
6. Erläutern Sie den Zusammenhang zwischen Wachstum und Strukturwandel.
7. Wie sich staatliche Eingriffe in den Strukturwandel rechtfertigen?
8. Diskutieren Sie, inwieweit die Erhebung von Abgaben auf den umweltbelastenden Energieverbrauch („Öko-Steuern") den sektoralen Strukturwandel in Deutschland und die Attraktivität des deutschen Standortes beeinflussen. Inwiefern hängt die Antwort davon ab, wie der Staat die Einnahmen aus der Öko-Steuer verwendet?
9. Begründen Sie, warum Subventionen zeitlich befristet und im Zeitablauf degressiv gestaltet sein sollten. Erläutern Sie dabei auch, inwiefern spezifische Subventionen, insbesondere wenn Sie über einen längeren Zeitraum gewährt werden, problematisch sind.

10. Erläutern Sie „polit-ökonomisch", warum im politischen Tagesgeschäft oft eine passive Strukturpolitik (Strukturerhaltung) dominiert.
11. Erläutern Sie einen Ansatz der Strukturpolitik, der nicht auf die Verlangsamung des Strukturwandels gerichtet ist.

3.4   Stabilisierungspolitik

In diesem Kapitel

- erfahren Sie, dass antizyklische Globalsteuerung darauf abzielt, das Niveau der gesamtwirtschaftlichen Nachfrage in der Rezession zu erhöhen und in der Boomphase zu reduzieren.
- lernen Sie die Instrumente der expansiven Fiskalpolitik – Erhöhung der Staatsausgaben bzw. Senkung der Einnahmen in der Rezession – kennen. Normalerweise geht dies mit Haushaltsdefiziten einher. Kontraktive Fiskalpolitik beinhaltet hingegen steigende Einnahmen und sinkende Staatsausgaben in der Boomphase. Dies führt normalerweise zu einem Abbau der Staatsverschuldung.
- erkennen Sie die Durchführungsprobleme der antizyklischen Fiskalpolitik (z.B. Verzögerungen, Dosierungsprobleme, Koordinationsmängel zwischen den Gebietskörperschaften), aber auch grundsätzliche Probleme (Vernachlässigung langfristiger und struktureller Wirkungen der antizyklischen Globalsteuerung).
- wird die antizyklische Geldpolitik erläutert, die die in Umlauf befindliche Geldmenge in der Rezession erhöht und in der Boomphase reduziert. Probleme ergeben sich daraus, dass dieses Instrumentarium nur indirekt wirkt.
- erfahren Sie, dass sich die stabilitätsorientierte Lohnpolitik wegen der Tarifautonomie auf informatorische Maßnahmen und freiwillige Koordinierungsverfahren stützen muss, so dass der Erfolg solcher Maßnahmen von der Bereitschaft der Tarifpartner zum Konsens abhängt.
- erkennen Sie die Bedeutung stabiler Erwartungen der privaten Wirtschaftssubjekte für eine zyklenübergreifende Stabilitätspolitik. Hierbei wirken eine konsolidierungsorientierte Finanzpolitik, eine potentialorientierte Geldpolitik und eine produktivitätsorientierte Lohnpolitik zusammen.
- verstehen Sie, dass eine stetig angelegte Stabilisierungspolitik durch eine antizyklische Nachfragesteuerung ergänzt werden kann, die die Erwartungen der privaten Wirtschaftssubjekte nicht stört.

3.4.1   Problemstellung und Ziele

Stabilisierungspolitik verfolgt das Ziel, Schwankungen des Bruttoinlandsprodukts im Zeitablauf zu verstetigen. Dabei geht es nicht – wie bei der Wachstumspolitik darum, die langfristige Entwicklung des Produktionspotentials zu beeinflussen sondern darum, Schwankungen in der tatsächlichen Produktion, also in der Auslastung der vorhandenen Produktionskapazitäten zu verringern (vgl. Übersicht. 3.16.). Solche Schwankungen schlagen sich in den Veränderungsraten des Bruttoinlandsprodukts nieder (vgl. Abb.1.1.) und gehen oft mit Beschäftigungs- und Preisniveauschwankungen einher, die hohe ökonomische und soziale Kosten verursachen können.

Wachstumspolitik	Stabilisierungspolitik
langfristig,	kurz-/mittelfristig,
Zielgröße: Trend, in dem sich das Produktionspotential vergrößert	Zielgröße: Schwankungen der Kapazitätsauslastung
Ziel: Faktorvermehrung und/oder Effizienzsteigerungen im Einsatz der Produktionsfaktoren	Ziel: Milderung/Vermeidung von Arbeitslosigkeit und Inflation
eher angebotsorientierte Maßnahmen (da Produktionspotential von der Angebotsseite abhängt)	eher nachfrageorientierte Maßnahmen (es geht um die Auslastung des vorhandenen Produktionspotentials)

Übersicht 3.16: Abgrenzung von Stabilisierungs- und Wachstumspolitik

Die Begriffe Konjunktur-, Stabilitäts- und Stabilisierungspolitik werden zur Vereinfachung im Folgenden gleichbedeutend für alle wirtschaftspolitischen Maßnahmen verwendet, die darauf abzielen, die Wirtschaftsentwicklung zu verstetigen. Dabei stehen die im Stabilitäts- und Wachstumsgesetz genannten Ziele im Blickfeld, die ein gesamtwirtschaftliches Gleichgewicht umschreiben. Stabilitätspolitik zielt demnach darauf ab, „im Rahmen der marktwirtschaftlichen Ordnung gleichzeitig zur Stabilität des Preisniveaus, zu einem hohen Beschäftigungsstand und außenwirtschaftlichem Gleichgewicht bei stetigem und angemessenem Wirtschaftswachstum beizutragen" (§1 StWG). Marktkonformität bedeutet, dass keine direkt lenkenden Maßnahmen ergriffen werden dürfen, die die einzelwirtschaftlichen Entscheidungsmöglichkeiten beeinträchtigen.

Diese Zielformulierungen legen weder die Indikatoren zur Messung der Zielerreichung noch die anzustrebenden Zielwerte fest. Darüber hinaus ist unklar, ob diese Ziele überhaupt gleichzeitig realisierbar sind.

Zielverletzungen im Hinblick auf die genannten Ziele lassen sich nicht nur für die Bundesrepublik Deutschland feststellen. Auch in anderen Ländern ist die Entwicklung durch zyklische Schwankungen im Wachstumstempo und im Beschäftigungsgrad der Produktionsfaktoren gekennzeichnet, so dass immer wieder staatliche Stabilisierungsmaßnahmen gefordert werden.

Stabilisierungspolitik kann von unterschiedlichen Vorstellungen darüber ausgehen, wie Störungen im Wirtschaftsprozess verursacht werden. Während die Theorie von Keynes entsprechend der damaligen wirtschaftlichen Situation primär von der Sorge geprägt ist, dass es eine lang anhaltende Arbeitslosigkeit geben könne, war die Situation nach dem zweiten Weltkrieg in Deutschland zunächst durch „Wachstumszyklen" gekennzeichnet. Seit 1973 war höhere Arbeitslosigkeit zu beobachten, die später mit Preissteigerungen einherging (Stagnation und Inflation = Stagnation). Diese Problemlagen haben die Diskussion um die Stabilisierungspolitik beeinflusst.

Zyklische Schwankungen der gesamtwirtschaftlichen Entwicklung sind letztlich das Ergebnis individueller Entscheidungen bzw. Erwartungen der privaten Wirtschaftssubjekte in Hinblick auf Konsum- und Investitionsniveau, sowie das Ergebnis der Höhe der Staatsausgaben, der Importe und der Exporte. Diese Beschreibung wird im Rahmen verschiedener wirtschaftspolitischer Konzeptionen unterschiedlich konkretisiert. Grundsätzlich stehen sich die eher nachfrageseitig orientierte keynesianische und die eher angebotsseitig orientierte neoklassische Stabilitätskonzeption gegenüber.

Die keynesianische Stabilitätskonzeption basiert auf der Annahme, dass der private Sektor in der Marktwirtschaft instabil sei, d.h. dass immer wieder Ungleichgewichte zwischen dem gesamtwirtschaftlichen Angebot und der gesamtwirtschaftlichen Nachfrage auftreten, die sich nicht von selbst wieder ausgleichen. Aus einer zu geringen gesamtwirtschaftlichen Nachfrage in Verbindung mit nach unten starren Löhnen und mangelnder Bereitschaft zur Geldanlage auf dem Kapitalmarkt kann eine anhaltende Unterbeschäftigung resultieren, die nicht durch die Marktsteuerung behoben werden. Dem Staat kommt dann die Aufgabe zu, im Konjunkturverlauf die gesamtwirtschaftliche Nachfrage zu glätten. Dies erfordert fallweise staatliche Interventionen in den Wirtschaftsprozess, die allerdings so ausgestaltet werden sollen, dass sie mit der marktwirtschaftlichen Steuerung auf den einzelnen Güter-, Faktor- und Kapitalmärkten vereinbar sind. Die staatlichen Interventionen sollen daher lediglich gesamtwirtschaftliche Größen, insbesondere das Niveau der gesamtwirtschaftlichen Nachfrage (Globalsteuerung) verändern.

Im Gegensatz dazu basiert die neoklassische Stabilitätskonzeption auf der Annahme, dass die marktwirtschaftliche Steuerung grundsätzlich stabile Gleichgewichte bei Vollbeschäftigung herbeiführt, sofern nach exogenen Störungen und Datenänderungen Anpassungsprozesse ungestört ablaufen können. Der Selbststeuerungsprozess vollzieht sich dabei über Mengen- und Preisanpassungen, die die Konsum- und Investitionsentscheidungen der privaten Wirtschaftssubjekte automatisch so korrigieren, dass sich ein gesamtwirtschaftliches Gleichgewicht ergibt. Dem Staat kommt nach dieser Konzeption die Aufgabe zu, stabile Rahmenbedingungen zu garantieren, damit die privaten Wirtschaftssubjekte stabile Erwartungen bilden können und sichere Planungsgrundlagen für ihre Entscheidungen vorfinden. Die Rahmenbedingungen müssen zugleich so ausgestaltet sein, dass sie das Funktionieren der marktwirtschaftlichen Steuerung sicherstellen. Ordnungs- und Wettbewerbspolitik sowie die Garantie einer stabilen Geldordnung sind demnach zentrale staatliche Aufgaben. Punktuelle staatliche Interventionen in den Wirtschaftsprozess können hingegen privatwirtschaftliche Anpassungsprozesse stören und sogar konjunkturelle Schwankungen auslösen oder zumindest verstärken.

Im Folgenden wird zunächst die keynesianisch begründete antizyklische Globalsteuerung erläutert, die im Wesentlichen die im Stabilitäts- und Wachstumsgesetz vorgesehenen Instrumente begründet. Die Instrumente lassen sich der Finanz-, der Geld- und der Lohn- bzw.

Einkommenspolitik zuordnen. Nach der Kritik an diesem Instrumentarium wird eine stärker angebotsorientierte Konzeption der Stabilisierungspolitik erläutert. Dabei bleibt der Einfluss außenwirtschaftlicher Transaktionen zunächst unberücksichtigt.

3.4.2   Konzept der antizyklischen Globalsteuerung

3.4.2.1   Fiskalpolitik

Als Fiskalpolitik (fiscal policy) bezeichnet man die Variation des Niveaus der staatlichen Einnahmen und Ausgaben, mit dem Ziel, die gesamtwirtschaftliche Entwicklung zu stabilisieren. Wie bereits erläutert besteht das ursprüngliche Ziel der Haushaltspolitik darin, die Einnahmen zu erzielen, die erforderlich sind, um die staatlichen Aufgaben zu erfüllen. Im Rahmen dieser Konzeption wird ein jährlicher Budgetausgleich angestrebt. Da jedoch die meisten Steuereinnahmen im Konjunkturverlauf prozyklisch schwanken, führt diese Politik unter konjunkturellen Aspekten zu einer so genannten Parallelpolitik. Darunter versteht man, dass in Boomphasen auch hohe Staatsausgaben getätigt werden, weil wegen der günstigen Einkommens- und Konsumentwicklung die Steuereinnahmen hoch sind. Während der Rezessionsphasen können hingegen nur geringe Ausgaben getätigt werden, weil die staatlichen Einnahmen dann stagnieren. Ohne Verschuldung der öffentlichen Haushalte variieren die Staatsausgaben dann parallel zum Konjunkturverlauf und verstärken private Nachfrageschwankungen.

Im Rahmen des keynesianisch orientierten Stabilisierungskonzepts wird stattdessen gefordert, dass die Einnahmen und Ausgaben des Staates so gestaltet werden, dass sie zur Beseitigung von Arbeitslosigkeit und Inflation beitragen. In Rezessionsphasen sollen demnach die staatlichen Ausgaben erhöht und/oder die Einnahmen reduziert werden. Umgekehrt sollen in Boomphasen die staatlichen Ausgaben reduziert und/oder die Einnahmen des Staates erhöht werden. Besteht in einer konkreten Situation hohe Arbeitslosigkeit und eine Unterauslastung der Produktionskapazitäten, soll demnach eine expansive Haushaltspolitik betrieben werden. Durch diese Maßnahmen kann ein Budgetdefizit entstehen, das z.B. durch Kredite finanziert werden kann. Eine andere Möglichkeit zur Finanzierung konjunkturbedingter Budgetdefizite wäre die Auflösung vorhandener Überschüsse. Eine solche Haushaltspolitik wirkt expansiv, d.h. nachfrageerhöhend, weil der Staat mehr Geld ausgibt, als er dem privaten Sektor über seine (Steuer-)Einnahmen entzieht (vgl. Übersicht .3.17)

Werden öffentliche Ausgaben und Einnahmen in dieser Form antizyklisch gestaltet, kann das staatliche Budget nicht in jedem Jahr ausgeglichen sein. Vielmehr müssen – wegen der stagnierenden oder sogar rückläufigen Einnahmen in der Rezession – die steigenden Ausgaben durch Defizite der öffentlichen Haushalte finanziert werden; diese Form der Verschuldung wird als deficit spending bezeichnet. In Boomphasen hingegen kann der Staat dann höhere Einnahmen erzielen als Ausgaben. Die überschüssigen Einnahmen können zum Schuldenabbau genutzt werden, oder als Rücklage für künftige Rezessionen dienen. Insofern bedeutet die antizyklische Fiskalpolitik eine Abkehr vom Prinzip des jährlichen Haushaltsausgleichs.

Rezession:	Staatausgaben größer als Staatseinnahmen
expansive Haushaltspolitik	Folge : konjunkturbedingtes **Haushaltsdefizit**
Normalauslastung	gesamtwirtschaftliches Angebot = gesamtwirtschaftlich Nachfrage
	Folge: **neutrale Haushaltspolitik**
Boom:	Staatausgaben größer als Staatseinnahmen
kontraktive Haushaltspolitik	Folge: **Haushaltsüberschuss**, Bildung von Rücklagen

Übersicht 3.17: Antizyklische Fiskalpolitik

Nur wenn in der Realität Vollbeschäftigung und Preisniveaustabilität vorliegen, gibt es konjunkturell gesehen keinen Grund für ein deficit spending. Bei anhaltender Inflation und hoher Kapazitätsauslastung, d.h. im Boom sollen die staatlichen Ausgaben gesenkt bzw. die staatlichen Einnahmen erhöht werden, um das Niveau der gesamtwirtschaftlichen Nachfrage zu dämpfen; es kann eine kontraktive Haushaltspolitik betrieben werden. Überschüssige Mittel sollen stillgelegt oder zur Tilgung zuvor entstandener Kredite eingesetzt werden. Bei konsequenter antizyklischer Haushaltspolitik besteht die Chance, dass die in Rezessionsphasen entstandenen Haushaltsdefizite in Boomphasen wieder getilgt werden. Die langfristige Höhe der Staatsverschuldung würde durch ein solches kurzfristiges deficit spending nicht beeinflusst. Allerdings zeigt die Erfahrung, dass deficit spending häufig mit steigender Staatsverschuldung einhergeht, weil zwar Haushaltsdefizite in Rezessionsphasen in Kauf genommen werden, die Tilgung der Kredite in Boomphasen aber unterbleibt – eventuell weil eine dafür nötige Ausgabekürzung die Wiederwahl der Regierung gefährden könnte. Eine solche Politik entspricht allerdings nicht der Konzeption der antizyklischen Globalsteuerung und verursacht langfristig erhebliche Probleme (vgl. auch Abschnitt 3.4.2.4.).

Den Rahmen für eine antizyklische Fiskalpolitik stellt das Konzept der Globalsteuerung dar. Globalsteuerung bedeutet, dass die makroökonomischen Nachfrageaggregate (privater Konsum und private Investitionen, Ausgaben des Staates und Außenbeitrag) so beeinflusst werden, dass gesamtwirtschaftliche Nachfrage und gesamtwirtschaftliches Angebot besser zueinander passen, ohne direkt in die Entscheidungen der Haushalte und der Unternehmen einzugreifen. Private Wirtschaftssubjekte treffen nach diesem Konzept weiterhin eigenverantwortliche und dezentrale Produktions- und Konsumentscheidungen. Der Staat versucht lediglich indirekt private Entscheidungen zu beeinflussen, indem er Rahmendaten verändert, die die privaten Wirtschaftssubjekte bei ihren Konsum- und Investitionsentscheidungen berücksichtigen. Er setzt demnach nur Anreize, die die privaten Nachfrageentscheidungen indirekt in die gewünschte Richtung lenken. Außerdem gestaltet der Staat seine eigenen Ausgabe- und Einnahmeentscheidungen konjunkturgerecht.

Träger der Fiskalpolitik sind in Deutschland in erster Linie der Bund und die Länder (§1 StWG), aber auch die Gemeinden und Gemeindeverbände (§16 StWG). Will man die öffentlichen Haushalte konjunkturgerecht gestalten, setzt das daher eine Koordination zwischen den Gebietskörperschaften voraus. Dies ist in der Praxis allerdings sehr schwierig. Vor allem die Gemeinden – und auch die Bundesländer – verhalten sich oft prozyklisch, weil ihre Einnahmen prozyklisch schwanken und ihre Verschuldungsmöglichkeiten begrenzt sind. Der Haushaltsausgleich wird häufig für wichtiger gehalten als die Beeinflussung der gesamtwirtschaftlichen Nachfrage durch antizyklische Haushaltspolitik. Einzelne Gebietskörperschaften

können darauf hoffen, von den gesamtwirtschaftlichen Wirkungen antizyklischer Verhaltensweisen anderer Gebietskörperschaften zu profitieren, ohne selbst die Nachteile der antizyklischen Haushaltsgestaltung in Kauf nehmen zu müssen. Vor allem auf Gemeindeebene
ist es in vielen Fällen nicht möglich, investive Maßnahmen aus konjunkturellen Gründen
zeitlich zu verschieben. Dringende Ausgaben z.B. für Baumaßnahmen müssen dann getätigt
werden, wenn sie erforderlich sind. Das kann natürlich auch in der Boomphase der Fall sein.

Die Maßnahmen, die gemäß StWG im Rahmen der antizyklischen Globalsteuerung eingesetzt werden können, lassen sich nach der Eingriffsintensität gruppieren (vgl. Übersicht
3.18):

Informationsinstrumente zielen – als wenig eingriffsintensive Instrumente – darauf ab, die
Meinungsbildung der Träger wirtschaftlicher Entscheidungen zu beeinflussen. Beispielsweise können Wachstumsprognosen die Erwartungen der privaten Wirtschaftssubjekte beeinflussen und so ihre Entscheidungen in eine erwünschte Richtung lenken. Werden z.B. im
Jahreswirtschaftsbericht, im Jahresgutachten des Sachverständigenrates zur Begutachtung
der gesamtwirtschaftlichen Entwicklung oder in der von der Bundesregierung in Auftrag
gegebenen Gemeinschaftsdiagnose der wirtschaftswissenschaftlichen Forschungsinstitute
günstige Zuwachsraten der Produktion bzw. der einzelnen Nachfragekomponenten veröffent-
licht, kann das die Investitionsentscheidungen der privaten Unternehmen positiv beeinflussen. Nimmt dann durch optimistische Zukunftserwartungen die Investitionstätigkeit zu, kann
ein konjunktureller Aufschwung einsetzen. Prognosen können allerdings auch Erwartungen
ungünstig beeinflussen. Werden geringe Wachstumsraten prognostiziert, können Investitionen zurückgehen, wodurch ein beginnender Abschwung sich verstärken könnte (Gefahr der
self fulfilling prophecy). Darüber hinaus kann die Erfahrung, dass Prognosen falsch sein
können, dieses Instrument wirkungslos machen.

Instrumentengruppe	Maßnahmen
Informationsinstrumente	Beeinflussung der Meinungsbildung der Träger wirtschaftlicher Entscheidungen (z.B. Jahreswirtschaftsbericht mit Zielvorgaben für das laufende Jahr, geplanten Maßnahmen und Stellungnahme zum SVR-Gutachten als Grundlage für die Pla- nungen der Tarifparteien (§2 StWG), Subventionsberichte)
Planungsinstrumente	mittelfristige Finanzplanung (§9 StWG), mehrjährige Investitionsprogramme (§10 StWG), ausgabenorientierte Finanzplanung für 5 Jahre
Koordinationsinstrumente	Konjunkturrat (§18 StWG), Konzertierte Aktion § 3 StWG
Eingriffsinstrumente	Gestaltung von Steuereinnahmen und Staatsausgaben

Übersicht 3.18: Instrumente der Globalsteuerung nach der Eingriffsintensität

Darüber hinaus werden im Jahreswirtschaftsbericht der Bundesregierung regelmäßig die
geplanten wirtschaftspolitischen Maßnahmen dargestellt. Dies soll die Wirtschaftssubjekte
über öffentliche Maßnahmen informieren und dazu beitragen, dass sichere Planungsgrundlagen bereitgestellt werden.

Einen ähnlichen Zweck erfüllen Planungsinstrumente wie z.B. die mittelfristige Finanzplanung nach §9 StWG. Die Bundesregierung muss einen mittelfristigen Finanzplan aufstellen

und jährlich fortschreiben. Darin sollen Umfang und Struktur der öffentlichen Einnahmen und Ausgaben in Relation zur erwarteten gesamtwirtschaftlichen Entwicklung dargestellt werden. Darüber hinaus sieht das Stabilitäts- und Wachstumsgesetz mehrjährige Investitionsprogramme (§10) vor. Hier sollen alternative Investitionsprojekte vorbereitet und nach Dringlichkeit geordnet dargestellt werden. Diese vorstrukturierten Investitionsprojekte sollen dann zügig realisiert werden können, wenn eine konjunkturelle Belebung durch den Staat sinnvoll erscheint. Sie erfüllen die Funktion von Schubladenprojekten für den (konjunkturellen) Bedarfsfall um zu verhindern, dass langwierige Vorbereitungen die Investitionen so verzögern, dass ihre expansive Wirkung nicht konjunkturgerecht eintreten kann.

Durch die im StWG vorgesehenen Koordinationsinstrumente sollen die Maßnahmen der verschiedenen Träger der Wirtschaftspolitik aufeinander abgestimmt werden. Dies ist notwendig, damit die verschiedenen Maßnahmen der Fiskal-, Geld- und Einkommenspolitik sich in ihrer Wirkung nicht gegenseitig beeinträchtigen oder sogar kompensieren. Darüber hinaus besteht bei Abstimmung der verschiedenen Maßnahmen die Chance von Synergieeffekten. Maßnahmen die zeitgleich ergriffen werden und die gleiche Wirkungsrichtung aufweisen können über Bündelungseffekte möglicherweise größere Wirkungen erzielen als es bei nicht koordinierten Maßnahmen zu erwarten wäre. Zu den im StWG vorgesehenen Koordinierungsinstitutionen gehören der Konjunkturrat (§18 StWG) – ein Beratungsgremium, in dem Vertreter von Bund, Ländern und Gemeinden ihre Haushaltspolitik koordinieren sollen – und die Konzertierte Aktion (§ 3 StWG).

Im Rahmen der Stabilisierungspolitik war die Konzertierte Aktion als Gesprächskreis zu verstehen, in dem die wirtschaftspolitischen Maßnahmen verschiedener Akteure der Wirtschaftspolitik stabilitätskonform koordiniert werden sollen. Dazu sollten regelmäßige Gesprächsrunden zwischen Vertretern der Gebietskörperschaften, der Gewerkschaften, der Unternehmerverbände und der Deutschen Bundesbank einberufen werden. Hauptziel ist es, durch Gespräche zwischen dem Bundesminister für Wirtschaft und den Tarifparteien eine einkommenspolitische Absicherung konjunkturpolitischer Maßnahmen zu erreichen. Zwischen 1967 und 1976 fanden solche Koordinationsgespräche regelmäßig statt. Voraussetzung für den Erfolg solcher Gespräche ist aber die Bereitschaft, zu freiwilligen Verhaltensabstimmungen zu kommen und diese einzuhalten. Mitte der siebziger Jahre schieden die Gewerkschaften aus der Konzertierten Aktion aus, weil sie nach der Mitbestimmungsklage der Arbeitgeber vor dem BVerfG keine Chance zu konstruktiven Gesprächen mehr sahen. Seitdem wurde die Konzertierte Aktion in dieser Form nicht wieder einberufen. Allerdings kann man im Aufruf zum „Bündnis für Arbeit" zwischen 1998 und 2002 einen ähnlichen Versuch der wirtschaftspolitischen Koordination sehen. Hauptziel war hier, zwischen der Bundesregierung und den Tarifvertragspartnern Maßnahmen abzustimmen, die die Arbeitslosigkeit reduzieren und Wachstum und Beschäftigung beleben sollten. Dabei handelte es sich nicht nur um konjunkturpolitische sondern auch um wachstumspolitische Ziele, die mit einer Reform der Arbeitsmarktregulierungen erreicht werden sollten.

Eingriffsinstrumente verändern Abläufe im Wirtschaftsprozess. Die häufigste Form der Eingriffsinstrumente sind diskretionäre Maßnahmen, also Einzelfallentscheidungen. Erst wenn ein wirtschaftspolitischen Problem wahrgenommen wird, wird darüber beraten, ob und wenn ja welche wirtschaftspolitischen Maßnahmen in welchem Umfang eingesetzt werden sollen.

Über die Notwendigkeit und die Auswahl wirtschaftspolitischer Maßnahmen wird also jedes Mal bezogen auf die konkrete Problemlage entschieden.

Die diskretionären Maßnahmen der Fiskalpolitik lassen sich in Ausgaben- und Einnahmeinstrumente unterscheiden (vgl. Übersicht 3.19). Auf der Ausgabenseite kann die Höhe und die Struktur der Staatsausgaben variiert werden. Diese Maßnahmen zielen darauf ab, in der Rezession die gesamtwirtschaftliche Nachfrage zu erhöhen und sie in der Boomphase zu dämpfen. Das Ausmaß der Wirkungen hängt davon ab, für welchen Zweck die Ausgaben getätigt werden. Im Allgemeinen haben Ausgaben für Güter und Dienste höhere Nachfrageeffekte als Ausgaben für Transferzahlungen oder Subventionen.

Das Stabilitäts- und Wachstumsgesetz sieht zur konjunkturgerechten Gestaltung der Staatsausgaben unter anderem die Streckung öffentlicher Baumaßnahmen oder den Beschluss zusätzlicher Ausgaben (§6 StWG) sowie die Beschleunigung der Planung und Vergabe geeigneter Investitionsvorhaben (§ 11 StWG) vor.

Ausgabenpolitik	Einnahmepolitik
Höhe der Staatsausgaben	Höhe und Struktur der Steuereinnahmen
Struktur der Staatsausgaben: Sach-/Personalausgaben, Transfers, Subventionen	Beispiel: Zu-/Abschläge zur Einkommen-/Körperschaftsteuer
Beispiel: mehrjährige Investitionsplanung (§ 10 StWG Schubladenprojekte)	Höhe und Struktur der Staatsverschuldung Beispiel: Konjunkturausgleichsrücklage

Übersicht 3.19: Ansatzpunkte der diskretionären Fiskalpolitik

Auf der Einnahmenseite der öffentlichen Haushalte können ebenfalls konjunkturelle Impulse gegeben werden. Durch die Variation des Steueraufkommens können die privaten Nachfrager indirekt zur Veränderung ihrer Ausgaben veranlasst werden. Damit soll erreicht werden, dass Konsumausgaben und Investitionen sich in der Rezession erhöhen bzw. im Boom reduzieren. Die Variation der Steuereinnahmen wirkt zunächst auf das verfügbare Einkommen der privaten Haushalte bzw. auf die Liquidität der Unternehmen. Damit werden die privaten Haushalte indirekt veranlasst, ihre Konsumausgaben konjunkturgerecht zu verändern. Wird auch die Unternehmensbesteuerung variiert, ändert sich die Gewinn- und Liquiditätssituation der privaten Unternehmen. Dazu sind im StWG beispielsweise eine Heraufsetzung bzw. Herabsetzung der Einkommens- und Körperschaftsteuer um maximal 10% (§ 26 (3) StWG), Investitionsprämien (Abzug von der Steuerschuld bis zu 7,5% der Anschaffungs- und Herstellungskosten) oder Beschränkungen von Abschreibungsmöglichkeiten (§ 26(3) StWG), Aussetzung der Sonderabschreibungen oder der Möglichkeit der degressiven Abschreibung) sowie die Anpassung von Steuervorauszahlungen bei der Einkommen-/Körperschaft-/Gewerbesteuer (§§ 26ff. StWG) vorgesehen.

Da die expansive Fiskalpolitik in der Rezession auch finanziert werden muss, sieht das StWG zusätzliche Finanzierungsmöglichkeiten vor. Beispielsweise kann kurzfristig eine konjunkturgerechte Erhöhung der Staatsausgaben durch Mittel aus der Konjunkturausgleichsrücklage finanziert werden. Dabei handelt es sich um Gelder, die der Bund und die Länder in vorherigen Boomphasen zinslos bei der Zentralbank hinterlegt hatten.

Bei den dargestellten diskretionären Maßnahmen müssen die Entscheidungsträger im Einzelfall über den Einsatz und die Ausgestaltung des Instrumentariums entscheiden. Die Diskussion um die Auswahl der Maßnahmen und der Entscheidungsprozess kosten Zeit (time-lag-Problematik). Die in dieser Phase stattfindende öffentliche Diskussion der möglichen Maßnahmen kann dazu führen, dass private Wirtschaftssubjekte ihr geplantes Verhalten ändern, weil sie auf eine Entscheidung warten (Ankündigungseffekte).

Planen z.B. Unternehmer Investitionen, so kann es im konjunkturellen Abschwung für sie sinnvoll sein, die Investitionsentscheidung zu verschieben, bis eine erwartete Investitionsprämie eingeführt wird (Attentismus). Eine gesamtwirtschaftliche Nachfrageschwäche würde weiter verstärkt, weil Investoren abwarten, welche konjunkturpolitische Maßnahme ergriffen wird. Zudem ist fraglich, ob in einem solchen Fall die Investitionsprämie wirklich zusätzliche Investitionen induziert. Insbesondere, wenn in Rezessionsphasen die Absatzerwartungen der Investoren eher pessimistisch sind, besteht die Gefahr, dass nur ohnehin geplante Investitionen durch die Investitionsprämie gefördert werden (Mitnahmeeffekte).

Bei diskretionären Maßnahmen erfordert der Abstimmungs- und Entscheidungsprozess Zeit, darüber hinaus muss über die Dosierung der Mittel im Einzelfall entschieden werden. Zu große Entscheidungsverzögerungen und eine falsche Dosierung der Mittel können die Wirkung der Maßnahmen gefährden. Denkbar ist auch, dass die Verzögerungen so groß sind, dass antizyklisch geplante Maßnahmen zu spät wirken, so dass etwa in der Rezession geplante zusätzliche Staatsausgaben erst in der wieder beginnenden Boomphase zum Tragen kommen. In diesem Fall können wirtschaftspolitische Maßnahmen sogar zur Destabilisierung beitragen.

Diese Probleme werden vermieden, wenn konjunkturpolitische Maßnahmen nicht auf einer diskretionären Entscheidung beruhen. Bei den **automatischen Stabilisatoren** passen sich die Staatseinnahmen oder die Ausgaben an die konjunkturellen Erfordernisse an, ohne dass eine staatliche Maßnahme erforderlich wird. Konjunkturgerechte Veränderungen der Höhe der Einnahmen bzw. Ausgaben ergeben sich automatisch. Die wichtigsten Beispiele sind die progressive Einkommenssteuer und die Arbeitslosenunterstützung.

Bei einer progressiv ausgestalteten Einkommenssteuer (vgl. Abschnitt 3.2) steigen im Boom – bei allgemeinen Einkommenssteigerungen – die Steuereinnahmen automatisch überproportional an. Damit wächst in Aufschwungphasen das verfügbare Einkommen automatisch langsamer als das Bruttoeinkommen, so dass die Entwicklung der privaten Konsumnachfrage gedämpft wird, ohne dass eine Einzelentscheidung getroffen werden muss. Eine ähnliche Stabilisierungswirkung ergibt sich bei der Arbeitslosenunterstützung. Die Zahlungen der Bundesanstalt für Arbeit steigen bei einer Erhöhung der Arbeitslosigkeit in der Rezession an. In diesem Fall sinken die verfügbaren Einkommen langsamer als die Bruttoeinkommen, so dass die private Nachfrage stabilisiert wird.

Der Vorteil der automatischen Stabilisatoren liegt darin, dass die Wirkungen automatisch eintreten und in ihrer Höhe eindeutig fixiert sind. Damit entfallen die zeitlichen Verzögerungen, die bei dem Beratungen der Maßnahmen auftreten können. Darüber hinaus muss nicht über die Dosierung der Maßnahmen entschieden werden. Eine nachfragedämpfende Wirkung tritt allerdings nur ein, wenn der Staat die Mehreinnahmen aus der Einkommensteuer im Aufschwung stilllegt, dass der Staat die Mittel also nicht seinerseits nachfragewirksam verausgabt. Im Abschwung treten nachfragestabilisierende Wirkungen nur dann ein, wenn Defizite akzeptiert werden.

Eine weitere Möglichkeit zur Stabilisierung der Beschäftigungslage ist konjunkturelle Kurzarbeit. Mit diesem Instrument sollen Entlassungen in der Rezession vermieden werden, wenn die Aussicht besteht, dass die Arbeitskräfte nach der Krise wieder beschäftigt werden können. Bei vorübergehendem und erheblichem Arbeitsausfall wird dem Arbeitgeber zeitlich befristet Kurzarbeitergeld in Höhe des Arbeitslosengeldes gezahlt, so dass seine Arbeitskosten sinken. Die Arbeitnehmer erhalten ggf. darüber hinaus Löhne bzw. Gehälter für die tatsächlich geleistete Arbeit vom Arbeitgeber; trotzdem müssen sie Lohneinbußen hinnehmen. Auf detaillierte Regelungen z.B. zu den Lohnnebenkosten soll hier nicht weiter eingegangen werden. Generell können Arbeitgeber dadurch qualifizierte Beschäftigte im Unternehmen halten und vermeiden bei verbesserter Auftragslage die Kosten der Suche nach neuen Mitarbeitern; die Arbeitnehmer vermeiden Arbeitslosigkeit, den Verlust von Qualifikationen und ebenfalls Suchkosten. Das Instrument ist allerdings keine Lösung für dauerhafte Absatzeinbußen.

Mängel der diskretionären Fiskalpolitik

In Bezug auf die antizyklische Fiskalpolitik gibt es eine Reihe von Kritikpunkten, die es insgesamt fraglich erscheinen lassen, ob insbesondere die diskretionären Instrumente geeignet sind, Konjunkturschwankungen zu glätten (vgl. Übersicht 3.20).

- Häufig ist es schwierig, die Höhe der öffentlichen Ausgaben kurzfristig zu variieren, weil ein großer Teil dieser Ausgaben gesetzlich fixiert ist. Dies gilt vor allem für die Personal- und Sozialausgaben sowie für den Schuldendienst (Zinsen und fristgerechte Tilgung) und betrifft in erster Linie die Gemeindehaushalte, aus denen ein großer Teil der öffentlichen Investitionen (freie Spitze) finanziert wird. Zusätzlich gibt es in der Eurozone im Rahmen des europäischen Stabilitäts- und Wachstumspaktes von Seiten der EU Grenzen für eine kreditfinanzierte antizyklische Haushaltspolitik (vgl. Kapitel 4.3).
- Die Instrumente, die darauf abzielen, die Höhe der Investitionen konjunkturgerecht (z.B. durch Investitionsprämien, Abschläge von der Einkommens-/Körperschaftsteuer) zu beeinflussen, wirken auf alle Arten von Investitionen. Da die Maßnahmen der antizyklischen Fiskalpolitik nur global eingesetzt werden können, ist es z.B. nicht möglich, (Rationalisierungs-)Investitionen, durch die keine neuen Arbeitsplätze entstehen – möglicherweise sogar Arbeitsplätze abgebaut werden – von der Förderung auszuschließen. Fördermittel erreichen also nicht immer die gewünschte Wirkung. Zum anderen kann man nicht auszuschließen, dass auch ohnehin geplante Investitionen gefördert werden (Mitnahmeeffekte).
- Die Wirkungen genereller Investitionsanreize sind zweifelhaft, wenn insgesamt ungünstige Ertragserwartungen die Investitionstätigkeit dämpfen Dieses Argument führt zu einem grundsätzlichen Einwand gegen Maßnahmen der antizyklischen Nachfragesteuerung. Solche Maßnahmen werden nur dann wirksam, wenn es keine strukturellen, also langfristig wirkenden Investitionshemmnisse gibt. Solange z.B. ungünstige Standortbe-

dingungen die Investitionstätigkeit hemmen, können nachfrageseitige Investitionsimpulse keine dauerhaften Wirkungen entfalten.

- Die Verschuldung der öffentlichen Haushalte kann am Kapitalmarkt zu steigenden Zinsen und damit zur Verdrängung privater Investitionen führen (vgl. dazu Abschnitt 2.2).

- Der sachgerechte Einsatz des Instrumentenbündels wird durch die bereits dargestellten Zeitverzögerungen (lags) (vgl. Abschnitt 3.1.) erschwert. Diese lags können sich bei diskretionären konjunkturpolitischen Maßnahmen so addieren, dass diese eher zyklenverstärkend als glättend wirken.

- Darüber hinaus erfordert die gezielte konjunkturgerechte Variation der Staatsausgaben einen Abstimmungsprozess zwischen den verschiedenen Gebietskörperschaften, der nur schwer herbeigeführt werden kann.

- Ein weiteres Problemfeld besteht oft in Boomphasen: Nach dem Konzept der antizyklischen Steuerung wären hier Ausgabenkürzungen und Einnahmeerhöhungen erforderlich, beide Maßnahmen sind aber – vor allem kurz vor Wahlterminen – unpopulär, so dass Politiker zögern werden, solche Maßnahmen zu ergreifen. Dies führt dazu, dass die Staatsausgaben nach unten nicht variabel sind. Es besteht die Gefahr, dass die antizyklische Steuerung asymmetrisch praktiziert wird. Expansive Maßnahmen in der Rezession sind durchsetzbar, nicht hingegen kontraktive Maßnahmen in der Boomphase. Dies kann in einen ständigen Aufschaukelungsprozess der Staatsverschuldung einmünden, weil die in der Rezession angestiegene Staatsverschuldung im folgenden Aufschwung oder Boom nicht zurückgeführt wird. Damit ist eine langfristig steigende Staatsverschuldung zu befürchten, die die Handlungsfähigkeit der öffentlichen Haushalte immer mehr einengt. (vgl. Abschnitt 3.2).

- Ein generelles Problem besteht darin, dass die langfristigen Wirkungen des diskretionären Instrumenteneinsatzes vernachlässigt werden. Beispielsweise lösen staatliche Ausgaben normalerweise Folgekosten aus, die ebenfalls die Gestaltungsmöglichkeiten der öffentlichen Haushalte einengen. Unterhaltskosten für öffentliche Einrichtungen, Zinsbelastungen bei steigender Staatsverschuldung und die steigenden Erwartungen an Leistungen des Staates belasten die öffentlichen Haushalte dauerhaft. Langfristig besteht zudem die Gefahr, dass eine falsch praktizierte diskretionäre Fiskalpolitik die Staatsquote kontinuierlich ansteigen lässt.

I. Mängel in der Durchführung/mangelnde Durchführbarkeit

Wirkungsverzögerungen (time-lag-Problematik: Erkenntnis-, Planungs- /Entscheidungs- und Wirkungslag) bewirkt im Extremfall sogar eine Verstärkung der Konjunkturschwankungen

asymmetrische Ausgestaltung der antizyklischen Steuerung mit der Konsequenz wachsender Staatsverschuldung

irreversible Maßnahmen, die konjunkturell sinnvoll, aber langfristig eher problematisch sind

Gefahr des crowding-out: Verdrängt die staatliche Kreditaufnahme die privaten Investitionen (die u.U. sogar effizienter wären)

Problem der konjunkturgerechten Koordination der Haushalte der verschiedenen Gebietskörperschaften, insbesondere Gefahr des prozyklischen Verhaltens der Gemeinden

Folgewirkungen öffentlicher Investitionen („freie Spitze")

II. Grundsätzliche Einwände

Bedenken in Hinblick auf die Ordnungskonformität der Maßnahmen und die Tendenz zu langfristig steigender Staatsquote

---

Übersicht 3.20: Einwände gegen eine diskretionäre Fiskalpolitik

Die Dosierungs- und lag-Probleme lassen sich durch den Einsatz automatischer Stabilisatoren anstelle von diskretionären Maßnahmen teilweise beheben. Auch bei diesem Instrumentarium bleibt allerdings offen, ob die Wirtschaftssubjekte auf Änderungen der verfügbaren Einkommen durch eine konjunkturgerechte Änderung ihrer Ausgaben reagieren. Wegen der Vielzahl von Problemen bei der Durchführung einer antizyklischen Fiskalpolitik dominierte lange der Wunsch, die öffentlichen Haushalte längerfristig anzulegen. Die Wirtschaftskrise 2008/2009 zeigte jedoch, dass sich angesichts rückläufiger Nachfrage in wichtigen Wirtschaftsbereichen mit der Gefahr eines Abwärtssogs – zumal vor Wahlterminen – doch der Wunsch durchsetzen kann, expansive Impulse zu setzen.

3.4.2.2 Geldpolitik

Generell zielt die Geldpolitik darauf ab, die Geldversorgung der Wirtschaft sicherzustellen und dabei einen stabilen Geldwert zu gewährleisten (vgl. Abschnitt 1.3). Das Wachstum der Geldmenge muss den zunehmenden Liquiditätsbedarf in einer wachsenden Wirtschaft decken; gleichzeitig ist aber das Geldmengenwachstum so anzupassen, dass keine inflationären Tendenzen auftreten können. Dies ist primär eine langfristige Aufgabe, insofern dient das geldpolitische Instrumentarium nicht in erster Linie dazu, Konjunkturschwankungen zu glätten. Trotzdem können geldpolitische Instrumente die Wirtschaftspolitik bzw. die zur Stabilisierung eingesetzte Fiskalpolitik unterstützen.

Seit dem Eintritt in die Europäische Währungsunion ist die Kompetenz zum Einsatz des geldpolitischen Instrumentariums – wie bereits erläutert – auf die Europäische Zentralbank (EZB) übergegangen. Die EZB hat sich verpflichtet, ihre Geldpolitik an der gesamteuropäischen Wirtschaftsentwicklung auszurichten. Sie ist von nationaler Einflussnahme unabhängig (vgl. Abschnitt 1.3.). Über den Einsatz geldpolitischer Maßnahmen entscheidet der Rat der EZB, die nationalen Zentralbanken sind lediglich dafür verantwortlich, die Maßnahmen durchzuführen. Auf der Basis dieser Regelungen kann es keine geldpolitischen Stabilisierungsmaßnahmen mehr geben, die sich an den besonderen konjunkturellen Bedingungen einzelner Mitgliedstaaten ausrichten. Die EZB muss vielmehr eine einheitliche Geldpolitik für alle Mitgliedstaaten der Eurozone planen (vgl. dazu auch Abschnitt 4.3).

Mit den verschiedenen Instrumenten der Geldpolitik stellt die EZB den Geschäftsbanken zu unterschiedlich ausgestalteten Konditionen Zentralbankgeld zur Verfügung. Verfahren dazu sind die Mindestreservepolitik, die Refinanzierungspolitik und die Offenmarktpolitik. Geldpolitische Instrumente beeinflussen das Kreditangebot der Banken und die Kreditnachfrage der Nicht-Banken entweder mengenseitig über den Umfang der Geldschöpfung oder preisseitig, d.h. über die Veränderung der Kapitalmarktzinsen.

- Im Rahmen der **Refinanzierungspolitik** legt die Zentralbank fest, zu welchen Bedingungen sie den Geschäftsbanken die Möglichkeit gibt, sich zusätzliche Liquidität bei der Zentralbank zu beschaffen, d.h. sich zu refinanzieren. Dies geschieht durch die Annahme oder Beleihung von Aktiva durch die Zentralbank gegen Zentralbankgeld. Wesentliches Instrument der Refinanzierungspolitik ist die Festlegung der Zinssätze, zu denen die Zentralbank den Geschäftsbanken Kredite gegen Vorlage von Aktiva einräumt. Darüber hinaus kann die Zentralbank Kontingente festlegen oder die qualitativen Anforderungen an die als Sicherheiten akzeptierten Aktiva verändern, um den Umfang der entsprechenden Refinanzierungsmöglichkeiten beeinflussen. Variationen der Leitzinsen verändern die Kreditkosten der Geschäftsbanken. Damit kann eine Änderung der Zinsen am Geld- und Kapitalmarkt erreicht werden. Indirekt kann damit auch die private Kreditnachfrage beeinflusst werden. Die Refinanzierungspolitik wirkt nicht direkt, weil die Geschäftsbanken ihre Kontingente nicht beanspruchen müssen. Die Wirkungen der Refinanzierungspolitik sind daher davon abhängig wie die Geschäftsbanken und wie die privaten Kreditnachfrager auf die vorgenommenen Änderungen der Zentralbank reagieren.

▪ Das Hauptinstrument der Refinanzierungspolitik ist die **Offenmarktpolitik**. Bei der Offenmarktpolitik werden grundsätzlich bestimmte Aktiva (Wertpapiere) durch die Zentralbank angekauft bzw. verkauft, um so die in Umlauf befindliche Zentralbankgeldmenge zu verändern. Dabei gibt es unterschiedliche Ausgestaltungsformen. Dies wird im Folgenden ausführlicher dargestellt.

Offenmarktgeschäfte sind Transaktionen, bei denen die Geschäftsbanken von den Notenbanken – meist für einen befristeten Zeitraum – Zentralbankgeld erhalten. Dazu kauft bzw. verkauft die Zentralbank refinanzierungsfähige Sicherheiten und vereinbart gleichzeitig den Rückkauf innerhalb einer bestimmten Laufzeit (Wertpapierpensionsgeschäfte). Kauft die Zentralbank Wertpapiere, stellt sie Zentralbankgeld zur Verfügung (expansive Geldpolitik), verkauft sie Wertpapiere gegen Euro, sinkt die in Umlauf befindliche Geldmenge (kontraktive Geldpolitik). Die Offenmarktpolitik zugleich darauf ab, die Zinssätze am Geldmarkt zu beeinflussen, also „Signale" in Hinblick auf den geldpolitischen Kurs zu setzen. Wegen der Rückkaufvereinbarung ist die Veränderung der Zentralbankgeldmenge, die sich aus diesen Geschäften ergibt, zeitlich befristet. Die einzelnen Instrumente der Offenmarktpolitik der EZB unterscheiden sich im Wesentlichen

▪ nach der Laufzeit,
▪ der Häufigkeit und dem Turnus des Einsatzes und
▪ nach dem Ausgabeverfahren (vgl. Übersicht 3.21).

Die bereitgestellte Liquidität (Zentralbankgeld) wird im Rahmen so genannter Tender an die Geschäftsbanken verteilt, die die Liquidität beanspruchen wollen. Beim Mengen- oder Festsatztender bestimmt die Zentralbank den Umfang und den Zinssatz für die Refinanzierung. Übersteigen die Gebote das Zuteilungsvolumen erhalten die Geschäftsbanken einen Anteil des bereitgestellten Volumens, der ihrem Anteil an der insgesamt gebotenen Summe entspricht. Beim Zinstender geben die Geschäftsbanken Gebote ab, das bereitgestellte Volumen wird den Geschäftsbanken zugeteilt, die die höchsten Zinsen geboten haben. Beim Standardtender erfolgt die Abwicklung des Verfahrens als Mengentender innerhalb von 24 Stunden, beim Schnelltender innerhalb von einer Stunde. Die kurzen Laufzeiten erlauben es der Zentralbank, die Konditionen der Refinanzierung jeweils der aktuellen Marktlage anzupassen.

Geldpolitische Instrumente der EZB	
Offenmarktgeschäfte	**Hauptrefinanzierungsinstrument**: wöchentlich, Standardtender mit Laufzeit 1 oder 2 Wochen
	längerfristige Refinanzierungsgeschäfte: monatlich, Standardtender mit Laufzeit 3 Monate
	Feinsteuerungsoperationen: unregelmäßig, Schnelltender, nicht standardisiert
	strukturelle Operationen: unregelmäßig, nicht standardisiert
Ständige Fazilitäten	Spitzenrefinanzierungsfazilitäten
	Einlagenfazilitäten
Mindestreservevorschriften	

Übersicht 3.21: Geldpolitische Instrumente der Europäischen Zentralbank

Im Rahmen des Hauptrefinanzierungsinstruments wird die Liquidität der Geschäftsbanken mit einer Laufzeit von 1 oder 2 Wochen erhöht. Der Umfang, in dem diese Form der Refinanzierung für die Geschäftsbanken möglich ist, wird wöchentlich bestimmt. Meist wird den Geschäftsbanken der größte Teil der Refinanzierungsmöglichkeiten im Rahmen eines Standardtenders zur Verfügung gestellt. Der Zinssatz für die Hauptrefinanzierung – der Refi-Satz – ist der zentrale Leitzins im Eurosystem.

Bei den längerfristigen Refinanzierungsgeschäften wird den Geschäftsbanken ebenfalls Liquidität bereitgestellt. Die Laufzeit beträgt drei Monate, das Refinanzierungsvolumen wird regelmäßig und monatlich als Standardtender verfügbar gemacht.

Feinsteuerungsoperationen können sowohl zur Liquiditätserhöhung als auch zur Senkung der Liquidität eingesetzt werden. Sie werden unregelmäßig mit unterschiedlichen Laufzeiten im Rahmen eines Schnelltenders bereitgestellt. Damit gibt dieses Instrument der Zentralbank die Möglichkeit, unerwünschte Wirkungen von unvorhergesehenen Liquiditätsschwankungen auf die Zinssätze zu vermeiden. Es ist möglich, die Zahl der Geschäftsbanken, die an diesem Verfahren teilnehmen können, zu begrenzen (= Bilaterale Geschäfte). Als Fernsteuerungs-Operationen können – in Ausnahmefällen nach Entscheidung des EZB-Rates – auch Devisenswaps, definitive Käufe bzw. Verkäufe oder – zur Abschöpfung von Liquidität – auch die Hereinnahme von Termineinlagen eingesetzt werden.

Bei den Devisenswapgeschäften kauft oder verkauft die Zentralbank Euro per Kasse gegen eine Fremdwährung. Gleichzeitig wird ein Datum für den Rücktausch festgelegt. Der Swapsatz gibt die Differenz zwischen dem Terminkurs und dem Kassakurs an. Devisenswapgeschäfte werden nur unregelmäßig mit nicht standardisierten Laufzeiten durchgeführt.

Im Rahmen der Feinsteuerungsoperationen können auch definitive Käufe oder Verkäufe von refinanzierungsfähigen Aktiva vorgenommen werden. In diesem Fall geht das Eigentum am Vermögenswert endgültig vom Verkäufer an den Käufer über, da keine Rückübertragung vereinbart wird. Die Veränderung der Zentralbankgeldmenge, die daraus resultiert, ist daher endgültig.

Bei der Hereinnahme von Termineinlagen werden Einlagen mit festem Zinssatz und fester Laufzeit angenommen. Dieses Instrument wird ebenfalls eingesetzt, um als Feinsteuerung

Liquidität abzuschöpfen. Die Maßnahme kann unregelmäßig ohne standardisierte Laufzeit eingesetzt werden.

Auch die strukturellen Operationen können expansiv oder kontraktiv eingesetzt werden. Laufzeit, Häufigkeit und Turnus lassen sich unterschiedlich ausgestalten. Sie können als befristete Transaktionen oder als definitive (Ver-)Käufe durchgeführt werden. Darüber hinaus können in diesem Zusammenhang EZB-Schuldverschreibungen emittiert werden. Dabei handelt es sich um eine Schuldverschreibung der EZB gegenüber den Geschäftsbanken. EZB-Schuldverschreibungen dienen der Liquiditätsabschöpfung; sie können in Hinblick auf Laufzeit und Turnus unterschiedlich ausgestaltet werden, benutzen aber das Standardtenderverfahren.

Im Rahmen der ständigen Fazilitäten bietet die EZB den Geschäftsbanken ständig die Möglichkeit, bei Bedarf die Liquidität kurzfristig (über Nacht) zu erhöhen oder zu senken. Sie dienen also dazu, kurzfristige Liquiditätsschwankungen der Geschäftsbanken abzudecken oder aufzufangen. Die Initiative zur konkreten Beanspruchung dieser Möglichkeiten liegt bei den Banken.

Die Spitzenrefinanzierungsfazilitäten dienen dazu, den Geschäftsbanken zeitlich befristet („über Nacht") gegen zentralbankfähige Sicherheiten (Wertpapiere) Liquidität bereitzustellen. Der Zinssatz für die Spitzenrefinanzierungsfazilitäten kann als Obergrenze für den Zinssatz für Tagesgeld angesehen werden. Im Rahmen der Einlagenfazilitäten nimmt die Zentralbank Einlagen der Geschäftsbanken zu einem bestimmten Zinssatz an. Überschüssige Liquidität kann demnach zu einem niedrigen Einlagezins bei der Zentralbank angelegt werden. Der hier festgelegte Zinssatz stellt die Untergrenze für den Tagesgeldzinssatz dar. Auch diese Fazilitäten können unbegrenzt genutzt werden, es gibt keine Sicherheiten für die Einlagen.

Nach Art. 19 der Satzung des ESZB und der EZB müssen die Geschäftsbanken Mindestreserven auf den Konten der nationalen Zentralbanken halten (vgl. dazu auch Abschnitt 1.3). Diese Pflichtreserven der Geschäftsbanken bei der Zentralbank sind umso höher, je höher die Mindestreservesätze sind. Reduziert die Zentralbank durch eine Erhöhung der Mindestreservesätze den Kreditvergabespielraum der Geschäftsbanken, nimmt die Geldversorgung der Wirtschaft ab. Eine solche Verknappung des Geldangebots führt ceteris paribus zu steigenden Zinsen, so dass die kreditfinanzierten Ausgaben reduziert werden. Insbesondere dürfte diese Maßnahme kredittitfinanzierte Investitionen dämpfen, so dass die gesamtwirtschaftliche Nachfrage und die Beschäftigung sinken. Umgekehrt wirkt eine Senkung der Mindestreservesätze tendenziell nachfragebelebend, weil die Kreditvergabemöglichkeiten der Geschäftsbanken zunehmen, so dass sie mehr Kredite (zu niedrigeren Zinsen) vergeben können.

Der Mindestreservesatz wurde zunächst auf einheitlich 2% der Reservebasis festgelegt. Die EZB hat allerdings die Mindestreservesätze bisher noch nicht geändert. Da die Geschäftsbanken der Mindestreservepflicht nicht ausweichen können, bietet dieses Instrument der Zentralbank die Möglichkeit, die Entwicklung der Geldmenge zu kontrollieren. Bei allen anderen Instrumenten stellt die Zentralbank zwar die Refinanzierungsmöglichkeiten bereit, ob und in welchem Umfang diese genutzt werden, bleibt jedoch den Geschäftsbanken überlassen.

Von der Mindestreservepflicht der Geschäftsbanken kann eine Stabilisierung der Zinssätze für kurzfristige Gelder ausgehen. Bei kurzfristigen Liquiditätsengpässen können die Geschäftsbanken Gelder aus der Mindestreserve einsetzen, und dies in den folgenden Tagen durch ein entsprechend höheres Guthaben ausgleichen. Die Mindestreserven können also als Liquiditätspuffer dienen. Die Höhe der Mindestreservepflicht wird im Monatsdurchschnitt aus den Positionen der Bilanzen der Geschäftsbanken ermittelt. Die Mindestreserve wird zum Zinssatz für die Hauptrefinanzierungsgeschäfte verzinst.

Mängel der diskretionären Geld-/Kreditpolitik

Geldpolitische Maßnahmen zielen darauf ab, die Liquiditätsspielräume der Geschäftsbanken zu beeinflussen. Damit ändern sich die Rahmenbedingungen für die private Kreditnachfrage, so dass sich Änderungen der Höhe der kreditfinanzierten Ausgaben und eine Änderung der gesamtwirtschaftlichen Nachfrage ergeben können. Geldpolitische Maßnahmen wirken aber nur indirekt. Die Reaktionen der Geschäftsbanken und der privaten Wirtschaftssubjekte hängen von der jeweiligen Wirtschaftslage ab. Diese Überlegung führt zu einer Reihe von Wirkungsunsicherheiten beim Einsatz geldpolitischer Instrumente.

- Da die Refinanzierungsmöglichkeiten, die die Zentralbank den Geschäftsbanken einräumt, nicht immer genutzt werden und da außerdem die Zinselastizität der privaten Investitionen nicht immer gleich ist, sind die Wirkungen geldpolitischer Instrumente unsicher. Bei expansiven Impulsen bleibt z.B. offen, ob die Geschäftsbanken die erweiterten Kreditvergabespielräume nutzen und ob sie ihre Kreditzinsen senken. Wenn ja, kann – insbesondere bei ungünstigen Absatzerwartungen der Investoren – der Fall eintreten, dass diese trotz sinkender Zinsen nicht in stärkerem Maße investieren wollen. In diesem Fall bliebe die expansive Geldpolitik wirkungslos. Es ist daher durchaus denkbar, dass expansive geldpolitische Maßnahmen die gesamtwirtschaftliche Nachfrage nicht spürbar beleben. Dieser Fall kann auch dann eintreten, wenn langfristig wirkende Standortnachteile bestehen (vgl. Abschnitt 3.2). Darüber hinaus sind vor allem viele öffentliche Investitionen häufig zinsunelastisch. Außerdem wirken geldpolitische Instrumente nur auf kreditfinanzierte Ausgaben.
- Ein weiteres Risiko für die Wirksamkeit der nationalen Geldpolitik ist die Existenz der internationalen Kapitalmärkte: Sie können genutzt werden, um Zinssteigerungen auf dem nationalen Kapitalmarkt auszuweichen. Es ist fraglich, ob bei starken internationalen Kapitalverflechtungen regional begrenzte Geldpolitik überhaupt noch wirksam ist. Vor diesem Hintergrund scheint eine gemeinsame Geldpolitik in Europa sinnvoll, da sie für einen größeren Integrationsraum gestaltet wird, der schwieriger zu umgehen ist.
- Eine Senkung der „Leitzinsen" führt nicht immer zu sinkenden langfristigen Kapitalmarktzinsen. Längerfristig kann eine „Politik des leichten Geldes" Inflationsangst verursachen, die die (nominalen) langfristigen Zinsen per Saldo sogar tendenziell erhöhen kann, weil Anleger einen Ausgleich für die erwartete Inflationszunahme verlangen.
- Darüber hinaus können geldpolitische Maßnahmen relativ langen Wirkungsverzögerungen (Timing-Problem) unterliegen. Entscheidungen der Zentralbank wirken über Anpassungsreaktionen der Geschäftsbanken und der privaten Kreditnachfrage, so dass der Zeitraum bis zur gewünschten Reaktion der privaten Investoren nur schwer abschätzbar

ist. Falsches timing kann aber bei konjunkturpolitischen Maßnahmen die Gefahr pro-zyklischer Wirkungen mit sich bringen.

- Während bei expansiver Geldpolitik Handlungsspielräume erweitert werden, die nicht immer genutzt werden, engt eine kontraktive Geldpolitik die Kreditspielräume definitiv ein. Häufig wird daher vermutet, dass kontraktive Geldpolitik wirksamer ist als expansi-ve Maßnahmen. Auch bei kontraktiver Geldpolitik gibt es jedoch eine Reihe von Umge-hungsmöglichkeiten, die die Wirkungen in Frage stellen. Beispielsweise kann eine Er-höhung der Umlaufgeschwindigkeit des Geldes kontraktive Geldmengenpolitik ganz o-der teilweise konterkarieren. Weitere Ausweichmöglichkeiten ergeben sich z.B. aus der Möglichkeit, freie Liquiditätsreserven abzubauen oder Refinanzierungsmöglichkeiten im Ausland zu nutzen.

Aus diesen Mängeln ergibt sich die Forderung nach einem vorsichtigen Einsatz diskretionä-rer, d.h. einzelfallbezogener geldpolitischer Instrumente. Stattdessen wird eine stetig ausge-richtete Geldpolitik gefordert, die darauf verzichtet, kurzfristige geldpolitische Signale zu geben. Ein stetiger Instrumenteneinsatz lässt sich durch die Bekanntgabe eines angestrebten Geldmengenwachstums in einem bestimmten Zeitraum erreichen. Diese Ausrichtung ver-folgt auch die EZB, die primär die Stabilisierung des Preisniveaus anstrebt (vgl. dazu Ab-schnitt 1.3).

3.4.2.3   Lohnpolitik

Da den Löhnen im Wirtschaftsprozess sowohl als Kostenfaktor als auch als nachfragebe-stimmende Größe eine wichtige Rolle zukommt, beeinflusst die Lohnpolitik die Stabilität des Wirtschaftsprozesses. Über die Entwicklung der Löhne entscheiden aber die Tarifpartner, d.h. Gewerkschaften und Arbeitgeberverbände, weitgehend autonom (Tarifautonomie). Di-rekte Eingriffe staatlicher Instanzen in den Prozess der Lohnbildung sind nicht zulässig. Daher besteht die Befürchtung, dass die Stabilisierungsbemühungen der Geld- und Fiskalpo-litik durch tarifpolitische Entscheidungen durchkreuzt werden könnten. So ist es denkbar, dass inflationäre Tendenzen in einer unterbeschäftigten Wirtschaft auftreten können, wenn Arbeitnehmer oder Arbeitgeber stabilitätswidrig hohe Einkommenszuwächse vereinbaren (Angebotsdruckinflation).

Da in der Bundesrepublik Deutschland die Tarifautonomie grundgesetzlich abgesichert ist, kann der Staat nur versuchen, im Rahmen einer informatorischen Einkommenspolitik eine freiwillige Verhaltensabstimmung auf der Basis von Appellen, Bekanntgabe von Orientie-rungsdaten und unverbindlichen (Lohn-)Leitlinien zu erreichen. Damit wird versucht, die Tarifparteien in die Verantwortung für die gesamtwirtschaftliche Stabilität einzubeziehen und sie zu lohn- bzw. preispolitischem Wohlverhalten zu veranlassen. Dazu dienen informa-tionspolitische Maßnahmen (Wachstumsprognosen, Prognosen zur erwarteten Preisentwick-lung und zur Arbeitsmarktsituation), die die Erwartungen der Tarifparteien stabilisieren und auf eine gemeinsame Informationsgrundlage stellen sollen. Daneben können Kooperationsin-strumente wie die bereits erwähnte Konzertierte Aktion eingesetzt werden. Dabei handelt es sich um unverbindliche Gespräche mit dem Ziel, die Spitzenverbände der Arbeitgeber und der Arbeitnehmer in den stabilitätspolitischen Entscheidungsprozess einzubeziehen. Da die

Gespräche nur zu einer freiwilligen Verhaltensabstimmung führen sollen, wird die Tarifautonomie formal nicht beseitigt. Auch hier müssen aber die Tarifvereinbarungen letztlich im
Rahmen der Tarifpolitik getroffen werden. Das Ergebnis dieser Gespräche ist allerdings
unsicher, – es hängt von der Bereitschaft der Tarifparteien zu einem stabilitätskonformen
Konsens ab. Im Boykott der Konzertierten Aktion durch die Gewerkschaften 1976 kommt
zum Ausdruck, dass diese Bereitschaft bei den Tarifpartnern nicht immer vorhanden ist.

Gegen die informatorischen Instrumente gibt es eine Reihe von Einwänden: Es besteht die
Gefahr, dass die Tarifpartner zwar generell an hoher Beschäftigung und Preisniveaustabilität
interessiert sind, aber darauf hoffen, dass andere – z.B. der Staat oder die Zentralbank – diese
Ziele sichern, indem sie sich stabilitätskonform verhalten. Die Tarifpartner selbst könnten
dann vom Verhalten der anderen profitieren ohne selbst auf Einkommenserhöhungen verzichten zu müssen. Dieses Problem wird dadurch verstärkt, dass die Tarifparteien selbst
gegenüber ihren Gruppenmitgliedern – d.h. gegenüber den Gewerkschaftsmitgliedern bzw.
gegenüber den Mitgliedern der Arbeitgeberverbände – unter Erfolgszwang stehen.

Die Verhaltensabstimmung durch Empfehlungen und Informationsaustausch erfordert allgemein akzeptierte Prognosen der kurzfristigen Wirtschaftsentwicklung, die häufig fehlerhaft
sind. Treten immer wieder Prognosefehler auf, werden die Zielvorgaben an Glaubwürdigkeit
verlieren, die Bereitschaft zur Verhaltensabstimmung auf der Basis solcher Prognosen geht
immer mehr verloren. Darüber hinaus können Prognosen – wie bereits erwähnt – auch destabilisierend wirken. Ungünstige Wachstumsprognosen können zur self-fullfilling prophecy
werden. Insgesamt ist demnach eine stabilitätskonforme Lohn- bzw. Einkommenspolitik im
Rahmen einer diskretionär angelegten Stabilitätspolitik problematisch.

3.4.2.4   Fazit zur antizyklischen Globalsteuerung

Wenngleich das Ziel, durch antizyklische Politik zu einer Stabilisierung der Wirtschaftsentwicklung beizutragen, grundsätzlich und besonders in der konkreten Krise breite Zustim-
mung erfährt, gibt es dennoch gegen viele Instrumente der diskretionären Stabilitätspolitik –
wie bereits dargestellt – eine Reihe von kritischen Einwänden. Diskretionäre Stabilisierungspolitik setzt voraus, dass die Maßnahmen zeitlich und in ihrer Dosierung richtig eingesetzt
werden. Daran, dass dies gelingen kann, bestehen jedoch erhebliche Zweifel. In vielen Fällen
kann der zeitliche Verlauf von Konjunkturphasen nicht eindeutig prognostiziert werden und
die Wirkungen des Instrumenteneinsatzes in der jeweiligen Situation können nicht sicher
abgeschätzt werden. Wird – angesichts dieser Diagnose- und Prognoseprobleme – der Mitteleinsatz falsch dosiert oder treten die Wirkungen aufgrund der verschiedenen time-lags erst
zu spät ein, besteht die Gefahr, dass die Stabilitätspolitik Konjunkturzyklen verstärkt. Im
Extremfall könnten Konjunkturzyklen sogar erst ausgelöst werden, weil private Wirtschaftssubjekte beginnen, ihre Planungen und Erwartungen am Wechsel zwischen kontraktiven und
expansiven Maßnahmen des Staates zu orientieren.

Neben den Bedenken zur Durchführbarkeit einer diskretionären antizyklischen Globalsteuerung gibt es aber auch grundsätzliche Bedenken in Hinblick auf die Ordnungskonformität der
Maßnahmen. Der Einsatz globaler Instrumente soll zwar private Entscheidungsfreiheit nicht
einschränken, trotzdem werden private Entscheidungen beeinflusst, weil alle Wirtschaftssub-

jekte – insbesondere die Investoren – die erwarteten oder tatsächlichen staatlichen Maßnahmen in ihre Planungen einbeziehen. Es resultiert ein Abstimmungsprozess, der die Marktkoordination zwar nicht außer Kraft setzt, aber trotzdem erheblich beeinflussen kann.

Ein Problem ergibt sich auch daraus, dass das Konzept der antizyklischen Globalsteuerung Konjunkturschwankungen und die begleitenden wirtschaftspolitischen Probleme ausschließlich nachfrageseitig angeht. Arbeitslosigkeit in Abschwungphasen wird demnach einseitig auf zu geringe gesamtwirtschaftliche Nachfrage, Inflation in Aufschwungphasen ausschließlich auf eine gesamtwirtschaftliche Übernachfrage zurückgeführt. In der Realität dürften sich hingegen stets verschiedene Formen von Arbeitslosigkeit und Inflation überlagern. Andere Ursachen von Inflation und Arbeitslosigkeit lassen sich aber mit dem Instrumentarium der diskretionären Stabilitätspolitik nicht beseitigen. Arbeitslosigkeit kann beispielsweise strukturelle Gründe haben, die über den Konjunkturzyklus hinweg bestehen. In diesen Fällen scheint es Erfolg versprechender, der Arbeitslosigkeit mit langfristig angelegten wachstumspolitischen Maßnahmen entgegenzutreten (vgl. Abschnitt 2.2.7). Ähnliche Probleme können sich ergeben, wenn auf eine kostenseitig verursachte Inflation mit nachfragedämpfenden Maßnahmen reagiert wird. Bleibt der Kostendruck bestehen, werden Absatzprobleme zusätzlich die Arbeitsmarktsituation belasten.

Generell vernachlässigt die antizyklische Globalsteuerung die langfristigen Folgen des Instrumenteneinsatzes. Beispielsweise wird nicht untersucht, wie sich steigende Staatsverschuldung oder ein langfristiger Anstieg der Staatsquote auswirken.

Viele diskretionären Maßnahmen lösen außerdem andere Wirkungsmechanismen aus, wenn zusätzlich außenwirtschaftliche Transaktionen auftreten. Das Konzept leidet daher in vielen Fällen unter der mangelnden außenwirtschaftlichen Absicherung.

Wie bereits erläutert liegt die Verantwortung für den Einsatz stabilitätspolitischer Maßnahmen in der Bundesrepublik bei verschiedenen Entscheidungsträgern. Für die Fiskalpolitik sind die nationalen Gebietskörperschaften, beeinflusst durch den Stabilitäts- und Wachstumspakt auf der EU-Ebene zuständig, für die Geldpolitik die EZB und für die Lohnpolitik die (nationalen) Tarifpartner. Jeder dieser Entscheidungsträger verfolgt eigene Ziele mit unterschiedlicher Gewichtung. Zwischen diesen Zielen treten normalerweise Zielkonflikte auf. Während die Geldpolitik primär dem Ziel der Preisniveaustabilität verpflichtet ist, strebt die Fiskalpolitik eher Vollbeschäftigung, zugleich aber die Konsolidierung der öffentlichen Haushalte an. Die Tarifpartner verfolgen primär Einkommens- bzw. Gewinnziele sowie – in Phasen der Unterauslastung – die Erhaltung von Arbeitsplätzen. Es ist daher zu erwarten, dass die diskretionäre Stabilitätspolitik durch Abstimmungsprobleme zwischen den verschiedenen Akteuren erschwert wird.

3.4.3   Elemente einer zyklenübergreifenden Stabilitätskonzeption

In den achtziger und neunziger Jahren wurde die Wirtschaftspolitik immer stärker mit Problemen konfrontiert, die über den Konjunkturzyklus hinweg bestehen bleiben und daher nicht rein konjunkturell begründet sein können. Zu diesen Problemen gehören die Verhärtung der

Arbeitsmarktprobleme, die anhaltende und steigende Staatsverschuldung bei steigender Staatsquote und anhaltende Wachstums- und Innovationsprobleme, die insbesondere vor dem Hintergrund der veränderten weltweiten Arbeitsteilung erkennbar wird.

Das Augenmerk der Wirtschaftspolitik richtet sich daher seit einiger Zeit wieder stärker auf strukturelle bzw. angebotsseitige Störungen des Wirtschaftsprozesses. Im Blickpunkt steht die Frage, wie die Rahmenbedingungen für private Investitionen verbessert und die Erwartungen der privaten Wirtschaftssubjekte stabilisiert werden können, so dass die Investitions- und Innovationsbereitschaft langfristig gestärkt wird. Diese Maßnahmen zielen darauf ab, die Investitionen langfristig zu erhöhen und die Anpassungsfähigkeit der Unternehmen und der Beschäftigten im Strukturwandel zu stärken. Damit sollen Beschäftigung sowie die Einkommens- und Nachfrageentwicklung stabilisiert werden. Nach dieser Konzeption gewinnen verlässlicher Rahmenbedingungen an Bedeutung. Antizyklische Globalsteuerung soll allenfalls eine Stabilisierungspolitik ergänzen, die sich in den Bereichen der Finanz-, Geld- und Tarifpolitik an mittelfristigen Orientierungslinien ausrichtet und so für die Wirtschaftssubjekte vorhersehbar ist (vgl. Übersicht 3.22) Institutionelle Voraussetzung für eine solche mittelfristig orientierte Politik sind klare Kompetenzabgrenzungen zwischen den einzelnen Gebietskörperschaften, eine unabhängige Notenbank, Tarifautonomie und Wettbewerb auf den Gütermärkten.

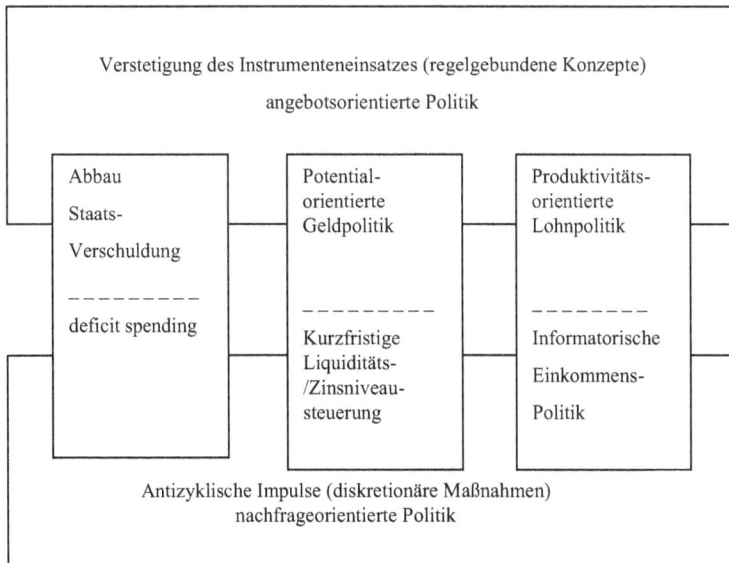

Übersicht 3.22: Handlungsfelder der Stabilisierungspolitik

Ziel einer solchen Stabilisierungspolitik ist ein angemessenes und beschäftigungssicherndes Wachstum, das aus den Investitionen der privaten Unternehmen resultiert und langfristig die Nachfrage sichert, die zur Auslastung der Kapazitäten erforderlich ist. Gleichzeitig ist durch private Investitionen und Innovationen gesichert, dass der notwendige Strukturwandel voll-zogen wird. Der Einfluss des Staates auf den Wirtschaftsprozess dürfte im Rahmen einer solchen stabilitätspolitischen Konzeption langfristig tendenziell zurückgehen.

Eine stetig angelegte Stabilitätspolitik ist auch darauf angelegt, die geschilderte Problematik der verschiedenen Arten von Verzögerungs- und Dosierungsproblemen zu vermeiden. Zugleich sind Abstimmungsprozesse zwischen den verschiedenen Trägern der Stabilitätspo-litik leichter, wenn die einzelnen Maßnahmen langfristig festgelegten Leitlinien folgen und daher besser vorhersehbar sind. Dabei wird der Anspruch, den Wirtschaftsprozess zu gestal-ten reduziert. Dies trägt der Tatsache Rechnung, dass die Wirtschaftstheorie nicht immer eindeutige Erklärungen für wirtschaftspolitische Zielverletzungen aufzeigen kann – insofern also auch Handlungsempfehlungen nicht immer eindeutig sind. Im Folgenden sollen die Grundlinien einer stetig angelegten Stabilisierungspolitik in den Bereichen Finanz-, Geld- und Lohnpolitik dargestellt werden.

3.4.3.1   Konsolidierungsorientierte Finanzpolitik

Im Bereich der Finanzpolitik wird eine Finanzierung eines angemessenen Angebots an öf-fentlichen Gütern angestrebt, bei der die Staatsverschuldung in einem dauerhaft tragbaren Rahmen bleibt. Ein mittelfristig angelegter Abbau des strukturellen Defizits und die Redu-zierung der Staatsquote stehen im Mittelpunkt einer solchen mittel- und langfristig angeleg-ten Finanzpolitik. Zentrales Element dürften dabei Ausgabenkürzungen sein, um insbesonde-re die konsumtiven Ausgaben des Staates zu verringern (qualitative Konsolidierung). Dabei soll die notwendigerweise verbleibende steuerliche Belastung der Unternehmen und der Arbeitnehmer so ausgestaltet sein, dass Leistungs- und Investitionsanreize so wenig wie möglich reduziert werden und dass die für die Zukunft erwarteten Steuern und Abgaben verlässlich vorhersehbar sind (vgl. dazu auch Abschnitt 3.2). In diesem Sinne sieht auch der 1997 vereinbarte Europäische Stabilitäts- und Wachstumspakt vor, dass in konjunkturellen Normalsituationen die öffentlichen Haushalte ausgeglichen sein bzw. einen Überschuss auf-weisen sollen. Diese Verpflichtung zur Haushaltsdisziplin schlägt sich in dem Kriterium nieder, dass die jeweilige Neuverschuldung eines EU-Land die Grenze von 3% des Bruttoin-landprodukts nicht überschreiten darf. Liegt die Neuverschuldung über diesem Wert kann die EU als Sanktion die Hinterlegung einer Stabilitätseinlage verhängen, die zwei Jahre später sogar einbehalten, d.h. in eine Geldbuße umgewandelt werden kann, wenn das betreffende Land sein Haushaltsdefizit nicht zurückgeführt hat.

Eine solche solide Finanzpolitik soll durch eine stabilitätsorientierte Geldpolitik ergänzt werden, die auf der potentialorientierten Geldmengensteuerung beruht.

3.4.3.2   Potentialorientierte Geldpolitik

Die potentialorientierte Geldpolitik zielt darauf ab, die Erwartungen der privaten Wirt-schaftssubjekte zu stabilisieren. Wenn die Zentralbank glaubwürdig ankündigt, welche Geldmengenentwicklung sie anstrebt, werden die Erwartungen der privaten Wirtschaftssub-jekte stabilisiert. Voraussetzung für den Erfolg einer solchen langfristig angelegten Geldpolitik ist allerdings, dass Vertrauen in den Erfolg bzw. in die Verlässlichkeit der Zentralbank besteht.

Die stetige Geldpolitik soll dazu beitragen, dass die erforderliche Liquidität für den ungestörten Ablauf des Wirtschaftsprozesses bei Preisniveaustabilität bereitgestellt wird. Die EZB kann z.B. einen „Referenzwert" für das Wachstum der Geldmenge – in der Abgrenzung M3 – ankündigen. Das angestrebte Wachstum der Geldmenge muss ausreichen, um gegebenenfalls die Liquidität für eine wachsende Wirtschaft bereitzustellen. Deshalb orientiert sich der Zielwert für die Geldmengenentwicklung an der Entwicklung des Produktionspotentials und an der erwarteten Wachstumsrate der Produktion. Dieser Ansatz der Geldmengensteuerung wird daher als potentialorientierte Geldpolitik bezeichnet. Die Zentralbank berücksichtigt bei der Festlegung des Geldmengenziels Prognosen in Hinblick auf die Entwicklung des gesamtwirtschaftlichen Produktionspotentials – also den Rahmen für die Entwicklung der tatsächlichen Produktion – und Prognosen zur Entwicklung der Umlaufgeschwindigkeit des Geldes. Darüber hinaus gehen – wegen der Ungenauigkeit der Inflationsmessung (vgl. Abschnitt 1.1.2) – Vorstellungen in Hinblick auf eine unvermeidbare Inflationsrate mit in die Zielgröße ein. Derzeit strebt die EZB eine Inflationsrate von unter, aber nahe 2% an. Theoretische Basis für eine so vorgenommene Ermittlung des Geldmengenziels ist die Quantitätsgleichung des Geldes. Die Wachstumsrate der Geldmenge ergibt sich dann als Summe aus der Wachstumsrate des Produktionspotentials und der erwarteten Inflationsrate abzüglich der Veränderungsrate der Umlaufgeschwindigkeit des Geldes (vgl. Abschnitt 2.1.).

Abweichungen zwischen der tatsächlichen Geldmengenentwicklung und dem vorgegebenen Ziel sind nicht auszuschließen, weil die Zentralbank die Geldmenge nur indirekt beeinflussen kann. Die tatsächliche Entwicklung der Geldmenge hängt auch vom Verhalten von Geschäftsbanken und der Nicht-Banken ab. Darüber hinaus können Notenbankinterventionen am Devisenmarkt die Geldmenge ungeplant verändern. Solche Abweichungen können das Vertrauen in die Fähigkeit der Zentralbank zur Geldwertsicherung schwächen. Das Ziel, zu sicheren Erwartungen der Wirtschaftssubjekte beizutragen, wäre dann gefährdet.

3.4.3.3   Produktivitätsorientierte Lohnpolitik

Tarifpolitische Vereinbarungen gelten in Deutschland für Unternehmen aus Branchen und Regionen des Tarifverbands, so dass sie auf eine größere Zahl von Unternehmen übertragen werden können. Außerdem hält sich eine Reihe von nicht-tarifgebundenen Unternehmen an die Tarifverträge, um Arbeitnehmer im Unternehmen zu halten, obwohl nur wenige Tarifverträge vom Arbeitsminister für allgemeinverbindlich erklärt werden. Flächentarifverträge verbessern zwar die Verhandlungsposition der Arbeitnehmer, die bei individuellen Verhandlungen gegenüber den Arbeitgebern in einer schwächeren Position sind als die Gewerkschaften, die ganze Gruppen von Arbeitnehmern vertreten können. Sie reduzieren außerdem die Verhandlungskosten bei der Lohnfindung für beide Verhandlungsseiten. Dies trägt zur sozialen Stabilisierung bei. Trotzdem können Flächentarifverträge eine Reihe von Problemen mit sich bringen.

Wenn Flächentarifverträge dazu führen, dass zwischen verschiedenen Regionen und Branchen kaum eine Differenzierung der Lohnabschlüsse erfolgt, werden branchen- oder unternehmensspezifische Problemlagen im Rahmen solcher Lohnabschlüsse nicht hinreichend berücksichtigt. Damit geraten möglicherweise Branchen, die Absatzprobleme haben, auch von der Kostenseite her unter Anpassungsdruck. Möglicherweise wird Arbeitsplatzabbau dadurch verstärkt. Deshalb wird häufig eine stärkere Differenzierung der Lohnabschlüsse nach regionalen und branchen- oder unternehmensspezifischen Besonderheiten gefordert. Beispielsweise geben Öffnungsklauseln die Möglichkeit, nach Absprache zwischen Betrieben und Betriebsräten die Regelungen von Flächentarifverträgen – z.B. in Hinblick auf die Arbeitszeiten – für einzelne Betriebe außer Kraft zu setzen. Eine solche stärkere Differenzierung der Lohnabschlüsse kann – zeitlich befristet – den Anpassungsdruck mildern, Arbeitsplätze sichern und Umstrukturierungen ermöglichen, die das Unternehmen dauerhaft stärken.

Darüber hinaus wird eine langfristige Orientierung an lohnpolitischen Leitlinien gefordert. Beispielsweise könnten Lohnabschlüsse sich an der jeweiligen Produktivitätsentwicklung in den einzelnen Branchen orientieren (produktivitätsorientierte Lohnpolitik). Dabei wird angestrebt, dass der (Real)Lohnzuwachs die Zunahme der Arbeitsproduktivität nicht überschreitet, damit die Lohnstückkosten konstant bleiben. Bei hoher Arbeitslosigkeit könnte Spielraum zur Verbesserung der Beschäftigungssituation gewonnen werden, wenn die Lohnabschlüsse in den einzelnen Branchen hinter der jeweiligen Produktivitätsentwicklung zurückbleiben.

Probleme einer produktivitätsorientierten Lohnpolitik ergeben sich zum einen daraus, dass die Produktivitätsentwicklung stark konjunkturanfällig ist. Jede Entlassung erhöht rechnerisch die Arbeitsproduktivität in einem Unternehmen, sofern die Produktion nicht eingeschränkt wird. Entlassungen eröffnen dann rein rechnerisch Spielraum für – möglicherweise beschäftigungsgefährdende – Lohnerhöhungen. Dies ist insbesondere dann bedenklich, wenn man die Gewerkschaften in erster Linie als Vertretung der Beschäftigten (der insider) und weniger als Vertretung der Arbeitslosen (der outsider) ansieht, deren Interessen in Tarifverhandlungen nicht direkt vertreten sind. Allerdings nimmt gerade in Rezessionsphasen die Sorge der Gewerkschaftsmitglieder um ihre Arbeitsplätze zu, so dass die Verhandlungsführer die Arbeitsmarktsituation mit berücksichtigen müssen.

Zusätzlich ist zu berücksichtigen, dass die Lohnkosten nur ein Teil der Gesamtkosten sind, die die Beschäftigungsentwicklung beeinflussen. Gefordert wird daher eine kostenniveauneutrale Lohnpolitik. Löhne sollen sich demnach nicht nur an der Produktivitätsentwicklung orientieren, sondern an der Entwicklung aller Kostenkomponenten. Steigende Rohstoff-, Vorleistungs- und Kapitalkosten sowie steigende Sozialbeiträge der Arbeitgeber würden demnach den Spielraum für Lohnerhöhungen senken, sinkende Kostenkomponenten würden ihn erhöhen.

Auch die Veränderung der internationalen Wettbewerbsposition könnte bei einer solchen Ausrichtung der Lohnpolitik berücksichtigt werden. Steigen die Exportpreise schneller als die Importpreise – z.B. nach einer Abwertung der heimischen Währung – würden sich der Spielraum für Lohnsteigerungen erhöhen. Vor dem Hintergrund des zunehmenden internationalen Wettbewerbsdrucks könnte auch der Vergleich der Lohnentwicklung mit konkurrierenden Standorten in die Lohnfindung einbezogen werden: Sind Lohnstückkosten höher als an konkurrierenden Standorten, so sollten Lohnzuwächse hinter der Produktivitätsentwicklung zurückbleiben.

Nimmt man allerdings alle diese Vorschläge zusammen, würde die Lohnpolitik im Extremfall zum Ausgleich aller kostenbedingten Nachteile herangezogen, die normalerweise durch unternehmensinterne Anpassungen und Verbesserungen der Produktionsverfahren aufgefangen werden müssen. Schwankungen der Absatz- und Ertragsentwicklung gingen stets zu Lasten der Löhne, so dass die Gewinnentwicklung verstetigt würde. Die Frage ist, ob dies nicht Innovations- und Leistungsanreize reduzieren würde, was für den Innovations- und Wachstumsprozess nachteilig wäre.

3.4.3.4   Fazit

Die Probleme einer solchen stetig angelegten, angebotsorientierten Politik liegen darin, dass sie keine kurzfristigen Erfolge verspricht und daher in vielen Fällen wenig populär und schwer durchsetzbar ist. Angebotsorientierte Politik fordert Haushaltsstabilisierung, moderate Lohnpolitik und eine streng stabilitätsorientierte Geldpolitik. Diese Maßnahmen können kurzfristig unpopuläre Verteilungswirkungen haben, wenn etwa steigende Gewinne von moderaten Lohnabschlüssen begleitet werden, um die Investitionstätigkeit zu beleben. Zudem kann nie eindeutig vorausgesagt werden, ob diese Politik erfolgreich sein wird. Daher besteht die Gefahr, dass angebotsorientierte Politik nicht lange genug und nicht konsequent genug verfolgt wird, um die Erwartungen der Investoren zu stabilisieren. Außerdem setzt eine erhöhte Investitionsbereitschaft durch verbesserte Angebotsbedingungen auch verbesserte Absatzerwartungen voraus. Nach der keynesianischen These kann – entgegen dem Sayschen Theorem – die gesamtwirtschaftliche Nachfrage zumindest kurzfristig hinter dem Angebot zurückbleiben, z.B. weil Kaufkraft stillgelegt und damit dem Wirtschaftskreislauf entzogen werden kann. Darüber hinaus widerspricht eine einseitige Angebotsorientierung eventuell anderen Zielen der Wirtschaftspolitik (z.B. sozialer Ausgleich, Umweltschutz).

Trotzdem neigen Politiker in Krisensituationen dazu, die Ausgaben des Staates kreditfinanziert zu erhöhen. Dies rechtfertigt sich vor allem dann, wenn die Nachfrageausfälle so groß sind, dass sie weitere Nachfragerückgänge und als Folge krisenhafte Schrumpfungsprozesse erwarten lassen, die über die Multiplikatoren verstärkt werden. Insofern ist die Schuldenbremse, die die Kreditmöglichkeiten der öffentlichen Haushalte stark einengt, möglicherweise problematisch und unrealistisch. Vieles spricht daher dafür, dass auch bzw. gerade in der Stabilisierungspolitik Angebots- und Nachfragepolitik sich ergänzen sollten. Dabei muss allerdings darauf geachtet werden, dass die Nachfragesteuerung im Sinne der antizyklischen Globalsteuerung nicht die Angebotsbedingungen verschlechtert. Die Risiken der Nachfragesteuerung, wie z.B. steigende Staatsverschuldung, Beeinträchtigung der Investitionsbereitschaft, steigende Inflationserwartungen durch expansive Geldpolitik oder eine Lohnpolitik, die die Entwicklung der Arbeitsproduktivität und die Wettbewerbsfähigkeit der Unternehmen nicht beachtet, müssen weitestmöglich vermieden werden. Globale Nachfragesteuerung kann demnach dann eine angebotsorientierte Politik ergänzen, wenn die Wachstumsbedingungen günstig sind und wenn keine Destabilisierung der Erwartungen der Investoren durch nachfrageseitige Maßnahmen des Staates zu befürchten ist. Sie ist nicht geeignet einer Wachstumsschwäche mit struktureller Arbeitslosigkeit zu begegnen.

3.4.4   Aufgaben

1. Schildern Sie die Konzeption der antizyklischen Globalsteuerung.
2. Die Aufgabe der Stabilisierungspolitik ist dadurch erschwert, dass die politischen Zuständigkeiten auf unterschiedliche Akteure verteilt sind. Erläutern Sie, inwiefern Aktionen der Tarifpartner die Bemühungen von Staat und Zentralbundesbank zur Realisierung von – Vollbeschäftigung und Preisniveaustabilität erschweren können.
3. In der Bundesrepublik war seit den siebziger Jahren bis zum Jahr 2005 zu beobachten, dass mit jeder Rezession das Niveau der Arbeitslosigkeit deutlich anstieg, ohne dass im folgenden Aufschwung die Zahl der Arbeitslosen wieder auf das vorherige Niveau gesenkt werden konnte. Diskutieren Sie, inwieweit eine antizyklische Fiskalpolitik geeignet sein kann, diese Entwicklung der Arbeitslosigkeit zu verhindern. Stellen Sie einen Ansatz dar, der eine langfristig bestehende Arbeitslosigkeit erklärt und diskutieren Sie ursachenadäquate Gegenmaßnahmen.
4. Diskutieren Sie, in welchen Fällen eine sektoral differenzierte Lohnpolitik einen Beitrag zur Bekämpfung von Arbeitslosigkeit darstellen könnte.
5. Beschreiben Sie wichtige Elemente einer zyklenübergreifenden Konjunkturpolitik. Inwiefern soll mit einer solchen Konzeption „Politikversagen" verhindert werden.
6. Während der Finanzkrise 2009 konnte ein stärkerer Anstieg der Arbeitslosigkeit mit dem Instrument der konjunkturbedingten Kurzarbeit verhindert werden. Diskutieren Sie die Vor- und Nachteile dieser Maßnahme.

4 Außenwirtschaft

4.1 Grundlagen

Lernziele

In diesem Kapitel

- erhalten Sie einen Überblick über die Vorteile von außenwirtschaftlicher Öffnung und Freihandel
- lernen Sie die Begründungen für dennoch immer wieder auftretenden Protektionismus kennen
- erfahren Sie, wie offene Volkswirtschaften über Einkommens-, Preis- und Wechselkursmechanismen miteinander verflochten sind
- lernen Sie die Ursachen und Determinanten von Wechselkursänderungen kennen

Volkswirtschaften sind normalerweise nicht „geschlossen". Grenzüberschreitende Transaktionen verändern den inländischen Wirtschaftsprozess. Daher werden im Folgenden wesentliche Wirkungen der außenwirtschaftlichen Transaktionen auf den Wirtschaftsprozess sowie Ziele und Instrumente der Außenwirtschaftspolitik erläutert.

Bereits im Zusammenhang mit der Zahlungsbilanz wurden verschiedene Arten von außenwirtschaftlichen Beziehungen erläutert. Im Wesentlichen sind Güter- und Kapitalbewegungen zu unterscheiden. Der grenzüberschreitende Güterhandel (Außenhandel) umfasst die Einfuhr (Import) und Ausfuhr (Export) von Sachgütern und Dienstleistungen – z.B. im Bereich des internationalen Reiseverkehrs, im Finanz-, Versicherungs- und Transportbereich und in Bezug auf Patente und Lizenzen. Zum Außenhandel gehört auch die Durchfuhr (Transit), sowie die Veredelung von Gütern im Ausland, wobei das Produkt – aus Sicht des Ursprungslands – zunächst exportiert und später wieder importiert wird. Im internationalen Geld- und Kapitalverkehr überquert z.B. bei Auslands- bzw. Direktinvestitionen Sachkapital oder – etwa bei finanziellen Beteiligungen an ausländischen Firmen – Geldkapital die Grenzen. Häufig bereiten Direktinvestitionen eine (spätere) Produktion im Ausland vor. Investitionen in den Aufbau ausländischer Vertriebs- bzw. Filialnetze dienen dagegen primär der Erschließung ausländischer Märkte für heimische Güter.

Die Verflechtung zwischen Volkswirtschaften – vor allem zwischen Industrieländern – nimmt zu. Diese Entwicklung ist unter anderem auf den Abbau von Handelshemmnissen und auf weltweit sinkende Transport- und Informationskosten zurückzuführen. Zum anderen ist das Kapital mobiler geworden – in Europa zusätzlich begünstigt durch die weiter intensivierte europäische Integration. Die internationalen Kapitalströme wuchsen sogar noch weitaus schneller als die Handelsbeziehungen.

Auch für die deutsche Volkswirtschaft ist die Außenwirtschaft von hoher Bedeutung. Der deutsche Anteil am Weltexport betrug 2006 knapp 10%. Importe und Exporte machten 2008 33% bzw. 40% des deutschen BIP aus (Quelle: IW/Statistisches Bundesamt). Deutschland erzielt hohe Überschüsse im Warenhandel. Der deutsche Export – regional stark auf das europäische Ausland konzentriert – wird sachlich von traditionellen Investitionsgütern und Industrieprodukten der Bereiche Maschinenbau, Elektrotechnik, Auto und Chemie geprägt. Schwächer ist die deutsche Position bei „high-tech"-Produkten (z.B. Informations- und Kommunikationstechnik), sowie bei Dienstleistungen. Im Bereich des Reiseverkehrs übersteigen die deutschen Ausgaben die deutschen Einnahmen deutlich. Auch die geleisteten Übertragungen sind deutlich höher als die empfangenen Übertragungen. Die deutsche Leistungsbilanz ist dennoch insgesamt regelmäßig durch Überschüsse gekennzeichnet. Die deutsche Direktinvestitionsbilanz ist hingegen meistens defizitär. Deutsche Unternehmen suchen also in stärkerem Maße ausländische Produktionsstandorte als ausländische Unternehmen den deutschen Standort.

Die zunehmende Bedeutung der Außenwirtschaft lässt sich theoretisch begründen. Außenhandel und internationale Kapitalverflechtung eröffnen meist Chancen zur Steigerung des Wohlstands. Dies wird im Folgenden erläutert.

4.1.1   Begründung und Wirkungen außenwirtschaftlicher Beziehungen

Durch Außenhandel lassen sich Güter eintauschen, die im Inland (etwa aufgrund ungünstiger natürlicher Bedingungen oder mangels geeigneter Rohstoffe) nicht hergestellt werden können. Somit können Nichtverfügbarkeiten (z.B. bei Bodenschätzen wie Öl oder bei „Südfrüchten") überwunden und die Güterversorgung verbessert werden.

Außenhandel lohnt sich aber auch bei Gütern, die in verschiedenen Ländern verfügbar zwar sind, aber zu unterschiedlichen Preisen. Güter können dann dort gekauft werden, wo sie besonders günstig angeboten werden. Preisdifferenzen können zum einen nachfrageseitig bedingt sein. Ist die Intensität bzw. Elastizität der Nachfrage in verschiedenen Ländern unterschiedlich, so bilden sich unterschiedliche Güterpreise. Je unelastischer z.B. die Nachfrage nach einem Gut ist, desto höher können Anbieter die entsprechenden Preise setzen. Die Marktstrukturen und Verhaltensweisen können aber auch angebotsseitig abweichen und zu Preisunterschieden führen, z.B. bei unterschiedlich starker Monopolisierung der Gütermärkte. Preisunterschiede können (angebotsseitig) auch auf Unterschieden bei den Produktionskosten beruhen. Die zwischen verschiedenen Ländern bestehenden Kostenunterschiede wiederum lassen sich auf Unterschiede in Bezug auf die Produktionsfaktoren zurückführen.

Faktorausstattung und Faktorpreise verschiedener Länder unterscheiden sich. Beispielsweise ist in Entwicklungsländern der Faktor Arbeit oft reichlich und zu geringen Löhnen vorhanden. Arbeitsintensiv herzustellende Produkte lassen sich hier kostengünstig produzieren. In Industrieländern, in denen die Arbeit knapp (und teuer), Kapital aber reichlich vorhanden ist, lassen sich dagegen kapitalintensiv zu produzierende Güter gut herstellen. Hier ist oft auch produktionstechnisches Wissen reichlich vorhanden. Viele Produktionsverfahren werden technisch beherrscht, die in Entwicklungsländern nicht zur Verfügung stehen (technologische Lücke). Auch Unterschiede bei den Faktoren Boden, Umwelt oder landschaftliche Schönheit lösen Kostenunterschiede aus. Südliche Länder sind oft wegen ihrer landschaftlichen Reize Ziel vieler Touristen, sie exportieren „Erholung" an Bewohner anderer Länder.

Vor diesem Hintergrund scheint es vorteilhaft, Güter in Ländern herzustellen, die mit den dafür benötigten Faktoren besonders reichlich ausgestattet sind. Diese als Faktorproportionentheorem bekannt gewordene Überlegung kann internationale Kosten- und Preisunterschiede und damit den Außenhandel teilweise erklären. Spezialisieren sich reichlich mit Arbeit ausgestattete Niedriglohnländer auf arbeitsintensive Güter und kapitalreiche Hochlohnländer auf kapitalintensive Güter, so wird in den Niedriglohnländern die Arbeit knapper und teurer, in den Hochlohnländern wird sie dagegen relativ reichlicher und billiger. Die Spezialisierung trägt somit zu einem internationalen Faktorpreisausgleich bei, selbst wenn die Faktoren nicht grenzüberschreitend mobil sind.

Mit diesen Überlegungen kann in Bezug auf einzelne Güter nur der in eine Richtung fließende, nicht aber der wechselseitige intraindustrielle Handel erklärt werden. Hier spielen qualitative Aspekte eine Rolle: Technische, funktionelle oder ästhetische Qualitätsunterschiede bzw. Produktdifferenzierungen der in verschiedenen Ländern angebotenen Güter führen zu Präferenzen. So können z.B. französische Nachfrager besonders an den Qualitätsmerkmalen deutscher Autos interessiert sein (und bereit sein, dafür einen höheren Preis zu zahlen), während es zugleich deutsche Käufer geben kann, die besonders die französische Qualität nachfragen. Durch intraindustriellen Außenhandel vergrößert sich daher die Angebotspalette im Inland.

Weitere Vorteile des Außenhandels werden erst im Zeitablauf offenbar. Außenhandel intensiviert den Wettbewerb so dass nationale Verkäufermärkte geöffnet werden und inländische Preise und Kosten unter Druck geraten. Die Kosten lassen sich unter Umständen durch Spezialisierung senken. Außerdem können durch größere Absatzmärkte vorhandene heimische Kapazitäten besser ausgelastet bzw. andere Vorteile der Massenproduktion (Skaleneffekte) genutzt und damit die Kosten gesenkt werden. Außenhandel trägt so dazu bei, dass Güter mit geringerem Ressourcenverbrauch produziert werden. Zugleich werden die Risiken von Absatzrückgängen breiter gestreut, wenn für unterschiedliche Märkte produziert wird.

Der internationale Handel verbessert demnach die Faktorallokation. Die Produktions- und Konsummöglichkeiten nehmen in allen Ländern zu. Durch Nutzung von Produktions-, Kosten- bzw. Preisvorteilen kann der Lebensstandard in allen Ländern gesteigert werden. Insbesondere für die Nachfrager verbessert und verbreitert der Außenhandel die Güterversorgung. Aufgrund all dieser Vorteile wird Freihandel, d.h. ungehinderter internationaler Güteraustausch, meist als vorteilhaft angesehen.

Außenhandel ist zudem nicht nur bei bekannten Gütern, Technologien, Kosten und Präferenzen (d.h. in statischer Sicht) vorteilhaft. Der durch Außenhandel verschärfte Wettbewerb führt auch zu zusätzlichen Innovationen. Dabei ist zu vermuten, dass neue Güter zunächst in Ländern hergestellt werden, die reichlich mit Know-how ausgestattet sind (z.B. Industrieländer). In der Reifephase des Produktlebenszyklus (bei standardisierter Produktion) haben eventuell andere Länder Spezialisierungsvorteile. In dynamischer Perspektive kann es allerdings im Einzelfall günstige und ungünstige Spezialisierungsmuster geben. Die Spezialisierung auf Computerchips mag z.B. eher zu Skaleneffekten und zu branchenübergreifenden Vorteilen führen als die Spezialisierung auf Kartoffelchips (vgl. dazu Abschnitt 4.1.4).

Außenwirtschaftliche Beziehungen betreffen – wie angedeutet – auch den Produktionsfaktor Kapital. Ist Kapital international mobil, sorgt der Marktmechanismus prinzipiell dafür, dass es an den Ort der besten Verwendung gelangt, dorthin, wo es (weltweit) den größten Ertrag bzw. die höchste Rendite erbringt. Je nach Erfordernis wird die Produktion z.B. dorthin verlagert, wo die Arbeitskräfte billig sind, wo die Forschungs- oder Verkehrsinfrastruktur gut ist, wo die Märkte stark wachsen oder wo wegen Handelsbarrieren kein Güterexport möglich ist. Diese Vorgänge tragen im Prinzip dazu bei, die weltweite Faktorallokation zu verbessern, die Ressourceneffizienz der Produktion zu erhöhen und die Güterversorgung in den Ländern, zwischen denen das Kapital mobil ist, zu verbessern. Hinzu kommt, dass jedes Land bestrebt sein wird, die Rahmenbedingungen für den Zustrom von Kapital zu verbessern. Somit erhöht sich für die Politik der Anreiz, nach effizienteren Regulierungssystemen zu suchen (Standortwettbewerb).

Die Vorteile außenwirtschaftlicher Beziehungen sind in Übersicht 4.1 noch einmal zusammengestellt.

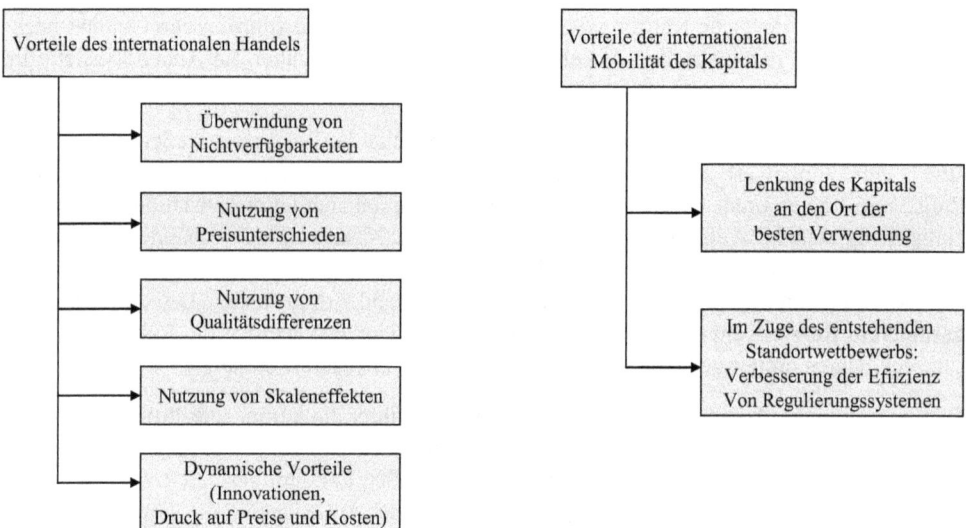

Übersicht 4.1: Vorteile der außenwirtschaftlichen Öffnung

Den Vorteilen der Beteiligung an der internationalen Arbeitsteilung stehen Nachteile und Risiken gegenüber. Grenzüberschreitende Transaktionen verändern nicht nur die Höhe, sondern auch die Zusammensetzung der Produktion. Die mit Außenhandel verbundene Spezialisierung führt zu Abhängigkeiten von den Entscheidungen ausländischer Wirtschaftssubjekte. Importeure und Konsumenten hängen von ausländischen Lieferungen, Exporteure und Unternehmen von der Entwicklung der ausländischen Nachfrage ab. Importseitige Abhängigkeiten liegen besonders bei strategisch wichtigen Gütern vor, die in vielen Wirtschaftsbereichen erforderlich, aber kurzfristig kaum ersetzbar sind (z.B. Energieversorgung). Die wirtschaftliche Abhängigkeit von Energieimporten wird in Industrieländern regelmäßig in Zeiten steigender Ölpreise deutlich. Exportseitige Abhängigkeiten bergen kaum geringere wirtschaftliche Risiken. Geht weltweit die Nachfrage nach Exportprodukten eines Landes zurück, kann die heimische Nachfrage die Kapazitäten normalerweise nicht mehr auslasten, und die exportorientierte Wirtschaftsstruktur gerät unter Anpassungsdruck, der um so größer ist, je stärker die Exportorientierung ausgeprägt ist. Einzelwirtschaftlich gibt es dabei neben Gewinnern auch Verlierer des Außenhandels. Im internationalen Wettbewerb geraten inländische Unternehmen unter Druck – besonders in Branchen und Bereichen, in denen die betrachtete Volkswirtschaft keine Kostenvorteile hat. Nicht alle Unternehmen können der ausländischen Konkurrenz standhalten.

Die Öffnung einer Volkswirtschaft ermöglicht – wie angedeutet – nicht nur Güter-, sondern auch Faktorbewegungen. Auch diese sind nicht nur mit Vorteilen verbunden. Da der Faktor Arbeit weniger mobil ist, ist vor allem mit grenzüberschreitenden Kapitalbewegungen zu rechnen. Investitionen werden an den Standorten getätigt, an denen sie die größten Erträge erwarten lassen. Die wirtschaftlichen Chancen werden dann zugunsten des mobilen Faktors Kapital verschoben. Dies ist mit einer relativen Verschlechterung für den weniger mobilen Faktor Arbeit verbunden.

Außenwirtschaftliche Verflechtungen sind somit – obwohl im Prinzip und per Saldo von Vorteil – nicht für alle Akteure gleichermaßen günstig. In Teilbereichen ist internationale Güter- und Faktormobilität auch nachteilig. Daher werden in allen Ländern immer wieder politische Maßnahmen zur Beschränkung des Außenhandels (Protektionismus) diskutiert. Bei der Beurteilung derartiger Maßnahmen sind allerdings Vorteile und Nachteile sorgfältig abzuwägen (vgl. dazu Abschnitt 4.1.4). Denn Protektionismus geht mit einem Verzicht auf die Vorteile des Freihandels in Bezug auf Güterversorgung, Preisniveau und Export- und Konsummöglichkeiten einher, welche in der Summe meist größer sind als die Vorteile des Protektionismus. Bei einem Verzicht auf Protektionismus könnten die Gewinner des Freihandels (z.B. Konsumenten und Exporteure) daher die Verlierer des Freihandels theoretisch „entschädigen" und hätten immer noch einen Vorteil. Protektionismus dämpft in diesem Fall die wirtschaftliche Aktivität der Handelspartner. Im Regelfall besteht somit ein allgemeines Interesse am Freihandel.

Zu berücksichtigen ist dabei allerdings, dass eine für den Außenhandel geöffnete Volkswirtschaft von der wirtschaftlichen Entwicklung in den Handelspartnerländern beeinflusst wird. Wie dies über Einkommen, Preise und Wechselkurse erfolgen kann, wird im Folgenden dargestellt.

4.1.2 Einkommens- und Preismechanismus in offenen Volkswirtschaften

Offene Volkswirtschaften profitieren von konjunkturellen Impulsen aus dem Ausland. Steigt beispielsweise das Volkseinkommen und damit die Nachfrage bei wichtigen Handelspartnern Deutschlands („Land A"), werden dort auch Importprodukte aus Deutschland („Land B") stärker nachgefragt. Sind die inländischen Kapazitäten nicht ausgelastet, so steigen die inländischen Exporte, tendenziell steigt somit auch das Einkommen im Inland (Einkommensmechanismus des Konjunkturzusammenhangs). So kommt es zu internationalen Konjunkturübertragungen zwischen Ländern, deren Volkswirtschaften durch intensive Austauschbeziehungen verflochten sind. Die durch steigenden Export erzielten Einkommen führen im Inland zu zusätzlicher Nachfrage; der Gesamtimpuls übersteigt aufgrund von Multiplikatoreffekten den reinen Exportimpuls. So kann ein konjunktureller Impuls von Land A nach Land B übertragen werden, Land A übernimmt die Rolle der Konjunkturlokomotive. Solange der Wachstumsvorsprung besteht, weist Land A (wegen der erhöhten Importe) ein Außenhandelsdefizit, Land B dagegen einen Außenhandelsüberschuss aus. Diese Handelsungleichgewichte verschwinden erst nach einer Angleichung der Wachstumsraten. Die Analyse verdeutlicht, warum an große Länder zuweilen die Bitte heran getragen wird, Anstrengungen zur Belebung des Wachstums zu unternehmen und damit die Rolle der Konjunkturlokomotive zu übernehmen. Die Vorteile einer solchen Konjunkturübertragung wirken im Übrigen auch wieder auf das ursprüngliche Wachstumsland A zurück, da dieses – nach erfolgter Konjunkturübertragung – seinerseits die Exporte in das Nachholland B steigern kann. Die Konjunkturübertragung sorgt sozusagen für einen kleinen Sekundärimpuls in Land A. Hier zeigt sich die weltwirtschaftliche Interdependenz. Die Vorteile des Wachstums kommen letztlich allen Handelspartnern zu Gute. Umgekehrt übertragen sich allerdings auch Konjunkturkrisen zwischen den Handelspartnerländern.

Die geschilderte positive Konjunkturübertragung zwischen zwei Ländern kann nur dann ohne inflationäre Tendenzen erfolgen, wenn die Kapazitäten der betrachteten Volkswirtschaften nicht ausgelastet sind. Bei voll ausgelasteten Kapazitäten im Wachstumsland A kann aber eine Nachfrage- bzw. Exportsteigerung zu einer nachfrageseitigen Inflation führen. Die Konjunkturübertragung beinhaltet somit auch einen Preismechanismus.

Angenommen, in einem Land entsteht eine Inflation (Inflationsland). Daraufhin steigen bei konstanten Wechselkursen im anderen Land (im Stabilitätsland) die Preise der importierten Güter. Ist die Importnachfrage preissensibel, so sinkt daraufhin im Stabilitätsland die Menge der importierten Güter. Zugleich werden die Güter des Stabilitätslandes gegenüber den Gütern des Inflationslandes relativ preiswerter. Tendenziell steigen die Exporte des Stabilitätslandes in das Inflationsland. C.p. nehmen also die Exporte des Stabilitätslandes zu, die Exporte des Inflationslandes ab. Ein Stabilitätsvorsprung führt mithin zu einer Vergrößerung des Außenbeitrages und – bei nicht ausgelasteten Kapazitäten – zu einem steigenden Produktionsvolumen. Bei ausgelasteten Kapazitäten kann allerdings auch im Stabilitätsland eine nachfrageseitige Inflation entstehen; eine Inflation, die durch den Impuls der Auslandsnachfrage „importiert" wurde. Dieser Inflationsimport bremst im Stabilitätsland die durch den

Exportimpuls geförderte Konjunktur. Im Ergebnis können sich dann nicht nur die Inflationsraten sondern auch die gesamte konjunkturelle Entwicklung tendenziell angleichen.

Einkommens- und Preiseffekte können sich natürlich überlagern. Kommt es z.B. durch die Übertragung eines Konjunkturimpulses im zunächst wachstumsschwachen Land zu einer Erhöhung der Kapazitätsauslastung und zu höherer Inflation, wird die Konjunkturübertragung abgeschwächt.

Sind in offenen Volkswirtschaften die Faktoren grenzüberschreitend mobil, so werden auch die Faktormärkte beeinflusst. Tendenziell wandern mobile Faktoren dorthin, wo sie knapp sind und damit besser entlohnt werden. Solche Wanderungen führen zu einer Angleichung der Knappheit und der Entlohnung von Faktoren (Faktorpreisausgleich). Diese Vorgänge überlagern die zuvor beschriebenen güterwirtschaftlichen Einkommens- und Preiseffekte. Zugleich geraten offene Volkswirtschaften bei internationaler Faktormobilität in Bezug auf ihre Wirtschaftspolitik unter Druck. Sie müssen die mobilen Faktoren durch günstige Rahmenbedingungen bzw. durch gute Infrastrukturausstattung anlocken. Somit erhöhen sich in offenen Volkswirtschaften die Anforderungen an die wirtschaftspolitische Gestaltung (vgl. Abschnitte 4.2 und 4.3).

4.1.3   Wechselkurse

Da in verschiedenen Ländern normalerweise unterschiedliche Währungen verwendet werden, besteht eine weitere Besonderheit des Außenhandels darin, dass verschiedene Währungen gegeneinander getauscht, also Austauschrelationen bzw. Wechselkurse gefunden werden müssen. Änderungen der Wechselkurse bzw. des Außenwertes von Währungen beeinflussen die wirtschaftliche Entwicklung offener Volkswirtschaften. Im Folgenden werden daher die Mechanismen der Wechselkursbildung und die von den Wechselkursen ausgehenden Wirkungen dargestellt. Diese Tauschrelationen können entweder hoheitlich fixiert werden (System fester Wechselkurse) oder auf den Devisenmärkten frei gebildet werden. Im Folgenden wird zunächst erläutert, wie sich freie Wechselkurse bilden.

Bestimmung von Wechselkursen

Bei flexiblen Wechselkursen bildet sich der Außenwert von Währungen auf Devisenmärkten. Dort treffen Anbieter von und Nachfrager nach Währungen bzw. Devisen aufeinander. Das Austauschverhältnis zwischen verschiedenen Währungen stellt sich auf einem Devisenmarkt so ein, dass Angebot und Nachfrage ausgeglichen sind. Der Wechselkurs (w) lässt sich dabei zum einen in der Preisnotierung schreiben. Dabei wird der Preis der ausländischen Währung in heimischer Währung ausgedrückt. Der Kehrwert (Mengennotierung) bezeichnet zum anderen den Wert der heimischen Währung ausgedrückt in der Fremdwährung. Die Europäische Zentralbank stellt im Regelfall diesen Kehrwert, d.h. den Kurs in Mengennotierung fest (vgl. Übersicht 4.2).

€-Wechselkurs	Wechselkurs a)	Wechselkurs b)
Preisnotierung	1 US-$ = 0,75 €	1 US-$ = 0,66 €
Mengennotierung	1 € = 1,33 US-$	1 € = 1,5 US-$

Übersicht 4.2: Zahlenbeispiel zur Preis- und Mengennotierung von Wechselkursen

Devisenmärkte sind offene und transparente Märkte, auf denen sich im Regelfall schnell ein Kurs bildet, der Angebot und Nachfrage zum Ausgleich bringt. Ein Überangebot drückt so lange auf den Kurs, bis dieser auf den gleichgewichtigen Wert gefallen ist. Umgekehrt zieht eine Überschussnachfrage den Kurs nach oben, bis wieder der Gleichgewichtskurs erreicht ist. Derartige Anpassungen hängen also vom Devisenangebot und von der Devisenachfrage bzw. von deren Veränderung ab.

Betrachtet sei zunächst – auf dem Markt für US-$ – der Fall eines zunehmenden Devisenangebots. Zunächst bestehe ein Gleichgewicht beim Wechselkurs von w*. Eine Datenänderung verschiebe nun das Devisenangebot von A nach A´. Abb. 4.1 verzeichnet – in der Preisnotierung – auf der Ordinate den Preis für US-$ in €.

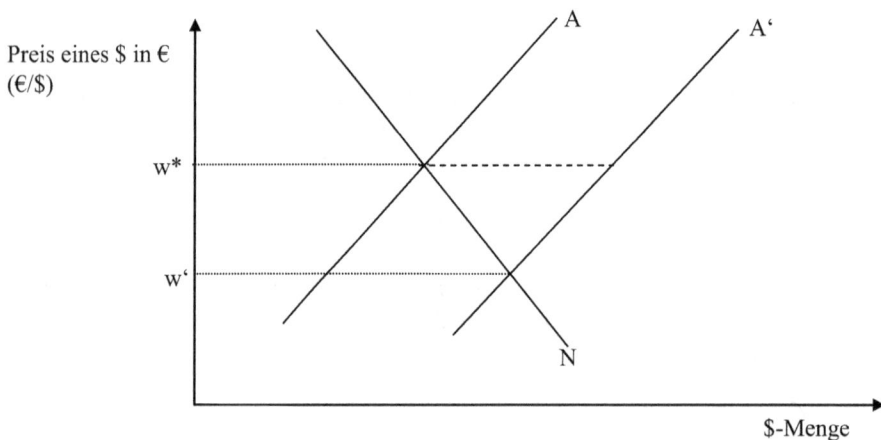

Abb. 4.1: Kursbildung auf dem Devisenmarkt (steigendes Devisenangebot)

Beim alten Gleichgewichtskurs w* besteht daraufhin ein Überangebot an $, welches den Wechselkurs auf w´ drückt. Es kommt zu einer Abwertung des $, d.h. der Preis für den US-$, ausgedrückt in € sinkt. Umgekehrt bedeutet das eine Aufwertung der heimischen Währung (€-Aufwertung).

Steigt dagegen die Devisennachfrage, z.B. von N nach N' (vgl. Abb. 4.2), so entsteht ein Nachfrageüberschuss nach $, welcher den Wechselkurs auf w´ treibt. Der resultierenden $-Aufwertung entspricht eine Abwertung der heimischen Währung (€-Abwertung).

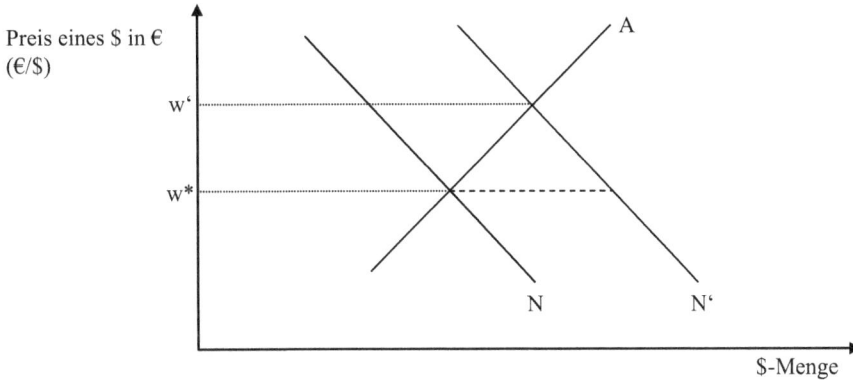

Abb. 4.2: Kursbildung auf dem Devisenmarkt (steigende Devisennachfrage)

Ursachen von Wechselkursänderungen

Änderungen der Devisennachfrage und des Devisenangebots – also Auf- und Abwertungen – gehen auf grenzüberschreitende ökonomische Transaktionen zurück, die mit Zahlungsvorgängen verbunden sind.

Zum einen erfordern Handelsgeschäfte einen Währungsumtausch. Warenexporte führen z.B. zu einem Devisenangebot. Entweder fragt der ausländische Importeur heimische Währung (z.B. €) nach und bietet zu diesem Zweck die Fremdwährung (z.B. $) an. Oder der ausländische Importeur zahlt in $. Dann muss der Exporteur, will er den Erlös in heimischer Währung verwenden, die erhaltenen $ umtauschen (z.B. bei seiner Bank). Auch Dienstleistungsexporte führen zu einem Devisenangebot. Ein Amerikaner, der eine deutsche Dienstleistung importiert, benötigt zur Begleichung der Rechnung €. Am Devisenmarkt wird daraufhin der € nachgefragt bzw. $ angeboten. Importe von Waren- und Dienstleistungen führen umgekehrt zu einer Devisennachfrage. Die Devisen können dabei von den Importeuren selbst oder von den ausländischen Exporteuren oder von beauftragten Dritten (z.B. Banken) nachgefragt werden.

An dieser Stelle lässt sich auch der in Abb. 4.1 und 4.2 unterstellte typische Verlauf der Devisenangebots- und der Devisennachfragekurve begründen. Je höher der $-Kurs (in der Preisnotierung), desto teurer ist z.B. der Urlaub in Amerika, desto geringer ist die urlaubsbedingte $-Nachfrage. Die Devisennachfragekurve verläuft fallend. Je höher aber der $-Kurs, desto billiger ist für Amerikaner der Urlaub in Deutschland, desto höher ist das $-Angebot von Amerikanern, die in Deutschland Urlaub machen wollen. Die Devisenangebotskurve verläuft steigend.

Devisenangebot und Devisennachfrage sind außerdem Begleiterscheinung des internationalen Kapitalverkehrs. Kapitalimport führt zum Angebot von Devisen, Kapitalexport zu Devisennachfrage. Will z.B. eine deutsche Firma in den USA eine Produktionsstätte errichten (Export von Sachkapital), so muss sie, um Grundstück, Gebäude und technische Ausstattung bezahlen zu können, entsprechende $-Beträge (sofern sie nicht bereits darüber verfügt) auf dem Devisenmarkt nachfragen. Auch der Kauf amerikanischer Wertpapiere (Export von Finanzkapital) erfordert zuvor den Erwerb von $, d.h. eine Devisennachfrage.

Das Engagement am Devisenmarkt ist nicht immer ein Begleiteffekt realer Güter- oder Kapitalgeschäfte, sondern häufig „spekulativ" (Devisenspekulation). „Aufwertungsverdächtige" Währungen werden gesucht, in der Hoffnung, diese später – nach tatsächlicher Aufwertung – mit Gewinn, wieder verkaufen zu können. Hier spielen Erwartungen eine Rolle, neben ökonomisch fundierten auch psychologischen und politischen Erwartungen.

Schließlich treten häufig auch Zentralbanken als Anbieter oder Nachfrager am Devisenmarkt auf. Diese Aktivitäten werden später näher betrachtet.

Ursachen bzw. Auslöser für Wechselkursanpassungen sind somit alle Faktoren, die in irgendeiner Form die Devisennachfrage oder das Devisenangebot beeinflussen. Der Devisenmarkt reagiert daher auf Datenänderungen, durch welche die Handels- und Kapitalströme zwischen Ländern beeinflusst werden.

Indirekt können Änderungen der Wechselkurse z.B. auf unterschiedliche Inflationsraten zurückgehen. Ein Inflationsgefälle zwischen zwei Ländern erhöht (senkt) die Wettbewerbsfähigkeit der Anbieter aus dem Stabilitätsland (Inflationsland). Die Güter des Stabilitätslandes werden (relativ) billiger, so dass die Exporte in das Inflationsland zunehmen. Die Lieferungen aus dem Inflationsland in das Stabilitätsland nehmen dagegen ab. Auf dem Devisenmarkt wird somit die Währung des Stabilitätslandes gesucht und die des Inflationslandes gemieden. Aus Sicht des Stabilitätslandes führt der Inflationsrückstand zu einer Verschiebung der Devisenangebotskurve nach außen und damit zu einer Aufwertung (vgl. Abb. 4.1). Aus Sicht eines Inflationslandes führt der Inflationsvorsprung zu einer Verschiebung der Devisennachfragekurve nach außen, und diese zu einer Abwertung (vgl. Abb. 4.2). Unter Umständen stellt diese Abwertung die alte reale Wettbewerbsfähigkeit der Anbieter des Inflationslandes wieder her. Inflationsdifferenzen können durch Änderungen des Wechselkurses neutralisiert werden. Stabilitätsländer geraten unter Aufwertungs-, Inflationsländer unter Abwertungsdruck.

Mit Blick auf unterschiedliche Preisniveaus lässt sich auch ein langfristig gleichgewichtiges Niveau des Wechselkurses erklären. Gemäß der Kaufkraftparitätentheorie ist ein Wechselkurs stabil, wenn er der Kaufkraftparität entspricht, d.h. wenn man für einen bestimmten Betrag umgerechnet in beiden Währungen dasselbe kaufen kann. Abweichungen des Wechselkurses von der Kaufkraftparität führen dagegen zu Auf- oder Abwertungen.

Ein einfaches Beispiel: Kostet ein Big Mac in Deutschland 1 € und in den USA 1$, dann besteht Kaufkraftparität bei einem Wechselkurs zwischen $ und € von 1:1. Für 1 $ kann man dann genauso viel Big Macs kaufen wie für 1 €. Kann aber am Devisenmarkt 1 $ nur gegen 0,75 € getauscht werden, so ist der $ „unterbewertet". Dann lohnt theoretisch folgendes Arbitragegeschäft zur Ausnutzung von Preisunterschieden an verschiedenen Orten (Startkapital: 3 € (= 4 US-$):

- Umtausch der 3 € in 4 $, (an dieser Stelle wird der Devisenmarkt berührt)
- Kauf von 4 Big Macs in den USA
- Export nach Deutschland und Verkauf für 4 €.

Der Gewinn dieses Arbitragegeschäfts beträgt – sieht man von Transportkosten des Big Mac-Exportes ab – 1€. Solche Geschäfte erhöhen die $-Nachfrage und treiben den $-Kurs hoch. Sie hören erst auf, wenn der $-Kurs der Kaufkraftparität entspricht. Wäre umgekehrt der $ im Vergleich zur Kaufkraftparität „überbewertet", so nähme im Zuge von Arbitragegeschäften das $-Angebot zu und der Wechselkurs würde sich von oben her der Kaufkraftparität nähern.

Die Kaufkraftparitätentheorie bezieht sich natürlich nicht auf einzelne Güter, sondern jeweils auf das gesamte Güterbündel von Volkswirtschaften. Kaufkraftparität herrscht, wenn der Wechselkurs dem Verhältnis von Inlandspreisen in Inlandswährung und Auslandspreisen in Auslandswährung entspricht. Der der Kaufkraftparität entsprechende Wechselkurs ist der langfristig gleichgewichtige Wechselkurs. In diesem Fall kann man in beiden Währungen für den gleichen Betrag gleichviel kaufen.

Eine – gemessen an der Kaufkraftparität – überbewertete Währung ist dagegen abwertungs-, eine unterbewertete Währung aufwertungsverdächtig. Die Kaufkraftparität wird ihrerseits durch Inflation beeinflusst. Entsteht z.B. im Ausland eine Inflation, so kann man dort für einen bestimmten Betrag nicht mehr so viele Güter kaufen. Um die Kaufkraftparität (wieder) zu erreichen, müsste die Auslandswährung dann abwerten.

Die Kaufkraftparitätentheorie hat allerdings nur begrenzte Aussagekraft.

- Nicht alle Güter und Dienstleistungen sind handelbar. Arbitragegeschäfte sind somit nicht immer möglich. Abweichungen des Wechselkurses von der Kaufkraftparität können daher bestehen bleiben.
- Arbitragegeschäfte verursachen zudem Kosten. Im obigen Beispiel müssen Big Macs nach Deutschland verbracht (und eventuell sogar verzollt) werden.
- Ferner fallen Kosten des Währungsumtausches an. Der Wechselkurs erreicht somit die Kaufkraftparität nicht vollständig. Schließlich führen andere (nicht auf Preisniveau bzw. Inflationsrate bezogene) Einflüsse auf den Wechselkurs zu Abweichungen von der Kaufkraftparität. Die Theorie wird heute eher auf Veränderungen bezogen. Die Änderung der Kaufkraftparität und damit des Wechselkurses wird demnach durch die Differenz der Inflationsraten bestimmt.

Wechselkurse reagieren zum anderen auf Datenänderungen auf den Kapitalmärkten. Kapitalanleger stellen dabei Zins- bzw. Renditeüberlegungen in den Vordergrund. Das Kapital fließt c.p. in Währungsgebiete, in denen höhere Zinserträge bzw. Renditen erzielt werden können. Das Entstehen eines Zinsgefälles beeinflusst somit die Vorgänge am Devisenmarkt. Nach einer Zinserhöhung in Land A strömt Kapital aus Land B in Land A. Aus Sicht von Land B erhöht sich die Devisennachfrage, aus Sicht von Land A das Devisenangebot. Die Währung B wertet daraufhin ab, die Währung A wertet auf. In offenen Volkswirtschaften führen Inflationsvorsprünge c.p. zu einer Abwertung, Zinsvorsprünge dagegen c.p. zu einer Aufwertung.

Die Effekte von Zins- und Inflationsdifferenzen können sich allerdings überlagern. Vermögensbesitzer, die ihre Ersparnisse im Zielland verausgaben wollen, achten auf den Realzins (Nominalzins minus Inflationsrate). Aus ihrer Sicht werden Zinsvorsprünge durch gleichzeitige Inflationsvorsprünge neutralisiert, da die Kaufkraft der Zinserträge entsprechend sinkt. Vermögensbesitzer, die ihre Zinserträge im Inflationsland gar nicht ausgeben wollen, beachten dagegen primär die Differenz der Nominalzinsen.

Häufig gehen Zins- und Inflationsdifferenzen auf unterschiedliche Wachstums- und Einkommensentwicklungen zurück, die im Konjunkturverlauf auftreten können. So kann z.B. wachstumsbedingte Kapitalknappheit im Wachstumsland zu steigenden Zinsen bzw. Renditen, d.h. zu einem „Zinsvorsprung", kann ein Wachstumsvorsprung somit per Saldo zu einer Aufwertung führen. Im Wachstumsland kann es allerdings auch zu einer Vollauslastungsinflation und – wie in Abschnitt 4.1.2 erläutert – zu steigenden Importen kommen, was wiederum eine Abwertung zur Folge hätte. An diesen Überlegungen wird deutlich, dass die Prognose von Wechselkursentwicklungen nicht einfach ist.

Neben den als Fundamentalfaktoren bezeichneten Inflations-, Zins- und Einkommensdifferenzen spielen bei der Wechselkursbildung auch Erwartungen eine große Rolle. Kapitalanleger sind z.B. nicht nur an aktuellen, sondern auch an künftig erwarteten Wachstums- bzw. Zinsdifferenzen interessiert. Sie werden umgekehrt zögern, hohe Zinsen in einem Land zur Anlage zu nutzen, wenn sie befürchten, dass die Zinserträge von einer Abwertung der betreffenden Währung „aufgefressen" werden könnten. Auch Marktteilnehmer, die aus spekulativen Gründen mit Währungen handeln, machen ihre Entscheidungen nicht nur vom aktuellen Niveau, sondern auch von der erwarteten Entwicklung der Einkommens-, Zins- und Inflationsdifferenzen abhängig. Psychologische Faktoren und die spekulative Deutung politischer Äußerungen spielen hier eine große Rolle. Wichtig ist auch die Einschätzung der wirtschaftlichen und politischen Stabilität eines Landes. Wird ein Land als wirtschaftlich stabil eingeschätzt, so dass es keine Abwertung nötig hat, um Schwächen der eigenen Wirtschaft zu kompensieren, so führt dies eher zu Aufwertungserwartungen. Anzeichen für Instabilitäten können dagegen schnell zu Abwertungserwartungen werden. Dabei spielt auch das Phänomen der selbst erfüllenden Prophezeiung eine Rolle. Erwarten genügend viele Spekulanten die Schwäche einer Währung und verkaufen diese – in der Erwartung, die Währung nach einer Abwertung später wieder billiger zurück kaufen zu können, dann erzeugt der ausgelöste Angebotsdruck genau die erwartete Schwäche bzw. Abwertung.

Die angesprochenen Ursachen für Wechselkursanpassungen überlagern sich in komplexer Weise. Die tatsächliche Änderung von Wechselkursen lässt sich nur selten monokausal auf eine Ursache zurückführen. Wechselkursprognosen sind daher stets mit erheblicher Unsicherheit behaftet. Übersicht 4.3 stellt wichtige Ursachen der Wechselkursentwicklung im Überblick zusammen.

Aufwertung (Abwertung der Fremdwährung)	**Abwertung** (Aufwertung der Fremdwährung)
bei der Zunahme von	bei der Zunahme von
Güterexporten	Güterimporten
Kapitalimport	Kapitalexport
bzw. aufgrund von	bzw. aufgrund von
niedrigerer Inflationsrate im Vergleich zu den Handelspartnern	höherer Inflationsrate im Vergleich zu den Handelspartnern
höherem Zinsniveau als bei den Handelspartnern	niedrigerem Zinsniveau als bei den Handelspartnern
Aufwertungserwartungen	Abwertungserwartungen
Nachfrage der Zentralbank nach eigener bzw. Angebot von fremder Währung	Nachfrage der Zentralbank nach fremder bzw. Angebot von eigener Währung

Übersicht 4.3: Ursachen von Wechselkursanpassungen

Wechselkursmechanismus

Auf- und Abwertungen beeinflussen die Wettbewerbsfähigkeit von Volkswirtschaften. Eine Aufwertung verteuert – relativ gesehen – inländische Güter im Ausland und bewirkt, dass ausländische Güter im Inland billiger zu haben sind. Im Beispiel der Übersicht 4.2 liegt eine Aufwertung aus europäischer Sicht z.B. beim Übergang von Wechselkurs a) zu Wechselkurs b) vor.

Mengenmäßig werden daraufhin die Importe des Aufwertungslandes steigen. Die Exporte und somit auch die Beschäftigung im Aufwertungsland sinken (negativer Konjunkturimpuls). Zugleich wird Stabilität importiert. Die Inflationsrate im Aufwertungsland geht zurück – wegen des Rückgangs der Auslandsnachfrage, eventuell auch aufgrund des steigenden Wettbewerbsdrucks durch billige Importgüter. Bei hinreichend elastischer Importnachfrage (wenn die Importzunahme die wechselkursbedingte Verbilligung der Importgüter überkompensiert), schließt eine zuvor ausgeglichene Leistungsbilanz mit einem Passivsaldo.

Eine Abwertung verbilligt umgekehrt die inländischen Produkte im Ausland, ausländische Produkte werden im Abwertungsland teurer. Das Abwertungsland gewinnt international an preislicher Wettbewerbsfähigkeit. Die Exporte nehmen (mengenmäßig) zu. Mit den Exporten kann auch die Beschäftigung im Abwertungsland steigen (positiver Konjunkturimpuls). Zugleich wird Inflation importiert. Die Inflationsrate im Abwertungsland steigt, wenn die Kapazitäten im Abwertungsland bereits ausgelastet sind und aufgrund des geringeren Wettbewerbsdrucks, weil Importgüter sich relativ verteuern. Eine zuvor ausgeglichene Leistungsbilanz schließt bei hinreichend elastischer Importnachfrage mit einem Aktivsaldo.

Reagieren Importe und Exporte auf Auf- oder Abwertung verzögert, d.h. zunächst unelastisch, dann erst elastisch, so reagiert die Leistungsbilanz zunächst atypisch, später aber typisch.

Letztlich bewirken Auf- und Abwertungen tendenziell einen Ausgleich der Leistungsbilanz. Hat z.B. ein Land zunächst einen Importüberschuss und ein Leistungsbilanzdefizit, so wird verstärkt die ausländische Währung nachgefragt, die Landeswährung wertet ab. Dadurch werden die Produkte dieses Landes international wettbewerbsfähiger. Typischerweise fallen Importüberschuss und Leistungsbilanzdefizit. Die Abwertung kommt zum Stillstand, wenn die Leistungsbilanz wieder ausgeglichen ist. Umgekehrt wird eine aktivierte Leistungsbilanz im Zuge einer Aufwertung wieder ausgeglichen. Bei flexiblen Wechselkursen bewirkt nämlich ein Exportüberschuss Devisenzuflüsse und Aufwertungsdruck, der die inländischen Waren im Ausland tendenziell verteuert und so die Exporte bei ausreichender Preiselastizität senkt. Außenwirtschaftliche Ungleichgewichte werden also durch Wechselkursänderungen tendenziell beseitigt; Leistungsbilanzdefizite durch Abwertung und Leistungsbilanzüberschüsse durch Aufwertung. Dieser häufig auch als automatischer Zahlungsbilanzausgleich bezeichnete Mechanismus sorgt somit dafür, dass unterschiedliche wirtschaftliche bzw. wirtschaftspolitische Entwicklungen zwischen Handelspartnerländern tendenziell über den Wechselkurs ausgeglichen werden.

Zusammengenommen können über flexible Wechselkurse Schwankungen zwischen stark verflochtenen Volkwirtschaften übertragen, aber auch gemildert werden. Die Wirkungen sind allerdings im Einzelnen davon abhängig, wie das Wechselkurssystem gestaltet ist (vgl. Abschnitt 4.2).

Stabilisierungspolitik bei flexiblen Wechselkursen

Auch in der offenen Volkswirtschaft ist Stabilisierung durch Geld- und Fiskalpolitik möglich. Dabei sind aber Einkommens-, Preis- und Wechselkurseffekte zu beachten. Der Einkommenseffekt von expansiver Geld- und Fiskalpolitik ist in der offenen Volkswirtschaft grundsätzlich schwächer als in der geschlossenen, weil das im Inland zusätzlich ausgelöste Wachstum zum Teil den Handelspartnerländern zugute kommt bzw. sich ein Teil der heimischen Zusatznachfrage auf Importe bezieht. In den Handelspartnerländern erzeugt daher inländische expansive Geld- und Fiskalpolitik positive Konjunkturimpulse. Zugleich werden aber in der offenen Volkswirtschaft auch die mit expansiver Politik eventuell verbundenen Inflationsimpulse abgeschwächt. Bezieht sich nämlich ein Teil der inländischen Zusatznachfrage auf Importgüter, so dürfte es im Inland weniger schnell zu einer Vollauslastungsinflation kommen. Diese außenwirtschaftlichen Dämpfungseffekte könnten allerdings durch Wechselkurseffekte überlagert werden, die in Bezug auf die Wirkungen expansiver Geld- und Fiskalpolitik relevant sind. Eine induzierte Aufwertung schmälert c.p. expansive Effekte im Inland weil sie die Exporttätigkeit bremst (wechselkursbedingtes crowding-out), eine induzierte Abwertung verstärkt diese Effekte (wechselkursbedingtes „crowding-in").

Expansive Fiskalpolitik erzeugt über steigende Einkommen eine Importzunahme und möglicherweise Inflationsgefahr. Die Währung gerät unter Abwertungsdruck. Über den möglicherweise induzierten Zinsanstieg entsteht aber auch ein Kapitalzustrom und ein Aufwertungsdruck. Per Saldo bleibt somit unklar, ob die expansiven Effekte der Fiskalpolitik währungsseitig verstärkt oder geschmälert werden. Berücksichtigt man, dass ein Teil der expansiven Effekte – wie eben erläutert – aufgrund des Einkommensmechanismus den Handelspartnerländern zufließt, dann scheint es eher unwahrscheinlich, dass expansive Fiskalpolitik in der offenen Volkswirtschaft per Saldo stärker wirkt als in der geschlossenen Volkswirtschaft.

Expansive Geldpolitik erzeugt über inländische Zins-, Wachstums- und Importeffekte eindeutig einen Abwertungsdruck. Währungsseitig wird somit die Wirkung der expansiven Geldpolitik verstärkt (und entsprechende Konjunkturimpulse in Handelspartnerländern wieder abgeschwächt). Ob das freilich den erwähnten Bremseffekt des Einkommensmechanismus überkompensiert, bleibt unklar.

4.1.4   Ziele und Leitbilder der Außenwirtschaftspolitik

Die angesprochenen Vorteile des Außenhandels kommen normalerweise allen Handelspartnern zugute. Freihandel – also der unbeschränkte internationale Handel mit Gütern und Produktionsfaktoren unter Marktbedingungen – bietet somit die Möglichkeit, im Zuge der besseren Versorgung eine bessere Güterverteilung und einen regionalen Ausgleich von Produktionsüberschüssen und -engpässen zu erreichen. Im internationalen Wettbewerb können sich niedrigere Preise durchsetzen. Vielfach wird auch argumentiert, dass politische Konflikte durch wirtschaftliche Verflechtung entschärft werden, so dass die Kosten der Produktion von Sicherheit sinken. Generell resultiert aus diesen Überlegungen die Vorstellung, dass Freihandel im Regelfall wünschenswert ist. Freihandel kann insofern also als Leitbild des Außenhandels angesehen werden.

Trotz der genannten Vorteile des Freihandels wird der Freihandel häufig eingeschränkt, um heimische Produzenten, einzelne Industrien oder Standorte vor ausländischer Konkurrenz zu schützen (Protektionismus). Bereits die klassischen Ökonomen akzeptierten Ausnahmen vom Freihandel, wenn damit erreicht werden kann, dass Wettbewerbsverzerrungen zwischen den Handelspartnern – z.B. aufgrund unterschiedlicher nationaler Steuersysteme – ausgeglichen werden, oder dass soziale Härten, die mit dem internationalen Handel einhergehen können, kompensiert werden. Auch heute werden unterschiedliche Argumente vorgebracht, um Maßnahmen zu rechtfertigen, die den Freihandel einschränken:

- Länder, die bei bestimmten Produkten keine Kostenvorteile aufweisen, sind in diesen Bereichen auf Importmöglichkeiten angewiesen, geben also in diesem Bereich die Möglichkeit der „Selbstversorgung" auf. Handelsbeschränkungen zielen in diesem Zusammenhang zuweilen – z.B. bei Nahrungsmitteln – auf die Erhaltung einer (außerökonomisch begründeten) nationalen Autonomie („Versorgungssicherheit").
- Länder, die sich sehr stark auf einzelne Produktionsbereiche spezialisieren, in denen sie Standortvorteile haben, sind auf Exportmöglichkeiten angewiesen. Die internationale Arbeitsteilung führt zur Spezialisierung der einzelnen Länder auf diejenigen Produktionen, bei denen sie Kostenvorteile aufweisen. Damit geht in Teilbereichen die Autarkie der Handelspartner verloren und die wechselseitige Abhängigkeit steigt.
- Gleichzeitig gehen mit dem Übergang zum Freihandel Anpassungsprozesse einher, die zumindest in der Übergangsphase mit erheblichen Anpassungsproblemen verbunden sein können. Freihandel setzt die Produzenten dem internationalen Wettbewerb aus. Unter Umständen können Produzenten, die auf dem nationalen Markt wettbewerbsfähig wären, im internationalen Wettbewerb zu Grenzanbietern werden und vom Markt ausscheiden. Arbeitsplatz- und Wachstumseinbussen können die Folge sein.

▪ Häufig werden Maßnahmen zur Beschränkung der Außenwirtschaft aus politischen Gründen realisiert, wenn nämlich die Interessen der potentiellen Verlierer einer außenwirtschaftlichen Öffnung im politischen Prozess besonders gut organisiert sind. Obwohl sie die beschriebenen Vorteile der internationalen Arbeitsteilung verringern, haben Handelsbeschränkungen „politischen Charme": die Wahlchancen von Politikern steigen, wenn die durch Protektionismus geschützten heimischen Hersteller eine wichtige Wählergruppe darstellen. Handelsbeschränkungen können weitere Vorteile haben:

▪ Ist der Einsatz der Produktionsfaktoren mit steigenden Skalenerträgen bzw. sinkenden Durchschnittskosten verbunden, haben Unternehmen, die frühzeitig als Anbieter auftreten, Kostenvorteile gegenüber Unternehmen, die einen späteren Markteintritt anstreben. Sie können unter Ausnutzung ihrer Kostenvorteile weitere Marktzutritte erschweren.

▪ In Aufholländern können vorübergehende protektionistische Maßnahmen zur Förderung der dynamischen Entwicklung beitragen. Bekanntes Beispiel ist der Erziehungszoll, ein nur vorübergehend erhobener Zoll, welcher wieder entfallen kann, wenn die Industrie des Aufhollandes hinreichend leistungsfähig (erwachsen) geworden ist (vgl. Abschnitt 4.2).

▪ Sind (in Entwicklungsländern) die Besteuerungssysteme schwach entwickelt, so sich nennenswerte Staatseinnahmen zuweilen nur durch Erhebung von Zöllen, d.h. durch eine Behinderung des Außenhandels, erzielen.

▪ In Industrieländern wird Protektionismus zuweilen auch mit dem Argument gerechtfertigt, in Teilbereichen von Forschung und Produktion lägen steigende Skalenerträge vor. Der Staat könne durch gezielte Förderung inländischen Unternehmen (auf Kosten ausländischer Firmen) Start- bzw. Wettbewerbsvorteile verschaffen (strategische Handelspolitik). Die Identifikation von Bereichen mit steigenden Skalenerträgen ist allerdings für den Staat sehr schwer. Empirische Analysen in der Flugzeug-, Halbleiter- und Automobilindustrie haben gezeigt, dass die erhofften Positiveffekte oft gering sind, das Risiko einer Fehlförderung dagegen – besonders wenn sich die zu fördernde Technologie sehr schnell entwickelt – hoch sein kann.

Bei alldem dürfen grundsätzlich allerdings Nachteile des Protektionismus nicht übersehen werden:

Zum einen ist der Schutz inländische Anbieter ungünstig für die ausländische Konkurrenz, so dass mit Vergeltungsmaßnahmen des Auslands zu rechnen ist. „Handelskriege" bremsen dann die wirtschaftliche Entwicklung aller beteiligten Länder. Zum anderen geht Protektionismus mit einem Verzicht auf die Vorteile des Freihandels in Bezug auf Güterversorgung, Preisniveau und Export- und Konsummöglichkeiten einher.

Der Verzicht auf eine bessere Güterversorgung und ein niedrigeres Preisniveau belastet die Konsumenten und die Produzenten der wettbewerbsfähigen Wirtschaftsbereiche, die Export- und Wachstumsmöglichkeiten einbüßen. Da spezielle Interessen (z.B. einzelner Industriezweige, einzelner Länder bzw. einzelner Faktoren) aber oft auf spezifische Schutzmaßnahmen gerichtet sind, steht die Politik vor dem Dilemma, zwischen der Verfolgung dieser Partialinteressen und dem gesamtwirtschaftlichen Interesse entscheiden zu müssen. Stellen die Hersteller der Güter, die durch protektionistische Maßnahmen geschützt werden, eine wichtige Wählergruppe dar, kann es aus Sicht der stimmenmaximierenden Politiker sinnvoll sein, sich für deren Interessen zu entscheiden. Vor diesem Hintergrund ist die generelle Förderung des freien Handels nicht gesichert. Zur Durchsetzung des Freihandels wird die Einigung auf eine Welthandelsordnung erforderlich (vgl. Abschnitt 4.2).

Neben dem ungehinderten Handel mit Gütern ist ein ungehinderter Kapitalverkehr vorteilhaft. Das Kapital fließt dann an den Ort der weltweit höchsten (Netto-)Verzinsung. Damit wird allerdings dem Produktionsfaktor Kapital die Möglichkeit eröffnet, sich nationalen Rahmensetzungen zu entziehen. Das im Vergleich zu anderen Produktionsfaktoren mobilere Kapital kann sich z.B. einer nationalen Besteuerung besser entziehen als andere Faktoren (z.B. abhängig Beschäftigte, Grundstückseigner). Es besteht dann die Gefahr, dass die immobilen Faktoren steuerlich (relativ) stärker belastet werden. Auch in Bezug auf andere Regulierungen wie z.B. bei Subventionen oder bei sozialen und umweltbezogenen Maßnahmen und bei der Ausstattung mit Infrastruktur muss die nationale Politik die in anderen Ländern geltenden Bedingungen berücksichtigen. Diese sind in gewissem Maß als Orientierungsgrößen aufzufassen, obwohl sie mit nationalen politischen Prioritäten konfligieren können. Schließlich werden auch die finanziellen Spielräume des Staates geringer, wenn der Standort einerseits durch niedrige Besteuerung, andererseits durch eine gute (d.h. teure) Infrastruktur für internationale Investoren attraktiv gemacht werden soll. Diese Probleme könnten umgangen werden, wenn die internationale Kapitalmobilität beschränkt wird; dann kann allerdings der Faktor Kapital auch nicht mehr auf ungehindert auf Standortvorteile reagieren, die nicht durch staatliche Regulierungen verursacht werden.

4.1.5   Aufgaben

1. Inwiefern führt freier Außenhandel zu vorteilhaften Ergebnissen?
2. Erläutern Sie die Begriffe „Faktorproportionentheorem" und „intraindustrieller Außenhandel". Wie lässt sich intraindustrieller Außenhandel erklären?
3. Welche Nachteile kann Außenhandel haben?
4. Welche Wirkungen gehen von unbeschränkter Kapitalmobilität aus?
5. Stellen Sie den Einkommensmechanismus und den Preismechanismus der internationalen Konjunkturübertragung dar.
6. Erläutern Sie die wichtigsten Determinanten bzw. Ursachen der Wechselkursentwicklung.
7. Erläutern Sie Aussage und Grenzen der Kaufkraftparitätentheorie
8. Wie wirkt die Abwertung einer Währung auf Handels- bzw. Leistungsbilanz und Preisniveau? Wenn Sie an Exporteure, Importeure, Verbraucher und Touristen denken: Welche Gruppe profitiert von einer Abwertung, welche Gruppe erleidet Nachteile?
9. Inwiefern können die Auswirkungen von zwischen Ländern bestehenden Inflationsdifferenzen durch Wechselkursänderungen neutralisiert werden?
10. Wie könnte bei flexiblem Wechselkurs dem Außenhandelsdefizit eines schwächeren Landes begegnet werden?
11. Diskutieren Sie, inwiefern protektionistische Maßnahmen zum Schutz der Exportwirtschaft eines Landes die Konsumenten dieses Landes belasten.

4.2 Instrumente und Rahmenbedingungen der Außenwirtschaftspolitik

In diesem Kapitel

* bekommen Sie einen Überblick über realwirtschaftliche Instrumente der Außenwirtschaftspolitik und die Welthandelsordnung
* lernen Sie die Möglichkeiten der Wechselkurspolitik kennen
* lernen Sie die Vorteile und die Probleme von Systemen mit festen Wechselkursen zu beurteilen.

Nationale Außenwirtschaftspolitik zielt darauf ab, die internationalen Güter- und Kapitalströme zu beeinflussen. Sie steht im Spannungsfeld zwischen dem Leitbild des Freihandels einerseits und protektionistischen Bestrebungen andererseits. Zum einen wird der Einsatz außenwirtschaftspolitischer Instrumente stark durch die Rahmenbedingungen geprägt, die sich aus den Regelungen zur internationalen Handelsordnung ergeben. Zum anderen ist jeweils die Währungsordnung zu beachten, die gegenüber verschiedenen Ländern bzw. Ländergruppen unterschiedlich ausgestaltet werden können. In jeden Fall begrenzen diese Regelungen die Spielräume für nationale außenwirtschaftspolitische Maßnahmen unterschiedlich stark. Innerhalb Europas sind z.B. im Rahmen des europäischen Einigungsprozesses handelsbeschränkende Maßnahmen weitgehend abgebaut worden. Gegenüber Nicht-EU-Ländern wird über den Einsatz der meisten außenhandelspolitischen Instrumente auf EU-Ebene entschieden. Gleichzeitig haben die EU-Staaten sich im Rahmen der Welthandelsordnung ebenfalls grundsätzlich dem Ziel der Liberalisierung verpflichtet. (vgl. Übersicht 4.4).

In der Außenhandelspolitik können Maßnahmen eingesetzt werden, die direkt das Handelsvolumen beeinflussen, oder Maßnahmen, die die Preise zu denen der grenzüberschreitende Handel abgewickelt wird, verändern. Darüber hinaus können monetäre, d.h. die Wechselkursrelationen beeinflussende Instrumente eingesetzt werden (Währungspolitik), die ebenfalls die Preisrelationen zwischen In und Ausland verändern. In diesem Zusammenhang ist allerdings zunächst grundsätzlich festzulegen, ob Wechselkurse sich frei bilden sollen oder „hoheitlich" fixiert werden (Wahl des Wechselkurssystems).

	Europa	Nicht-EU-Länder
Handelsordnung	Europäischer Binnenmarkt	Regelungen des GATT und (ab 1995) der WTO
Währungspolitik	Europäische Währungsunion	Globale währungspolitische Regelungen (z.B. IMF)

Übersicht 4.4: Rahmenbedingungen für den außenwirtschaftspolitischen Instrumenteneinsatz

In diesem Abschnitt werden zunächst wichtige realwirtschaftliche Instrumente und im Anschluss internationale Regelungen in Bezug auf die Handelsordnung dargestellt. Danach werden die Grundentscheidungen der Währungspolitik erörtert. Die entsprechenden europäischen Regelungen werden in Abschnitt 4.3 dargestellt. Übersicht 4.5 enthält eine Zusammenstellung wichtiger Instrumente der Außenhandelspolitik.

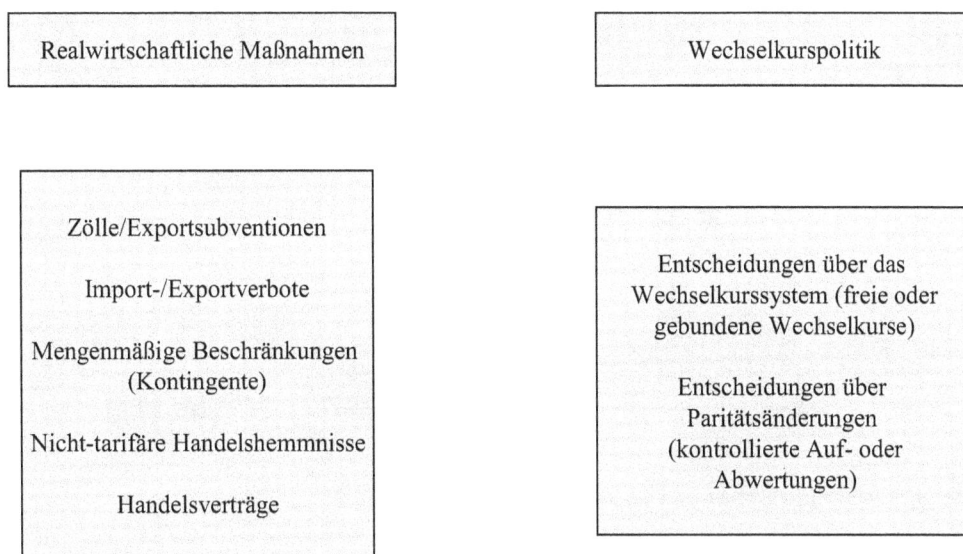

Realwirtschaftliche Maßnahmen	Wechselkurspolitik

Zölle/Exportsubventionen Import-/Exportverbote Mengenmäßige Beschränkungen (Kontingente) Nicht-tarifäre Handelshemmnisse Handelsverträge	Entscheidungen über das Wechselkurssystem (freie oder gebundene Wechselkurse) Entscheidungen über Paritätsänderungen (kontrollierte Auf- oder Abwertungen)

Übersicht 4.5: Instrumente der Außenwirtschaftspolitik

4.2.1 Handelspolitische Instrumente und weltweite Rahmenbedingungen der Außenhandelspolitik

Zu den realwirtschaftlichen Maßnahmen der Außenwirtschaftspolitik zählen besonders Zölle, Exportsubventionen und mengenmäßige sowie nicht-tarifäre Handelsbeschränkungen.

Importzölle sind staatlich erhobene Abgaben, die beim grenzüberschreitenden Warenverkehr erhoben werden. Sie wirken wie eine Erhöhung der Produktionskosten für die Importeure. Dies ist ein Wettbewerbsvorteil für inländische Produzenten, weil Importgüter verteuert werden und somit die Wettbewerbsfähigkeit der im Inland erzeugten Güter zunimmt. Importzölle können nach der Menge oder nach dem Wert der gehandelten Güter erhoben werden. Während bei der Mengensteuer ein fester Betrag je Gütereinheit als Zoll an den Staat abgeführt werden muss, wird ein Wertzoll nach dem Wert der Waren bemessen. Mengenzölle sind zwar einfacher zu handhaben, sie haben aber – bezogen auf die angestrebte Schutzwirkung – den Nachteil, dass sie bei steigenden Preisen relativ gesehen an Bedeutung abnehmen.

Importzölle heben die Vorteile des internationalen Handels ganz oder teilweise auf. Dies belastet in erster Linie die Nachfrager, welche höhere Preise zahlen müssen.

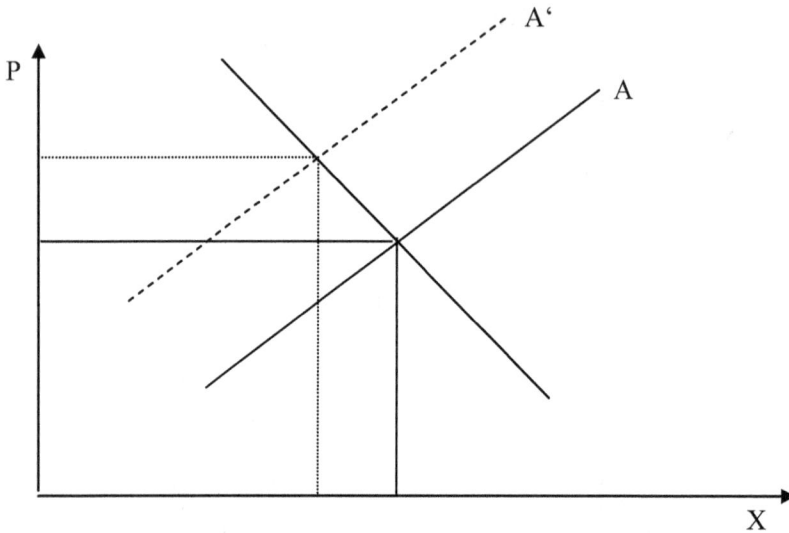

Abb. 4.3: Wirkung von Importzöllen auf die Güterversorgung im Inland

Die Wirkung eines Importzolls ist in Abb. 4.3 dargestellt. Das Marktdiagramm stellt den Markt für ein Importgut auf dem Inlandsmarkt dar. Die Angebotskurve verschiebt sich nach links oben (von A nach A'), im Gleichgewicht nach der Einführung des Zolls werden weniger Güter zu einem höheren Preis angeboten, zugleich wird eine geringere Menge importiert als zuvor. Dies reduziert die Konkurrenz für heimische Anbieter, deren Wettbewerbsposition sich relativ verbessert.

Eine solche Wirkung kann vorübergehend gewollt sein, wenn – z.B. in einem Entwicklungsland – das inländische Angebot bestimmter Güter erst entwickelt werden muss. In der Entwicklungsphase sind die inländischen Produzenten normalerweise (noch) nicht wettbewerbsfähig gegenüber dem Ausland. Wenn in einer solchen Situation internationale Konkurrenz besteht, wird möglicherweise die Entstehung nationaler Produzenten von vornherein unterbunden. Mit dieser als „Schutzzoll- oder Erziehungszollargument" bezeichneten Argumentation versuchte Friedrich List (1789–1846) Zölle in Deutschland zu rechtfertigen, die die deutsche Wirtschaft vor der überlegenen englischen Konkurrenz schützen sollten. Derart begründete Zölle sind nur dann zielführend, wenn sie zeitlich befristet sind, also lediglich in einer Übergangsphase eingesetzt werden.

Exportsubventionen sind staatliche Zahlungen an Exporteure, welche die Exporte erleichtern sollen. Auch Exportsubventionen behindern eine weltweite Arbeitsteilung entsprechend den Kostenvorteilen. Auf dem ausländischen Absatzmarkt (vgl. Abb. 4.4) verschiebt sich durch Exportsubvention die Angebotskurve nach rechts bzw. unten (von A nach A'). Exportsubventionen verbilligen nämlich die Exportgüter auf ihrem jeweiligen Absatzmarkt, bewirken also, dass mehr Güter exportiert werden.

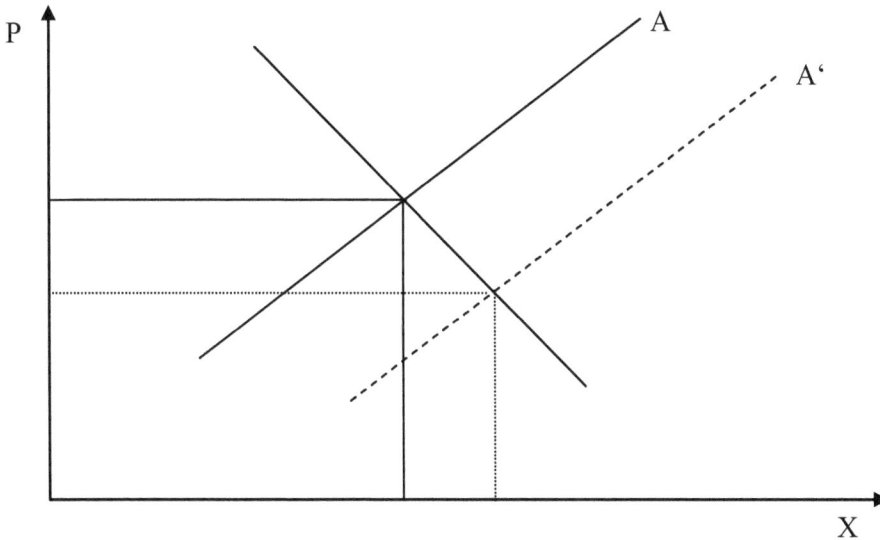

Abb. 4.4: Wirkung von Exportsubventionen auf die Güterversorgung auf dem Auslandsmarkt

Viel direkter als Zölle und Exportsubventionen beschränken Im- und Exportverbote den grenzüberschreitenden Handel. Sie sind heute kaum noch üblich, werden allenfalls aus politischen Gründen eingesetzt, z.B. um den internationalen Waffenhandel einzuschränken, oder aus gesundheitspolitischen Gründen (Beispiel: britisches Rindfleisch). Gebräuchlich – wenn auch gemäß GATT-Vertrag verboten (s.u.) – sind dagegen mengenmäßige Beschränkungen. Dabei werden zwar bestimmte Handelsmengen (Kontingente) zugelassen, darüber hinausgehende Warenströme werden aber verboten.

In Ausnahmefällen können mengenmäßige Beschränkungen auch aus dem freiwilligen Exportverzicht resultieren. Ein Beispiel ist die Begrenzung der Fahrzeuglieferungen aus Japan in die USA, die in Form einer freiwilligen Selbstverpflichtung erfolgte, weil Japan schärferen Reaktionen der USA zuvorkommen wollte.

Die häufigste Form von handelsbeschränkenden Maßnahmen dürften allerdings inzwischen die so genannten nicht-tarifären Handelshemmnisse sein. Häufig wirken nationale technische Normen oder Vorschriften in Hinblick auf Handelsware, die von denen des Auslands abweichen, als Handelshemmnis. Solche Normen werden häufig mit Sicherheitserfordernissen, aber auch mit Umweltschutz- bzw. Gesundheitsargumenten begründet. Beispielsweise müssen im Ausland hergestellte Fahrzeuge, die in Deutschland gefahren werden sollen, die Bestimmungen des deutschen TÜV erfüllen. Dies wäre kein Problem, wenn die Sicherheitsbestimmungen international einheitlich wären. Bei den meisten Gütern ist dies jedoch nicht der

Fall. Die Folge sind Kostensteigerungen für ausländische Hersteller bzw. Importeure, ihre Wettbewerbsfähigkeit nimmt ab und das Importvolumen sinkt.

Eine ähnliche Wirkung haben aufwendige Genehmigungsverfahren bei der Erteilung einer Importerlaubnis durch das Zielland oder aufwendige Importverfahren (z.B. Vorschriften in Bezug auf Warenbegleitpapiere oder Zollverfahren), die lange Wartezeiten und hohe Verwaltungsgebühren beinhalten können. Auch hierbei handelt es sich um Belastungen, die nur die ausländischen Hersteller treffen. Wenn sie Importe organisatorisch erschweren, wirken nicht-tarifäre Handelshemmnisse im Prinzip wie mengenmäßige Beschränkungen. Werden Importe mit zusätzlichen Kosten belastet, treten zollähnliche Wirkungen ein. Da derartige Maßnahmen im Regelfall mit sachlichen Notwendigkeiten begründet werden, lässt sich eine bewusste Beschränkung des Außenhandels meist kaum nachweisen.

Nationale Schutzmaßnahmen zu Lasten eines freien Außenhandels greifen in Marktentscheidungen ein. Sie schränken den Freihandel zugunsten der heimischen Wirtschaft ein und verfälschen die Preisrelationen zwischen inländischen und ausländischen Produzenten. Solche Schutzmaßnahmen zugunsten der heimischen Wirtschaft sind mit dem Leitbild des Freihandels unvereinbar, besonders, wenn sie dauerhaft gewährt werden.

Häufig werden diese Verstöße gegen das Freihandelspostulat damit gerechtfertigt, dass Anpassungsprozesse durch zeitlich befristete Maßnahmen (sozial) erträglicher gestaltet werden sollen oder dass sie als Reaktion auf Freihandelsverstöße anderer Länder eingesetzt werden. Diese Rechtfertigungsversuche ändern aber nichts daran, dass die Gefahr besteht, dass ein Prozess eines sich verstärkenden Protektionismus eingeleitet werden kann, der allen Ländern Wohlstandseinbußen bringt.

Da einzelne Länder aber oft aus innenpolitischen Gründen (z.T. wider besseres Wissen) zu Protektionismus neigen, ist freier Handel nicht gesichert. Darum ist eine Einigung auf eine Welthandelsordnung wünschenswert. Im Zuge einer solchen Einigung müssen allerdings alle Länder ihre nationalen Interessen teilweise zurückstellen. Daher ist nachvollziehbar, dass die bestehende – nun darzustellende – Welthandelsordnung unvollständig ist.

Nach dem zweiten Weltkrieg setzten Bestrebungen ein, den Welthandel zu liberalisieren. 1947 wurde das General Agreement on Tariffs and Trade (Allgemeines Zoll- und Handelsabkommen, GATT) unterzeichnet, das 1995 in die Word Trade Organization (WTO) integriert wurde. Im Rahmen des GATT wurden folgende Prinzipien vereinbart und grundsätzlich von der WTO übernommen:

- Prinzip der Liberalisierung: Die Vertragspartner verzichten darauf, bestehende Zölle heraufzusetzen bzw. neue Zölle einzuführen. Mengenmäßige und andere nicht tarifäre Handelshemmnisse werden verboten. Darüber hinaus sind die Mitgliedstaaten zu regelmäßigem Verhandlungen aufgerufen, in denen Zollsenkungen und andere Liberalisierungen vereinbart werden sollen. Dies kann als eingebaute „Verbesserungsautomatik" interpretiert werden.
- Prinzip der Gegenseitigkeit: In bilateralen Verhandlungen sollen gewährte Leistung und Gegenleistung einander in etwa entsprechen.

* Prinzip der Nicht-Diskriminierung (Meistbegünstigungsklausel): Vergünstigungen, die zwei Vertragspartner einander gewähren, gelten automatisch auch für die anderen Mitgliedstaaten der WTO. Damit bewirken z.B. bilaterale Zollsenkungen eine multilaterale Handelsliberalisierung. Zu diesem Prinzip gehört generell auch die Gleichstellung ausländischer Wettbewerber mit inländischen (Inländerbehandlung).

Zwar wurden zahlreiche Ausnahmen vereinbart. So wurde das Prinzip der Meistbegünstigung nicht auf regionale Integrationsräume angewendet, so dass z.B. der Commonwealth-Status erhalten blieb und es zulässig blieb, neue Zollunionen und Freihandelszonen zu bilden. Dies ermöglichte die europäische Integration. Dennoch konnten in den verschiedenen Verhandlungsrunden des GATT immer wieder weltweit geltende Zollsenkungen vereinbart werden. Insgesamt konnte das GATT allerdings Protektionismus nur teilweise reduzieren. Die Organisation war zu Beginn schwach und hatte zunächst keine Weisungs-/Sanktionsbefugnisse gegenüber den Mitgliedstaaten.

Mit Etablierung der WTO im Jahr 1995 wurde allerdings ein Streitschlichtungs- und Sanktionsmechanismus installiert. Kernpunkt ist die Bestimmung, dass bei nachgewiesener Vertragsverletzung das geschädigte WTO-Mitgliedsland zu Vergeltungsmaßnahmen gegenüber dem „Schädigerland" berechtigt ist, die ansonsten mit den WTO-Bestimmungen nicht vereinbar wären (z.B. Erhöhung eines Zolls). Die Vergeltungsmaßnahmen müssen allerdings verhältnismäßig sein.

Zugleich wurden die Liberalisierungsziele vom Güter- auf den Dienstleistungsbereich erweitert. Im Rahmen des Übereinkommens über den Handel mit Dienstleistungen (GATS) wird eine Liberalisierung angestrebt, die grundsätzlich für alle handelbaren Dienstleistungen gelten soll. Unter anderem werden die Meistbegünstigungsklausel und das Prinzip der Inländerbehandlung auf den Dienstleistungsbereich übertragen. Darüber hinaus wurde ein Abkommen über den Handel mit geistigem Eigentum (TRIPS) geschlossen. Dies zielt z.B. auf Regelungen, um dem internationalen Handel mit gefälschten Markenprodukten oder mit Raubkopien von CDs oder Software zu begegnen. Das TRIPS-Abkommen enthält z.B. Vorschriften über Urheberrechte und verwandte Schutzrechte, Marken und geographische Angaben, gewerbliche Muster und Modelle, Patente und über den Schutz von Know-how. Das WTO-Abkommen umfasst damit nun drei Einzelabkommen.

Die Vertragsparteien verpflichteten sich grundsätzlich dazu, Freihandel zuzulassen, es wurde jedoch vielfach gegen diesen Grundsatz verstoßen. Ende 1994 – beim Übergang des GATT in die WTO – waren 128 Länder Mitglieder des GATT. Im Jahr 2009 hatte die WTO 153 Mitglieder. Von den großen Ländern fehlt nur Russland; auch hier sind aber bereits Beitrittsverhandlungen im Gang.

4.2.2 Währungspolitik und Währungssysteme

Im internationalen Handel muss es möglich sein, Güter in verschiedenen Währungen zu bezahlen. Bisher wurde unterstellt, die Währungen seien unbeschränkt umtauschbar, d.h. konvertibel, und die Tauschverhältnisse würden sich ausschließlich aufgrund von Angebot und Nachfrage an Devisenmärkten ergeben. In diesem Fall können sich immer wieder unvorhersehbare Wechselkursschwankungen ergeben, die Exporteuren eine langfristige Planung erschweren. Wertet z.B. die Währung eines Ziellandes von Exportgütern ab, so werden heimische Produkte in diesem Land teurer, die Erschließung dieses Auslandsmarktes kann unrentabel werden. Bei bereits vereinbarten Auslandsgeschäften werden Unternehmen kurzfristig zu flexiblerer Planung bzw. zu Kurssicherungsgeschäften gezwungen (z.B. zu entsprechenden Gegengeschäften in der fremden Währung, wenn etwa ein Kfz-Hersteller, der Autos im $-Raum verkaufen möchte, gleichzeitig Zulieferteile aus dem $-Raum importiert). Solche Sicherungsgeschäfte sind natürlich ihrerseits mit Kosten verbunden. Dieser Nachteil flexibler Wechselkurse macht andere Währungssysteme attraktiv. Nachfolgend werden die Grundsatzentscheidungen der Währungspolitik und alternative Währungssysteme beschrieben. Die europäische Währungsordnung wird in Teil 4.3. beschrieben.

4.2.2.1   Grundsatzentscheidungen der nationalen Währungspolitik

Die Währungspolitik eines einzelnen Landes hat zum einen über die Konvertibilität bzw. Umtauschbarkeit der eigenen Währung, zum anderen über das Währungs- bzw. Wechselkurssystem zu entscheiden, in welches die eigene Währung eingebunden werden soll.

Eine Währung ist konvertibel, wenn sie unbeschränkt in andere Währungen bzw. Devisen getauscht werden kann. Die Konvertibilität kann auf bestimmte Zwecke (z.B. Zahlungen im Rahmen des Güterverkehrs), auf bestimmte Länder (z.B. in Europa) oder auf bestimmte Personen (z.B. Ausländer) beschränkt werden. Beschränkend wirken auch Umtauschgebühren. Die vollständige Aufhebung der Konvertibilität führt zur staatlichen Devisenbewirtschaftung. Die Behörden kontrollieren dann die Devisenzu- und -abflüsse, beispielsweise durch Einführung einer Ablieferungspflicht von Devisen und durch Zuteilung von Devisen für festgelegte Verwendungen. Die Devisenbewirtschaftung behindert den freien Außenhandel und die internationalen Kapitalbewegungen.

Durch Beschränkungen der Konvertibilität von Währungen wird auch die Effizienz der Kapitalallokation gemindert. Das Kapital kann (weltweit) nicht mehr dort investiert werden, wo der höchste Ertrag winkt. Die Errichtung der Kontrollen ist zudem aufwendig. Es wird Umgehungen und „schwarze" Märkte für nicht oder nur beschränkt konvertierbare Währungen geben. Der Kapitalfluss wird nie ganz zu verhindern sein.

Für Beschränkungen bzw. eine Besteuerung internationaler Kapitalbewegungen wird – zumindest für Krisensituationen, d.h. wenn eine Währung das Vertrauen der Investoren verliert – angeführt, dass „Sand ins Getriebe" der Währungsspekulation gerät und damit Direktinvestitionen und langfristige Kredite weniger behindert werden. Die Kontrollen sollen in diesem Fall Interventionen der betroffenen Notenbank ersetzen und dem betroffenen Land Zeit für Reformen gewähren. Im Folgenden wird jedoch volle Konvertibilität der Währungen unterstellt.

Die Entscheidung über das Währungs- bzw. Wechselkurssystem betrifft im Kern die Frage, ob sich der Außenwert der eigenen Währung gemäß Angebot und Nachfrage auf dem Devisenmarkt frei bilden soll (freie bzw. flexible Wechselkurse) oder ob die eigene Währung an einem System fester bzw. fixierter Wechselkurse beteiligt werden soll. Grundsätzlich sind auch Mischsysteme denkbar. So kann eine Währung in Bezug auf einige Währungen in ein System fester Wechselkurse integriert, gegenüber anderen Währungen aber der flexiblen Kursbildung überlassen werden.

4.2.2.2   Währungssysteme

Es gibt verschiedene Währungssysteme, in denen die Bildung der Wechselkurse dem Devisenmarkt (teilweise) entzogen wird. Im Folgenden werden (multilateral vereinbarte) Systeme erläutert, bei denen die Wechselkurse innerhalb bestimmter Bandbreiten um absolut feste Leitkurse schwanken (Bandbreitenfixierung) bzw. nur bei Vorliegen bestimmter Voraussetzungen geändert werden dürfen.

In einem System mit fixen (d.h. innerhalb einer Bandbreite fixierten) Wechselkursen einigen sich die beteiligten Länder in Bezug auf die Wechselkurse auf bestimmte Zielwerte (Leitkurse bzw. Paritäten). Die Leitkurse beziehen sich dabei entweder auf eine bestimmte nationale Währung oder auf eine künstlich geschaffene „Verrechnungseinheit". Ferner entscheiden sie über die Bandbreiten, innerhalb derer die Wechselkurse um die vereinbarten Paritäten schwanken können.

Um die Wechselkurse in der Nähe der Leitkurse stabilisieren zu können, müssen die Systeme Regelungen für den Fall einer Abweichung vom „Zielkorridor" enthalten. Im Regelfall werden die Notenbanken der am System beteiligten Länder verpflichtet, bei solchen Abweichungen am Devisenmarkt zu intervenieren. Für jeden Wechselkurs ergibt sich aus Leitkurs und Bandbreite ein oberer und ein unterer Interventionspunkt. Dies sei im Folgenden aus Sicht eines (In-)Landes für ein zwischen dem Inland und einem zweiten Land bestehendes System fixer Wechselkurse betrachtet. Abb. 4.5 zeigt Devisenangebot A und Devisennachfrage N am inländischen Devisenmarkt. Der Preis der (ausländischen) Währung in Einheiten der heimischen Währung ist als Wechselkurs w eingetragen.

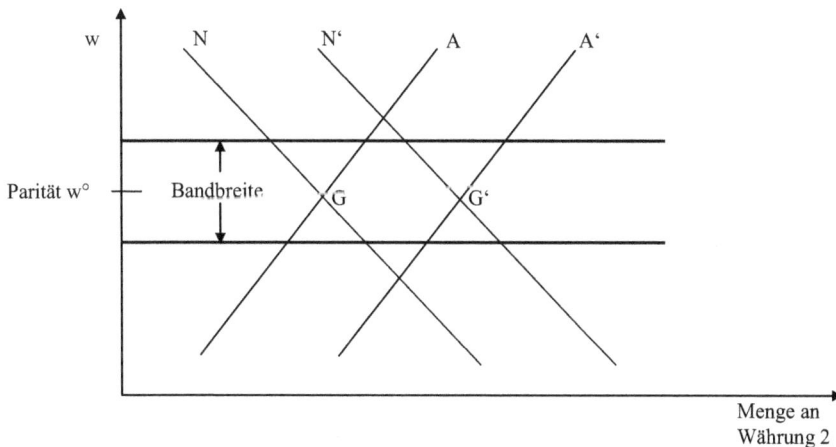

Abb. 4.5: System fester Wechselkurse

Folgende Interventionspflichten der beteiligten Notenbanken werden festgelegt:

1. Steigt – von einem Gleichgewicht G beim Paritätskurs w° – die Devisennachfrage von N nach N', so besteht zum festgelegten Paritätskurs ein Nachfrageüberhang nach Devisen. Der Kurs der Fremdwährung strebt zum oberen Interventionspunkt. Dann müssen die Notenbanken (bzw. zumindest eine der beiden Notenbanken) die Fremdwährung verstärkt anbieten. Dadurch steigt das Devisenangebot – z.B. von A auf A'. Der Wechselkurs w stabilisiert sich im Gleichgewicht G' wieder nahe der Parität.
2. Steigt dagegen das Devisenangebot von A nach A', so nähert sich der Devisenkurs dem unteren Interventionspunkt. Dann müssen die Notenbanken (bzw. zumindest eine der beiden Notenbanken) zugunsten der Fremdwährung intervenieren, d.h. diese verstärkt nachfragen (Stützungskäufe tätigen). Dadurch steigt die Devisennachfrage – z.B. auf N' – und der Wechselkurs w stabilisiert sich im Gleichgewicht G', d.h. innerhalb der Bandbreite.

Die Regelungen darüber, welche der beteiligten Notenbanken wann bzw. in welchem Maß intervenieren muss, können im Detail unterschiedlich ausgestaltet sein. Unabhängig davon sind allerdings die beschriebenen Interventionen zur „Verteidigung" bestimmter Wechselkurse mit folgenden Problemen verbunden:

- Die Interventionen führen zu Änderungen der Geldmenge in den beteiligten Ländern. So steigt die Geldmenge des Inlandes bei Stützungskäufen zugunsten der Fremdwährung, da die Devisen mit heimischer Währung gekauft werden müssen. Dies wirkt im Inland potenziell inflationssteigernd. Umgekehrt sinkt im Inland die Geldmenge, wenn die heimische Notenbank Devisen aus ihren Devisenreserven anbietet und gegen die eigene Währung eintauscht. Dies verringert die heimische Geldmenge und kann die heimische Konjunktur drosseln. Zugleich steigt im Ausland die Geldmenge und damit dort die Inflationsgefahr.
- Zentralbanken verfügen nur über begrenzte Devisenreserven. Sind Interventionen zur Stabilisierung einer abwertungsverdächtigen Währung über einen längeren Zeitraum erforderlich, so reichen eventuell die Reserven für „Stützungskäufe" nicht aus (Liquiditätsproblem).
- Die Kenntnis des Liquiditätsproblems erhöht möglicherweise vorhandene Spekulationsanreize. Die Spekulation setzt z.B. darauf, dass die Notenbank einer von Abwertungserwartungen betroffenen Währung diese Währung gemäß ihrer Verpflichtung zunächst verteidigt (was gute Verkaufskurse stabilisiert), dass letztlich aber wegen des Liquiditätsproblems am Ende die Währung doch abgewertet werden muss, so dass für Spekulanten gute Rückkaufkurse zustande kommen. Gelingt die Verteidigung des ursprünglichen Wechselkurses, so verlieren die Spekulanten nichts. Die Spekulation ist insofern ohne Risiko.

Die mit der Verteidigung bestimmter Wechselkurse bzw. Bandbreiten verbundenen Probleme lassen sich auf unterschiedliche Weise angehen: Zum können Zentralbanken, die den Wechselkurs ihrer Währung angesichts schwindender Devisenreserven nicht mehr verteidigen können, von anderen Notenbanken (eventuell unter Auflagen) Devisenkredite bekommen, um die Verteidigung fortsetzen zu können. Damit wird das Problem aber oft nur aufgeschoben. Wird die Spekulation gegen die Währung fortgesetzt, sind irgendwann auch die zusätzlich erworbenen Devisen aufgebraucht. Die Verteidigung bricht letztlich doch zusammen. Zweitens kann eine schwache Währung durch kontraktive Wirtschaftspolitik, z.B. durch eine Erhöhung der Leitzinsen gestützt werden, da dann über den Kapitalverkehr Nachfrage nach dieser Währung entsteht. Eine außenwirtschaftlich begründete kontraktive Wirtschaftspolitik geht freilich zu Lasten der heimischen Konjunktur und Beschäftigung. Drittens kann die Verteidigung bestimmter Wechselkurse bzw. Bandbreiten aufgegeben und eine kontrollierte Abwertung der schwachen Währung (d.h. Festsetzung einer neuen Parität bzw. eines niedrigeren Leitkurses) vorgenommen werden (Stufenflexibilität).

Kontrollierte Auf- und Abwertungen sind allerdings ebenfalls nicht unproblematisch. Durch Abwertung können z.B. Inflationsländer die negativen außenwirtschaftlichen Effekte der heimischen Inflation zwar scheinbar folgenlos ausgleichen. Streben dies aber mehrere Länder an, so droht ein – für alle Seiten mit Instabilität verbundener – „Abwertungswettlauf". Umgekehrt wird (bei dauerhaft niedrig bewerteter Währung) die heimische Wirtschaft stark „exportlastig." Dies kann sich als Nachteil erweisen, z.B. wenn die heimische Währung später wieder aufwertet oder wenn die Weltkonjunktur einbricht.

Systeme fester Wechselkurse werden errichtet, um die Nachteile flexibler Wechselkurse für die Exportwirtschaft zu vermeiden. Für Unternehmen steigt z.B. die Kalkulationssicherheit. Kurssicherungsgeschäfte werden entbehrlich. Die Stabilität solcher Systeme konnte aber nicht immer gesichert werden. Sie funktionieren nur, wenn die Länder bei Zielkonflikten bereit sind, der Wechselkursstabilisierung Vorrang vor binnenwirtschaftlichen Zielen einzuräumen. Systeme fester Wechselkurse waren daher in der Vergangenheit oft „Schönwetterveranstaltungen" und scheiterten in wirtschaftlich turbulenten Zeiten (vgl. Übersicht 4.6).

Ein weiterer Nachteil von Systemen fester Wechselkurse besteht darin, dass Ungleichgewichte im Außenhandel nicht über schnelle Wechselkurskorrekturen beseitigt werden können, ein automatischer Zahlungsbilanzausgleich also fehlt. Bei flexiblen Wechselkursen können sich Staat und Notenbanken auf binnenwirtschaftliche Ziele (z.B. Wachstum oder Stabilisierung von Beschäftigung und Preisniveau) konzentrieren, weil keine Intervention zur Wechselkursstabilisierung erforderlich ist und der automatische Zahlungsbilanzausgleich tendenziell für die außenwirtschaftliche Absicherung der Stabilisierungspolitik sorgt. Bei festen Wechselkursen ist Stabilisierungspolitik erschwert.

Zwar ist im Prinzip Geld- und Fiskalpolitik auch bei festen Wechselkursen möglich. Aufgrund der Interventionsverpflichtungen der Notenbank ergibt sich allerdings besonders für die Geldpolitik ein anderes Umfeld. Expansive Geldpolitik erzeugt ja – wie in Abschnitt 4.1 erwähnt – einen Abwertungsdruck. Wegen der Interventionsverpflichtung muss die Zentralbank dann aber die schwache eigene Währung stützen und damit die eigene expansive Geldpolitik neutralisieren. Da die eigene Währung angekauft werden muss, sinkt die inländische Geldmenge, die anfängliche Geldmengensteigerung wird kompensiert. Geldpolitik ist daher als stabilisierungspolitisches Instrument weitgehend ungeeignet. Feste Wechselkurse begrenzen insofern die Spielräume für nationale Stabilisierungspolitik.

Bei expansiver Fiskalpolitik können sich Auf- und Abwertungskräfte neutralisieren, dann bleibt der Wechselkurs unverändert. Dann wirkt expansive Fiskalpolitik genauso stark wie bei flexiblen Wechselkursen (vgl. dazu Abschnitt 4.1). Entstehen aber Wechselkursänderungskräfte, dann greift wieder die Interventionsverpflichtung der Notenbanken, was insofern die Wirkung der Fiskalpolitik dämpfen kann.

---

1. Goldwährung (vor dem 1. Weltkrieg und von 1924 bis 1931). Der Wert der einzelnen Währungen wurde in Gold fixiert (Goldparität). Hieraus ergaben sich zwangsläufig auch die Austauschverhältnisse (Wechselkurse) zweier Währungen.

2. Bretton-Woods-System (1944/1945 bis 1973): System fester Wechselkurse (zwischen über 100 Währungen) mit Bandbreiten von +/- 1%, später +/- 2,25% um festgelegte Paritäten zum US-$. Da zugleich eine feste Relation von 35 US-$ je Feinunze Gold galt, waren die Währungen auch über ihre Goldparität verknüpft. Bis Ende der 60ger Jahre war Gold für die Zentralbanken der wichtigste Teil ihrer Reserven. Gold konnte zum Preis von 35 US-$ je Feinunze zur Finanzierung von Zahlungsbilanzdefiziten genutzt werden. Heute ist Gold für die Zentralbanken primär Wertaufbewahrungsmittel und kann auf dem freien Markt nach Belieben ge- oder verkauft werden. Der Goldpreis auf dem freien Markt beträgt seit 2009 über 1000 US-$.

3. Europäisches Währungssystem EWS (1979 bis 1998): System fester Wechselkurse mit Schwankungsbreiten von +/- 2,25%; ab 1993: +/- 15%. Der Kern des EWS war die Europäische Währungseinheit ECU als „Korbwährung" der einzelnen Währungen der EWS-Mitglieder. Das Gewicht, mit dem die einzelnen Währungen in den ECU eingingen, orientierte sich am wirtschaftlichen Gewicht der einzelnen Länder und wurde vor 1993 periodisch überprüft. Die Paritäten zwischen Mitgliedswährungen waren über feste Leitkurse zur ECU festgelegt. Bei der Neubewertung einer Währung gegen den ECU änderten sich die bilateralen Paritäten dieser Währung; zugleich auch die (Korb-)Gewichte der Währungen im ECU. Das Korbgewicht der DM stieg z.B. zwischen Ende 89 und Mitte 95 von 30% auf 33%. Drohte eine Währung gegenüber einer anderen die erlaubte Bandbreite zu verlassen, waren die jeweils beteiligten Notenbanken zur Intervention verpflichtet. Bei lang anhaltenden Störungen waren Leitkursanpassungen (Realignments) möglich. Die DM gewann zwischen 1979 und 1994 gegenüber der ECU 22% an Wert, der holländische Gulden 19%. Verloren haben der französische Franc (-13%), das britische Pfund (-18%) und die italienische Lira (-56%). Das EWS wurde 1999 von der Europäischen Wirtschafts- und Währungsunion (EWWU) abgelöst. Die ECU-Schlusskurse wurden als (unwiderrufliche) Umrechnungskurse zum € übernommen (z.B. 1 € = 1,95833 DM). 1999 trat zugleich das EWS II in Kraft. Dieses System wurde errichtet, um die Wechselkurse zwischen dem € und den Währungen von EU-Ländern, die (noch) nicht Mitglied der Währungsunion sind, zu stabilisieren und diesen Ländern eine spätere Qualifikation zur Teilnahme an der EWWU zu erleichtern.

Übersicht 4.6: Systeme fixer Wechselkurse in der Geschichte

4.2.2.3   Währungsunion, optimaler Währungsraum

Der Nachteil von Spekulationsanreizen in Systemen fester Wechselkurse lässt sich dadurch überwinden, dass die Wechselkurse glaubhaft „unwiderruflich" fixiert werden. Durch diese unwiderrufliche Fixierung der Wechselkurse wird ein System fester Wechselkurse zur Währungsunion. Eine Währungsunion bindet die Volkswirtschaften der beteiligten Länder noch stärker aneinander als ein System fester Wechselkurse. Nationale Währungspolitik wird ebenso unmöglich wie eine nationale Geldpolitik. Die Geldpolitik ist einer gemeinsamen Zentralbank zu übertragen. Die Fiskalpolitik ist eng abzustimmen. Expansive nationale Fiskalpolitik in einzelnen Mitgliedstaaten kann nämlich zu Lasten der anderen Unionsmitglieder gehen, wenn sie Inflation verursacht, welche unionsweit mit kontraktiver Geldpolitik bekämpft werden muss, oder wenn nationale Schulden der Gemeinschaft aufgebürdet werden. Um solches zu vermeiden, müssten die Mitgliedsländer der Währungsunion auf inflationäre bzw. übermäßige expansive Fiskalpolitik verzichten.

Vor diesem Hintergrund ist darauf zu achten, welche Länder sich an einer Währungsunion beteiligen sollen, welche Währungen also einen Währungsraum bilden sollten. Es sollten Länder sein, zwischen denen Kräfte, die auf eine Änderung von Wechselkursen wirken (wie z.B. anhaltende Export- oder Importüberschüsse, Differenzen bei Zinsen, Inflationsraten oder Staatsschulden), gering sind. Löhne, Preise und Konjunktur sollten sich ähnlich bzw. konvergierend entwickeln, die Ziele der Wirtschaftspolitik sollten sich ähneln. Ferner sollten Mechanismen existieren, die – bei asymmetrischen Schocks (z.B. bei einem Ölpreisanstieg, der in Frankreich weniger stark wirkt als in Deutschland, weil in Frankreich die Atomenergie eine größere Rolle spielt) – Wechselkursanpassungen ersetzen können, ohne dass es zu Arbeitslosigkeit kommt. Hierzu gehören zum einen flexible Löhne und Preise. Lohn- und Preisentwicklungen gleichen z.B. wirtschaftliche Unterschiede beschäftigungsneutral aus, wenn Preise bzw. Löhne im schwächeren Land langsamer steigen als im stärkeren Land. Auch flexible Faktorwanderungen können Arbeitslosigkeit vermeiden helfen, indem z.B. die Arbeit zum wirtschaftlich stärkeren Standort wandert oder indem das Kapital zum Standort mit den niedrigeren Löhnen wandert.

Länder, für welche die genannten Bedingungen zutreffen, bilden einen optimalen Währungsraum. Unter Umständen schafft sich der optimale Währungsraum selbst. Verstärken sich nämlich in einer Währungsunion die Handelsverflechtungen, so trägt dies zu stärkerer Synchronisation der Konjunkturzyklen, somit auch zu einer – für die Stabilität der Währungsunion wichtigen – Konvergenz der Wirtschaftsentwicklung bei. Vorstellbar ist auch, dass die größere Transparenz in einer Währungsunion den Standortwettbewerb intensiviert und dieses zu einer erhöhten Flexibilität der Faktoren Arbeit und Kapital führt.

Internationale währungs- und finanzwirtschaftliche Rahmenbedingungen

Da sich Volkswirtschaften nicht nur in Bezug auf Handelsströme (Importe, Exporte), sondern auch in Bezug auf den Kapitalverkehr öffnen, und vor dem Hintergrund finanzwirtschaftlicher Instabilitäten gibt es einen Bedarf an internationaler Rahmensetzung. In Bezug auf die Währungspolitik gibt es eine entsprechende Rahmenordnung. Der Internationale Währungsfonds (IWF) mit Sitz in Washington D.C., gegründet 1944 in Bretton-Woods, ist die zentrale Institution dieser Ordnung. Fast alle Länder der Welt sind Mitglied. Nach dem Zerfall des Bretton-Woods-Systems mit im Prinzip festen Wechselkursen (s.o.) ist den Mitgliedern die Regelung der Wechselkurse freigestellt. Seither sind viele Wechselkurse weitgehend flexibel. Andere Länder haben ihre Währungen an „große" Währungen (z.B. an den US-$) gekoppelt. Ferner existieren Zonen mit festen Wechselkursen und in Europa eine Währungsunion. Wichtige der zuvor vom IWF zur Absicherung fester Wechselkurse geschaffenen Kreditgewährungsmöglichkeiten sind freilich noch heute gültig.

Der IWF gleicht einer Kreditgenossenschaft. Jedes Mitgliedsland zahlt einen Beitrag, der sich an den Werten für Inlandsprodukt, Welthandelsanteil und Währungsreserven bemisst. Diese zu 75% in Landeswährung oder Staatspapieren, zu 25% in einer internationalen Reservewährung (z.B. $) zu zahlende Quote bestimmt auch den Anspruch auf Kredite und die Stimmrechte. Die Quoten werden regelmäßig überprüft und in der Summe an veränderte Finanzierungsbedarfe und in der Struktur an veränderte wirtschaftliche Gewichte der Mitglieder angepasst.

Nach Maßgabe dieser Quoten werden den Mitgliedsländern Sonderziehungsrechte (SZR) gutgeschrieben, eine Art Guthaben beim Fonds. SZR sind internationale Zahlungsmittel zwischen Zentralbanken. Privatleute können sie weder erwerben noch mit ihnen bezahlen. Die SZR ermitteln sich als Korbwährung auf der Basis von US-$, Euro, Yen und Pfund Sterling. Die Korbgewichte betragen von 2006 bis 2010 für den $ 44%, für den Euro 34%, sowie für Yen und Pfund Sterling je 11%. Ein SZR entsprach Anfang 2009 in etwa 1,1 €. Die SZR gewähren einen Anspruch auf konvertible Währungen. Jedes Land kann von anderen Ländern gegen SZR die zur Erfüllung von Verbindlichkeiten benötigten Devisen erhalten. Alle Länder haben sich verpflichtet, SZR ohne weitere Bedingungen zu akzeptieren. Die SZR sind somit eine Kreditlinie, die sich die IWF-Mitglieder gegenseitig einräumen und damit „so gut wie Devisen". SZR sind zwar weltweit keine bevorzugte Recheneinheit und kein Hauptreservemedium. Ihre relative Wertbeständigkeit machen sie allerdings im Prinzip als Recheneinheit und Wertmaßstab attraktiv.

In Höhe von 25% der oben genannten Quote kann ein Mitgliedsland IWF-Mittel jederzeit in Anspruch nehmen (Ziehungsrecht in der Reservetranche). Darüber hinaus kann jedes Mitglied für Devisenmarktinterventionen weitere Kredite in Höhe der Quote in Anspruch nehmen. Die Mitglieder greifen dabei nur auf Mittel zu, die sie zuvor eingezahlt haben (Prinzip des Devisenpools). Der IWF betreibt dabei keine eigene Geldschöpfung. Zur Bewältigung schwieriger Finanzprobleme schuf der IWF allerdings verschiedene weitere Kreditmöglichkeiten.

Diese zusätzlichen Möglichkeiten bzw. Fazilitäten sind aber im Regelfall im Umfang nur begrenzt verfügbar. Sie sind meist auch an bestimmte Bedingungen geknüpft. Sobald beabsichtigte Kredite die o.g. Reservetranche übersteigen, stellt der IWF an das betreffende Land konkrete wirtschaftspolitische Bedingungen (Konditionalität). Die Kreditnehmer verpflichten sich zu einer Wirtschaftspolitik, mit der sie ihre Zahlungsprobleme verringern. Die IWF-Hilfen werden daraufhin in den Defizitländern oft als Einmischung in die nationale Wirtschaftspolitik empfunden, zumal die Auflagen oft die Forderung nach sinkenden Sozialabgaben beinhalten. Andererseits kann der (innenpolitisch neutrale) IWF unbequeme Reformen zuweilen leichter in Gang bringen als die auf Wählerstimmen angewiesenen nationalen Regierungen.

Die Rolle des IWF wird häufig kritisch diskutiert. Einerseits wird bemängelt, dass Krisenländer oft IWF-Kredite bekommen, ohne dass auf Einhaltung der angemahnten Reformen bestanden wird. Dies sei ein Signal an die Kreditnehmer, die Reformen zu unterlassen. Die Hilfen des Fonds werden vor diesem Hintergrund häufig als zu weit gehend kritisiert. Zudem: Braucht der Fonds mehr Mittel, als aus Einzahlungen der Mitglieder zur Verfügung stehen, kann er die Mitglieder verpflichten, an ihn eigene Währung gegen SZR abzugeben. Hier sehen Kritiker die Gefahr einer versteckten Geldschöpfung (Die Bedeutung der durch den IWF geschaffenen internationalen Liquidität und der Verschuldung von Ländern beim IWF ist aber – verglichen mit Währungsreserven und Forderungen – eher gering). Andererseits wird im Zusammenhang mit der Wirtschaftskrise gefordert, dass der IWF eine stärkere Rolle bei der Errichtung und Überwachung einer internationalen Finanzordnung spielen sollte. Inwieweit das gelingen kann, ist derzeit aber noch offen. Zur Begründung der Forderung nach einer internationalen Finanzordnung folgen nun einige Erläuterungen zur Finanz- und Wirtschaftskrise 2008/2009.

Krisen folgen oft auf Boomphasen, die durch eine reichliche Geldversorgung möglich werden und die in verschiedenen Wirtschaftsbereichen mit Überinvestitionen und mit Kurs- bzw. Wertsteigerungen einhergehen können. Im Vorlauf der Weltfinanz- und – wirtschaftskrise erleichterten durch expansive Geldpolitik verursachte niedrige Zinsen in den USA kreditfinanzierte Hauskäufe. Kreditvolumen und Immobilienpreise stiegen. Banken vergaben Immobilienkredite auch an wenig kreditwürdige Kunden. Hauskäufer und Banken spekulierten auf (weitere) Wertsteigerungen. Insgesamt stiegen Kreditvolumen und Immobilienpreise weit über das normale Maß (es entstand eine „Blase").

Mit später wieder steigenden Zinsen nahm die Nachfrage nach Immobilien ab, deren Preise gingen zurück. Damit fiel auch der Wert der Sicherheiten, die vielen Immobilienkrediten zugrunde lagen. Kredite wurden faul. Zwangsversteigerungen beschleunigten den Immobilienpreisrückgang (Immobilienkrise) und damit das Kreditproblem. Banken, die Sicherheiten verloren, schränkten die Kreditvergabe bzw. Geldversorgung ein (Kreditklemme). Daraufhin erreichte die Krise die Realwirtschaft, d.h. Investitionen, Produktion und Beschäftigung sanken, und breitete sich – von den USA ausgehend – auch international aus.

Ein Ende der Krise kann über eine (krisenbedingte) Zinssenkung entstehen, welche wieder einen neuen Investitionszyklus einleitet. Aus diesem Grund wurde weltweit versucht, eine sehr expansive Geldpolitik zu realisieren. Mit einer derartig reparierenden Geldpolitik kann freilich wieder der Keim für spätere Inflation bzw. für spätere finanzielle Blasen gelegt werden.

In der Krise wurde zugleich deutlich, dass speziell der Finanzsektor destabilisierend wirken kann. Der Finanz- bzw. Bankensektor soll die Ersparnis der Volkswirtschaft per Kreditvergabe in produktive Verwendungen lenken und dadurch (unter Inkaufnahme von Risiken) mit den Realinvestitionen in Einklang bringen. Es besteht aber die Gefahr, dass, der Finanzsektor Wirtschaftsschwankungen erheblich verstärkt. Banken vergeben Kredite z.B. tendenziell prozyklisch, d.h. im Boom reichlich, in der Krise zurückhaltend. Ferner können Banken Kreditrisiken verbriefen und in Form spezieller, durch bestimmte Ansprüche gesicherter Wertpapiere weiterverkaufen. In positiver Deutung zunächst als Instrument verbesserter Risikostreuung interpretiert, erwiesen sich diese Verbriefungen letztlich als destabilisierend. Banken, die spezielle Risiken – z.B. von Immobiliengeschäften – gut kannten, konnten diese Risiken durch Verbriefung verstecken und verkaufen (z.T. an andere Banken). Dies gelang auch, weil die zur Bewertung der Risiken eingeschalteten Rating-Agenturen die Papiere – interessengeleitet – oft zu positiv bewerteten. Die emittierenden Banken konnten durch derartige Auslagerung von Risiken ein hohes Geschäftsvolumen mit wenig Eigenkapitaleinsatz realisieren. Sie gingen davon aus, dass andere die in den Papieren enthaltenen Risiken würden tragen müssen. Als aber in der Krise die Kurse dieser Papiere stark fielen, und keine Bank von der anderen wusste, wie viele derartige Papiere sie in ihren Büchern hatte, fingen Banken an sich gegenseitig zu misstrauen, was die Kreditkrise verschärfte.

Vor dem Hintergrund dieser Krisenprozesse werden hinsichtlich einer Finanzordnung unter anderem gefordert:

- dass die Eigenkapitalanforderungen für Bankgeschäfte verschärft werden. Damit soll verhindert werden, dass Banken übermäßig hohe Risiken eingehen. Banken, die (z.B. im Immobiliengeschäft oder im Handel mit verbrieften Wertpapieren) Risiken eingehen, sollen einen größeren Teil eventueller Verluste selber tragen. Auch sollen Konstruktionen zur Auslagerung riskanter Geschäfte aus den Bankbilanzen beschränkt werden, so dass eingegangene Risiken in den Bankbilanzen transparent werden.
- dass Bankenaufsicht und Finanzmarktregeln international harmonisiert und überwacht werden (z.B. über den IWF), damit nicht einzelne Staaten in dem Bestreben, im Regulierungswettbewerb den eigenen Banken Vorteile zu sichern, unterschiedliche und defizitäre Regulierungssysteme erzeugen, die Finanzblasen hervorbringen.

Ob es aber gelingt, derartige Regeln international zu vereinbaren, ist zweifelhaft.

4.2.3   Aufgaben

1. Diskutieren Sie, inwiefern protektionistische Maßnahmen zum Schutz der Exportwirtschaft eines Landes die Konsumenten dieses Landes belasten.
2. Land A erhebt Importzölle für Nahrungsmittel aus Land B. Wie wirkt sich diese Maßnahme am Markt für Nahrungsmittel in Land A und in Land B aus?
3. Erläutern Sie anhand selbst gewählter Beispiele den Begriff der nicht tarifären Handelshemmnisse. Erläutern Sie, wann diese Maßnahmen wie mengenmäßige Beschränkungen oder Zölle wirken können. Warum ist der Abbau solcher Hemmnisse schwer durchsetzbar?
4. Vor welchen Grundsatzentscheidungen steht die Währungspolitik?
5. Welche Vorteile und welche Nachteile haben Systeme fester Wechselkurse? Welche Varianten solcher Systeme gibt es?
6. Was ist ein optimaler Währungsraum? Welche Eigenschaften hat er?
7. Welche Aufgabe hat der IWF? Warum wurde er zuletzt kritisiert?
8. Beschreiben Sie die Wirkung expansiver Geld- und Fiskalpolitik in einer offenen Volkswirtschaft bei festen Wechselkursen
9. Erläutern Sie, inwiefern expansive Geldpolitik und das Verhalten von Geschäftsbanken eine Mitursache für die Finanz- und Wirtschaftskrise waren.

4.3   Europäische Union als Integrationsraum

In diesem Kapitel

▪   werden die Vorteile einer regionalen Integration (Aufschließungseffekte) und deren
    Nachteile (Abschließungseffekte) erläutert.

▪   wird dargestellt, dass der europäische Integrationsprozess durch schrittweise regionale
    Erweiterungen und inhaltliche Vertiefung der Zusammenarbeit geprägt war.

▪   wird erklärt, welche Maßnahmen erforderlich waren, um den Binnenmarkt zu realisie-
    ren.

▪   wird verständlich, warum die EU im Zuge mehrerer Fortschreibungen des EG-Vertrags
    zahlreiche weitere wirtschaftspolitische Zuständigkeiten bekommen hat

▪   werden die Vor- und Nachteile der Europäischen Wirtschafts- und Währungsunion
    (EWWU) erläutert und verdeutlicht, warum an der EWWU nur Länder teilnehmen dür-
    fen, deren wirtschaftliche Entwicklung ähnlich bzw. konvergent verläuft.

▪   wird aufgezeigt, in welchen Politikfeldern eine weitergehende Harmonisierung der Wirt-
    schaftspolitik sinnvoll ist.

▪   wird deutlich, dass die EWWU als weiterer Schritt auf dem Weg zu einer (gewollten)
    politischen Union zu sehen ist; eine rein ökonomische bzw. wirtschaftspolitische Bewer-
    tung ist vor diesem Hintergrund unvollständig.

4.3.1   Integrationsformen

Die europäische Integration als regionale Integration stellt eine Alternative zur weltweiten
Handelsliberalisierung dar, die angesichts unterschiedlicher Interessen schwer zu realisieren
ist. Nach der Intensität der Zusammenarbeit lassen sich verschiedene Formen der Integration
unterscheiden, die auch mit den Regelungen des GATT bzw. der WTO (vgl. Abschnitt 4.2)
vereinbar sind:

▪   In einer Präferenzzone werden Zollerleichterungen innerhalb der Integrationszone ver-
    einbart.

▪   In einer Freihandelszone werden Zölle zwischen den Mitgliedstaaten abgeschafft (Zoll-
    freiheit). Oft werden neben Zöllen auch andere interne Handelshemmnisse abgebaut.

▪   Eine Zollunion ist eine Freihandelszone mit gemeinsamem Außenzoll. Die Zolleinnah-
    men fließen der Union oder ihren Mitgliedern zu. Oft werden auch externe mengenmä-
    ßige Beschränkungen des Außenhandels vereinheitlicht.

▪   In einem gemeinsamen Markt bzw. Binnenmarkt werden freier Handel von Waren und
    Dienstleistungen und freie Mobilität von Arbeit und Kapital (Freihandel plus Faktormo-
    bilität) vereinbart. Freizügigkeit (ohne Grenzkontrollen) kann auch für Nichterwerbstä-
    tige vereinbart werden, ferner vereinfachen die gegenseitige Anerkennung oder Verein-

heitlichung von Produktionsbedingungen oder Normen und Standards den Handel im Binnenmarkt.

- In einer Wirtschaftsunion wird neben dem Gemeinsamen Markt eine Koordinierung bzw. Harmonisierung der laufenden Wirtschaftspolitik (Stabilitäts-, Wettbewerbs-, Wachstumspolitik), eventuell unterstützt durch gemeinsame Institutionen wie z.B. ein gemeinsames Kartellamt angestrebt.

- Zu einer Währungsunion gehören unwiderruflich feste Wechselkurse und vollständige und irreversible Konvertibilität der Währungen und volle Freiheit des Kapitalverkehrs. Die Währungsunion kann durch eine Einheitswährung und eine gemeinsame Zentralbank gefestigt werden.

Eine regionale Integration ist geeignet, Vorteile des Freihandels bzw. der internationalen Arbeitsteilung im Inneren des Integrationsraums zu realisieren. Die beteiligten Länder spezialisieren sich auf Produktion und Export von Gütern, bei denen sie (komparative) Vorteile haben und beziehen andere Güter günstig aus anderen Ländern der Integrationszone (Aufschließungseffekt bzw. handelsschaffender Effekt). Der Abbau von internen Hemmnissen begünstigt auch den intraindustriellen Handel. Zugleich wird im Integrationsraum der Wettbewerb intensiver. Dies zieht zwar Anpassungslasten in den beteiligten Ländern nach sich, weil Grenzanbieter aus dem Markt ausscheiden müssen. Die Preise dürften aber zugunsten der Verbraucher sinken und per Saldo positive Einkommens- und Beschäftigungseffekte resultieren. Unter Umständen steigt zudem die Wettbewerbfähigkeit gegenüber Drittländern. Die intensivere wirtschaftliche Verflechtung innerhalb der Integrationszone ist meist auch davon begleitet, dass ein Teil der vorher mit Drittstaaten abgewickelten Geschäfte in die Integrationszone um- bzw. abgelenkt wird. Dieser handelsablenkende Abschließungseffekt tritt oft auch dann ein, wenn Drittstaaten eigentlich komparative Vorteile für bestimmte Produkte haben. Regionale Integration verzerrt somit die weltweite Faktorallokation zugunsten der Integrationszone. Güter, die ansonsten in Drittstaaten produziert worden wären, werden nach der regionalen Integration innerhalb der Zone produziert. Reagiert der Rest der Welt (daraufhin) seinerseits mit regionaler Integration und Abschottung, dann zerfällt die Welt in „Handelsblöcke" und entfernt sich vom Ideal des Freihandels.

Regionale Integrationen sind (trotz der internen Vorteile) nicht einfach zu realisieren. Hohe Verhandlungskosten und Widerstände potentieller Integrationsverlierer erschweren die Einigung, zumal die Integration es erforderlich macht, nationale wirtschaftspolitische Kompetenzen auf die übergeordnete Ebene zu übertragen. In weniger wettbewerbsfähigen Branchen wird häufig befürchtet, dass die Integration zum Verlust an Marktanteilen und Beschäftigung beiträgt. Ferner können unterschiedliche Wertvorstellungen zwischen den Mitgliedsstaaten – etwa in der Umweltpolitik oder beim Arbeitsschutz – die Akzeptanz der Integration bei den Bürgern mindern. Bestehende Integrationen sind zudem gefährdet, wenn sich die Integrationsvorteile ungleich auf die Mitgliedsländer verteilen.

4.3.2   Entstehung und Grundkonzeption der EU

Die nach dem zweiten Weltkrieg eingeleitete europäische Integration strebte ursprünglich die Sicherung des Friedens, den Wiederaufbau in den zerstörten Ländern und die politischen

Stabilität in Europa an. Dazu sollte primär eine wirtschaftliche Integration beitragen, von der man sich auch wirtschaftliches Wachstum in den Partnerländern aufgrund der angesprochenen Integrationsvorteile versprach. Mit dem ersten Vertrag zwischen sechs europäischen Ländern wurde 1952 die Europäische Gemeinschaft für Kohle und Stahl (EGKS) gegründet, in der ein gemeinsamer Markt für die Montanproduktionen geschaffen werden sollte. Die gleichen sechs Gründerstaaten – Belgien, die Bundesrepublik Deutschland, Frankreich, Italien, Luxemburg und die Niederlande – schlossen sich 1958 in den Römischen Verträgen zur Europäischen Atomgemeinschaft (Euratom) und zur Europäischen Wirtschaftsgemeinschaft (EWG)zusammen, die später – mit einer erweiterten Zahl von Mitgliedern – zur Europäischen Gemeinschaft (EG) und abermals später politisch zur Europäischen Union (EU) fortentwickelt wurde.

Die Gründungsverträge bildeten die rechtliche Grundlage der europäischen Integration. Sie wurden mehrfach erweitert und mündeten schließlich in die 2009 in Kraft getretene Konsolidierte Fassung des Vertrags über die EU (VEU) und in den Vertrag über die Arbeitsweise der EU (VAEU).

Zentrale Ziele der EWG waren zunächst die Zollunion und der gemeinsame Binnenmarkt. Von Beginn an wurde jedoch auch eine stärkere wirtschaftspolitische Zusammenarbeit angestrebt. Bereits in den römischen Verträgen waren weitere Bereiche der wirtschaftlichen Zusammenarbeit vereinbart. Neben der gemeinsamen Agrarpolitik, gemeinsamen Wettbewerbsregeln und der Verpflichtung, den wirtschaftlichen und sozialen Zusammenhalt zu stärken gab es eine Zusammenarbeit im Bereich der Verkehrsnetze, da ein gemeinsamer Markt auch Transportmöglichkeiten voraussetzt. Der Abbau von Zöllen auf Gütern konnte bis 1968 weitgehend realisiert werden. Weitergehende Integrationsschritte waren aber schwerer zu realisieren.

Die Revision der rechtlichen Grundlagen wurde von der schrittweise regionalen Erweiterung auf 27 Staaten (vgl. Übersicht 4.7) und von einer inhaltlichen Vertiefung der Zusammenarbeit, d.h. von einer Ausweitung der Kompetenzen der europäischen Wirtschaftspolitik sowohl begleitet als auch vorangetrieben.

Die Handlungsfelder der gemeinsamen Wirtschaftspolitik müssen auch heute noch explizit in den Verträgen vereinbart sein (Grundsatz der begrenzten Einzelermächtigung, Art. 5 VEU), können aber über gemeinsame Beschlüsse erweitert werden. Die Politikfelder, in denen die Union in ausschließlicher bzw. in mit den Mitgliedstaaten geteilter Zuständigkeit tätig werden soll, sind in Art. 3 und 4–6 VAEU genannt. In die ausschließliche Zuständigkeit der EU fallen weiterhin die Zollunion, die Festlegung der für den Binnenmarkt erforderlichen Wettbewerbsregeln, die Währungspolitik für die Eurozone, die Erhaltung der biologischen Meeresschätze im Rahmen der gemeinsamen Fischereipolitik und die gemeinsame Handelspolitik. Wesentliche Bereiche mit geteilter Zuständigkeit sind z.B. der Binnenmarkt, der wirtschaftliche, soziale und territoriale Zusammenhalt, die Landwirtschaft, aber auch die Bereiche Umwelt und Energie.

Land	Einwohner 2008	Bruttoinlandsprodukt pro Kopf 2008 in €	
	in Millionen	jeweilige Preise	EU(27)=100
Europäische Union (27 Länder) (Beitrittsjahr)	497,6	25100	100,0
Gründerstaaten 1958			
Belgien	10,7	32200	128,3
Deutschland	82,2	30400	121,1
Frankreich	64	30400	121,1
Italien	59,6	26200	104,4
Luxemburg	0,5	80500	320,7
Niederlande	16,4	36200	144,2
1. Erweiterung 1973			
Dänemark	5,5	42400	168,9
Irland	4,4	40900	162,9
Vereinigtes Königreich	61,2	29600	117,9
2. Erweiterung			
Griechenland (1981)	11,2	21300 v	84,9
Portugal (1986)	10,6	15700	62,5
Spanien (1986)	45,3	23900	95,2
3. Erweiterung (1995)			
Finnland	5,3	34700	138,2
Österreich	8,3	33800	134,7
Schweden (1995)	9,2	35400	141,0
4. Erweiterung (2004)			
Estland	1,3	12000	47,8
Lettland	2,3	10200	40,6
Litauen	3,4	9600	38,2
Malta	0,4	13800	55,0
Polen	38,1	9500	37,8
Slowakei	5,4	12000	47,8
Slowenien	2	18400 b	73,3
Tschechische Republik	10,4	14200	56,6
Ungarn	10	10500	41,8
Zypern	0,8	21700	86,5
5. Erweiterung (2007)			
Bulgarien	7,6	4500	17,9
Rumänien	21,5	.	.

.: nicht verfügbar, v: vorläufiger Wert, b: Bruch in der Reihe

Übersicht 4.7: Mitgliedstaaten der Europäischen Union (2010)
Quelle: eurostat, Abfrage vom 23.3.2010.

Darüber hinaus ist in Art. 5 VEU das Subsidiaritätsprinzip verankert, welches in Bezug auf die Verteilung der politischen Kompetenzen zwischen der Union und den Mitgliedstaaten fordert, dass bei gleich guter Aufgabenerfüllung grundsätzlich die jeweils untere Ebene mit der Aufgabe betraut wird. Nur wenn einzelne Probleme die Lösungskompetenz unterer Ebenen übersteigen, ist demnach die jeweils höhere Ebene einzuschalten. National oder regional begrenzte Umweltschäden (etwa im Gefolge nationaler Verkehrsprojekte), erfordern z.B. primär nationale oder regionale Maßnahmen. Grenzüberschreitende Probleme (wie oft im Bereich der Luftreinhaltung oder des Gewässerschutzes) sind dagegen besser auf europäischer Ebene zu lösen.

Im Zuge der Beitrittsverhandlungen mussten die Beitrittsländer sich jeweils verpflichten, den bis dahin aufgebauten Bestand an Verträgen und gemeinsam erlassenen Richtlinien und Verordnungen (aquis communautaire) innerhalb bestimmter Fristen zu übernehmen. Außerdem müssen Beitrittskandidaten folgende Merkmale ihrer politischen und wirtschaftlichen Ordnung nachweisen (Kopenhagener Kriterien):

- institutionelle Stabilität einer demokratische und rechtsstaatliche Ordnung,
- Wahrung der Menschenrechte sowie Achtung und Schutz von Minderheiten,
- eine funktionsfähige Marktwirtschaft
- die Fähigkeit, die Ziele der Politischen Union und der Wirtschafts- und Währungsunion zu unterstützen.

Diese Bedingungen deuten darauf hin, dass die Europäische Union prinzipiell den Grundsatz einer sozialen Marktwirtschaft vertritt. Gemäß Art. 3,3 VAEU errichtet die Union einen Binnenmarkt und wirkt „auf die nachhaltige Entwicklung Europas auf der Grundlage eines ausgewogenen Wirtschaftswachstums und von Preisstabilität, eine in hohem Maße wettbewerbsfähige soziale Marktwirtschaft, die auf Vollbeschäftigung und sozialen Fortschritt abzielt, sowie ein hohes Maß an Umweltschutz und Verbesserung der Umweltqualität hin. Sie fördert den wissenschaftlichen und technischen Fortschritt."

Der Erweiterungsprozess zwang die Union zu institutionellen Reformen. Eine Union mit fast 30 Mitgliedsstaaten funktioniert nicht mehr mit Regeln, die ursprünglich für eine Union von 6 Staaten entworfen waren. Diesem Erfordernis wurde durch die mehrfache Überarbeitung der Verträge zumindest teilweise Rechnung getragen. Durch Zurückdrängung des Einstimmigkeitsprinzips bzw. zunehmende Einführung von Entscheidungen mit (qualifizierter) Mehrheit wurden Fortschritte im Integrationsprozess auch bei einer großen Zahl von Mitgliedstaaten erleichtert. Weitere institutionelle Reformen beziehen sich z.B. auf die Zusammenarbeit zwischen den EU-Organen und mit den nationalen Regierungen. Institutionen und Entscheidungsverfahren wurden gestrafft, und die Rolle des Europäischen Parlaments wurde gestärkt.

Zentrale Organe der EU sind das Europäische Parlament, der Europäische Rat, der (Minister-)Rat, die Kommission, der europäische Gerichtshof, die Europäische Zentralbank und der Europäische Rechnungshof (Art. 13 VEU). Ihre Funktionen und Kompetenzen sind in Übersicht 4.8 kurz beschrieben. Die Rolle und Befugnisse der Europäischen Zentralbank werden in Abschnitt 1.3 erläutert.

Die Organe der EU arbeiten nach dem Prinzip der Funktionenteilung am Gesetzgebungsprozess und am Haushaltsverfahren zusammen, d.h. das jeweils die EU-Kommission, das EU-Parlament und der Ministerrat der EU an den Verfahren beteiligt sind. Die Verfahrensweisen sind – je nach Politikfeld – im Vertragswerk unterschiedlich ausgestaltet.

Generell kann der (Minister-)Rat als Vertretung der Mitgliedstaaten angesehen werden. Er beschließt als Entscheidungsgremium der EU über unionsweit unmittelbar geltende Verordnungen und über Richtlinien, die in den Mitgliedstaaten noch an nationales Recht anzupassen sind. Diese Rechtsakte müssen allerdings von der EU-Kommission vorgeschlagen werden (Initiativfunktion). Das Parlament ist am Gesetzgebungsprozess nach unterschiedlichen Verfahren beteiligt. Nach dem Mitentscheidungsverfahren kann das Parlament das Zustandekommen eines Rechtsaktes verhindern.

Zentrale Themen der europäischen Integration (z.B. Grundfragen im Aufbau der Wirtschafts- und Währungsunion) werden nicht vom Ministerrat, sondern vom Europäischen Rat, d.h. im Wesentlichen von den Staats- bzw. Regierungschefs der Mitgliedstaaten behandelt.

Die EU-Kommission führt die Gemeinschaftspolitik durch (Exekutivaufgabe). Sie verwaltet den EU-Haushalt und die verschiedenen angegliederten Fonds. Sie sorgt als „Hüterin der Verträge" für die Einhaltung der Regeln und der Grundsätze des Gemeinsamen Marktes (Kontroll-Aufgabe). Im Bereich der Wettbewerbspolitik überwacht sie z.B. das Kartellverbot und ist für die Missbrauchsaufsicht, die Fusionskontrolle und die Beihilfenkontrolle zuständig. Die Kommission arbeitet arbeitsteilig. Jeder Kommissar ist für bestimmte Arbeitsbereiche zuständig (z.B. Wettbewerb, Erweiterung, regionale Strukturpolitik oder Haushalt). Beschlüsse werden dennoch von der Kommission mit der Mehrheit der Mitglieder gefasst.

Das europäische Parlament ist das einzige durch direkte Wahlen demokratisch legitimierte EU-Organ. Es ist wie beschrieben am Gesetzgebungsverfahren beteiligt und zugleich das Kontrollorgan für die Kommission. Das Parlament ist auch an der Beschlussfassung über den EU-Haushalt beteiligt.

Der europäische Gerichtshof (EuGH) soll sicherstellen, dass die EU-Organe und die Mitgliedstaaten das europäische Recht einhalten, indem es die Verträge und das abgeleitete Recht auslegt und anwendet. Es kann von den EU-Organen, von Mitgliedstaaten oder von juristischen und natürlichen Personen angerufen werden, die von Entscheidungen der Gemeinschaft direkt betroffen sind. Gemäß dem generellen Vorrang des europäischen Rechts haben EuGH-Entscheidungen Vorrang vor den Entscheidungen nationaler Gerichte (in Deutschland also auch vor den Entscheidungen des Bundesverfassungsgerichts). Der EuGH ist keinem anderen Organ verpflichtet und damit das unabhängigste EU-Organ. Seine Rechtsprechung war häufig entscheidend für die Fortentwicklung der Gemeinschaft.

Der europäische Rechnungshof prüft als Organ der externen Haushaltskontrolle das Haushaltsgebaren der EU-Institutionen. Er prüft die rechtmäßige und wirtschaftliche Haushaltsführung.

Übersicht 4.8: Wichtige Institutionen der EU

Die EU hat keine eigene Steuerhoheit, sie finanziert sich aus Umlagen der Mitgliedstaaten, die nach einheitlichen Kriterien erhoben werden. Der EU-Haushalt umfasst etwa 1% des europäischen BNE (etwa 235 € pro Einwohner) und darf die Grenze von derzeit 1,24% des BNE nicht überschreiten. Außerdem darf die EU keine Kredite aufnehmen. Einnahmen und Ausgaben werden in einer mittelfristigen Finanzplanung (finanzielle Vorausschau, derzeit 2007–2013) festgelegt. Wesentliche Einnahmequellen sind:

- Traditionelle Eigenmittel (Zolleinnahmen) bei Einfuhren aus Drittländern, die – unabhängig davon, an welchem Ort sie als EU-Außenzoll erhoben wurden – direkt dem EU-Haushalt zufließen.
- Abgaben auf Agrarprodukte, deren Weltmarktpreise unter den Preisen innerhalb der Gemeinschaft liegen (eine Spezialform von Zöllen). Damit soll das durch die EG-Agrarpolitik geschaffene hohe Agrarpreisniveau nach außen abgesichert werden. Zolleinnahmen und Agrarabgaben machen noch ca. 12% aller Einnahmen aus.

- Mehrwertsteuer-Eigenmittel. Abführen müssen die Mitgliedstaaten grundsätzlich 0,3% der Mehrwertsteuer-Bemessungsgrundlage (für einige Mitgliedstaaten gelten Vergünstigungen). Diese Eigenmittel steuern derzeit ca. 14% zu den Gesamteinnahmen bei.
- BNE-Eigenmittel. Diese Einnahmequelle wurde vom Europäischen Rat 1988 zusätzlich erschlossen, weil die anderen Quellen nicht ergiebig genug schienen und zugleich die unterschiedlichen Entwicklungsniveaus der Länder zu wenig berücksichtigten. Bemessungsgröße ist das BNE und damit die Wirtschaftskraft der Mitgliedstaaten. Der anzuwendende Hebesatz ergibt sich aus der jeweils zu deckenden (schwankenden) Haushaltslücke der EU. Die BNE-Eigenmittel haben inzwischen eine erhebliche Bedeutung für die Finanzierung des EU-Haushalts (derzeit fast drei Viertel der gesamten EU-Einnahmen).
- Sonstige Einnahmen fallen z.B. in Form von Steuern für die Dienstbezüge des Personals der EU an. Sie sind quantitativ relativ gering und machen nur ca. 1% aller EU-Einnahmen aus.

Die Ausgaben der EU werden von der regionalen Strukturpolitik und von der Landwirtschaft dominiert (vgl. Rubriken 1 und 2 in Übersicht 4.9).

Rubrik	Inhalt	Anteil
1a	Wettbewerbsfähigkeit für Wachstum und Beschäftigung	9,0%
1b	Köhäsion für Wachstum und Beschäftigung	35,6%
2	Erhaltung und Bewirtschaftung der natürlichen Ressourcen	42,5%
3	Freiheit, Sicherheit, Recht, Unionsbürgerschaft	1,3%
4	Die EU als globaler Akteur (Entwicklungshilfe)	5,7%
5	Verwaltung insgesamt	5,8%

Übersicht 4.9: Finanzplanung der EU gemäß Finanzrahmen 2007–2013

Schlüsselt man die Einnahmen und Ausgaben der EU nach Mitgliedsländern auf und vergleicht länderspezifische Beiträge und „Rückflüsse", so lassen sich Nettozahler- und Nettoempfängerländer unterscheiden. Das – gemessen an den absoluten Beträgen – bedeutendste Nettozahlerland ist seit Jahren die Bundesrepublik Deutschland, bezogen auf die Einwohnerzahl sind die Beiträge von Luxemburg oder den Niederlanden aber höher. Eine einfache Betrachtung der Nettozahlerposition greift allerdings zu kurz, da die wirtschaftlichen Vorteile des Binnenmarktes für die deutsche Volkswirtschaft wesentlich größer sein dürften als die aus der Nettozahlerposition Deutschlands resultierenden Nachteile.

4.3.3 Realisierung des gemeinsamen Marktes

Ein gemeinsamer Markt entsteht, wenn alle Maßnahmen abgebaut werden, die den grenzüberschreitenden Handel zwischen den Mitgliedstaaten behindern. Ziel der Marktintegration ist ein intensiverer grenzüberschreitender Wettbewerb, der bessere Faktorallokation sowie Wachstum und Beschäftigung induziert.

Nachdem 1968 die Zollunion weitgehend realisiert war, folgte eine Phase der Stagnation im Europäischen Integrationsprozess, die erst Mitte der achtziger Jahre durch die Verabschiedung des Binnenmarktprogramms 1992 beendet werden konnte. Unter dem Binnenmarkt wird ein „Raum ohne Binnengrenzen" verstanden, in dem die freie Mobilität von Waren, Personen, Dienstleistungen und Kapital und die Niederlassungsfreiheit für Unternehmen gewährleistet sind. Der **europäische Binnenmarkt** ist demnach in der Endstufe dadurch gekennzeichnet, dass keine Hindernisse des freien Waren-, Kapital-, Personen- und Dienstleistungsverkehrs mehr bestehen (**vier Freiheiten**) und somit Grenzkontrollen im Prinzip überflüssig sind. Die Schaffung dieses Binnenmarktes sollte den Handel, den Wettbewerb sowie Wachstum und Beschäftigung innerhalb Europas ankurbeln.

Dazu kann der intensivierte Wettbewerb der Unternehmen und Produkte beitragen. Gewinnmaximierende Unternehmen verlassen Standorte bzw. Länder, die unternehmerische Aktivitäten durch Regulierungen wie z.B. Investitionshemmnisse oder kostensteigernde Maßnahmen (z.B. Umweltschutz, Lohnnebenkosten) belasten. Daraufhin gehen dort Beschäftigung und Steueraufkommen zurück, so dass die Abwanderungsregionen unter Druck geraten. Die Anpassung von nationalen Regulierungen im Binnenmarkt kann dabei als „Wettbewerb der Regulierungssysteme" gesehen werden, in dem sich die ökonomisch attraktivsten Normen und Regeln durchsetzen (Harmonisierung durch Wettbewerb). Andererseits kann die Gefahr bestehen, dass die einzelnen Mitgliedstaaten des Integrationsraums erreichte Schutzstandards (z.B. im Umweltschutz oder in der sozialen Sicherung) preisgeben. Bei Marktversagen (z.B. bei öffentlichen Gütern, externen Effekten oder mangelnder Transparenz und Öffnung von Märkten) sind daher im Binnenmarkt auch aktive Formen der Harmonisierung durch gemeinsame Politik zu prüfen. Hierbei geht es darum, die Regeln, Normen und Institutionen der Mitgliedstaaten in verschiedenen Bereichen (d.h. durch gemeinsame Politik) anzugleichen und dabei Zielkonflikte und außerökonomische Belange in angemessener Weise zu berücksichtigen.

Die Realisierung des Binnenmarktprogramms wurde dadurch erleichtert, dass in einem Weißbuch der Kommission (1985) konkrete Harmonisierungsmaßnahmen festgelegt worden waren. Die dort aufgeführten fast 300 Maßnahmebereiche betrafen die Beseitigung der zwischen den Mitgliedstaaten bestehenden materiellen, technischen und steuerlichen Schranken. Die im Weißbuch geplanten Maßnahmen sind inzwischen weitgehend in nationales Recht umgesetzt.

Im Bereich der Waren wurden nicht-tarifäre Handelshemmnisse vor allem im Bereich der technischen Normung und Harmonisierung beseitigt. Unterschiede bei Normen (z.B. Industrienormen), technischen Vorschriften und Standards (z.B. in den Bereichen Unfall-, Arbeits- und Gesundheitsschutz, Lebensmittel- und Arzneimittelkontrolle), sowie bei Verfahren zur Zulassung und Kontrolle von Produkten begründen Handelshemmnisse, die über technische Schnittstellen auch auf andere Produkte übertragen werden können (unterschiedliche Vorschriften zur Eichung von Tachometern könnten z.B. den Autohandel beeinträchtigen). Daher kann eine Grenzöffnung durch technische Vereinheitlichungen bzw. Harmonisierungen erleichtert werden. Diese sind allerdings kompliziert und zeitaufwendig. Daher wurde im „Binnenmarktprozess" meist ein flexiblerer Harmonisierungsansatz gewählt. Dabei legt die EU nur grundlegende Standards fest, die von den Mitgliedstaaten umgesetzt werden müssen.

Dabei haben die Mitgliedstaaten einen gewissen Spielraum. So formulieren z.B. die Maschinen-Richtlinie und die Spielzeug-Richtlinie nur grundlegende Anforderungen an die Sicherheit von Maschinen und Spielzeugen. Technische Details werden von den europäischen Normungsinstituten CEN (Europäisches Komitee für Normung) und CENELEC (Europäisches Komitee für elektrotechnische Normung) geregelt, die nach Vorgaben der Kommission europäische Produktnormen erarbeiten. Für Produkte, die diesen Normen entsprechen, gibt es innerhalb Europas keine technischen Schranken mehr. Entspricht die Ware den Normen nicht, muss der Hersteller auf andere Weise nachweisen, dass die Anforderungen erfüllt werden.

Die weitest reichende Strategie zum Abbau von Schranken besteht in der Anwendung des Prinzips der gegenseitigen Anerkennung von Normen und Standards. Demnach muss ein Produkt, welches in einem Mitgliedstaat hergestellt und auf dem dortigen Markt zugelassen wurde, auch EU-weit zugelassen werden. Dieser Grundsatz wurde vom Europäischen Gerichtshof in einem Einzelfallurteil (Chassis de Dijon-Urteil 1979) formuliert und seitdem angewendet. Er erleichtert den innereuropäischen Handel, weil Grenzhindernisse ohne weitere Tätigkeit gemeinschaftlicher Institutionen entfallen. Es gibt allerdings Ausnahmen von diesem Prinzip. Wenn ein Mitgliedsland beweisen kann, dass ein zwingendes öffentliches Interesse höhere Standards verlangt, kann es den Import von Produkten verhindern. Ausnahmen können im Wesentlichen aus Gründen der öffentlichen Sittlichkeit, Ordnung und Sicherheit oder zum Schutze der Gesundheit bzw. des Lebens von Menschen, Tieren oder Pflanzen gemacht werden. Liegt keine derartige Ausnahmebegründung vor, darf der Handel auch nicht indirekt beschränkt werden. Der EuGH musste mehrfach Stellung beziehen, inwieweit bzw. wann solche Ausnahmegründe vorliegen und wie einer indirekten Beschränkung des Handels vorzubeugen ist. Im Fall des deutschen Reinheitsgebotes für Bier sah der EuGH keine Gründe des Gesundheits- bzw. Verbraucherschutzes, welche Importbeschränkungen für belgisches Bier, welches nach belgischem Recht, aber nicht dem deutschen Reinheitsgebot entsprechend gebraut wurde, rechtfertigen könnten. Der Import von belgischem Bier nach Deutschland ist somit unbeschränkt zuzulassen. Auch eine indirekte Beschränkung des Handels (etwa durch eine Verordnung, die verlangt, Importbiere als „Einfachbier" zu kennzeichnen) ist unzulässig.

Liberalisierungen gab es auch zur Beseitigung technischer Schranken im Dienstleistungsverkehr, vor allem in den zuvor national stark regulierten Sektoren Banken, Versicherungen, Verkehr und Telekommunikation. Auch hier setzte sich das Prinzip der gegenseitigen Anerkennung von (Qualitäts-)Standards durch. Verfügt ein europäisches Unternehmen über Niederlassungen in weiteren Mitgliedstaaten, so erfolgt die Zulassung und die (EU-weite) Kontrolle der Geschäftstätigkeit durch die Regulierungsbehörde jenes Staates, in dem der Firmensitz liegt. (Einmalzulassung, Heimatkontrolle). Auch Telekommunikationsnetze und -dienste sind inzwischen geöffnet. Alte Netz- und Sprachübermittlungsmonopole sind aufgehoben. Darüber hinaus soll die 2006 in Kraft getretene europäische Dienstleistungsrichtlinie den grenzüberschreitenden Handel mit Dienstleistungen dadurch fördern, dass die Wahrnehmung der Niederlassungsfreiheit europaweit vereinfacht wird, indem Formalitäten und Verwaltungsverfahren erleichtert werden. Insbesondere müssen die Mitgliedstaaten einheitliche Ansprechpartner schaffen, bei denen die Dienstleister alle erforderlichen Formalitäten elektronisch erledigen können.

Im Rahmen der Liberalisierung des öffentlichen Auftragswesens müssen Gebietskörperschaften und öffentliche Unternehmen Aufträge für die Lieferung von Waren und Dienstleistungen sowie Bauaufträge ab einem bestimmten Volumen inzwischen europaweit ausschreiben, d.h. können solche Aufträge nicht mehr nur an nationale „Hoflieferanten" vergeben. Damit die erhofften Wettbewerbs- und Kostensenkungseffekte eintreten, sind diese Vergaberegeln aber effektiv zu kontrollieren.

Seit 1993 ist auch der Kapitalverkehr in der Gemeinschaft, d.h. Kreditgeschäfte, kurzfristige Geldmarkt- und langfristige Kapitalmarkttransaktionen sowie Emission und Handel von Wertpapieren völlig liberalisiert. Das Kapital kann im Binnenmarkt ungehindert an den Ort der höchsten Verzinsung fließen.

Ferner wurde die endgültige Abschaffung der Personenkontrollen an der Grenze beschlossen. Es gilt Freizügigkeit, d.h. Arbeitnehmer und Selbständige aus EU-Staaten haben das Recht, in jedem EU-Mitgliedsland ohne jede Beschränkung aufgrund ihrer Staatsangehörigkeit unter gleichen Bedingungen wie einheimische Arbeitskräfte tätig zu sein, zu leben und in den Genuss der sozialen Vergünstigungen des Aufenthaltsortes zu kommen. Ein Ortswechsel im Binnenmarkt darf andererseits nicht zum Verlust von Ansprüchen führen, die gegenüber Sozialversicherungsträgern in einem Mitgliedstaat erworben wurden. Die deutsche Rente kann also in Italien bezogen werden. Beschäftigungs- und Versicherungszeiten werden anerkannt, ohne Rücksicht darauf, wo sie erworben wurden. Um einen Sozialtourismus zu vermeiden, müssen Rentner, Nicht-Erwerbstätige und Studenten allerdings beim Ortswechsel die finanzielle Existenzsicherung und eine bestehende Krankenversicherung nachweisen.

Eine vollständige Harmonisierung der nationalen Steuersysteme konnte noch nicht realisiert werden. Im Sinne eines ungestörten Güterhandels im Binnenmarkt wäre besonders eine Angleichung bei den indirekten Steuern, also vor allem bei der Mehrwertsteuer und bei der Mineralölsteuer, hilfreich. Die Harmonisierung binnenmarktrelevanter indirekter Steuern würde aber zwangsläufig die Höhe und Verteilung der Steuereinnahmen in einzelnen Mitgliedstaaten beeinflussen. Da bislang für Entscheidungen über die Harmonisierung von indirekten Steuern Einstimmigkeit im Rat erforderlich ist (Art. 113 VAEU), können einzelne Staaten die Harmonisierung blockieren. Bei verschiedenen Steuerarten gibt es immerhin eine Einigung auf Mindeststeuersätze, die z.B. derzeit bei der Mehrwertsteuer für den Normalsatz 15% betragen.

Die Mehrwert- bzw. Umsatzsteuer kann wettbewerbsneutral sein, wenn nach dem Bestimmungslandprinzip besteuert wird. Beim Grenzübertritt einer Ware wird dann dem Exporteur die Steuer des Ursprungslands erstattet und zugleich die Steuer des Bestimmungslandes (als Einfuhrumsatzsteuer) auferlegt. Im Bestimmungsland gelten damit einheitliche Steuersätze für heimische und importierte Güter. Exporteure aus Ländern mit hohen Steuersätzen sind nicht benachteiligt. Das Steueraufkommen fließt dem Bestimmungsland zu, was sinnvoll erscheint. Die Anwendung des Bestimmungslandprinzips erfordert dann allerdings eine steuerliche Grenzabfertigung. Dies aber widerspricht dem Binnenmarktgedanken. Stattdessen könnten im Binnenmarkt einheitliche Steuersätze realisiert werden oder aber das Ursprungslandprinzip angewendet werden. In diesem Fall gelten die Steuersätze des Ursprungslandes, unabhängig davon, in welchem Land des Binnenmarktes das Gut verkauft wird. Dann kann die steuerliche Grenzabfertigung entfallen. Die Steuereinnahmen fallen aber dann im Ursprungsland an. Das wäre zwar für Länder mit Exportüberschüssen gut, widerspräche aber dem Gebot der geringen Beeinflussung der Steuereinnahmen. Güter aus einem Hochsteuerland sind dann auf dem Markt eines Niedrigsteuerlandes im Nachteil. Dieser Nachteil kann nur abgebaut werden, wenn im Hochsteuerland die Steuersätze gesenkt werden. Nach Einführung des Ursprungslandprinzips ist daher ein Steuersenkungswettbewerb zu erwarten. Daher – und weil Beschlüsse zur Steuerharmonisierung Einstimmigkeit im Rat erfordern – ist das Ursprungslandprinzip in der EU noch nicht durchgesetzt.

Auch Unterschiede bei den direkten Steuern (hauptsächlich bei Lohn- und Einkommensteuer) können den Wettbewerb im Binnenmarkt beeinflussen. Auch hier besteht Harmonisierungsbedarf. Neben Steuersätzen wären hier auch Bemessungsgrundlagen und Ausnahmen von der Besteuerung zu vereinheitlichen. Dies ist zurzeit nicht durchsetzbar, so dass auf eine ex-ante-Harmonisierung verzichtet wird. Wünschenswert wäre besonders eine Harmonisierung der Besteuerung von Unternehmens- und Zinseinnahmen. Bereits geringe Unterschiede der Besteuerung (in Bezug auf Steuersätze, Veranlagungsverfahren oder Bankengeheimnis) können erhebliche Kapitalwanderungen auslösen. Von dieser Situation profitieren Niedrigsteuerländer, die kaum bereit sind, ihre Vorteile bei der Zinsbesteuerung ohne weiteres aufzugeben.

Inwieweit die von den bisherigen Handelserleichterungen im europäischen Binnenmarkt erhofften Vorteile tatsächlich bereits eingetreten sind, lässt sich kaum feststellen. Erwartet wurden positive Wachstums- und Beschäftigungseffekte, eine Stabilisierung des Preisniveaus und auch der öffentlichen Haushalte. Die heutige Situation lässt sich allerdings nicht mit einer hypothetischen Situation „ohne Binnenmarkt" vergleichen. Zudem haben inzwischen die Effekte der Einführung der Wirtschafts- und Währungsunion sowie der weiteren Erweiterung der Union die Binnenmarkteffekte überlagert. Allgemein vermutet wird aber, dass – selbst unter Beachtung negativer Binnenmarkteffekte (z.B. im Umweltbereich oder in Bezug auf den Handel mit Nicht-EU-Ländern) – die Vorteile des Binnenmarktprogramms bzw. der europäischen Integration überwogen haben.

Da allerdings im Prozess der Marktintegration durch den zunehmenden Wettbewerb Anpassungslasten zu bewältigen sind und außerdem die Gefahr besteht, dass die positiven Wachstums- und Beschäftigungseffekte sich in den Regionen konzentrieren, die auch zuvor schon entwicklungsstark waren, wird der Binnenmarktprozess in verschiedener Weise strukturpolitisch abgefedert. Die regionale Strukturpolitik der EU soll „den wirtschaftlichen und sozialen Zusammenhalt" in Europa stärken. Regionale Entwicklungsunterschiede, welche die Stabilität der EU beeinträchtigen könnten, sollen im Zeitablauf verringert werden. Dazu wird Geld aus verschiedenen Fonds bereitgestellt (vgl. dazu Kap. 3.3). Eine aktive europäische Industriepolitik soll ferner die notwendigen Voraussetzungen für die Wettbewerbsfähigkeit der Industrie in der Gemeinschaft schaffen und damit auch die internationale Wettbewerbsfähigkeit stärken. Darüber hinaus sollen mit der europäischen Agrarpolitik nach wie vor Anpassungsprozesse in der Landwirtschaft abgefedert werden. Die eingesetzten Maßnahmen stehen unter dem Vorwurf, dass die EU ihre Agrarmärkte abschottet. Daher gibt es Verhandlungen mit der WTO mit dem Ziel, die Außenzölle auf landwirtschaftliche Produkte zu senken oder abzubauen und interne Stützungsmaßnahmen an die Landwirtschaft abzubauen.

Die zunehmende Verflechtung der Volkswirtschaften im gemeinsamen Markt macht eine weitergehende Abstimmung der wirtschaftspolitischen Maßnahmen der Mitgliedstaaten in anderen Politikbereichen erforderlich, zum einen weil nationale Regelungen – beispielsweise zur Finanzierung der sozialen Sicherung oder rechtliche Auflagen im Umweltschutz – die Produktionskosten und damit die Wettbewerbsfähigkeit der Unternehmen verzerren. Die Folge ist ein zunehmender Standortwettbewerb zwischen den Mitgliedstaaten, der nationale Regulierungen in Frage stellen kann. Dadurch nehmen nationale Gestaltungsmöglichkeiten – etwa im Bereich der Steuer-, Sozial- oder Energie- und Umweltpolitik ab. Es bestünde dann die Gefahr, dass erreichte Standards – etwa im Bereich des Umweltschutzes oder im Bereich der sozialen Sicherung – abgebaut werden. In diesem Fall können harmonisierte Maßnahmen dazu beitragen, erreichte Standards zu erhalten oder gemeinsam auszubauen, wobei allerdings zu berücksichtigen ist, dass sehr anspruchsvolle Standards für schwächere Mitgliedstaaten schwieriger einzuhalten sind und den eigentlich erwünschten Aufholprozess erschweren. Ferner ist es – nicht nur angesichts des grenzüberschreitenden Wettbewerbs – häufig sachlich erforderlich, europaweite Vereinbarungen zu treffen. Beispielsweise ist die wirtschaftliche Integration ist auch umweltpolitisch zu „begleiten". Die europäische Umweltpolitik berücksichtigt den grenzüberschreitenden Charakter vieler Umweltprobleme und zielt auch auf eine bessere internationale Abstimmung bei der Bewältigung globaler Umweltprobleme. Umweltpolitische Aktivitäten der Gemeinschaft sollen dem Vorsorgeprinzip und dem Verursacherprinzip folgen, d.h. Belastungen möglichst frühzeitig bekämpfen, aber auch die Verursacher von Belastungen an ihrer Bekämpfung – zumindest finanziell – beteiligen. Konflikte ergeben sich dadurch, dass die EU-Politik primär Wachstumspolitik ist. So trägt z.B. der angestrebte Aufbau transeuropäischer Verkehrsnetze zum weiteren Anstieg von Schadstoff- und CO_2-Emissionen im Güter- und Personenverkehr bei. Umgekehrt verteuern umweltpolitische Standards die Produktion und verschlechtern auf diese Weise die internationale Wettbewerbsfähigkeit von in Europa produzierenden Unternehmen. Die Einführung fortschrittlicher und zugleich umweltschonender Technologien und Produktionsverfahren ist dagegen wirtschaftspolitisch erwünscht (besonders wenn die Anbieter in der EU ansässig sind).

4.3.4   Die Europäische Wirtschafts- und Währungsunion (EWWU)

Auch wenn alle Handelshemmnisse beseitigt und die Wirtschaftspolitik zunehmend harmonisiert ist, stellen verschiedene nationale Währungen ein Handelshemmnis dar. Zum einen verringern sie die Markttransparenz, zum anderen verursachen sie Transaktionskosten in Form von Umtauschkosten oder Kosten für die Absicherung des Wechselkursrisikos. Insofern kann die Einführung einer gemeinsamen Währung unter bestimmten Bedingungen weitere Aufschließungseffekte und damit positive Wachstums- und Beschäftigungseffekte auslösen. Zudem ist eine Währungsunion ist nicht nur ökonomisch zu beurteilen. Sie kann (über den angesprochenen Zwang zur wirtschaftspolitischen Kooperation) ein Baustein für eine angestrebte weitergehende politische Integration sein. Diese Überlegungen treffen auch für die Europäische Wirtschafts- und Währungsunion zu, die seit dem Ende der achtziger Jahre vorbereitet und 1999 vollzogen wurde. Auch hier bestand das Ziel zum einen darin, die Integration weiter zu forcieren, darüber hinaus sollten im vergrößerten gemeinsamen Währungsraum Wechselkursspekulationen verringert und die Bedeutung der gemeinsamen europäischen Währung auf den internationalen Kapital- und Devisenmärkten gestärkt werden. Gemäß der Theorie des optimalen Währungsraums (vgl. Abschnitt 4.2) sollten die teilnehmenden Staaten allerdings durch eine näher darzustellende Konvergenz bzw. durch Anpassungsflexibilität bei eventuellen asymmetrisch wirkenden Schocks gekennzeichnet sein.

Die Errichtung der europäischen Wirtschafts- und Währungsunion mit gemeinsamer Währung erfolgte vor diesem Hintergrund unter Beachtung eines Stufenplans. Die notwendigen Voraussetzungen für eine Währungsunion wurden in drei Stufen geschaffen:

- 1. Stufe: Liberalisierung des Kapitalverkehrs, wirtschaftspolitische Abstimmung in den EWS-Mitgliedsstaaten, Autonomie der nationalen Zentralbanken
- 2. Stufe: Verstärkung der wirtschaftlichen Konvergenz der EU-Länder, Verringerung der Wechselkursbandbreiten im Wechselkurssystem EWS, Schaffung eines europäischen Zentralbankensystems.
- 3. Stufe: Übergang zu unwiderruflich festen Wechselkursen, Ende der nationalen Souveränität in der Währungspolitik, Ablösung der nationalen Währungen durch eine Einheits- bzw. Gemeinschaftswährung.

In der ersten Stufe bis Ende 1993 ging es um verstärkte Kooperation in den Bereichen der Finanz- und Geldpolitik und um die Vollendung des europäischen Binnenmarktes als Voraussetzung für die Währungsunion. Die auf Wechselkursstabilisierung bezogenen Ziele wurden zunächst aber klar verfehlt. Es kam vielmehr zu einer Krise im Europäischen Währungssystem (EWS), welches als System fester Wechselkurse mit Bandbreiten für „erlaubte" Wechselkursschwankungen konstruiert war, um die Wechselkursschwankungen zu stabilisieren (vgl. Übersicht 4.6). Allerdings hatten sich bis zum Jahr 1992 in diesem System starke Spannungen aufgebaut. Durch hohe Inflation waren einige Währungen gegenüber der DM zunehmend geschwächt, was bei den Spekulanten zu entsprechenden Abwertungserwartungen führte. Trotz massiver Interventionen der Zentralbanken konnten die Wechselkurse nicht in den vorgesehenen Bandbreiten gehalten werden. Das britische Pfund und die Lira wurden freigegeben und schieden aus dem EWS aus (Italien trat Ende 1996 dem EWS wieder bei). Dieser Vorgang erschütterte das Vertrauen in das EWS. Weitere – auch fundamental starke – Währungen gerieten unter Druck. Die betroffenen Zentralbanken wollten aus binnenwirtschaftlichen Gründen nicht mit höheren Zinsen reagieren, waren aber zu Interventionen am Devisenmarkt – bei schwindenden Devisenreserven – zum Teil nicht mehr in der Lage. In dieser Situation wurden Mitte 1993 fast alle Bandbreiten im EWS von +/–2,25% auf +/–15% erweitert und die Wechselkurse faktisch fast freigegeben. Das für die 2. Stufe vorgesehene Ziel, die EWS-Bandbreiten zu verringern, wurde klar verfehlt.

Die zweite Stufe brachte (trotzdem) die geforderten institutionellen Entwicklungen. 1994 wurde das Europäische Währungsinstitut (EWI) gegründet, welches 1998 in der Europäischen Zentralbank (EZB) aufging. Das EWI hatte keine eigenen geldpolitischen Kompetenzen. Es bereitete die dritte Stufe der Währungsunion vor und entwickelte die zur Durchführung einer einheitlichen europäischen Geld- und Währungspolitik nötigen Instrumente und Verfahren. Die EZB ist seit 1998 für eine einheitliche europäische Geldpolitik zuständig.

Innerhalb der Europäischen Währungsunion wurde die vormals nationale Geldpolitik durch eine gemeinsame Geldpolitik ersetzt. Nationale Zentralbanken und EZB bilden zusammen das Europäische System der Zentralbanken (ESZB).

Ferner erfolgte eine Intensivierung der wirtschaftspolitischen Zusammenarbeit. Die Wirtschaftspolitik ist nunmehr eine „Angelegenheit von gemeinsamem Interesse". Ziel war und ist es, eine Konvergenz der Wirtschaftsentwicklung in den Mitgliedsländern zu erreichen. Dies kommt insbesondere in den so genannten Konvergenzkriterien, die als Qualifikationskriterien für die Teilnahme an der EWWU fungierten, zum Ausdruck. Gegen Ende der zweiten Stufe, im Mai 1998, hatte der Europäische Rat (auf Basis der Berichte von EWI und EU-Kommission) zu prüfen, inwieweit die EU-Mitgliedsländer 1997 folgende Vorgaben einhielten:

1. „Öffentliches Defizit" (Nettoneuverschuldung) von höchstens 3 % des BIP
2. „Öffentlicher Gesamtschuldenstand" von höchstens 60 % des BIP
3. Eine Inflationsrate, die im Mittel höchstens 1,5 %-Punkte über der durchschnittlichen Inflationsrate der drei preisstabilsten Mitgliedsstaaten lag.
4. Ein durchschnittlicher, langfristiger Nominalzinssatz von höchstens 2%-Punkten über dem entsprechenden Niveau in den drei preisstabilsten Mitgliedstaaten.
5. Eine (bis zum Frühjahr 1998 gerechnet) mindestens zweijährige Teilnahme am EWS innerhalb der Bandbreite ohne Abwertung.

Zwischen Staaten, die diese Kriterien erfüllen, wurden Kräfte als gering erachtet, die auf eine Änderung von Wechselkursen drängen. Umgekehrt wurde bei Ländern, die diese Kriterien nicht erfüllten, befürchtet, dass sie – da in der Währungsunion eine Abwertung als Kompensation wirtschaftlicher Schwäche nicht mehr möglich ist – von den anderen Ländern finanzielle Unterstützung verlangen könnten. Solche Länder wollte man in der EWWU nicht als Mitglied aufnehmen. Die Kriterien machen ökonomisch Sinn:

▪ Hohe öffentliche Defizite bzw. Schulden zwingen irgendwann zu finanzpolitischer Konsolidierung. In einer Währungsunion besteht dann die Versuchung, die Gemeinschaft um finanziellen Beistand zu bitten. Dieser ist aber gemäß EU-Vertrag nicht zulässig. Die Defizit-Kriterien sind somit im Prinzip richtig konstruiert. Die konkreten Grenzwerte (3% bzw. 60% des BIP) lassen sich allerdings wissenschaftlich nicht begründen. Sie konnten im Jahr 1991 als zwar relativ ehrgeizige, aber nicht unrealistische Zielwerte gelten.

▪ Das Inflationsabstandskriterium berücksichtigt, dass Inflationsdifferenzen die Exportsalden und die Wechselkurse beeinflussen. Da Länder mit hohen Inflationsraten auch im Integrationsraum an Wettbewerbsfähigkeit verlieren, diese Schwäche aber nicht mehr durch Abwertungen mildern können, erscheinen nur Länder mit geringer Inflationsdifferenz als geeignete Mitglieder für eine Währungsunion. Auch das Inflationsabstandskriterium ist somit richtig konstruiert. Der Abstandswert von 1,5%-Punkten ist wissenschaftlich aber wiederum nicht begründbar.

▪ Das Zinsabstandskriterium beruht auf der Überlegung, dass in eine Währungsunion mit völlig freiem Kapitalverkehr nur Länder mit geringen Zinsdifferenzen aufgenommen werden sollten. Der Abstandswert von 2%-Punkten entzieht sich abermals einer wissenschaftlichen Beurteilung.

- Das Währungskriterium lässt sich im Prinzip als Sicherheitskriterium interpretieren. Die reibungslose Teilnahme am EWS gibt einen Anhaltspunkt dafür, dass zumindest zwei Jahre lang die auf Wechselkursanpassung gerichteten Kräfte gering waren, die Konvergenz also groß war.

Die Kommission stellte im März 1998 (im „Bericht über den Konvergenzstand" an den Europäischen Rat) die in Übersicht 4.10 gezeigte Erfüllung der Kriterien fest.

Kriterium	Öffentliches Defizit[1]	Schuldenstand[2]	Inflation[3]	Langfr. Zinsen[4]	EWS-Teilnahme
	1997				3/96–3/98
Referenzwert	*–3,0*	*60,0*	*2,7*	*7,8*	*Ja*
Belgien	–2,1	122,2	1,4	5,7	Ja
Dänemark	+0,7	65,1	1,9	6,2	Ja
Deutschland	–2,7	61,3	1,4	5,6	Ja
Finnland	–0,9	55,8	1,3	5,9	z.T.[5]
Frankreich	–3,0	58,0	1,2	5,5	Ja
Griechenland	–4,0	108,7	5,2	9,8	z.T.[6]
Irland	+0,9	66,3	1,2	6,2	Ja
Italien	–2,7	121,6	1,8	6,7	z.T.[7]
Luxemburg	+1,7	6,7	1,4	5,6	Ja
Niederlande	–1,4	72,1	1,8	5,5	Ja
Österreich	–2,5	66,1	1,1	5,6	Ja
Portugal	–2,5	62,0	1,8	6,2	Ja
Schweden	–0,8	76,6	1,9	6,5	Nein
Spanien	–2,6	68,8	1,8	6,3	Ja
Vereinigtes Königreich	–1,9	53,4	1,8	7,0	Nein

1) Finanzierungsdefizit (–) bzw. –überschuss (+) in % des nominalen BIP
2) Schuldenstand in % des nominalen BIP. Die Kommission betrachtete auch die Jahre 1996 und 1995, um abzuschätzen, inwieweit die Quote rückläufig war und sich dem Referenzwert annäherte (vgl. Erläuterung im Text).
3) Gemessen als arithmetisches Mittel der letzten 12 Monatsindizes (Februar 1997 bis Januar 1998) im Verhältnis zum arithmetischen Mittel der 12 Indizes der Vorperiode (Februar 1996 bis Januar 1997). Referenzwert: ungewogenes arithmetisches Mittel der Inflationsraten der drei preisstabilsten Länder plus 1,5 %-Punkte
4) Renditen langfristiger Schuldverschreibungen, Durchschnitt Februar 1997 bis Januar 1998. Referenzwert: ungewogenes arithmetisches Mittel der über 12 Monate berechneten Durchschnittszinssätze der drei preisstabilsten Länder plus 2 %-Punkte
5) Seit Oktober 1996
6) Seit März 1998
7) Seit November 1996

Übersicht 4.10: Erfüllung der Konvergenzkriterien 1997

Der Europäische Rat, der anhand dieser Kriterien über die Teilnahme der Länder an der EWWU entscheiden musste, stand angesichts dieses Ergebnisses vor der Wahl, bei strenger bzw. formaler Interpretation der Kriterien nur Frankreich und Luxemburg in die EWWU aufzunehmen, oder aber die Kriterien weich zu interpretieren, was er aus integrationspolitischen Gründen auch tat. Er konstatierte nur bei Griechenland Nichterfüllung, d.h. Nicht-Qualifikation. Griechenland konnte sich allerdings nachträglich qualifizieren. Dem im März 2000 eingereichten Antrag auf nachträglichen Beitritt zur Währungsunion wurde 2001 entsprochen (wobei aber später Zweifel an den von Griechenland vorgelegten Zahlen aufkamen).

Bei den Defizitkriterien legte der Rat statistische Unschärfen zu Gunsten der Qualifikanten aus. Er vernachlässigte z.T. (defizitäre) Neben- und Schattenhaushalte und akzeptierte in einigen Fällen einmalig wirkende Haushaltsentlastungen durch Verkäufe öffentlicher Vermögenswerte. Er nutzte ferner die im Vertrag gegebenen Interpretationsspielräume: Der Vertrag erlaubte eine Überschreitung der Defizitquote, wenn diese entweder „erheblich und laufend zurückgegangen ist und einen Wert in der Nähe des Referenzwerts erreicht hat" oder „der Referenzwert nur ausnahmsweise und vorübergehend überschritten wird und [die Quote] in der Nähe des Referenzwertes bleibt". Die Schuldenquote konnte überschritten werden, wenn sie „hinreichend rückläufig ist und sich rasch genug dem Referenzwert nähert".

Beim Währungskriterium blieb offen, ob die „reibungslose Teilnahme" durchgehend auf die Schwankungsbreite von +/–2,25% oder ab 1993 auf die Schwankungsbreite von +/–15% zu beziehen war. Großzügig interpretierte der Rat auch die zeitliche Vorgabe des Kriteriums. Italien ist z.B. dem EWS erst im November 1996 (wieder) beigetreten. Eine zweijährige EWS-Teilnahme lag im Mai 1998 also nicht vor.

Der Rat würdigte mit seiner im Prinzip großzügigen Auslegung der Kriterien die seit 1991 erreichte Konvergenz bei Inflationsraten und Zinsen, welche auf einen schon geleisteten Souveränitätsverzicht (d.h. Unterordnung unter gemeinsame Stabilitäts- und Budgetziele) hindeutet. Zugleich spielte bei der Entscheidung neben politischen Überlegungen wohl auch eine Rolle, dass eine Union mit nur wenigen Ländern nur geringe Integrationswirkung entfaltet hätte.

Damit die finanzwirtschaftlichen Kriterien auch nachträglich eingehalten werden, wurde 1997 ein Stabilitäts- und Wachstumspakt beschlossen. Mittelfristig sind demnach (nahezu) ausgeglichene öffentliche Haushalte anzustreben. Nach einem bestimmten Verfahren können Sanktionen für übermäßige Verschuldung verhängt werden. Das Prüfungs- und Anpassungsverfahren wird dabei nicht durch Ratsbeschluss, sondern automatisch in Gang gesetzt, was dessen Wirksamkeit erhöht. Um die Risiken der Verschuldung einzelner Mitglieder für die Gemeinschaft zu begrenzen, sieht der EU-Vertrag zudem eindeutig vor, dass die Gemeinschaft nicht für Verbindlichkeiten der Mitgliedsländer oder ihrer Körperschaften haftet.

Die Entscheidung über die Teilnehmerstaaten und die Gründung der Europäischen Zentralbank bereiteten 1998 den Einstieg in die dritte Stufe vor. Diese begann mit der stufenweisen Einführung des € ab 1999. Für die 11 Mitgliedstaaten (Eurozone), die gemäß Ratsentscheidung die Kriterien erfüllten, trat die EWWU damit 1999 in Kraft. Schweden, Großbritannien und Dänemark wollten (noch) nicht teilnehmen, Griechenland hat sich – wie erwähnt – erst nachträglich qualifiziert. Der Europäischen Zentralbank obliegt seither die Sicherung des €-Geldwertes und die Steuerung der im €-Raum umlaufenden Geldmenge. Prinzipiell ist also die – als wichtig erkannte – Einheitlichkeit der Geldpolitik in der Union gewährleistet.

Der Euro (€) wurde am 1.1.1999 in den elf Mitgliedstaaten der Eurozone zunächst als Buchgeld eingeführt. Zum Jahresende 1998 wurden die Umtauschrelationen der 11 nationalen Währungen zum € entsprechend den zu diesem Zeitpunkt aktuellen Wechselkursrelationen, d.h. entsprechend der Schlusskurse der nationalen Währungen gegenüber der im EWS berechneten Korbwährung ECU (vgl. Übersicht 4.6) endgültig festgelegt. In einer Übergangsphase von 1999 bis 2001 sollten die alten nationalen Währungen und der € parallel als gesetzliches Zahlungsmittel gelten. Ab dem 1. Januar 2002 wurden auch €-Noten und €-Münzen im alltäglichen Zahlungsverkehr eingeführt. Seit 2002 ist der € in der Eurozone alleiniges gesetzliches Zahlungsmittel.

Zentral für die innere und äußere Stabilität des € bzw. für das Gelingen der EWWU ist die Autonomie der Europäischen Zentralbank (EZB). Statut und EU-Vertrag sichern die Autonomie der EZB im Prinzip in folgenden Dimensionen:

- funktionell: die EZB ist nicht verpflichtet, eine den Geldwert gefährdende Politik einzelner Mitgliedstaaten oder der EU zu unterstützen,
- personell: Der EZB-Rat – bestehend aus dem Direktorium (d.h. Präsident, Vizepräsident und vier weitere Mitglieder) und den Präsidenten der nationalen Zentralbanken – ist personell unabhängig. Die Mitglieder des Direktoriums werden zwar von den Regierungschefs der Mitgliedstaaten (nach Anhörung des Europäischen Parlaments und des EZB-Rates) einvernehmlich ausgewählt und ernannt, was ihre Unabhängigkeit einschränkt. Ihre Amtszeit beträgt jedoch acht Jahre und eine Wiederwahl ist unmöglich. Das erhöht die Unabhängigkeit nach Amtseinführung.
- institutionell: Die EZB ist im Rahmen ihrer Politik frei von Weisungen Dritter. Sie ist z.B. nicht verpflichtet, extern vorgegebene Wechselkursziele durch entsprechende Interventionen auf den Devisenmärkten zu verfolgen. Sie darf überdies keine Kredite an Staaten vergeben.
- finanziell: Die EZB verfügt über einen eigenen Haushalt, der von unabhängiger Seite und nicht vom Parlament überprüft wird. Die Verteilung des Zentralbankgewinns ist kein Verhandlungsgegenstand, sondern erfolgt automatisch gemäß den Länderanteilen am Inlandsprodukt der EU.

Trotz der institutionellen Absicherung ihrer Unabhängigkeit musste die EZB zunächst das Vertrauen der Wirtschaftssubjekte in ihre Fähigkeit den Geldwert zu stabilisieren aufbauen.

Beurteilung der Europäischen Wirtschafts- und Währungsunion (EWWU)

Der EWWU werden zum einen die Vorteile eines Systems fester Wechselkurse, zum andern die speziellen Vorteile einer Einheitswährung zugeschrieben. Der Wegfall der Währungsschwankungen in der Eurozone erhöht die Kalkulationssicherheit für Unternehmen und mindert deren Kurssicherungskosten. Die einheitliche Währung erspart zudem Transaktionskosten des An- und Verkaufs bzw. Umtausches von Währungen und vereinfacht die Abwicklung des grenzüberschreitenden Zahlungsverkehrs. Tendenziell kommt es auch zu einer Beruhigung von Geld-, Kapital- und Devisenmärkten, da Währungsspekulationen zumindest innerhalb der Eurozone wegfallen. Der € ist bisher durch hohe innere Stabilität gekennzeichnet, d.h. die Inflationsraten in der Eurozone sind niedrig. Die Befürworter der EWWU interpretieren dies als Beleg dafür, dass die Europäische Zentralbank – aufgrund der nun einheitlich geführten Geldpolitik und mit der angesprochenen großen Autonomie der EZB – besser für Preisstabilität sorgen kann als die nationalen Zentralbanken. Durch die Einheitswährungen entfallen auch die meisten der zuvor EU-intern geltenden Interventionspflichten. Der € kann zudem – eher als zuvor einzelne Währungen – zu einer internationalen Reservewährung werden. Dies bringt – sofern im Außenhandel verstärkt in € gerechnet wird – für europäische Unternehmen Vorteile. Positiv wird auch – außer natürlich von betroffenen Unternehmen – die durch die einheitliche Währung höhere Preistransparenz und Wettbewerbsintensität in Europa bewertet.

Die Währungsunion birgt freilich auch Risiken. Die realwirtschaftliche Konvergenz ist in der Eurozone bislang nicht gesichert. Insbesondere ist die erforderliche Einheitlichkeit bzw. enge Abstimmung der nationalen Fiskalpolitik nicht garantiert. Die Regeln des angesprochenen Stabilitäts- und Wachstumspaktes werden häufig verletzt. Wie streng sie überwacht und Bußgelder verhängt werden, ist offen. Politische Entscheidungen „zugunsten des Angeklagten" können das Vertrauen in die EWWU beschädigen. Als Italien im Sommer 1999 ein höheres Defizit als eigentlich erlaubt zugestanden wurde, verlor der € gegenüber dem $ schlagartig an Wert. In ähnlicher Weise haben im Jahr 2010 Befürchtungen, Griechenland würde bei der Bewältigung der Verschuldungskrise auf Hilfen der Gemeinschaft zählen können, den € geschwächt. Die mit einer einheitlichen Währung ohne gemeinsame Finanzpolitik verbundenen Risiken werden besonders in Krisenzeiten deutlich. Im Gefolge der Wirtschaftskrise 2008/2009 kam es – ausgelöst durch unterschiedliche Risikobewertungen einzelner EWWU-Staaten – zu einer starken Divergenz bei den Zinsen. Insbesondere Mitgliedstaaten mit hohen Defiziten und Schulden müssen höhere Zinsen zahlen. Dies kann als Votum der Finanzmärkte gedeutet werden, dass diese Länder eigentlich nicht in die Währungsunion gehören, sondern eine eigene (dann abzuwertende) Währung bräuchten. Die Einheitswährung kann mithin in Europa reale Anpassungen auslösen, die letztlich zur Freisetzung bzw. Wanderung von Arbeit führen können. Anpassungslasten sind dabei wohl vor allem von schwachen Ländern zu tragen.

Der bei einer Einheitswährung erforderliche Verzicht der Mitgliedsstaaten auf eigene Geldpolitik ist ferner in der EWWU zwar institutionell abgesichert. Statut und EG-Vertrag sichern im Prinzip die Autonomie der EZB. Ob die EWWU auch in turbulenten Zeiten stabil bleibt, ist gleichwohl nicht völlig gesichert. Im Zusammenhang mit der Finanz- und Wirtschaftskrise wurde jedenfalls ein Auseinanderfallen der EWWU mehrfach für möglich gehalten.

Hinzu kommt, dass im Bereich der Stabilisierungspolitik Abstimmungsprobleme zwischen der Finanz-, Geld- und Einkommenspolitik auftreten können, weil die wirtschaftspolitischen Kompetenzen hier teilweise bei den Mitgliedstaaten, teilweise aber bei der EU angesiedelt sind. Zugleich werden wirtschaftspolitische Ziele und Zielkonflikte zwischen Preisniveaustabilisierung und hohem Beschäftigungsstand in den Mitgliedstaaten unterschiedlich gewichtet. Geldpolitik wird in der Eurozone auf der EU-Ebene gestaltet, und zielt primär auf die Stabilisierung des Preisniveaus. Finanzpolitik fällt in die Kompetenz der Mitgliedsstaaten – allerdings im Rahmen der Regelungen des Stabilitäts- und Wachstumspakts, der grundsätzlich eine hohe Priorität für Haushaltskonsolidierung vorsieht. Die Einkommenspolitik ist national unterschiedlich gestaltet. Nach Art. 2, 3 VAEU koordinieren die Mitgliedsstaaten zwar ihre Wirtschafts- und Beschäftigungspolitik und die EU kann Leitlinien für die Beschäftigungspolitik (Art. 5,2 VAEU) festlegen. Fakt ist aber, dass in vielen EU-Staaten im letzten Jahrzehnt erhebliche Arbeitsmarktprobleme bestanden.

Fazit: Wirtschafts- und vor allem stabilitätspolitisch ist die EWWU zwar nicht ohne Risiko. Die EWWU ist jedoch ein weiterer Schritt auf dem Weg zu einer (gewollten) politischen Union. Eine rein ökonomische bzw. wirtschaftspolitische Bewertung wäre vor diesem Hintergrund unvollständig. Je mehr Bereiche der Wirtschaftspolitik auf die Gemeinschaftsebene übertragen werden, bzw. je besser es gelingt, wettbewerbsverzerrende nationale Regelungen abzubauen bzw. anzugleichen, umso leichter dürfte es sein, die erforderliche Konvergenz der Wirtschaftsentwicklung und ungehinderten Wettbewerb innerhalb der EU zu erreichen, um so die dynamischen Vorteile der Integration weitergehend zu erschließen.

4.3.5   Aufgaben

1. Diskutieren Sie, ob bzw. inwieweit Erweiterung und Vertiefung der Europäischen Union gleichzeitig realisierbar ist. Besteht ein Zielkonflikt?
2. Erläutern Sie die integrationsfördernde Wirkung eines Übergangs vom Prinzip der Einstimmigkeit gemeinsamer Entscheidungen zum Prinzip der Mehrheitsentscheidungen.
3. Welche Funktion und Bedeutung hat die europäische Kommission?
4. Mit der Vollendung des Europäischen Binnenmarkts wird die Hoffnung auf Aufschließungseffekte im Innern verbunden. Was verstehen Sie darunter? Begründen Sie diese Hoffnung!
5. Stellen Sie die Integrationsstrategien Detail-Harmonisierung, generelle Harmonisierung und gegenseitige Anerkennung vergleichend gegenüber.
6. Stellen Sie das Bestimmungslandprinzip und das Ursprungslandprinzip bei der grenzüberschreitenden Erhebung der Mehrwertsteuer vergleichend dar.
7. Inwiefern kann es nach Einführung des € zu einer Zunahme des Wettbewerbs zwischen den Mitgliedern der Währungsunion kommen?
8. Begründen Sie, warum die Konvergenzkriterien zur europäischen Währungsunion ökonomische sinnvoll sind.
9. Fördert der € die Harmonisierung der Wirtschaftspolitik in Europa?
10. Inwiefern ist die Unabhängigkeit der EZB wichtig?

5 Lösungshinweise zu den Aufgaben

5.1 Aufgaben zu Kapitel 1.1.3: Wirtschaftspolitische Probleme in makroökonomischer Perspektive

1. Aufgabe

Mikroökonomie ist die einzelwirtschaftliche Betrachtung (typische Unternehmung, typischer Haushalt bzw. Betrachtung eines Marktes für ein Gut); Mesoökonomie betrachtet teilaggregierte Größen (Produktion eines Wirtschaftszweiges oder in einer Teilregion eines Landes); sie ermöglicht strukturelle Betrachtungen. Makroökonomie betrachtet aggregierte Größen wie das gesamtwirtschaftliche Angebot und die gesamtwirtschaftliche Nachfrage, ohne die Zusammensetzung dieser Größen zu beachten.

2. Aufgabe

Boom (Voll-/Überauslastung der Kapazitäten), Abschwung (rückläufige Kapazitätsauslastung), Rezession (Unterauslastung der Kapazitäten), Aufschwung (zunehmende Kapazitätsauslastung). Die Kapazitätsauslastung ist ein Präsenzindikator, d.h., sie zeigt Änderungen der konjunkturellen Situation zeitgleich an. Präsenzindikatoren zeigen Änderungen der konjunkturellen Situation mit zeitlichem Vorlauf an (z.B. Auftragseingänge, die der eigentlichen Produktion vorausgehen). Spätindikatoren reagieren verzögert auf Änderungen bei der Kapazitätsauslastung (Arbeitslosenquote, Inflationsrate).

3. Aufgabe

Verdeckte Arbeitslosigkeit wird mit der Arbeitslosenquote nicht gemessen, weil es sich um Arbeitslosigkeit von Personen handelt, die nicht als arbeitslos registriert sind. Dabei handelt es sich in erster Linie um Personen ohne Anspruch auf Zahlungen aus der Arbeitslosenversicherung (z.B. nicht erwerbsfähige Hausfrauen im erwerbsfähigen Alter, die eine Tätigkeit aufnehmen wollen). Unechte Arbeitslosigkeit liegt vor, wenn Personen sich beim Arbeitsamt als arbeitssuchend registrieren lassen, die eigentlich eine neue Tätigkeit annehmen möchten.

Verdeckte Arbeitslosigkeit bewirkt, dass die Arbeitslosenquote zu gering ist, unechte Arbeitslosigkeit bewirkt, dass die ausgewiesene Quote zu hoch ist.

4. Aufgabe

Preisindizes nach Laspeyres verwenden einen Warenkorb und ein Gewichtungsschema aus einem Basisjahr, beides wird alle 5 Jahre (zuletzt 2005) aktualisiert. Änderungen der Verbrauchsstrukturen zwischen den Aktualisierungen spiegeln sich in diesem Indikator nicht korrekt wider. Sehr neue Produkte sind im Warenkorb meist (noch) nicht oder mit zu geringem Gewicht enthalten. Insofern sind Preisentwicklungen bei neuen Produkten (meist Preissenkungen bei stärkerer Marktdurchdringung) im Index nicht erfasst. Produkte mit Preissteigerungen, die vom Verbraucher normalerweise durch preiswertere substituiert werden, sind im Index hingegen überrepräsentiert.

5. Aufgabe

Ein außenwirtschaftliches Gleichgewicht liegt vor, wenn die grenzüberschreitenden Transaktionen (Güter- und Kapitalbewegungen) die Devisenbestände bei der Zentralbank unverändert lassen.

5.2   Aufgaben zu Kapitel 1.2.4: Ex post-Analyse

1. Aufgabe

Ex post Größen sind realisierte Größen, die sich am Ende eines Beobachtungszeitraums messen lassen; ex ante Größen sind geplante Größen.

2. Aufgabe

Pole fassen in der Kreislaufbetrachtung Gruppen von Akteuren im Wirtschaftsprozess zusammen, die ähnliche Funktionen ausüben. Beispielsweise sind Haushalte konsumierende Einheiten und Unternehmen produzieren Güter. Im Wirtschaftsprozess finden Tauschprozesse zwischen diesen Polen statt, die diese Pole miteinander verbinden. Jeder Tauschprozess löst einen Zahlungsausgang bei einem Pol und einen Zahlungseingang bei einem anderen Pol aus.

3. Aufgabe

In einer offenen Volkswirtschaft mit ökonomischen Aktivitäten des Staates muss die Ersparnis der privaten Haushalte ausreichen, um die Nettoinvestitionen der Unternehmen, das Budgetdefizit des Staates und ein Außenhandelsdefizit des Auslands zu finanzieren. Es muss gelten:

$$S_H = I_N + B_{St} + (Ex - Im)$$

4. Aufgabe

Bruttoinvestitionen umfassen alle Investitionen in einer Volkswirtschaft einschließlich derjenigen Investitionen, die zur Wiederherstellung des Wertes der Produktionskapazitäten erforderlich sind (Abschreibungen). Sie sind immer größer oder gleich Null. Nettoinvestitionen ergeben sich als Differenz zwischen Bruttoinvestitionen und Abschreibungen. Sie sind positiv in einer Wirtschaft, in der die Produktionskapazitäten zunehmen, gleich Null in einer stagnierenden Wirtschaft und negativ in einer Wirtschaft mit schrumpfenden Produktionskapazitäten.

5. Aufgabe

	Zahlungsausgänge	Zahlungseingänge
Haushalte	100 + 160 = 260 Ersparnis der privaten Haushalte = 30	220 + 50 + 20 = 290
Unternehmen	220 + 50 + 80 = 350	160 + 50 + 30 + 90 = 330 Nettoinvestitionen der Unternehmen = 20
Staat	50 + 20 + 50 + 30 = 150	100 + 10 + 40 = 150 Budgetdefizit des Staates = 0
Ausland	90	80 Exportüberschuss = 10
Vermögensänderung	20 + 0 + 10	30

6. Aufgabe

Volkseinkommen: 1000 + 1500 = 2500

Nettonationaleinkommen zu Marktpreisen (Inländerkonzept) : 2500 + 300 = 2800

Bruttonationaleinkommen zu Marktpreisen : 2800 + 200 = 3000

Konzept: Verteilungsrechnung

verfügbares Einkommen: 2500 – 400 + 200 = 2300

private Ersparnis: 2300 – 2000 = 300

7. Aufgabe

Vorleistungen: 6000 – 5000 = 1000

Abschreibungen: 5000 – 4000 = 1000

Saldo aus indirekten Steuern und Subventionen: 4000 – 3500 = 500. Dabei ist unterstellt, dass der Saldo der grenzüberschreitenden Einkommenstransfers gleich 0 ist. (Nettoinlandsprodukt zu Marktpreisen = Inlandskonzept; Volkseinkommen = Inländerkonzept).

Saldo aus direkten Steuern und Transfers: 3500 – 2000 = 1500

Umfang der gesamten Produktionstätigkeit (einschließlich Vorleistungen der verschiedenen Produktionsstufen): Bruttoproduktionswert

Einkommensentstehung in der Volkswirtschaft = Wertschöpfung in der Volkswirtschaft = Bruttoinlandsprodukt

Ersparnis der privaten Haushalte: 2000 – 1500

8. Aufgabe

Nettoinlandsprodukt zu Marktpreisen: 1650 + 150 + 500 + 300 = 2600

Bruttoinlandsprodukt zu Marktpreisen: 2600 + 250 = 2850

Volkseinkommen (Nettonationaleinkommen zu Faktorkosten): 2600 – 400 = 2200.

Dabei ist unterstellt, dass der Saldo der grenzüberschreitenden Einkommenstransfers gleich 0 ist, denn dann stimmen Bruttonationaleinkommen und Bruttoinlandsprodukt überein.

Veränderung des Produktionspotenzials entspricht den Nettoinvestitionen (150).

Einkommen aus Unternehmertätigkeit und Vermögen : 2200 – 2000 = 200

Zur Bestimmung des verfügbaren Einkommens muss man vom Volkseinkommen den Saldo aus direkten Steuern und Transfers abziehen.

9. Aufgabe

Entstehungsrechnung: Beiträge der einzelnen Wirtschaftsbereiche zur Wertschöpfung (Strukturanalysen).

Verwendungsrechnung: Die Summe der Nachfragekomponenten ergibt das Inlandsprodukt (Konjunkturanalysen).

Verteilungsrechnung: Summe der Einkommensarten ergeben das Inlandseinkommen (Verteilungsanalysen).

10. Aufgabe

a) Abschreibungen gleich 0.

b) Saldo aus indirekten Steuern und Subventionen gleich 0.

c) Saldo der grenzüberschreitenden Einkommensübertragungen gleich 0

d) Saldo aus direkten Steuern und Subventionen gleich 0.

5.3   Aufgaben zu Kapitel 1.3.5: Geldordnung

1. Aufgabe

In einer Geldwirtschaft muss die in Umlauf befindliche Geldmenge ausreichend groß sein, um den Transaktionsbedarf der Wirtschaftssubjekte zu erfüllen. Gleichzeitig muss die Geldwertstabilität gesichert sein, weil sonst die Geldfunktionen (Recheneinheit, Zahlungsmittelfunktion, Wertaufbewahrungsfunktion) nicht gesichert sind. Unterliegt das Geld einem inflationären Prozess, besteht die Gefahr, dass Geld nicht mehr zur Wertaufbewahrung genutzt werden kann (Flucht in Sachwerte). Preisänderungen können Änderungen von Knappheitsrelationen bei den Gütern nicht mehr zuverlässig anzeigen. Geld- und Preisfunktionen sind demnach gefährdet. Vor diesem Hintergrund muss die Geldordnung sicherstellen, dass die Geldversorgung in einer Weise erfolgt, dass im Effekt keine Störungen auf die Realwirtschaft ausgehen. Eine Möglichkeit dazu ist, eine unabhängige Zentralbank damit zu beauftragen, eine stabile Geldversorgung sicherzustellen.

2. Aufgabe

Sicherung der Preisniveaustabilität in den Mitgliedstaaten der Währungsunion. Nur wenn dieses Ziel nicht gefährdet wird, Unterstützung der allgemeinen Wirtschaftspolitik der Mitgliedstaaten.

3. Aufgabe

Garantie der funktionellen, personellen und finanziellen Unabhängigkeit der EZB. D.h. eindeutiger gesetzlicher Auftrag, ohne dass die Regierungen der Mitgliedstaaten Einfluss auf die Wahrnehmung dieser Aufgaben nehmen können. Ernennung unabhängiger Personen für die Leitung und das Direktorium der EZB und der Zentralbanken der Mitgliedstaaten der Währungsunion (u.U. mit langen Amtszeiten, aber ohne Möglichkeit der Wiederwahl) sowie finanzielle Unabhängigkeit der EZB.

4. Aufgabe

Banken können z.B. auf der Basis von Kundeneinlagen Kredite gewähren. Indem Sie in diesem Zusammenhang Sichtguthaben einräumen, mit denen Nicht-Banken wie mit Bargeld bezahlen können, schöpfen Sie Geld. Diese Geldschöpfung erfolgt sekundär, d.h. auf Grundlage einer von der Zentralbank geschaffenen Geldbasis. Der Geldschöpfungsmultiplikator setzt gesamte Geldmenge ins Verhältnis zu der von der Zentralbank geschaffenen Geldbasis.

Er gibt damit an, um welchen Faktor die Geldbasis durch sekundäre Geldschöpfung vervielfacht werden kann.

5. Aufgabe

Das Ausmaß der sekundären Geldschöpfung hängt zum einen von der Bargeldquote ab. Da die Bargeldquote aber von den Zahlungsgewohnheiten in der Volkswirtschaft abhängt, kann die Zentralbank sie kaum beeinflussen. Sie kann allerdings die Höhe des Mindestreservesatzes festlegen. Damit begrenzt sie den Kreditvergabespielraum der Geschäftsbanken, bestimmt also eine Obergrenze für den Prozess der sekundären Geldschöpfung. Ob die Geschäftsbanken und die privaten Wirtschaftssubjekte diese Spielräume allerdings ausnutzen, kann die Zentralbank nicht beeinflussen. Daher kann die Zentralbank die sekundäre Geldschöpfung (und damit die Entwicklung der gesamtwirtschaftlichen Geldmenge) niemals ganz genau kontrollieren.

6. Aufgabe

Während exogene Geldschöpfung einseitig durch den Geldemittenten erfolgt und daher der Umfang der Geldschöpfung vom Geldemittenten vollständig kontrolliert werden kann, erfolgt endogene Geldschöpfung per Vereinbarung zwischen dem Geldemittenten (z.B. eine Geschäftsbank) und einem Empfänger. Bei Geld, welches im Rahmen von Kreditvorgängen geschaffen wird (Kreditgeld) ist z.B. eine Einigung zwischen dem als Kreditgeber auftretenden Geldemittenten und dem Kreditnehmer erforderlich. Aus diesem Grunde ist der Umfang der Geldschöpfung bei endogener Geldschöpfung schwerer zu kontrollieren.

7. Aufgabe

Nach der monetären Inflationserklärung hängt die Entwicklung des Geldwerts von der Entwicklung der in Umlauf befindlichen Geldmenge ab. Steigt die Geldmenge im Umlauf schneller als das reale Inlandsprodukt, ergeben sich inflationäre Tendenzen. Diese Überlegung geht auf die Quantitätsgleichung des Geldes zurück. In Veränderungsraten formuliert lautet sie:

$$W(M) + W(V) - W(Y_r) = W(P)$$

5.4   Aufgaben zu Kapitel 2.1.7: Langfristige Betrachtung: (Neo-)Klassische Theorie

1. Aufgabe

Die Theorie unterstellt, dass die Märkte gut funktionieren. Das heißt: die Preise (bzw. auf dem Arbeitsmarkt die Löhne und auf dem Kapitalmarkt die Zinsen) sind flexibel. Es gibt keine Anpassungsbarrieren. Die Märkte streben jeweils stabilen Gleichgewichten zu. Störungen führen zu flexibler Anpassung von Preisen. Löhnen und Zinsen, bis ein neues Gleichgewicht erreicht ist. Der private Sektor ist insofern durch Stabilität und optimale „Selbststeuerung" gekennzeichnet. Daraus folgern die Klassiker, dass staatliche Eingriffe in das Wirtschaftsgeschehen, sofern sie der wirtschaftlichen Stabilisierung oder der Verbesserung der Marktsteuerung dienen sollen, entbehrlich bzw. überflüssig sind. Sie werden sogar als schädlich angesehen, jedenfalls dann, wenn sie ihrerseits zu einer Destabilisierung wirtschaftlicher Prozesse führen. Aus Sicht der Klassiker sollte sich der Staat darauf beschränken, den für das Funktionieren der Marktprozesse erforderlichen (rechtlichen) Rahmen zu setzen. Dabei sind allerdings Regulierungen zu vermeiden, die sich ihrerseits störend auf die Marktprozesse auswirken Existieren solche Regulierungen bereits (wie z.B. auf dem Arbeitsmarkt in Bezug etwa auf geringfügige Beschäftigungsverhältnisse oder auf die so genannte Scheinselbständigkeit), so entsteht Umgestaltungs- bzw. Deregulierungsbedarf.

2. Aufgabe

Das Saysche Theorem beschreibt diese Zusammenhänge. Es behauptet, dass gesamtwirtschaftlich das Angebot die Voraussetzungen für die zum Absatz erforderliche Nachfrage schafft bzw. – weitergehender – dass die Produktion bei flexiblen Preisen stets auch abgesetzt wird. Das für die geschlossene Volkswirtschaft formulierte Theorem basiert auf der Vorstellung, dass die Produktion zur Entstehung von Einkommen führt, welches seinerseits zu nichts anderem als zum Kauf dieser Produktion verwendet werden kann. Mangels Alternative werden dann alle produzierten Güter auch abgesetzt. Passt die Struktur der Güternachfrage nicht zur Struktur des Güterangebotes kommt es zu Anpassungen der einzelnen Güterpreise. Güter, die zunächst im Vergleich zum Angebot stark nachgefragt werden, steigen im Preis; schwach nachgefragte Güter werden billiger. Diese Anpassungen erfolgen so lange, bis die Nachfragestruktur zur Angebotsstruktur passt. Dann kann die gesamte Produktion abgesetzt werden. Das Gleichgewicht zwischen Investitionsnachfrage und Ersparnis (=Kapitalangebot) wird über den Zinsmechanismus am Kapitalmarkt erreicht.

3. Aufgabe

In der Volkswirtschaft bilden sich auf den vielen einzelnen Gütermärkten flexibel (und Angebot und Nachfrage zum Ausgleich bringend) unterschiedliche Güterpreise. Die Preisstruktur beschreibt das Verhältnis dieser einzelnen Preise zueinander. Das Preisniveau ermittelt sich demgegenüber aus diesen Einzelpreisen durch Konstruktion eines Preisindex, in den die verschiedenen Einzelpreise nach Maßgabe eines Gewichtungsschemas eingehen. Die Preisstruktur hängt von der relativen Knappheit der einzelnen Güter ab. Übersteigt z.B. die Brötchennachfrage das Angebot, Kaffee wird aber (im Vergleich zum Angebot) wenig nachgefragt, so steigt der Brötchenpreis, der Kaffeepreis sinkt. Diese Änderungen können stattfinden, ohne dass sich das Preisniveau ändert. Das Preisniveau hängt hingegen vom Verhältnis zwischen Geldmenge und realer Güterproduktion ab. Steigt bei konstanter realer Produktion die Geldmenge, so steigt das Preisniveau (und umgekehrt).

4. Aufgabe

Der Zinsmechanismus sorgt für einen Ausgleich von Kapitalangebot und Kapitalnachfrage. Übersteigt die Kapitalnachfrage der Investoren die Ersparnis (das Kapitalangebot), so steigt der Zins. Dann wird so lange das Kapitalangebot „hervorgelockt" (Sparen wird attraktiver) und die Kapitalnachfrage „zurückgedrängt" (Investieren wird teurer), bis Kapitalnachfrage und -angebot (bei höherem Zins) zum Ausgleich kommen. Dieser Mechanismus ist auch im Zusammenhang mit dem Sayschen Theorem von Bedeutung. Steigt bei gegebener Struktur des Angebots die Nachfrage nach Investitionsgütern, so ist plötzlich die Ersparnis der Haushalte „zu klein" bzw. die Nachfrage nach Konsumgütern „zu groß" geworden. Ein steigender Zins sorgt nun dafür, dass Ersparnis hervorgelockt und gleichzeitig die Nachfrage nach Konsumgütern zurückgedrängt wird, so dass am Ende die Struktur der Nachfrage wieder zum Angebot passt und die gesamte Produktion an Investitions- und Konsumgütern abgesetzt werden kann.

5. Aufgabe

Eine Veränderung der Geldversorgung schlägt sich aus Sicht der Klassiker nur in höheren Preisen (genauer: in einem höheren Preisniveau) nieder. Die hieraus resultierende Senkung von Realzins und Reallohn wird durch entsprechende Anpassung der Nominalzinsen bzw. Nominallöhne genau ausgeglichen, so dass letztlich Realzins und Reallohn unverändert bleiben. Damit bleibt auch der Einsatz der Faktoren Kapital und Arbeit gleich, daraufhin kommt es zu keiner Änderung der Produktion und daraufhin wiederum – dem Sayschen Theorem folgend – auch nicht zu einer Änderung der gesamtwirtschaftlichen Nachfrage auf dem Gütermarkt. Insofern ist das Geld realwirtschaftlich neutral und der monetäre Sektor vom realwirtschaftlichen getrennt zu sehen (klassische Dichotomie).

6. Aufgabe

Ausgangspunkt ist die Gleichgewichtsbedingung für den Geldmarkt $M = L$. Wird – der klassischen Auffassung folgend, dass Geld allein zu Transaktionszwecken benutzt wird und die Geldnachfrage nur vom Einkommen ($P \cdot Y_r$) und von der Umlaufgeschwindigkeit V abhängt – die Geldnachfrage durch $L = (P \cdot Y_r)/V$ beschrieben, so ergibt sich als Gleichgewichtsbedingung die Quantitätsgleichung $M = (P \cdot Y_r)/V$ bzw. $M \cdot V = P \cdot Y_r$. Die Quantitätstheorie unterstellt nun, dass die Umlaufgeschwindigkeit V relativ stabil ist (jedenfalls nicht von Änderungen der Geldmenge beeinflusst wird) und auch die Entwicklung von Y_r nicht von der Geldmenge, sondern vom Einsatz der Produktionsfaktoren abhängt. Dann führt jede Zunahme der Geldmenge, die über das Wachstum der realen Produktion hinaus geht, zu einer Erhöhung des Preisniveaus, also zu Inflation (=>monetäre Inflationserklärung).

7. Aufgabe

Maßgeblich ist der Reallohn. Der Reallohn stellt sich so, dass Arbeitsangebot und Arbeitsnachfrage zum Ausgleich kommen. Zu beachten sind aber auch die Faktoren, die zu einer

Verschiebung von Arbeitsangebots- bzw. Arbeitsnachfragekurve führen können. Die nachfolgende Tabelle gibt einen Überblick über mögliche Determinanten und Zusammenhänge

Determinanten	Angebot bzw. Nachfrage	Reallohn	Beschäftigung
Zuwanderung; flexiblere Arbeitszeitmodelle; rückläufige Freizeitpräferenz	Arbeitsangebot steigt	Reallohn sinkt	Beschäftigung steigt
Alterung der Gesellschaft	Arbeitsangebot sinkt	Reallohn steigt	Beschäftigung sinkt
Standortwettbewerb mit Niedriglohnländern intensiviert sich	Arbeitsnachfrage sinkt	Reallohn sinkt	Beschäftigung sinkt

8. Aufgabe

In dieser Formulierung ist die klassische Auffassung etwas verkürzt wiedergegeben. Erstens müsste es genauer heißen: „unfreiwillige Arbeitslosigkeit ist undenkbar". Personen, die zwar prinzipiell arbeiten wollen, aber zum herrschenden (aus ihrer Sicht geringen) Lohnsatz nicht bereit sind, Arbeit anzubieten, sind aus klassischer Sicht freiwillig ohne Arbeit, somit eigentlich nicht arbeitslos. Zweitens geht diese klassische Auffassung von einem perfekt funktionierenden Arbeitsmarkt aus. Behindern Arbeitsmarktregulierungen und/oder unflexible Lohnfindungsprozesse auf der Ebene von Tarifpartnern die preislichen bzw. mengenmäßigen Anpassungen, so kann es durchaus zu Arbeitslosigkeit kommen.

9. Aufgabe

Die Interdependenz bezieht sich zum einen auf die aggregierten Märkte der Volkswirtschaft. Gütermärkte und Faktormärkte (z.B. Arbeitsmarkt und Kapitalmarkt) hängen zusammen, weil das Niveau der Güterproduktion bzw. des Güterangebot von der Höhe des Faktoreinsatzes abhängt. Diese Höhe ergibt sich als Ergebnis des Zusammentreffens von Angebot und Nachfrage auf den Faktormärkten. Zweitens hängen bei vollständiger Flexibilität der Einzelpreise auch einzelne Märkte zusammen. Beispiel Gütermarkt: Steigt der Preis für Kaffee, so beeinflusst dies unter anderem auch die Nachfrage nach Tee sowie nach Dosenmilch. Beispiel Arbeitsmarkt: Steigt der Lohn für Informatiker, so beeinflusst dies auch „benachbarte" Teilarbeitsmärkte (z.B. den Arbeitsmarkt für Mathematiker).

5.5   Aufgaben zu Kapitel 2.2.8: Kurzfristige Betrachtung: Keynesianische Theorie

1. Aufgabe

Nach Keynes kann die gesamtwirtschaftliche Güternachfrage hinter dem gesamtwirtschaftlichen Angebot zurückbleiben, weil die private Konsumnachfrage mit steigendem Einkommen nur unterproportional wächst, und weil bei sehr niedrigen Zinsen am Kapitalmarkt der Zins

Ersparnis und Investition nicht zum Ausgleich bringen muss. Die privaten Investitionen können im Konjunkturverlauf erwartungsabhängig schwanken, d.h. sie können bei ungünstigen Absatzerwartungen (d.h. bei zu geringer gesamtwirtschaftlicher Nachfrage) auch bei niedrigen Zinsen gering sein. Darüber hinaus sparen die Wirtschaftssubjekte nicht nur in Abhängigkeit vom Zins (wie die Klassiker annahmen), sondern auch zu Spekulationszwecken. Bei sehr niedrigem Zins „horten" die Wirtschaftssubjekte Geld, um damit zu spekulieren. Damit entziehen sie dem Wirtschaftskreislauf bestimmte Einkommensteile, die nicht (sofort) nachfragewirksam werden können. In der kurzfristigen Betrachtung kann daher die gesamtwirtschaftliche Nachfrage hinter dem gesamtwirtschaftlichen Angebot zurückbleiben.

2. Aufgabe

$$Y = 200 + 0{,}6Y + 300 + 100 + 0$$

$$Y(1 - 0{,}6) = 600$$

Gleichgewichtseinkommen: $Y(o) = 2{,}5 \cdot 600 = 1500$. Beim Angebot von 1200 liegt ein Angebotsdefizit (Nachfrageüberschuss) vor, d.h. kein Gleichgewicht.

3. Aufgabe

$$Y = 100 + 0{,}9Y + 200 + (200 - 150)$$
$$Y (1 - 0{,}9) = 350$$

Gleichgewichtseinkommen: $Y(o) = 10 \cdot 350 = 3500$

Exportmultiplikator: $1/(1 - 0{,}9) = 1/(0{,}1) = 10$

$$Y = 100 + 0{,}9 \cdot Y + 200 + 200 - (100 + 0{,}1 \cdot Y)$$

$$Y - 0{,}9 \cdot Y + 0{,}1 \cdot Y = 100 + 200 + 200 - 100$$

$$Y (1 - 0{,}9 + 0{,}1) = 400$$

$$Y(o) = 1/(0{,}2) \cdot 400 = 5 \cdot 400 = 2000$$

Die einkommensabhängigen Importe bewirken, dass ein Teil des Einkommens nicht im Inland, sondern im Ausland nachfragewirksam wird. Einkommensinduzierte Folgewirkungen treten im Ausland auf.

4. Aufgabe

Es gilt:

$$Y_{verf} = Y - T + Tr$$

$Y_{verf} = Y - 600 + 100 = Y - 500$
$Y^* = 200 + 0,8\ Y_{verf} + 500 + 400$

$Y^* = 200 + 0,8\ Y - 0,8 \cdot 500 + 500 + 400$

$Y^* = 1/0,2 \cdot 700 = 3500$

Mit Änderung der Staatsausgaben und der direkten Steuern gilt:

$Y^* = 200 + 0,8 \cdot (Y - 300 + 100) + 200 + 400$

$Y^* = 1/0,2 \cdot 640 = 3200$

oder $\Delta Y = 3200 - 3500 = -300$

5. Aufgabe

$Y = 100 + 0,75Y + 400 + 0,1Y$

$Y = 500 + 0,85 \cdot Y$

$Y \cdot (1 - 0,85) = 500$

$Y = 1/(15) \cdot 500 = 6,7 \cdot 500$

$Y(o) = 3.333$ (gerundet)

Bei nicht einkommensabhängigen Investitionen hätte der Multiplikator (bei der marginalen Konsumquote von 0,75) den Wert 4. Sind die Investitionen einkommensabhängig, löst die Erhöhung einer autonomen Nachfragekomponente zusätzliche Folgewirkungen aus, weil nicht nur die Konsum-, sondern auch die Investitionsausgaben einkommensabhängig steigen. Der Multiplikatoreffekt erhöht sich.

6. Aufgabe

Im güterwirtschaftlichen Gleichgewicht ist die ex post Bedingung bereits für geplante Größen erfüllt. Das gesamtwirtschaftliche Angebot entspricht der gesamtwirtschaftlichen Nachfrage. Für eine geschlossene Volkswirtschaft ohne Staat gilt: $I(i) = S(Y)$. Für eine offene Volkswirtschaft mit Staat gilt: $S(Y) = I(i) + B(St) + (Ex - Im)$

7. Aufgabe

Die Investoren realisieren diejenigen Investitionsobjekte, bei denen die erwartete Rendite den Marktzins übersteigt. Verschlechtern sich die Absatzerwartungen (z.B. im beginnenden Abschwung), wird diese Bedingung von weniger Investitionsobjekten erfüllt als bei günstigeren Absatzerwartungen. Bei jedem Zins werden weniger Investitionen realisiert. Die Investitionsfunktion verschiebt sich nach links unten. Die Zinselastizität der Investitionsnachfrage geht zurück. C.p. sinkt das Gleichgewichtseinkommen bei gegebenem Gleichgewichtszins.

8. Aufgabe

Erhöhung einer Nachfragekomponente (z.B. Erhöhung der Investitionen, der Staatausgaben oder des Außenbeitrags).

9. Aufgabe

Im klassischen Bereich der LM-Kurve ist der Zins so hoch, dass die Spekulationskasse leer ist; Geld wird – entsprechend der klassischen Annahme – nur noch zu Transaktionszwecken gehalten. Im keynesianischen Normalbereich wird Geld zu Transaktionszwecken und zu Spekulationszwecken gehalten. Die Nachfrage nach Geld zu Spekulationszwecken ist zinselastisch, d.h. bei steigendem Zins geht die Kassenhaltung zurück, bei sinkendem Zins steigt sie. Im Bereich der keynesianischen Liquiditätsfalle ist der Zins so niedrig, dass die Wirtschaftssubjekte auf eine Geldanlage verzichten. Sie rechnen mit Kurssenkungen, also mit Verlusten aus einer Geldanlage. Die Kassenhaltung steigt, sobald zusätzliches Geld verfügbar ist.

10. Aufgabe

Eine Erhöhung der Staatsausgaben verschiebt die IS-Kurve nach rechts; im Bereich der keynesianischen Liquiditätsfalle und im keynesianischen Normalbereich führt dies zu einem steigenden Gleichgewichtseinkommen. Im Bereich der keynesianischen Liquiditätsfalle bleibt der Zins konstant, die Erhöhung des Gleichgewichtseinkommens lässt sich mit Hilfe des Staatsausgabenmultiplikators ermitteln. Im keynesianischen Normalbereich führt eine Erhöhung des Gleichgewichtseinkommens zu einer Erhöhung der Nachfrage nach Transaktionskasse, die nur zu steigendem Zins befriedigt werden kann, weil die Nachfrage nach Spekulationskasse zinselastisch reagiert. Steigende Zinsen wirken zurück auf den Gütermarkt, die Investitionen sinken. Die Erhöhung des Gleichgewichtseinkommens durch steigende Staatsausgaben wird dadurch teilweise wieder aufgehoben (teilweises crowding-out).

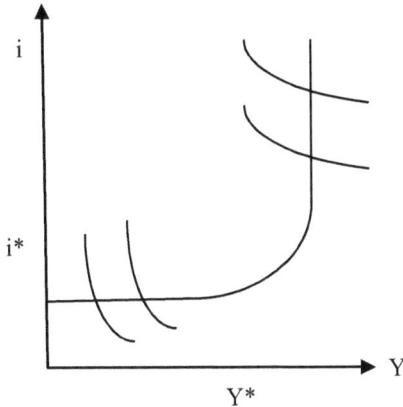

11. Aufgabe

Einkommens- und Nachfrageerhöhungen können nur dann zu höherer Produktion und Beschäftigung führen, wenn die Kapazitäten nicht ausgelastet sind. Dies entspricht der keynesianischen Ausgangssituation. Einkommenssteigerungen gehen außerdem nur dann mit Beschäftigungssteigerungen einher, wenn die Produktionsbedingungen sich nicht ändern. Kurzfristig ist diese Annahme haltbar, langfristig kann aber eine Änderung der Produktionstechnik (arbeitssparender technischer Fortschritt, steigende Arbeitsproduktivität) nicht ausgeschlossen werden. Dann kann eine Produktions- und Einkommenserhöhung bei konstantem Beschäftigungsniveau erreicht werden.

12. Aufgabe

Eine Erhöhung der Staatsausgaben lässt sich normalerweise nur dann realisieren, wenn die öffentlichen Haushalte zuvor Überschüsse aufwiesen, die jetzt zur Finanzierung steigender Ausgaben herangezogen werden können. Andernfalls führen steigende Staatsausgaben zu einem Haushaltsdefizit und langfristig steigender Staatsverschuldung.

13. Aufgabe

Crowding-out bedeutet, dass die Staatsausgaben private Investitionen verdrängen, weil die Beanspruchung des Kapitalmarktes durch den Staat zu steigendem Zins führt.

14. Aufgabe

Das Arbeitsangebot hängt von der Höhe der gesamtwirtschaftlichen Nachfrage ab. Es ist daher nach oben begrenzt (Amax); die Arbeitsnachfrage ist zwar lohnabhängig, die Löhne sind aber von einem gewissen Mindestlohn an nach unten starr. Liegt das Arbeitsmarktgleichgewicht in den Teilen der Arbeitsangebots- und Arbeitsnachfragefunktion, die nicht lohnelastisch sind, kann es zu einem anhaltenden Überangebot am Arbeitsmarkt kommen.

15. Aufgabe

Eine Erhöhung der gesamtwirtschaftlichen Nachfrage kann bei gegebener Produktionsfunktion den vertikalen Teil der Arbeitsnachfragefunktion nach rechts verschieben, die maximale Arbeitsnachfrage nimmt zu.

16. Aufgabe

Die keynesianische Analyse untersucht eine Unterbeschäftigungssituation bei stabilem Preisniveau und gegebenem Stand der Technik. Eine Erhöhung des Gleichgewichtseinkommens lässt sich unter diesen Voraussetzungen durch eine Erhöhung der Staatsausgaben herbeiführen.

17. Aufgabe

Nach der absoluten Einkommenshypothese steigen die privaten Konsumausgaben mit steigendem Einkommen nur unterproportional; Investitionen sind nicht nur zins-, sondern auch erwartungsabhängig und schwanken im Konjunkturverlauf. Die Höhe der gesamtwirtschaftlichen Nachfrage kann von der monetären Seite her hinter dem gesamtwirtschaftlichen Angebot zurückbleiben, weil bei niedrigem Zinsniveau Geld möglicherweise gehortet wird, d.h. nicht (sofort) nachfragewirksam wird.

18. Aufgabe

Konstantes Preisniveau im Rahmen der kurzfristigen Betrachtung einer Situation mit unausgelasteten Kapazitäten, in der eine Erhöhung der Produktion bei steigender Nachfrage ohne Preissteigerungen möglich ist.

19. Aufgabe

Von der Höhe der gesamtwirtschaftlichen Nachfrage und damit von der Entwicklung der Nachfragekomponenten privater Konsum, private Investition, Staatsnachfrage und Außenbeitrag.

20. Aufgabe

Änderungen am Geldmarkt vollziehen sich über Zinsänderungen. Diese lösen eine Anpassung der privaten Investitionen und damit des Einkommens im Gütemarktgleichgewicht aus. Anpassungsprozesse werden über Zinsänderungen zwischen dem Geld- und Gütermarkt übertragen.

Am Gütermarkt wird die Höhe der gesamtwirtschaftlichen Nachfrage bestimmt, die ihrerseits die Höhe der maximalen Arbeitsnachfrage bestimmt. Steigt die gesamtwirtschaftliche Nachfrage, erhöht sich auch die Arbeitsnachfrage.

21. Aufgabe

Ein gesamtwirtschaftliches Gleichgewicht kann nach den keynesianischen Annahmen entweder bei einer so hohen gesamtwirtschaftlichen Nachfrage erreicht werden, dass die Arbeitsnachfrage dem Arbeitsangebot entspricht, oder der Mindestlohn ist so gering, dass er nicht wirksam wird. (Der vertikale Teil der Arbeitsnachfragefunktion schneidet die Arbeitsangebotsfunktion im lohnelastischen Bereich).

22. Aufgabe

Die Phillips-Kurve stellt dar, in welchem Ausmaß die Ziele hohes Beschäftigungsniveau und Preisniveaustabilität gleichzeitig realisiert werden können. Normalerweise geht man davon aus, dass ein hoher Beschäftigungsstand mit hohen Preissteigerungsraten und niedrige Inflationsraten mit hoher Arbeitslosigkeit einhergehen (trade-off zwischen Arbeitslosigkeit und Preisniveaustabilität)

23. Aufgabe

Der Versuch der Wirtschaftspolitik, die Arbeitslosenquote unter das „natürliche Niveau" zu senken, führt zu einem Anstieg der Inflationsrate.

24. Aufgabe

Bei niedriger Wachstumsrate der realen Produktion und hoher Arbeitslosigkeit liegt eine Unterbeschäftigungssituation vor. Die Arbeitslosigkeit könnte daher konjunkturell bedingt sein. Normalerweise ist in einer solchen Situation allerdings die Preissteigerungsrate niedrig, weil nachfrageseitig keine inflationären Tendenzen verursacht werden. Im beschriebenen Fall ist die Inflationsrate hoch (Stagflation: hohe Inflationsrate und hohe Arbeitslosigkeit bei niedrigem gesamtwirtschaftlichem Wachstum). Dies geht vermutlich auf die hohe Wachstumsrate der Geldmenge zurück (monetäre Inflationserklärung). Die gleichzeitig hohe Staatsverschuldung könnte tendenziell ein hohes Zinsniveau und eine geringe private Investitionstätigkeit verursachen, was möglicherweise die Wachstumsschwäche teilweise erklärt.

25. Aufgabe

Die monetäre Inflationserklärung betont die Rolle der in Umlauf befindlichen Geldmenge für die Inflationsverursachung. Liegt die Wachstumsrate der Geldmenge über dem Zuwachs der realen Produktion löst sie einen Anstieg des Preisniveaus aus (Quantitätsgleichung). Ohne Geldmengenausweitung kann das Preisniveau nach dieser Theorie nur steigen, wenn die Umlaufgeschwindigkeit des Geldes V sich erhöht oder die reale Produktion zurückgeht. Insofern wird die Ausweitung der Geldmenge als notwendige Bedingung der Inflation angesehen. Kritiker betonen, dass die Umlaufgeschwindigkeit des Geldes nicht konstant sein muss. Dann können auch nicht monetäre Inflationserklärungen zur Erklärung von Preisniveausteigerungen herangezogen werden.

5.6   Aufgaben zu Kapitel 3.1.5: Theorie der Wirtschaftspolitik

1. Aufgabe

Die Theorie der Wirtschaftspolitik will zum einen – ohne Wertung – beschreiben bzw. erklären, wie wirtschaftspolitische Entscheidungen zustande kommen und mit welchen Motiven und Zielen die beteiligten Akteure handeln. Die ökonomische Theorie der Politik fragt z.B., inwiefern die Interessen der wirtschaftspolitischen Akteure die Wirtschaftspolitik beeinflussen. Zum anderen sollen auf Basis theoretisch abgeleiteter Ursache-Wirkungs-Zusammenhänge (alternative) Handlungsmöglichkeiten zur Erreichung gewünschter Ziele aufgezeigt werden. Dies führt zur wissenschaftlichen Politikberatung. Diese soll die wirtschaftspolitischen Entscheidungsträger beratend unterstützen. So soll z.B. der Sachverständigenrat zur Begutachtung der gesamtwirtschaftlichen Entwicklung (SVR) – seinem gesetzlichen Auftrag zufolge – „Fehlentwicklungen und Möglichkeiten zu deren Vermeidung oder deren Beseitigung aufzeigen". Versucht die wissenschaftliche Politikberatung auch abzuschätzen, welche an sich wünschenswerten Maßnahmen „machbar" sind, d.h. sich „im politischen Prozess" durchsetzen lassen, und welche am Widerstand von Interessengruppen scheitern könnten, so hat sie sich auf eine – auf Erfahrungswissen basierenden – Kunstlehre von der Wirtschaftspolitik zu stützen.

2. Aufgabe

Ausgangspunkt ist der Glaube an die generelle Überlegenheit marktlicher Koordination. Stellt der Staat einen geeigneten (d.h. die Freiheit der Wirtschaftssubjekte, flexibel auf Marktsignale reagieren zu können, nicht beeinträchtigenden) rechtlich-institutionellen Rahmen bereit, so ist – dieser Auffassung zufolge – das Marktsystem ein Koordinationsmechanismus, der im Regelfall zu besseren wirtschaftspolitisch Ergebnissen führt als prozesspolitische Eingriffe. Dann bedürfen in der Marktwirtschaft wirtschaftspolitische Maßnahmen, die über grundlegende Rahmensetzungen hinausgehen, einer gesonderten Rechtfertigung. Sie sind nur in Erwägung zu ziehen, wenn die Ergebnisse der Marktsteuerung in bestimmten Bereichen offensichtlich unbefriedigend sind, wenn also ein Marktversagen vorliegt. Allerdings ist Marktversagen kaum zweifelsfrei zu diagnostizieren. Koordinationsmängel beruhen nicht zwangsläufig auf Schwächen des Marktes an sich, manchmal ist auch der gewählte Regulierungsrahmen ungünstig. In einem zweiten Schritt ist zu prüfen, inwieweit politische Eingriffe neben der Beseitigung von Marktversagen andere Probleme hervorrufen (Politikversagen). Erwogene wirtschaftspolitische Maßnahmen sind insofern stets einzeln zu prüfen; eventuelles Markt- und Politikversagen abzuwägen.

3. Aufgabe

a) Eingriffe können bei Wettbewerbsbeschränkungen bzw. -verzerrungen geboten sein. Als die Firma Microsoft ihre marktbeherrschende Stellung bei Standardsoftware missbräuchlich zur Ausschaltung von Wettbewerbern im Bereich Internet-Browser nutzen wollte, indem sie ihre Software nur noch gekoppelt mit dem hauseigenen Internet-Browser anbot, obwohl eine Trennung der Produkte technisch möglich war, war die Wettbewerbspolitik in den USA gefordert, diese Wettbewerbsbeschränkung zu unterbinden (was sie auch tat).

b) Die Existenz externer Effekte bzw. öffentlicher Güter kann Eingriffe erforderlich machen. So führt die kostenlose Nutzung der Umwelt zur Ablagerung von Abfällen zu unerwünschten externen Effekten, d.h. zu einer Verschlechterung der Umweltqualität für Personen, die mit dem wirtschaftlichen Vorgang, der zur Abfallablagerung führte, nichts zu tun haben. Die Politik ist gefordert, eine entsprechende Nutzung der Umwelt entweder durch Regulierung zu begrenzen oder durch spezielle Besteuerung zu verteuern, damit die externen Effekte „internalisiert", d.h. den Verursachern angelastet werden.

c) Bei Gütern, deren marktliche Bereitstellung der Staat aus nicht-ökonomischen Gründen für unzureichend hält, können ebenfalls staatliche Eingriffe gerechtfertigt sein. Wird das auf Basis von Marktvorgängen ausgehandelte Niveau der sozialen Absicherung für zu niedrig gehalten, so kann der Staat – etwa durch Einführung gesetzlicher Versicherungspflichten (bzw. Pflichtversicherungen) – das Niveau der sozialen Sicherung anheben.

4. Aufgabe

Rationale Wirtschaftspolitik strebt planmäßig die Verwirklichung eines umfassenden, durchdachten, in sich ausgewogenen und widerspruchsfreien wirtschaftspolitischen Zielsystems an. Sie will optimale Ziel-Mittelkombinationen bestimmen und durchsetzen, strebt also in Bezug auf wirtschaftpolitische Ziele den höchsten Erfolgsgrad an, der unter gegebenen Umständen möglich ist. Sie ist durch die nachfolgend genannten Phasen der Entscheidungsfindung gekennzeichnet.

Phase	Probleme (beispielhafte Auflistung)
Entwicklung eines Zielsystems	Operationalisierung von Zielen ist oft schwierig, für die Behandlung von Zielkonflikten und Zielgewichtung gibt es keine klaren Regeln
Diagnose & Prognose der wirtschaftlichen Entwicklung	Beschaffung geeigneter Informationen für zutreffende Lage- und Ursachenanalysen ist zeitintensiv; Abschätzung des wirtschaftspolitischen Handlungsbedarfs erfordert bei Zielkonflikten eine Prioritätensetzung
Formulierung wirtschaftspolitischer Handlungsprogramme	Überprüfung der erwogenen Instrumente auf Ziel- und Marktkonformität, sowie auf Nebenwirkungen (Wirkungsanalyse) sind zeitintensiv, im Ergebnis oft unklar und auf quantifizierbare Resultate begrenzt. Die richtige Dosierung der Instrumente ist oft unklar. Aufgrund des Einflusses von Interessengruppen sind Programme oft nicht sachgerecht.
Durchführung wirtschaftspolitischer Handlungsprogramme	Die Verwaltungskapazitäten reichen für eine geordnete Umsetzung von Maßnahmen oft nicht aus. Verzögerungseffekte (time lags) führen zu zeitlich ungünstigem Instrumenteneinsatz. Ankündigungs- und Mitnahmeeffekte mindern die Wirksamkeit von Maßnahmen.
Kontrolle wirtschaftspolitischer Programme (ggfs.: Korrekturen)	Effektive Kontrolle scheitert an unklarer Zielformulierung (dann ist eine Abweichungsanalyse kaum möglich) oder daran, dass entsprechende Kontrollkompetenzen fehlen oder die Kontrollinstanzen nicht über hinreichende Informationen verfügen.

5. Aufgabe

Die ökonomische Theorie der Politik analysiert Ziele und Aktionen der an wirtschaftspolitischen Entscheidungen beteiligten Akteure. Es wird versucht, Vorgänge auf die Interessen und Entscheidungen von Individuen zurückzuführen (methodologischer Individualismus). Dabei wird unterstellt, dass Menschen sich nicht nur im wirtschaftlichen, sondern auch im politischen Raum rational verhalten, d.h. am eigenen Nutzen orientiert. Die Theorie sagt voraus, dass Bürokraten und Politiker auf eine Ausdehnung des öffentlichen Sektors drängen, erstere, um ihre eigene Position zu verbessern, letztere, um mit selektiven Begünstigungsmaßnahmen Stimmen zu „kaufen". Der Logik des kollektiven Handelns zufolge lohnt sich für gleichartig Interessierte der Zusammenschluss zu einer Interessengruppe. Daraufhin werden – wenn auch langsam – immer mehr Interessengruppen entstehen, um am Markt oder im politischen Raum Vorteile für die Gruppenmitglieder durchzusetzen und diese Vorteile dann zu verteidigen. Dies erschwert politische Entscheidungen, verlangsamt die gesellschaftliche Reaktion auf den Strukturwandel und drosselt (somit) das Wachstum. Sofern Interessengruppen (wie Oligopole) Preise fixieren, reduzieren sie die Beweglichkeit der Preise und mindern dadurch die Funktionsfähigkeit der marktlichen Steuerung. Diese Entwicklungen werden entschärft, wenn (z.B. durch technischen Fortschritt) die Machtposition von speziellen Interessengruppen untergraben wird.

6. Aufgabe

Eine rationale, d.h. planmäßig auf die Verwirklichung eines umfassenden, durchdachten, in sich ausgewogenen und widerspruchsfreien Zielsystems gerichtete Wirtschaftspolitik lässt sich nur von Akteuren durchführen, die sich – unter Hintanstellung ihrer eigenen individuellen Interessen – dem Allgemeinwohl verpflichtet fühlen (Staat als „wohlmeinender Diktator"). Reale Akteure der Wirtschaftspolitik entsprechen nicht diesem idealistischen Bild. Sobald sie aber auf den eigenen Vorteil bedacht handeln, weicht die tatsächliche Wirtschaftspolitik von einer „rationalen" bzw. idealen Wirtschaftspolitik ab.

7. Aufgabe

Mehrere Schlussfolgerungen sind denkbar:

a) Die Wirtschaftspolitik sollte – über die Sicherung der Funktionsfähigkeit der Marktwirtschaft hinaus – nicht zu vieles im Detail regeln wollen. Der Versuchung „permanent (prozesspolitisch) zu agieren", ist zu widerstehen. Der Schwerpunkt der Wirtschaftspolitik sollte mehr in den Bereich der Verbesserung der Rahmenbedingungen verlagert werden. Dies reduziert Verzerrungen im Umsetzungsprozess und entspricht auch eher der Forderung nach „Konstanz der Wirtschaftspolitik" („liberales" Fazit).

b) Soll – angesichts von Funktionsmängeln der Marktwirtschaft – dennoch auf prozesspolitische Eingriffe nicht verzichtet werden, so sollte das Risiko von Fehlentscheidungen durch eine „Politik der kleinen Schritte" gemindert werden. Dieser Überlegung folgend kann man bei kleinen Schritten auch nur kleine, d.h. weniger gravierende Fehler machen und die Entscheidung gegebenenfalls leichter revidieren. („defensives" Fazit).

c) Bei allen Maßnahmen sind die von ihnen ausgehenden wirtschaftlichen Anreize zu bedenken. Laufen diese der Zielsetzung der Politik zuwider, sind die geplanten Maßnahmen zu überprüfen.

d) Einfache und allgemeine Regelungen sind – selbst wenn sie im Einzelfall ungerecht bzw. verzerrend wirken – meist besser als komplexe und spezielle. Je einfacher und allgemeiner nämlich eine Regelung ist, desto weniger spezielle Anreize entstehen, diese Regelung in spezifischer, dem Interesse der Allgemeinheit zuwiderlaufenden Weise zu nutzen.

e) Maßnahmen, durch die der Einfluss von Interessengruppen zurückgeführt wird, erhöhen mittelfristig die wirtschaftspolitische Handlungsfähigkeit und sind somit empfehlenswert. Dies gilt zum einen für ökonomisch/juristische Integrationsprozesse. So bewirkt z.B. die europäische Integration in vielen Politikfeldern, dass nationale Interessengruppen ihre nationalen Ansprechpartner und damit ihre nationalen Einflussmöglichkeiten verlieren. Ähnlich wirken die Öffnung eines Landes gegenüber dem internationalen Standortwettbewerb und die Förderung technischer Fortschritte, durch welche der Einfluss von Partialinteressen zurückgedrängt wird (z.B. Internet).

5.7   Aufgaben zu Kapitel 3.2.6: Finanzpolitik

1. Aufgabe

Fiskalisches Ziel (Einnahmeerzielung) und nicht fiskalische Ziele (Lenkungsziele, Distribution, Stabilisierung)

Zielkonflikte sind denkbar. Beispiel: Lenkungsziele sollen das Verhalten ändern, z.B. sollen Verbraucher bei der Einführung einer Steuer auf Einwegverpackungen dazu veranlasst werden, solche Verpackungen weniger zu kaufen. In dem Maße, in dem das Lenkungsziel erreicht wird, treten keine Steuereinnahmen auf, d.h. das fiskalische Ziel wird nicht erreicht.

2. Aufgabe

Anteil der Staatsausgaben, der gesamten Abgaben (Steuern einschließlich Beiträgen zur Sozialversicherung) bzw. der Steuern am Bruttoinlandsprodukt. Die Relationen spiegeln den Anteil der Wertschöpfung wider, den der Staat verausgabt bzw. als Einnahme beansprucht. Gegen zu hohe Anteile des Staates sprechen die Wirkungen hoher Abgaben auf die Leistungsmotivation und die Einengung des privaten Sektors. Hohe Abgaben behindern zudem die Wettbewerbsfähigkeit der Unternehmen gegenüber dem Ausland.

3. Aufgabe

Die Besteuerung sollte gerecht (transparent, allgemein, gleichmäßig und verhältnismäßig), widerspruchsfrei und wirtschaftlich zu erheben sein. Sie sollte ausreichend sein, um die

Staatsausgaben zu finanzieren, bei wachsendem Ausgabenbedarf steigerungsfähig, aber auch wachstumspolitisch vertretbar und wettbewerbsneutral sein.

4. Aufgabe

Bei einem proportionalen Tarif bleibt der Anteil der Steuern an der Bemessungsgrundlage mit steigender Bemessungsgrundlage konstant. Bei einem progressiven Tarif steigt mit steigender Bemessungsgrundlage die Steuerlast überproportional. Dies lässt sich mit Opfertheorien bzw. mit dem Hinweis auf die Leistungsfähigkeit der Besteuerten begründen.

5. Aufgabe

Mit steigender Staatsverschuldung wächst die Belastung der öffentlichen Haushalte durch den Schuldendienst (Zinszahlungen und Tilgung), die Möglichkeit, öffentliche Investitionen zu tätigen, wird eingeschränkt. Darüber hinaus verstärkt sich die Gefahr des Crowding-Out. Trotzdem kann die Kreditfinanzierung öffentlicher Investitionen sinnvoll sein, wenn dadurch der Zahlungszeitraum an die Nutzungsdauer der öffentlichen Investitionen angepasst werden kann.

5.8   Aufgaben zu Kapitel 3.3.3: Wachstums- und Strukturpolitik

1. Aufgabe

Wachstum erhöht die Güterversorgung und die Bedürfnisbefriedigung, sichert Wohlstand und ökonomische Freiheit, erweitert individuelle Handlungsspielräume und erleichtert die Realisierung anderer wirtschaftspolitischer Ziele. Dies gilt z.B. in Bezug auf Beschäftigung, soziale Sicherung und auf staatliche Steuereinnahmen. Steigende Steuereinnahmen wiederum erleichtern die staatliche Bereitstellung von öffentlichen Gütern und Infrastruktur und mindern zugleich die Probleme der Staatsverschuldung. Ein von Innovationen getragenes Wachstum kann die internationale Wettbewerbsfähigkeit und damit die Exportbilanz verbessern und Kapitalimporte (z.B. Direktinvestitionen) anregen, was wiederum die Grundlagen für weiteres Wachstum legt. Der Konflikt zwischen Wachstum und Umweltschutz lässt sich durch qualitatives (d.h. umweltneutrales oder sogar umweltschonendes) Wachstum auflösen. Andererseits ist Wachstum ist nicht immer mit anderen Zielen des StWG vereinbar: Wachstum kann die Preisstabilität gefährden, wenn die Nachfrage schneller wächst als das Angebot (nachfrageseitige Inflationserklärung). Ist Wachstum von einem schnellen Wechsel beruflicher Anforderungen begleitet, dann kann – zumindest in einigen Regionen und Sektoren – vorübergehend Arbeitslosigkeit auftreten. Wachstum kann zu steigenden Importen und – daraufhin – zu einer Passivierung der Leistungsbilanz führen. Wachstum kann ferner die Ungleichheit der Verteilung erhöhen.

2. Aufgabe

Staatliche Eingriffe zur Förderung bzw. Gestaltung des Wachstums lassen sich rechtfertigen, wenn das Wachstum im Sinne einer der in der Übersicht genannte Beobachtungen unbefriedigend ist und eine der jeweils in der linken Spalte der Übersicht gegebenen Begründungen dafür spricht, dass das Wachstum – ohne politischen Eingriff – auch in absehbarer Zukunft unbefriedigend bleiben dürfte.

Beobachtung: unbefriedigendes Wachstum	Mögliche Begründung für die Beobachtung
Marktendogene Wachstumskräfte sind zu gering, um ein Wachstum zu generieren, das zur Sicherung der Beschäftigung reicht. Da die Beschäftigten aufgrund von Produktivitätssteigerungen Jahr für Jahr mehr Güter herstellen können, sichert das Wachstum z.B. die Beschäftigung erst dann, wenn es die Rate des Produktivitätsfortschritts übersteigt.	Wichtige Wachstumsfaktoren haben die Eigenschaft öffentlicher Güter. In den Bereichen Infrastruktur, Forschung und Entwicklung hat der Markt zu wenig Anreize für zukunftsgerichtete, da sich die Erträge entsprechender Investitionen kaum privatisieren lassen. Auch hohe Zinsen (welche zu einer geringeren Bewertung künftiger Erträge führen) behindern zukunftsweisende Investitionen.
Das bestehende Wachstum ist mittelfristig niedriger als in vergleichbaren Volkswirtschaften.	Aufgrund von früherem Politikversagen hat sich – mehr als in anderen Ländern – ein Bestand von wachstumsfeindlichen Regulierungen gebildet.
Das Wachstum verläuft unstetig. Stabiles Wachstum fördert aber die Kalkulierbarkeit von Investitionen und damit die Neigung zu investieren.	Ein möglicher Grund sind schwankende Erwartungen der Investoren und exogene „Schocks" wie z.B. starke Schwankungen der Rohstoffpreise.

3. Aufgabe

Das Wirtschaftswachstum kann als quantitativ angemessen bezeichnet werden, wenn es so hoch ist, dass andere wirtschaftspolitische Ziele – z.B. in den Bereichen Beschäftigung, soziale Sicherung und Konsolidierung des Staatshaushalts erreicht – werden können. Beschäftigungssichernd ist Wachstum z.B. erst dann, wenn es mindestens so hoch ist wie die Fortschrittsrate der Arbeitsproduktivität. Von quantitativ angemessenem Wachstum kann auch gesprochen werden, wenn es mittelfristig nicht niedriger als in vergleichbaren Volkswirtschaften ausfällt. Als qualitativ angemessen kann Wachstum bezeichnet werden, wenn es so beschaffen ist, dass bestimmte Zielkonflikte nicht auftreten. In diesem Sinne ist ein umwelt und ressourcenschonendes Wachstum angemessen. Schließlich kann mit dem Begriff „angemessen" auch eine gewisse Stetigkeit des Wachstums gemeint sein.

4. Aufgabe

Ansatzpunkte der Wachstumspolitik ergeben sich aus den Determinanten des Wachstums. Voraussetzung für Wachstum ist Zunahme der Produktionsmöglichkeiten bzw. ein vermehrter oder intensiverer Einsatz der Produktionsfaktoren Arbeit, Kapital, technisches Wissen und Boden bzw. natürliche Ressourcen. Faktorbezogene Wachstumspolitik setzt also an der Förderung des Faktoreinsatzes an. Im Einzelnen geht es um die Förderung des Faktors Arbeit (z.B. durch Verbesserung der Ausbildungsbedingungen), von Investitionen (z.B. durch steu-

erliche Vorteile oder spezifische Projektförderung) und von Technologien (z.B. durch Forschungsförderung oder spezifische Projektförderung). Daneben lassen sich die infrastruktu-
rellen Voraussetzungen für eine wachsende Produktion verbessern und schließlich sind auf
vielen Gebieten Verbesserungen der Rahmenbedingungen (im Sinne einer wachstumsfreund-
licheren Ausgestaltung des Regulierungssystems) denkbar.

5. Aufgabe

Eine steuerliche Entlastung bei der Einkommensteuer ist als Verbesserung der Angebotsbedingungen zu werten. Am Standort lassen sich daraufhin höhere Gewinne erzielen. Die Investitionen werden steigen, wobei auch ausländisches Kapital zuströmen dürfte. Dies wiederum erhöht die volkswirtschaftlichen Kapazitäten. Damit ist die Voraussetzung für mehr
Wachstum gegeben. (Steuerliche Entlastungen erhöhen im Übrigen zugleich auch die verfügbaren Einkommen und damit die gesamtwirtschaftliche Nachfrage. Daraufhin ist nicht zu
befürchten, dass das zusätzliche Angebot mangels Nachfrage nicht abgesetzt werden kann).

6. Aufgabe

Wachstum und Strukturwandel gehören zusammen. Gesamtwirtschaftliches Wachstum entsteht im Regelfall dadurch, dass einzelne Regionen und Branchen eine besonders dynamische Entwicklung vollziehen (z.B. Biotechnologie, Solarenergie). Dadurch verschieben sich
die relativen Gewichte von Branchen und Regionen, es entsteht Strukturwandel. Insofern
lässt sich auch umgekehrt formulieren: erfolgreicher Wandel fördert Wachstum. Bleiben
dagegen solche Impulse aus einzelnen Wirtschaftsbereichen aus, so unterbleiben nicht nur
größere Strukturverschiebungen, es kommt auch kaum zu Wachstum.

7. Aufgabe

Es gibt unterschiedliche Argumente zur Rechtfertigung staatlicher Strukturpolitik. Verläuft
z.B. die Wirtschaftsentwicklung regional „unausgewogen" (gibt es neben „Boomregionen"
auch „Problemregionen" der Wirtschaftsentwicklung, so ist die im Grundgesetz angesprochene Einheitlichkeit der Lebensverhältnisse gefährdet. Es könnte zu unerwünschten interreg-
gionalen Kapitalwanderungen oder zur „Entvölkerung" von Teilregionen kommen. Eingriffe
werden oft auch damit gerechtfertigt, dass der Strukturwandel zwar gewünscht werde, die
mit ihm verbundenen sozialen Härten (Arbeitslosigkeit, Wohnsitzwechsel u.ä.) aber „abzu-
federn" seien. Ferner kann Marktversagen (z.B. bei natürlichen Monopolen, bei systematischer Störung von Markteintritt bzw. -austritt oder bei Unteilbarkeiten in der Produktion) zu
einem Hemmnis für den Strukturwandel werden; hier kann und sollte der Staat die Anpassungen an neue Strukturen erleichtern. Bei externen Effekten läuft schließlich der Strukturwandel eventuell „in die falsche Richtung". Hier kann der Staat eingreifen, um den Strukturwandel in andere Richtungen zu lenken (z.B. durch Förderung umweltschonender Branchen bzw. Technologien).

8. Aufgabe

Öko-Steuern belasten energieintensive Konsummuster und energieintensive Branchen, sowie Regionen, in denen solche Branchen ein hohes Gewicht haben. Es kommt zum Ersatz energieintensiver Konsumstile, Güter und Produktionsverfahren durch weniger energieintensive. Auch Forschung und technischer Fortschritt werden in eine energiesparende Richtung gelenkt. Der Produktionsfaktor Energie wird zum Teil durch den Produktionsfaktor technisches Wissen ersetzt. Die Attraktivität des deutschen Standortes sinkt zunächst auf der Kostenseite. Gewinne und Renditen sinken (auch im Vergleich zu den Gewinnen/Renditen, die an anderen Standorten erzielt werden). Durch die Aktivierung technischer Fortschritte im Bereich der Energieeinsparung steht dem aber möglicherweise eine Steigerung der Standortattraktivität in Bezug auf forschungs- und technologieintensive Produktionen gegenüber. Der Staat kann die Einnahmen aus der Ökosteuer unterschiedlich verwenden, z.B. zur Senkung anderer Steuern, zur Senkung der Sozialabgaben, zur Reduktion von Staatsdefiziten bzw. Staatsschulden oder zur Finanzierung zusätzlicher staatlicher Umweltprojekte. Wird die erste oder zweite Verwendung realisiert, so steigt die internationale Wettbewerbsfähigkeit deutscher Firmen, der negative Kosteneffekt der Ökosteuer wird tendenziell ausgeglichen. Bei Verwendung zur Konsolidierung der öffentlichen Haushalte gibt es mögliche indirekte standortverbessernde Effekte. Durch Haushaltskonsolidierung werden mögliche mit Staatsverschuldung verbundene Zinssteigerungen vermieden. Die Verwendung für zusätzliche Umweltprojekte verbessert den „weichen" Standortfaktor Umweltqualität. Inwieweit dies auch für Investoren eine Steigerung der Standortattraktivität bedeutet, ist unklar.

9. Aufgabe

Werden Subventionen nicht befristet oder wenigstens degressiv ausgestaltet, so gewöhnen sich die Begünstigten an die Unterstützung. Der wettbewerbsendogene Anreiz zur Verbesserung sinkt. Die Leistungsfähigkeit der Begünstigten geht zurück, auf Dauer sind sie ohne Subventionen nicht mehr konkurrenzfähig. Die Subventionen belasten zudem die öffentlichen Haushalte. Sie müssen zudem durch Steuern finanziert werden, welche zumeist von erfolgreicheren Wirtschaftssubjekten erhoben werden. Gerade spezifische (d.h. auf einen kleinen Empfängerkreis gerichtete) Subventionen haben den Effekt, dass weniger Erfolgreiche begünstigt, Erfolgreiche hingegen belastet werden. Bei spezifischen Subventionen drohen auch im politischen Raum gewisse Verschiebungen. Gut organisierte Interessengruppen werden bei dem Streben nach solchen Subventionen erfolgreicher sein als schlecht organisierte Interessengruppen. Überholte Strukturen werden so konserviert. All dies lässt sich bei Verzicht auf dauerhafte Gewährung spezifischer Subventionen eher vermeiden.

10. Aufgabe

Spezielle Interessengruppen, wiederwahlorientierte Politiker und eigennutzorientierte Bürokraten stabilisieren die – eigentlich suboptimale – reaktive Ausrichtung der Strukturpolitik. Politiker können reaktive Maßnahmen (z.B. Rettung gefährdeter Großunternehmen) offenbar politisch besser „vermarkten" als breit gestreute Maßnahmen zum Umstieg auf neue Strukturen. Der Erhalt alter Branchenstrukturen lässt sich (z.B. bei der Energie- und Nahrungsmittelversorgung) auch durch Sicherheitsüberlegungen rechtfertigen. Zugleich haben die Vertreter altindustrieller Sektoren oft ein politisch hohes Gewicht. Sie können im Zweifel mehr Wählerstimmen mobilisieren als die Repräsentanten junger Sektoren. Das müssen Politiker, die auf ihre Wiederwahl achten, berücksichtigen. Im Ergebnis werden alte Industrien strukturpolitisch begünstigt. Die Mitarbeiter der Bürokratie sind schließlich mit den bisherigen Instrumenten der reaktiven Strukturpolitik besonders gut vertraut. Eigennutzorientierte Bürokraten streben folglich eher nach Beibehaltung als nach Umgestaltung eines eingeführten strukturpolitischen Förderinstrumentariums.

11. Aufgabe

Eine aktive, d.h. den Strukturwandel aktiv vorantreibende Strukturpolitik ist auf gezielte Strukturentwicklung (z.B.: Förderung bestimmter Branchen oder Technologien, die für zukunftsträchtig gehalten werden) oder auf Erleichterung der Strukturanpassung gerichtet. Hier versucht die Strukturpolitik, sektorale bzw. regionale Anpassungen über eine Verbesserung der Anpassungsvoraussetzungen zu erleichtern. Dazu gehören Maßnahmen zur Verbesserung der Innovationsbereitschaft, Förderung von Technologien, welche Strukturwandel erleichtern (z.B. Internet), Förderung des Forschungs- und Technologietransfers, Arbeitskräftequalifikation und Förderung der Mobilität der Faktoren (z.B. durch gezielte Informationen über neue Berufschancen). Auch Maßnahmen zur Erleichterung des Kapazitätsabbaus in alten Sektoren (z.B. durch Stilllegungsprämien) erleichtern die Strukturanpassung. Betroffenen Regionen und Sektoren soll insgesamt „Hilfe zum Wandel" gewährt werden. Nicht die alten Strukturen, sondern der Ausstieg aus alten Strukturen und der Umstieg auf neue Strukturen sind hier gemeint (z.B. Umstrukturierungshilfen für ehemalige Bergbauregionen).

5.9   Aufgaben zu Kapitel 3.4.4: Stabilisierungspolitik

1. Aufgabe

Antizyklische Globalsteuerung zielt darauf ab, die Höhe der gesamtwirtschaftlichen Nachfrage konjunkturgerecht zu beeinflussen. In der Rezession, wenn die gesamtwirtschaftliche Nachfrage kleiner ist als das gesamtwirtschaftliche Angebot, sollen Maßnahmen zur Belebung der einzelnen Nachfragekomponenten ergriffen werden. Im Boom soll die gesamtwirtschaftliche Nachfrage gedämpft werden. Da das Konzept im Rahmen der marktwirtschaftlichen Ordnung realisiert werden soll, greifen die Maßnahmen nicht in einzelwirtschaftliche Entscheidungsprozesse ein, sondern setzen bei den Nachfrageaggregaten an, indem entweder die Höhe der Staatsausgaben konjunkturgerecht gestaltet wird (kreditfinanzierte Erhöhung der Staatsausgaben in der Rezession) oder indem Rahmenbedingungen verändert werden, die private Entscheidungsträger zu konjunkturgerechtem Verhalten veranlassen können (z.B. Erhöhung des verfügbaren Einkommens der privaten Haushalte durch Abschläge von der Einkommensteuer in der Rezession).

2. Aufgabe

Tarifparteien streben primär eine Verbesserung ihrer Verteilungsposition an; dabei besteht die Gefahr, dass sie die Ziele Beschäftigungssicherung und Preisniveaustabilisierung außer Acht lassen. Versucht die Zentralbank durch kontraktive Geldpolitik die Nachfrage zu dämpfen, können überhöhte Lohnabschlüsse die Wirkung dieser Maßnahme abschwächen, weil hohe Lohnabschlüsse die private Nachfrage tendenziell beleben.

3. Aufgabe

Antizyklische Fiskalpolitik will durch eine Beeinflussung des Niveaus der gesamtwirtschaftlichen Nachfrage den Konjunkturverlauf verstetigen. Selbst wenn diese Maßnahmen zum richtigen Zeitpunkt mit der richtigen Dosierung durchgeführt werden, können damit nur Beschäftigungsproblemen begegnet werden, die auf eine zu geringe gesamtwirtschaftliche Nachfrage zurückgehen. Alle Formen von Arbeitslosigkeit, die den Konjunkturverlauf überdauern, gehen aber auf anhaltende (strukturelle) Ursachen zurück. Bei struktureller Arbeitslosigkeit ist die antizyklische Belebung der gesamtwirtschaftlichen Nachfrage nicht ursachenadäquat. Bekämpfung struktureller Ursachen der Arbeitslosigkeit ist z.B. durch Förderung der Mobilität der Arbeitskräfte bei sektorspezifischen Problemen oder durch eine Dämpfung des Anstiegs der Lohnkosten bei Hochlohnarbeitslosigkeit möglich.

4. Aufgabe

Sektoral differenzierte Lohnpolitik kann sich an der Ertragssituation der jeweiligen Branche ausrichten. Sie kann dazu beitragen, dass der Kostendruck in ertragsschwachen Branchen nicht von Seiten der Löhne zusätzlich verstärkt wird und daher die Notwendigkeit von Entlassungen tendenziell mildern. Trifft dies auf viele Branchen zu, kann der Anstieg der Arbeitslosigkeit durch sektoral differenzierte Lohnabschlüsse tendenziell angeschwächt werden.

5. Aufgabe

Die Verstetigung der Staatausgaben auf ein dauerhaft tragbares Maß (ohne strukturelle Verschuldung und wechselnde Nachfrageimpulse von Seiten des Staates), die Orientierung des Geldmengenwachstums an der Entwicklung der tatsächlichen realen Produktion und die Ausrichtung der Lohnpolitik an der Produktivitätsentwicklung tragen zur Bildung realistischer Erwartungen bei. Sie verhindern unstetige Nachfrageimpulse, die wegen der time lags und aufgrund von Dosierungsproblemen den Wirtschaftsprozess destabilisieren können.

6. Aufgabe

In der konjunkturellen Rezession stehen die Unternehmen vor dem Problem, dass sie bei rückläufiger Kapazitätsauslastung (qualifizierte) Arbeitnehmer entlassen müssen, weil sie die Lohnkosten nicht tragen können. Mit dem Instrument der konjunkturellen Kurzarbeit erhalten die Unternehmen – bei erheblichem und vorübergehendem Arbeitsausfall – die Chance,

Beschäftigte auch in der Krise weiterzubeschäftigen. Für die ausgefallene Arbeitszeit werden die Lohnkosten von der Bundesagentur für Arbeit (im wesentlichen) entsprechend den Regelungen zum Arbeitslosengeld übernommen. Damit werden die Unternehmen von einem Teil der Lohnkosten entlastet und können auf Entlassungen verzichten. Bei zunehmender Kapazitätsauslastung stehen dann die (qualifizierten und mit dem Unternehmen vertrauten) Beschäftigten sofort wieder mit ihrer vollen Arbeitszeit zur Verfügung. Die Unternehmen sparen Einstellungs- und Schulungskosten, die Arbeitnehmer werden nicht arbeitslos und sparen bewerbungskosten. Der private Konsum wird stabilisiert. Allerdings entstehen dem Staat Kosten.

5.10   Aufgaben zu Kapitel 4.1.5: Grundlagen der Außenwirtschaft

1. Aufgabe

Außenhandel ermöglicht zum einen, Güter zu kaufen, die im Inland nicht (oder nicht in einer bestimmten gewünschten Qualität) produziert werden bzw. nicht produziert werden können. Zweitens lassen sich Preisunterschiede nutzen. Güter können dort gekauft werden, wo sie besonders billig sind. Preisdifferenzen können auf Unterschieden der Nachfrage in einzelnen Ländern beruhen, aber auch auf Kostenunterschieden, welche sich ihrerseits auf unterschiedliche Ausstattung einzelner Länder mit Produktionsfaktoren zurückführen lassen. Verlegt sich jedes Land auf Herstellung und Export derjenigen Güter, die es besonders günstig herstellen kann, so können alle Länder von internationaler Arbeitsteilung profitieren. Der Außenhandel eröffnet den Nachfragern zusätzliche Auswahlmöglichkeiten. Dies intensiviert den Wettbewerb auf den für Außenhandel offenen Märkten. Der Wettbewerb wiederum „drückt" auf die Kosten und Preise der angebotenen Güter. Ferner können im Zuge von Außenhandel Größen- bzw. Skaleneffekte in der Produktion realisiert werden. Das Güterangebot wird somit nicht nur breiter, sondern auch preisgünstiger, die Inflation wird insgesamt in Grenzen gehalten. Der verschärfte Wettbewerb wirkt sich auch positiv auf die Geschwindigkeit aus, mit der neue Güter und Verfahren zum Einsatz kommen (Innovationsgeschwindigkeit). Schließlich kann Außenhandel zur Milderung von politischen Konflikten beitragen und damit – mittelbar – die Kosten außenpolitischer Sicherungssysteme drosseln helfen.

2. Aufgabe

Dem Faktorproportionentheorem zufolge verlegt sich ein Land (nach außenwirtschaftlicher Öffnung) auf Produktion und Export solcher Güter, bei deren Herstellung besonders jene Faktoren zum Einsatz kommen, mit denen das Land besonders reichlich ausgestattet ist. Denn diese Faktoren sind hier besonders billig. Reichlich mit Arbeit ausgestattete Niedriglohnländer treten mithin primär als Anbieter arbeitsintensiv hergestellter Güter auf, „kapitalistische" Industrieländer dagegen eher als Anbieter von kapitalintensiv hergestellten Gütern. Häufig werden Güter einer Kategorie (z.B. Autos) zwischen zwei Ländern *in beide Richtun-*

gen gehandelt. Dann liegt intraindustrieller Außenhandel vor. Dieser Handel ist mit dem Faktorproportionentheorem, wonach sich die Länder jeweils auf unterschiedliche (und nicht auf die gleichen) Produkte spezialisieren sollten, nicht zu erklären. Intraindustrieller Außenhandel lässt sich aber erklären, wenn die gehandelten Güter (im Detail) von unterschiedlicher Qualität sind. Dann ist vorstellbar, dass es in beiden Ländern Nachfrager gibt, die jeweils an der speziellen Qualität des im anderen Land hergestellten Produktes interessiert sind.

3. Aufgabe

Außenhandel führt zu grenzüberschreitenden Abhängigkeiten. Unternehmen, die sich auf den Export von Gütern spezialisiert haben, sind darauf angewiesen, im Ausland Kunden zu finden. Unternehmen, deren Produktion den Einsatz ausländischer Vorprodukte erfordert, sind davon abhängig, diese Produkte tatsächlich aus dem Ausland beziehen zu können. Eine durch Außenhandel hervorgerufene Spezialisierung auf arbeitsintensive „low-tech"-Produkte kann sich bremsend auf die wirtschaftliche Entwicklung auswirken. Bei Aufnahme von Außenhandel gibt es neben Gewinnern regelmäßig auch Verlierer. Das sind z.B. Unternehmen, die auf ihren Inlandsmärkten von überlegener ausländischer Konkurrenz bedrängt werden.

4. Aufgabe

Ist das Kapital grenzüberschreitend mobil, so kann es dorthin „wandern", wo die Standortbedingungen besser sind. Je nach Erfordernis können das z.B. Standorte sein, wo Arbeitskräfte billig sind, wo die Märkte wachsen, wo die Infrastruktur gut ist, wo die Steuern und/oder die Standards der Regulierung niedrig sind. Daraufhin geraten die nationalen Entlohnungs-, Besteuerungs- und Regulierungssysteme unter Druck. Es kommt zu einem Standortwettbewerb, der tendenziell die Effizienz der Regulierung erhöht, aber zugleich die Stabilität der Staatsfinanzen und hohe Regulierungsstandards bedroht. Grundsätzlich positiv ist allerdings die Möglichkeit zu werten, dass das Kapital an den Ort der (weltweit) besten Verwendung wandern kann. Dies verbessert im Zweifel die internationale Faktorallokation.

5. Aufgabe

<u>Einkommensmechanismus:</u> Sind die Importe abhängig vom (verfügbaren) Nationaleinkommen, so steigen die Importe eines Landes bei guter Konjunktur und sinken bei schlechter Konjunktur. Zwischen zwei Ländern mit unterschiedlicher Konjunktur bzw. unterschiedlichen Wachstumsraten kommt es dann durch Außenhandel zu einer Angleichung der Konjunktur. Denn das Boomland importiert zusätzliche Güter vom Rezessionsland (und stützt damit dort die Konjunktur), während umgekehrt das Rezessionsland nur wenige Güter aus dem Boomland bezieht. <u>Preismechanismus:</u> Inflationsdifferenzen beeinflussen die internationale Wettbewerbsfähigkeit. Unternehmen aus einem Stabilitätsland gewinnen gegenüber Unternehmen aus einem Inflationsland um so mehr an Wettbewerbsfähigkeit, je länger der „Inflationsvorsprung" des Inflationslandes andauert. Die Exporte des Stabilitätslandes steigen (dies stützt dort die Konjunktur). Die Exporte des Inflationslandes dagegen sinken (dies belastet die Konjunktur). Unter der Annahme, dass Inflation besonders im Boom, Preisstabi-

lität eher in der Rezession auftritt (dass also das Inflationsland tendenziell ein Boomland, das Stabilitätsland eher ein Rezessionsland ist), trägt somit (auch) der Preismechanismus zu einer Angleichung der konjunkturellen Entwicklung bei.

6. Aufgabe

Wichtige Determinanten bzw. Ursachen der Wechselkursentwicklung sind in der nachfolgenden Tabelle zusammengefasst und erläutert.

Determinanten	Ursachen	Wirkungen auf den Wechsel-kurs
Warenhandel (Import, Export)	Exporte steigen (z.B. wegen eines ausländischen Konjunkturvorsprungs)	Heimische Währung wird gesucht, Aufwertung
Dienstleistungshandel	Auslandstourismus nimmt zu	Fremde Währung wird gesucht, Abwertung
Kaufkraftparität	Währung ist im Vergleich zur Kaufkraftparität „überbewertet"	Es werden verstärkt Auslandsprodukte gekauft, dies stützt die Auslandswährung, Abwertung
Inflationsdifferenz	Inflationsvorsprung des Inlands	Es werden verstärkt Auslandsprodukte gekauft, dies stützt die Auslandswährung, Abwertung
Zinsdifferenz, induzierter Kapitalverkehr	Zinsvorsprung des Inlands	Ausländische Kapitalanleger suchen (wegen der höheren Zinsen) die heimische Währung, Aufwertung
Devisenspekulation	Inlandswährung ist „abwertungsverdächtig"	Spekulanten erwarten künftige Abwertung und verkaufen daher die Inlandswährung sofort, Abwertung

7. Aufgabe

Aussage: Die Kaufkraftparitätentheorie besagt, dass der Wechselkurs zwischen zwei Währungen nur dann stabil ist, wenn er der Kaufkraftparität entspricht, wenn man also mit einem bestimmten Geldbetrag (nach entsprechendem Währungsumtausch) in beiden Währungsgebieten den gleichen Warenkorb kaufen kann. Weicht dagegen der Wechselkurs von dieser Kaufkraftparität ab, so ist er nicht stabil. Dann lohnen nämlich Arbitragegeschäfte (Kauf der Güter im billigen Währungsgebiet und Verkauf im teureren Währungsgebiet). Diese Geschäfte führen zu zusätzlicher Nachfrage nach der „unterbewerteten" Währung (und damit zu ihrer Aufwertung). Sie treiben dadurch den Wechselkurs (wieder) in die Nähe der Kaufkraftparität. Folgerung: Langfristig strebt der Wechselkurs immer in die Nähe der Kaufkraftparität. Grenzen: Wenn nicht alle Güter handelbar sind, dann können nicht alle Preisunterschiede durch Arbitragegeschäfte ausgenutzt werden. Außerdem gibt es auch andere Determinanten der Wechselkursentwicklung (z.B. Zinsen, Spekulation), so dass der Wechselkurs dauerhaft von der Kaufkraftparität abweichen kann.

8. Aufgabe

Die Abwertung erhöht die preisliche Wettbewerbsfähigkeit der inländischen Unternehmer. Es ist zu vermuten, dass die Exporte steigen und die Importe zurückgehen. Reagieren die Export- und Importmengen hinreichend elastisch auf die abwertungsbedingte Änderung der Preisrelationen, so aktivieren sich Handels- und Leistungsbilanz im Abwertungsland. Das Preisniveau im Abwertungsland dürfte nach der Abwertung steigen. Zum einen verteuert die Abwertung die Importe. Sofern auf die Importgüter kurzfristig nicht verzichtet werden kann (z.B. Öl), schlägt diese Verteuerung auf die heimische Inflation durch. Zum anderen erhöht der im Abwertungsland ausgelöste Exportboom die Kapazitätsauslastung im Abwertungsland. Dies kann sich ebenfalls preis- bzw. inflationssteigernd auswirken. Von der Abwertung profitieren somit zwar die Exporteure und inländischen Anbieter von Tourismusdienstleistungen (da ihre Absatzchancen sich verbessern). Die Nachfrager leiden aber unter der abwertungsbedingten Verteuerung ausländischer Produkte. Neben den Importeuren und den privaten Verbrauchern betrifft dies auch (inländische) Touristen, die einen Auslandsurlaub planen.

9. Aufgabe

Bei bestehender Inflationsdifferenz verteuern sich die Güter des Inflationslandes, während die Güter des Stabilitätslandes relativ billiger werden. Eine Abwertung der Währung des Inflationslandes wirkt genau umgekehrt, sie verbilligt die Güter des Inflationslandes. Ein 3%iger Inflationsvorsprung kann z.B. durch eine 3%ige Abwertung der Währung kompensiert werden. Die preisliche Wettbewerbsfähigkeit der Unternehmen des Inflationslandes hat sich dann per Saldo nicht verändert. Bei flexiblen Wechselkursen kommt es – jedenfalls tendenziell – automatisch zu derartiger Neutralisierung: Zunächst werden die Güter des Stabilitätslandes auf den Weltmärkten stärker gesucht als die Güter des Inflationslandes. Dann wird die Währung des Stabilitätslandes per Saldo eher nachgefragt, die Währung des Inflationslandes per Saldo eher angeboten. Dadurch kommt es zu einer Abwertung der „Inflationswährung", welche die Inflationsdifferenz tendenziell gerade neutralisiert. Zu berücksichtigen ist allerdings, dass Wechselkurse auch von anderen Faktoren (z.B. von Zinsdifferenzen) beeinflusst werden, so dass die beschriebene Neutralisierung meist nicht vollständig erfolgt.

10. Aufgabe

Durch Abwertung. Dies führt c.p. zu einer Zunahme der Exporte und einer Abnahme der Importe. Bei hinreichender Preiselastizität der Nachfrage im In- und Ausland führt dies dann auch zu einer Abnahme des Außenhandelsdefizits.

11. Aufgabe

Protektionistische Maßnahmen zugunsten der Exportwirtschaft schützen inländische Produzenten vor Qualitäts- und Preiswettbewerb durch ausländische Anbieter. Damit wird unter Umständen die Möglichkeit geschaffen, dass inländische Anbieter, die im internationalen Wettbewerb nicht mehr mithalten könnten, ihr Angebot am Markt aufrechterhalten können. Die Konsumenten des Landes kommen nicht oder nur in geringem Umfang in den Genuss des preiswerteren oder hochwertigeren Angebots aus dem Ausland. Sie kaufen zu höherem Preis bzw. schlechtere Qualität ein als bei Freihandel.

5.11   Aufgaben zu Kapitel 4.2.3: Instrumente und Rahmenbedingungen der Außenwirtschaftspolitik

1. Aufgabe

Protektionistische Maßnahmen zugunsten der Exportwirtschaft schützen inländische Produzenten vor Qualitäts- und Preiswettbewerb durch ausländische Anbieter. Damit wird unter Umständen die Möglichkeit geschaffen, dass inländische Anbieter, die im internationalen Wettbewerb zu Grenzanbietern werden würden, ihr Angebot am Markt aufrechterhalten können. Die Konsumenten des Landes kommen nicht oder nur in geringem Umfang in den Genuss des preiswerteren oder hochwertigeren Angebots aus dem Ausland. Sie kaufen zu höherem Preis bzw. schlechtere Qualitäten ein als bei Freihandel.

2. Aufgabe

Die Nahrungsmitteleinfuhr von Land A in Land B wird durch die Importzölle in Land A verteuert. Bei normaler Preiselastizität der Nachfrage nach diesen Gütern bewirkt dies eine Verringerung der Importmenge, die Verflechtung durch den Außenhandel nimmt ab. Anbieter von Nahrungsmitteln in Land A werden vor der Konkurrenz aus Land B geschützt. Die Anbieter des Landes B exportieren weniger als bei Freihandel. Eventuelle Vorteile der großbetrieblichen Produktion können nicht genutzt werden, so dass die Produktionskosten in beiden Ländern höher sind als bei Freihandel, insgesamt erhöht sich der Selbstversorgungsgrad in Land A, reduziert also die Abhängigkeit von Importen in Land A und die Abhängigkeit von Exporten in Land B.

3. Aufgabe

Nicht-tarifäre Handelshemmnisse liegen z.B. vor, wenn inländische Sicherheitsbestimmungen in Hinblick auf technische Eigenschaften von Gütern von denen der Herstellerländer abweichen. Ausländische Hersteller müssen in diesem Fall Exportgüter mit besonderen Merkmalen herstellen, so dass sie die Vorteile der großbetrieblichen Fertigung nicht (in vollem Umfang) nutzen können. Exportgüter werden (künstlich) verteuert - ohne dass immer nachvollziehbare Begründungen für die speziellen Sicherheitsvorschriften vorliegen. Im Ergebnis behindern solche Maßnahmen den Import von Gütern ähnlich wie Zölle. Ein anderes Beispiel sind besondere Vorschriften in Hinblick auf den Exportvorgang, wie z.B. aufwendige Genehmigungs- oder Verwaltungsvorschriften für das Einfuhrverfahren. Solche Regelungen können wirken wie mengenmäßige Beschränkungen.

Der Abbau solcher Maßnahmen ist schwer durchsetzbar, weil die nicht-tarifären Handelshemmnisse häufig durch spezielle Begründungen (Sicherheitsargumente, Normierungsvorschriften, Verbraucherschutzargumente) gerechtfertigt werden, die im Einzelnen widerlegt werden müssen. Darüber hinaus ist die Vielzahl der nicht-tarifären Handelshemmnisse schwer zu überblicken.

4. Aufgabe

Die Währungspolitik hat zum einen darüber zu entscheiden, inwieweit die Währung konvertibel, d.h. in andere Währungen umtauschbar gemacht werden soll. Zum anderen ist grundsätzlich zu entscheiden, inwieweit sich der Außenwert der Währung bzw. der Wechselkurs gegenüber anderen Währungen frei am Devisenmarkt bilden soll bzw. inwieweit die Währung (mit einigen oder allen anderen Währungen) in Systeme fixierter Wechselkurse bzw. in eine Währungsunion eingebunden werden soll. Neben diesen Grundsatzentscheidungen hat die Währungspolitik über die nähere Ausgestaltung der genannten Systeme bzw. gegebenenfalls über die laufende Beeinflussung von Wechselkursen zu entscheiden.

5. Aufgabe

Über flexible Wechselkurse können in unterschiedlicher Weise Schwankungen in eine offene Volkswirtschaft übertragen werden. Der Vorteil fester Wechselkursen besteht vor diesem Hintergrund darin, dass die Volkswirtschaft vor importierten Schwankungen teilweise geschützt wird. Für Unternehmen bestehen die Vorteile fester Wechselkurse in einer steigenden Kalkulationssicherheit. Kurssicherungsgeschäfte werden entbehrlich. Die Rentabilität von Exportgeschäften wird durch Wechselkursschwankungen nicht mehr in Frage gestellt. Volkswirtschaftlich gesehen besteht allerdings daraufhin das Risiko, dass (in der Erwartung stabiler Wechselkurse) bestimmte z.B. „exportlastige" Strukturen aufgebaut werden. Kommt es – in Systemen mit stufenflexiblen Wechselkursen – dann doch zur Änderung von Wechselkursen, dann sind diese Strukturen plötzlich „falsch"; bei einer Aufwertung werden z.B. viele Exportgeschäfte unrentabel. Nachteilig sind auch bestimmte Nebeneffekte von Zentralbank-Interventionen zur Stützung von Wechselkursen. Zum einen ändert sich durch die Interventionen die Geldmenge. Dies kann mit binnenwirtschaftlichen Geldmengenzielen kollidieren. Zum anderen kann für eine zur Intervention verpflichtete Zentralbank ein Liquiditätsproblem entstehen, wenn nämlich die zur Intervention benötigten Devisenreserven aufgebraucht sind. Daraufhin entstehen schließlich Anreize zur Währungsspekulation. Diese Anreize beziehen sich darauf, dass die beteiligten Zentralbanken eine gefährdete Wechselkursrelation zunächst verteidigen, dann aber die Verteidigung aufgeben und eine neue Wechselkursparität vereinbaren. <u>Varianten:</u> Neben Systemen mit unwiderruflich fixierten Wechselkursen (Währungsunion) gibt es auch Systeme mit festen Wechselkursen, die aber bei Vorliegen bestimmter Voraussetzungen geändert werden können (Stufenflexibilität), ferner Systeme, bei denen die Wechselkurse innerhalb bestimmter Bandbreiten um absolut feste Leitkurse schwanken dürfen (Bandbreitenfixierung) und schließlich Systeme, welche die Elemente der Stufenflexibilität und der Bandbreitenfixierung in sich vereinen.

6. Aufgabe

Ein optimaler Währungsraum umfasst Währungsgebiete, zwischen denen aufgrund ähnlicher („konvergenter") Wirtschaftsentwicklung die Kräfte, die auf Wechselkursänderung drängen, schwach sind. Diese Währungsgebiete kommen somit für die Bildung einer Währungsunion in Frage. In einem optimalen Währungsraum sollten Mechanismen existieren, die – bei divergierenden Entwicklungen – Wechselkursanpassungen ersetzen können, ohne dass es zu Arbeitslosigkeit kommt. Hierzu gehören zum einen flexible Löhne und Preise. Lohn- und Preisentwicklungen gleichen wirtschaftliche Unterschiede beschäftigungsneutral aus, wenn Preise bzw. Löhne im schwächeren Land langsamer steigen als im wirtschaftlich stärkeren Land. Auch flexibel mögliche Faktorwanderungen können Arbeitslosigkeit vermeiden helfen. Arbeit kann zum wirtschaftlich stärkeren Standort wandern, das Kapital zum Standort mit den niedrigeren Löhnen.

7. Aufgabe

Der IWF ist ein System zur Unterstützung von Ländern mit Zahlungsbilanzproblemen. Zum einen erhalten die Mitgliedstaaten Kredite (bzw. IWF-Mittel in Form von Sonderziehungsrechten) nach Maßgabe ihrer beim IWF eingezahlten Quoten. Zur Bewältigung schwieriger Finanzprobleme schuf der IWF aber weitere Kreditmöglichkeiten. Der IWF gewährt weitere Kredite und Hilfen zumeist aber nur unter gewissen Bedingungen bzw. Auflagen an die Wirtschaftspolitik. Hieran entzündet sich oft Kritik. Die einen halten die Bedingungen des IWF (z.B. die Forderung nach einer Reduktion sozialer Leistungen) für zu hart. Die anderen kritisieren umgekehrt die IWF-Hilfen als zu großzügig. Die Hilfen seien ein Signal an die Empfänger, weitere Reformen zu unterlassen. In den Augen dieser Kritiker begünstigen die Hilfen Fehlinvestitionen und ermutigen die Spekulation. Investoren und Spekulanten könnten künftig darauf bauen, bei Fehlinvestitionen im Ernstfall Hilfe vom IWF zu bekommen.

8. Aufgabe

Grundsätzlich werden die Effekte expansiver Geld- und Fiskalpolitik durch den Einkommensmechanismus gedämpft, der bewirkt, dass die Effekte zum Teil im Ausland auftreten. Bei flexiblen Wechselkursen können die Effekte zudem durch Auf- oder Abwertung verändert werden. Die Wirkung expansive Geldpolitik wird z.B. durch Abwertung verstärkt (wechselkursbedingtes crowding-in). Bei expansiver Fiskalpolitik sind die Wechselkurseffekte unklar. Bei fixen Wechselkursen ist Geldpolitik praktisch nicht möglich, da die Zentralbank jede als Folge der Geldpolitik auftretende Wechselkursänderung wieder „neutralisieren" muss. Expansive Fiskalpolitik ist dagegen auch bei fixen Wechselkursen möglich (nur eben durch den Einkommensmechanismus gedämpft).

9. Aufgabe

Expansive Geldpolitik begünstigt das Entstehen von Blasen auf den Vermögenswerten, da das zusätzliche Geld zum Teil dort angelegt wird. Insbesondere Immobilienmarktblasen sind gefährlich, da Immobilien von Banken oft als Sicherheiten bei der Kreditvergabe genutzt werden. Sinken später die Immobilienpreise, so werden Kredite unsicher. Banken neigen hier (und generell) zu prozyklischem Verhalten, d.h. drosseln im Abschwung die Kreditvergabe, was aus einem Abschwung eine Krise machen kann. Banken können ferner (im Boom) durch Verbriefung und Weitergabe aufgenommener Risiken das Volumen riskanter Geschäfte ausweiten und damit ebenfalls zum Entstehen späterer Krisen beitragen.

5.12 Aufgaben zu Kapitel 4.3.5: EU als Integrationsraum

1. Aufgabe

Zielkonflikte zwischen Erweiterung und Vertiefung sind nicht von der Hand zu weisen. Eine Vertiefung, die sich in einem Zuwachs der Zahl der gemeinsam geltenden Vorschriften niederschlägt, erschwert c.p. die Erweiterung, denn Beitrittskandidaten müssen den bis dahin aufgebauten Bestand an Verträgen, Richtlinien und Verordnungen (aquis communautaire) innerhalb bestimmter Fristen übernehmen. Durch die Erweiterung erhöht sich umgekehrt die Vielfalt und strukturelle Unterschiedlichkeit der Mitgliedsländer, was künftig die Einigung auf gemeinsame Regelungen und Bestimmungen (d.h. die Vertiefung) tendenziell erschwert. Der angedeutete Zielkonflikt ist allerdings nicht zwingend. Durch erfolgreiche Erweiterung kann auch ein integrationsbedingter ökonomischer Aufschwung in den Mitgliedstaaten ausgelöst werden, welcher die Bewältigung von unionsinternen Strukturunterschieden unter Umständen erleichtert. Die Frage lässt sich mithin nicht eindeutig beantworten – prinzipiell ausgeschlossen ist eine gleichzeitige Erweiterung und Vertiefung der EU jedenfalls nicht.

2. Aufgabe

In Sachbereichen, in denen die Einstimmigkeit der Entscheidungen durch Mehrheitsentscheidungen ersetzt wird, spielen unterschiedliche Ausgangsbedingungen in einzelnen Ländern eine geringere Rolle. Gemeinsame Entscheidungen können dann nämlich nicht mehr durch ein Veto einzelner Staaten blockiert werden. Dies erleichtert gemeinsame Entscheidungen. Für die EU ist dieses Thema besonders im Zusammenhang mit dem Erweiterungsprozess von Bedeutung. Gelingt in wichtigen Bereichen der Übergang zu Mehrheitsentscheidungen nicht vor der Erweiterung, so kann nach der Erweiterung ein solcher Übergang auch am Veto neuer Mitgliedstaaten scheitern. Dann ist das bei Einstimmigkeit langsamere Tempo des Integrationsfortschritts quasi langfristig „zementiert".

3. Aufgabe

Die EU-Kommission führt die Gemeinschaftspolitik auf der Grundlage der Beschlüsse des Rates oder in direkter Anwendung der Verträge durch (Exekutivaufgabe). Sie verwaltet den EU-Haushalt und die verschiedenen angegliederten Fonds und (Unterstützungs-)Programme. Sie sorgt als „Hüterin der Verträge" für die Einhaltung der Regeln und der Grundsätze des

Gemeinsamen Marktes (Kontrollaufgabe). Im Bereich der Wettbewerbspolitik überwacht sie z.B. das Kartellverbot und ist für die Missbrauchsaufsicht, die Fusionskontrolle und die Beihilfenkontrolle zuständig. Sie macht ferner Vorschläge für eine Fortentwicklung der Gemeinschaft („Motor der EU") und entwickelt Beschlussvorlagen für den Rat (Initiativaufgabe). Im Rahmen dieser Initiativfunktion hat die Kommission weitgehenden Einfluss auf die Richtung der künftigen Entwicklung der EU.

4. Aufgabe

Durch regionale Integration werden im Prinzip die Vorteile des Freihandels bzw. der internationalen Arbeitsteilung realisiert. Die beteiligten Länder verlegen sich auf Produktion und Export von Gütern, bei denen sie (komparative) Vorteile haben und beziehen andere Güter günstig aus anderen Ländern der Integrationszone. Der Abbau unionsinterner Handelshemmnisse begünstigt auch den intraindustriellen Handel (Aufschließungs- bzw. handelsschaffender Effekt). Zugleich wird im Integrationsraum der Wettbewerb – zum Vorteil der Kunden – intensiver, Kosten und Preise sinken. Hinzu kommt freilich ein handelsablenkende Abschließungseffekt: Ein Teil der vorher mit Drittstaaten abgewickelten Geschäfte wird nämlich in die Integrationszone um- bzw. abgelenkt. Dieser Effekt tritt auch dann ein, wenn Drittstaaten eigentlich komparative Vorteile für bestimmte Produkte haben, diese Vorteile aber durch Handelshemmnisse an der Unionsgrenze neutralisiert werden. Regionale Integration verzerrt somit die weltweite Faktorallokation zugunsten der Integrationszone. Bedenklicher ist: die Intensivierung der wirtschaftlichen Verflechtung innerhalb der Integrationszone ist von einer gewissen Entkopplung vom Rest der Welt begleitet.

5. Aufgabe

Unterschiede bei Normen, bei Verfahren zur Zulassung und bei der Kontrolle von Produkten begründen Handelshemmnisse. Daher wird eine regionale ökonomische Integration durch technische Vereinheitlichungen erleichtert. Nicht alles muss aber im Detail vereinheitlicht werden. Das ist sehr arbeitsaufwendig und dauert lange. Bei der generellen Harmonisierung werden nur grundlegende Standards (z.B. in den Bereichen Gesundheit, Sicherheit und Umwelt) festgelegt. Technische Details können z.B. in Normen durch gemeinsame Normungsinstitutionen geregelt werden. Es kann vorgesehen werden, dass für Produkte, die diesen Normen entsprechen, innerhalb der Integrationszone keine technischen Schranken mehr gelten, und dass für Waren, die den Normen nicht entsprechen, aber dennoch innerhalb der Integrationszone grenzüberschreitend gehandelt werden sollen, auf andere Weise nachzuweisen ist, dass die Anforderungen der Normen erfüllt werden. Dieses Prinzip ist vom Verfahrensablauf deutlich einfacher, erfordert aber nach wie vor Detailarbeit von Normungsinstitutionen. Die weitest reichende Integrationsstrategie besteht in der Anwendung des Prinzips der gegenseitigen Anerkennung. Hier muss ein Produkt, welches in einem Mitgliedstaat hergestellt und auf dem dortigen Markt zugelassen wurde, in der gesamten Integrationszone für den freien Handel zugelassen werden. Gemeinschaftliche Institutionen haben dann keine spezielle Harmonisierungsarbeit mehr zu leisten.

6. Aufgabe

Bei der Mehrwert- bzw. Umsatzsteuer wird beim Grenzübertritt einer Ware dem Exporteur die Steuer des Ursprungslands erstattet und zugleich die Steuer des Bestimmungslandes (als Einfuhrumsatzsteuer) auferlegt. Im Bestimmungsland gelten damit einheitliche Steuersätze für heimische und importierte Güter. Exporteure aus Ländern mit hohen Steuersätzen sind nicht benachteiligt. Hohe Steuersätze können somit ohne Nachteile für die jeweiligen Exporteure beibehalten werden. Das Steueraufkommen fließt dem Bestimmungsland zu. Die Anwendung des Bestimmungslandprinzips erfordert aber eine steuerliche Grenzabfertigung. Die Realisierung des Binnenmarktes erfordert demgegenüber die Vereinheitlichung der Steuersätze oder aber den Übergang zum Ursprungslandprinzip. Danach gelten die Steuersätze des Ursprungslandes, unabhängig davon, in welches Land des Binnenmarktes das Gut verbracht werden soll. Dann kann die steuerliche Grenzabfertigung entfallen. Dann fällt aber auch die Steuer im Ursprungsland an. Güter aus einem Hochsteuerland sind dann auf dem Markt eines Niedrigsteuerlandes im Nachteil. Dieser Nachteil ist nur durch Senkung der Steuersätze abzubauen. Nach Einführung des Ursprungslandprinzips ist daher ein Steuersenkungswettbewerb zu erwarten. Die Steuereinnahmen in vormaligen Hochsteuerländern sinken dann.

7. Aufgabe

Durch die einheitliche Währung erhöht sich die Preistransparenz im Euro-Raum. Preisunterschiede sind leichter feststellbar als vorher. Sie sind auch besser auszunutzen, wenn die Gebühren des Währungsumtausches entfallen. Somit steigt für Unternehmen im Euro-Raum die Konkurrenz durch Unternehmen aus anderen Ländern des Euro-Raums.

8. Aufgabe

Folgende Begründungen lassen sich geben: Hohe öffentliche Defizite bzw. Schulden zwingen irgendwann zu finanzpolitischer Konsolidierung. In einer Währungsunion besteht dann die Versuchung, die Gemeinschaft um finanziellen Beistand zu bitten. Defizit- und Schuldenkriterium sind somit im Prinzip richtig konstruiert. Die konkreten Grenzwerte (3% bzw. 60% des BIP) lassen sich freilich wissenschaftlich nicht begründen. Das Inflationsabstandskriterium berücksichtigt, dass Inflationsdifferenzen die Entwicklung der Wechselkurse beeinflussen. Da Länder mit hoher Inflation, die an Wettbewerbsfähigkeit verlieren, diese Schwäche aber nicht durch Abwertungen mildern können, eventuell die Union finanziell in Anspruch nehmen wollen, erscheinen nur Länder mit geringer Inflationsdifferenz als geeignete Mitglieder für eine Währungsunion. Auch das Inflationsabstandskriterium ist somit richtig konstruiert. Der Abstandswert von 1,5%-Punkten ist wissenschaftlich aber wiederum nicht begründbar. Das Zinsabstandskriterium stellt in Rechnung, dass Zinsdifferenzen die Wechselkursentwicklung beeinflussen. In eine Währungsunion (wo Währungsanpassungen nicht mehr möglich sind) sollten daher nur Länder mit geringen Zinsdifferenzen aufgenommen werden. Der Abstandswert von 2%-Punkten entzieht sich abermals einer wissenschaftlichen Beurteilung. Das Währungskriterium lässt sich im Prinzip als Sicherheitskriterium interpretieren. Bei Zweifeln an der Aussagekraft der anderen vier Kriterien liefert die reibungslose Teilnahme am EWS einen Anhaltspunkt dafür, dass zumindest eine Zeit lang die auf Wechselkursanpassung gerichteten Kräfte gering waren, die Konvergenz also groß war.

9. Aufgabe

Indirekt ja. Divergierende Wirtschaftspolitik kann zu divergierender Wirtschaftsentwicklung führen. In einen einheitlichen Währungsraum gehören – wie bereits diskutiert – aber nur Länder mit konvergenter Wirtschaftsentwicklung. Daher besteht ein latenter Druck in Richtung Harmonisierung der Wirtschaftspolitik in Europa. In der EWWU ist dies zum Teil bereits institutionell abgesichert. Die Mitgliedstaaten müssen der Kommission, durch welche Maßnahmen eine Konvergenz bei Zins- und Preisentwicklung sowie bei den öffentlichen Finanzen erreicht werden sollen. Gegebenenfalls spricht der Rat den Mitgliedsländern Empfehlungen in Bezug auf die Erreichung einer Konvergenz aus. Außerdem wurde, damit die finanzwirtschaftlichen Konvergenzkriterien auch nachträglich eingehalten werden, ein Stabilitäts- und Wachstumspakt beschlossen. Mittelfristig sind demnach (nahezu) ausgeglichene öffentliche Haushalte anzustreben. Übermäßige Verschuldung kann sanktioniert werden.

10. Aufgabe

Wünsche von Regierungen, die gemeinsame Geldpolitik zur Finanzierung von Defiziten im Staatshaushalt bzw. zur Stimulierung der Beschäftigung einzusetzen, gefährden die Stabilität des Euro. Statut und EG-Vertrag sichern daher die Autonomie der EZB im Prinzip in folgenden Dimensionen: die EZB ist nicht verpflichtet, eine den Geldwert gefährdende Politik einzelner Mitgliedstaaten oder der EU zu unterstützen (funktionelle Autonomie). Der EZB-Rat – bestehend aus dem Direktorium (d.h. Präsident, Vizepräsident und vier weitere Mitglieder) und den Präsidenten der nationalen Zentralbanken – ist personell unabhängig (personelle Autonomie). Die Mitglieder des Direktoriums werden zwar von den Regierungschefs der Mitgliedstaaten (nach Anhörung des Europäischen Parlaments und des EZB-Rates) einvernehmlich ausgewählt und ernannt, was ihre Unabhängigkeit einschränkt. Ihre Amtszeit beträgt jedoch acht Jahre und eine Wiederwahl ist unmöglich. Das erhöht die Unabhängigkeit nach Amtseinführung. Die EZB ist ferner im Rahmen ihrer Politik frei von Weisungen Dritter. Sie ist z.B. nicht verpflichtet, extern vorgegebene Wechselkursziele durch entsprechende Interventionen auf den Devisenmärkten zu verfolgen. Sie darf überdies keine Kredite an Staaten vergeben (institutionelle Autonomie). Die EZB verfügt schließlich über einen eigenen Haushalt, der von unabhängiger Seite und nicht vom Parlament überprüft wird (finanzielle Autonomie). Die Verteilung des Zentralbankgewinns ist kein Verhandlungsgegenstand, sondern erfolgt automatisch gemäß den Länderanteilen am Inlandsprodukt der EU.

Literaturverzeichnis

Ahrns, H.J., Feser, H.D., Wirtschaftspolitik, 7. Auflage, München 2000

Altmann, J., Volkswirtschaftslehre, 7. Auflage, Stuttgart, 2009

Baßeler, U., Heinrich, J., Utecht, B., Grundlagen und Probleme der Volkswirtschaftslehre, 19. Auflage, Stuttgart 2010

Berg, H., Cassel, D., Theorie der Wirtschaftspolitik, in: Vahlens Kompendium zur Wirtschaftstheorie und Wirtschaftspolitik, Bd. 2, 9. Aufl., München 2007, S.243-368

Blanchard, O., Illing, G., Makroökonomie, 5. Aufl., München, 2009

Bofinger, P., Grundzüge der Volkswirtschaftslehre, 2. Aufl., 2006

Brasche, U., Europäische Integration. Wirtschaft Erweiterung Regionale Effekte, 2. Aufl., München, 2008

Brümmerhoff, D., Volkswirtschaftliche Gesamtrechnungen, 8. Auflage, München 2007

Bundesministerium der Finanzen (Hrsg.), Datensammlung zur Steuerpolitik, Ausgabe 2007, Neuauflage Juli 2008

Cassel, D., Thieme, H.J., Stabilitätspolitik, in: Vahlens Kompendium zur Wirtschaftstheorie und Wirtschaftspolitik, Bd. 2, 9. Aufl., 2007, S.435-512

Deutsche Bundesbank (Hrsg.), Ergebnisse der gesamtwirtschaftlichen Finanzierungsrechnung für Deutschland 1991 bis 2008, Statistische Sonderveröffentlichung 4, Frankfurt 2009

Eucken, W., Grundsätze der Wirtschaftspolitik, 6. durchges. Aufl., Tübingen 1990

Felderer, B., Homburg, St., Makroökonomik und neue Makroökonomik, 9. Aufl., Berlin u.a. 2005

Giersch, H., Allgemeine Wirtschaftspolitik, 1. Auflage 1961, 7. Nachdruck 1991

Görgens, E., Ruckriegel, K.H., Makroökonomik, 10. Auflage, Stuttgart, 2007

Görgens, E., Ruckriegel, K.H., Seitz, F., Europäische Geldpolitik, 5. Aufl., Stuttgart 2008

Hardes, H.D., Uhly, A., Grundzüge der Volkswirtschaftslehre, 9. Auflage, München 2007

Huber, J., Robertson, J., Geldschöpfung in öffentlicher Hand, Kiel, 2008

Institut der deutschen Wirtschaft (Hrsg.), Deutschland in Zahlen 2009, Köln 2009

Institut der deutschen Wirtschaft (Hrsg.), iwd Heft 1/1997 vom 2. Januar 1997, S. 2f.; Artikel G. Fels, Globalisierung – nur eine mentale Falle.

Koch, W.A.S., Czogalla, Ch., Ehret, M., Grundlagen und Probleme der Wirtschaftspolitik, 3. Aufl., Stuttgart 2008

Krugman, P.R., Obstfeld, M., Internationale Wirtschaft, 8. Aufl. München, 2009

Mankiw, N.G., Makroökonomik, 5. Auflage, Stuttgart, Jena 2003

Mankiw, N.G., Taylor, M.P., Grundzüge der Volkswirtschaftslehre, 4.Aufl., Stuttgart 2008

Mussel, G., Einführung in die Makroökonomik, 9. Aufl., München 2007

Nissen, H.-P., Das europäische System Volkswirtschaftlicher Gesamtrechnungen, 5. Auflage, Heidelberg, 2002

Nowotny, E., Der öffentliche Sektor, 5.Aufl., Berlin 2008

Olson, M., Aufstieg und Niedergang von Nationen, Tübingen 1991 (engl. Original The Rise and Decline of Nations, New Haven and London, 1982)

Olson, M., Die Logik des kollektiven Handelns, Tübingen 1968

Ruckriegel, K.H., Die Zahlungsbilanz, in: WISU 10/02, S. 1210

Samuelson, P.A., Nordhaus, W.D. Volkswirtschaftslehre, Grundlagen der Makro- und Mikroökonomie, 3. Auflage, Wien 2007

Siebert, H., Lorz, O., Außenwirtschaft, 8. Auflage, Stuttgart, 2006

Siebke, J., Thieme, H.J., Einkommen, Beschäftigung, Preisniveau, in: Vahlens Kompendium der Wirtschaftstheorie und Wirtschaftspolitik, Bd. 1, 9. Aufl., München 2007, S. 95-187

Weidenfeld, W., Wessels, W. (Hrsg.): Europa von A bis Z – Taschenbuch der europäischen Integration,11. Auflage, Bonn 2009.

Wenke, M., Makroökonomie, Stuttgart 2002

Wienert, H., Grundzüge der Volkswirtschaftslehre, Band 2: Makroökonomie, 2. Aufl., Stuttgart 2008

Regelmäßige Veröffentlichungen

Monatsberichte der Europäischen Zentralbank

Jahreswirtschaftsbericht der Bundesregierung

Sachverständigenrat zur Begutachtung der Gesamtwirtschaftlichen Entwicklung, Jahresgutachten

Statistisches Bundesamt (Hrsg.), Volkswirtschaftliche Gesamtrechnungen. Wichtige Zusammenhänge im Überblick (erscheint jährlich)

Stichwortverzeichnis

Wirtschaft in der Praxis

Ricarda Kampmann I Johann Walter
Mikroökonomie

Markt, Wirtschaftsordnung, Wettbewerb

266 Seiten | Broschur | € 29,80
ISBN 978-3-486-59157-6

Jeder von uns trifft Tag für Tag Entscheidungen, die dazu dienen, die eigene materielle Lebenssituation zu verbessern: Urlaub, Auto oder Eigenheim, Open-Air-Konzert, Stereo-Anlage oder Computer? Immer wieder ist zu entscheiden, welche Mengen von welchen Waren erworben und verbraucht bzw. benutzt und welche Dienstleistungen beansprucht werden. Jeder muss entscheiden, wie viel er arbeitet, um Einkommen zu erzielen, und welchen Teil seines Einkommens ersparen oder ausgeben will. Diesen Entscheidungen liegen mikroökonomische Überlegungen zugrunde. Die Autoren thematisieren neben einer Einführung in die VWL die Marktlehre und den Wettbewerb. Lernziele und Übungen mit Lösungen zeichnen dieses Buch aus und erleichtern das Verständnis mikroökonomischer Zusammenhänge.

Dieses Buch richtet sich an Studenten und Lehrende der Volkswirtschaftslehre, aber auch interessierte Praktiker.

Prof. Dr. Ricarda Kampmann lehrt Volkswirtschaftslehre am Fachbereich Wirtschaft der Fachhochschule Gelsenkirchen.

Prof. Dr. Johann Walter lehrt Volkswirtschaftslehre am Fachbereich Wirtschaft der Fachhochschule Gelsenkirchen.

Bestellen Sie in Ihrer Fachbuchhandlung oder direkt bei uns: Tel: 089/45051-248, Fax: 089/45051-333
verkauf@oldenbourg.de

Oldenbourg

www.ingramcontent.com/pod-product-compliance
Lightning Source LLC
Chambersburg PA
CBHW080925220326

41598CB00034B/5678